"十二五"职业教育国家规划教材

经全国职业教育教材审定委员会审定

高等职业院校国家技能型紧缺人才培养培训工程规划教材·汽车运用与维修专业

U0756593

汽车电工电子技术
（第5版）

吕爱华　程传红　主　编

陶　慧　李兆平　副主编

电子工业出版社

Publishing House of Electronics Industry

北京·BEIJING

内 容 简 介

本书是"十二五"职业教育国家规划教材。本书从高职院校汽车类相关专业的人才培养目标出发，结合我国高等职业教育的现状和发展趋势，在保留第4版教材特色的基础上，精选内容，讲清基本概念，进一步使教材结构符合职业教育教学规律，使教学内容安排更加科学、严谨、合理。修订后的内容突出了汽车中高级技能型、应用型人才应该具备的电工电子技术基础知识。

本书主要内容包括：直流电路的应用、交流电路的应用、电磁感应及电磁器件在汽车中的应用、汽车中的电动机和交流发电机、半导体器件在汽车中的应用、汽车中数字电路的应用。

本书可作为高职高专、成人高校的汽车工程类（含制造、运用与维修）专业的电工电子基础课教材，也可供广大汽车工程技术人员参考。

图书在版编目（CIP）数据

汽车电工电子技术 / 吕爱华，程传红主编. —5 版. —北京：电子工业出版社，2020.6（2023 年 12 月重印）
ISBN 978-7-121-38978-8

Ⅰ. ①汽… Ⅱ. ①吕… ②程… Ⅲ. ①汽车－电工技术－高等职业教育－教材②汽车－电子技术－高等职业教育－教材 Ⅳ. ①U463.6

中国版本图书馆 CIP 数据核字（2020）第 075331 号

责任编辑：程超群 文字编辑：赵云峰
印　　刷：涿州市京南印刷厂
装　　订：涿州市京南印刷厂
出版发行：电子工业出版社
　　　　　北京市海淀区万寿路 173 信箱　邮编 100036
开　　本：787×1 092　1/16　印张：15　字数：384 千字
版　　次：2005 年 4 月第 1 版
　　　　　2020 年 6 月第 5 版
印　　次：2023 年 12 月第 7 次印刷
定　　价：49.00 元

凡所购买电子工业出版社图书有缺损问题，请向购买书店调换。若书店售缺，请与本社发行部联系，联系及邮购电话：(010) 88254888，88258888。

质量投诉请发邮件至 zlts@phei.com.cn，盗版侵权举报请发邮件至 dbqq@phei.com.cn。

本书咨询联系方式：(010) 88254577，ccq@phei.com.cn。

前　言

本书为"十二五"职业教育国家规划教材。本书是根据高等职业院校技能型专业人才培养目标、岗位需求编写而成的。为适应现代汽车发展的需要，结合我国高等职业教育的现状和发展趋势，我们对《汽车电工电子技术》第4版的修订思路是：精选内容，讲清基本概念，抓住高等职业教育的特点，进一步使教材结构符合职业教育教学规律；使教学内容安排更加科学、严谨、合理。修订后的书稿内容突出汽车中高级技能型、应用型人才应该具备的汽车电工电子技术基础知识。

本书有以下特色：

（1）基础知识理论适度。本书保留了电工电子技术基本知识的框架，教材涉及的知识点较宽，以满足读者在今后的学习、工作、生活等方面的需求。

（2）专业结合紧密。本书以汽车电工电子技术应用为主线，以典型汽车电工与电子设备为载体。每个项目注重汽车电工电子技术的应用，培养学生用电工电子基本知识分析汽车电路及进行简单故障分析的能力，满足技术技能型应用人才的培养需要。案例来源于真实工作任务，并将中高级电工考证内容融入课程中，有利于学生通过完成学习性工作任务形成职业技能和专业素养，为职业院校"1+X"证书制度改革打下坚实基础。

全书共分6个项目，分别为直流电路的应用、交流电路的应用、电磁感应及电磁器件在汽车中的应用、汽车中的电动机和交流发电机、半导体器件在汽车中的应用、汽车中数字电路的应用。为便于教学使用，每个项目包括多个任务，每个任务后面都有技能操作，每个项目最后都有能力测试。编写体例适合理实一体化教学，既兼顾了理论学习的需要，又利于学生职业技能的培养。

本书由襄阳汽车职业技术学院吕爱华、程传红担任主编，陶慧、李兆平担任副主编。参加编写人员具体分工为：吕爱华编写项目1和项目3，程传红编写项目2，陶慧编写项目5和项目6，李兆平编写项目4。吕爱华对全书进行了统稿。

由于编者的知识水平和经验有限，书中难免存在不足和疏漏之处，敬请广大读者批评指正。编者联系邮箱：2825133643@qq.com。

编　者

目　　录

直流电路的应用

【知识目标】

1. 了解电路的组成和作用以及电路中基本物理量的概念；
2. 掌握电路的三种工作状态以及电压、电流、功率之间的关系；
3. 熟悉电阻、电容、电感元件及其特性；
4. 掌握欧姆定律和基尔霍夫定律并能熟练运用。

【能力目标】

1. 能正确识别并检测电阻、电容、电感元件；
2. 能认识并检测汽车电路基础器件，正确选用各电气元件；
3. 能识读汽车电路图，分析直流电路；
4. 会正确使用汽车常用仪器、仪表。

任务 1.1　电路的基本概念及常用电路元件

 一、电路的组成和功能

电路是电流通过的路径。电路通常由电源、负载及中间环节按一定结构形式连接组成。电源是产生电能的装置，它将其他形式的能量转换为电能，并在电路中向负载供给电能，保证负载正常工作。负载是将电能转换为其他形式能量的器件或设备，负载形式多种多样，如汽车前大灯、电动机等。中间环节包括导线和开关，其中导线将电源和负载连接成电路，使电源的电能传输或分配到负载；开关起着控制电路接通或断开的作用。

如图 1.1 所示为汽车实际防雾灯电路示意图，它由蓄电池（电源）、防雾灯（负载）、开关及导线（中间环节）、车架构成。当开关闭合时，蓄电池通过导线向防雾灯供电，防雾灯被点亮。

电路按其功能可分为两大类：一类是实现能量传输、分配与转换的电路，如汽车前照灯电路，它将电源（蓄电池或发电机）的电能传输给负载（前照灯），由负载实现能量转换（前照灯将电能转换为光能）；另一类是实现电信号传递、变换、存储等处理的电路，如汽车发电机内部的整流电路，它将发电机最初产生的交流电变换为能被汽车电器所使用的直流电。

二、电路模型和电路图

电路中的器件或设备统称为电路元件，对于实际电路元件而言，其电磁性能往往呈多样性，如一个滑线变阻器当有电流通过时，不仅会消耗电能，呈现出电阻特性，而且还会产生磁场，呈现出电感特性；此外，绕组匝间还存在分布电容，线绕电阻又呈现出电容特性。当通过的电流频率不同时，各特性呈现的程度不同。

由于实际电路元件电磁性能的多样性，不便于人们对电路进行分析和数学描述，因此，在电路理论中引入了模型的概念。这是指在一定条件下，对实际元件加以近似化和理想化，忽略它的次要特性，用一个足以表征其主要特性的模型——理想电路元件来表示。一种实际电路元件可用一种或几种理想电路元件的组合来表示。例如，上述滑线变阻器若只考虑其消耗电能的特性，可用理想电阻元件表示它；若需要考虑磁场效应，则可用理想电阻元件和理想电感元件的组合来表示。最基本的理想电路元件有纯电阻、纯电感和纯电容。用这三种理想元件可以表示各种复杂的实际电路负载元件。

用理想电路元件构成的电路称为电路模型，今后我们研究的电路都是电路模型。理想的电路元件用规定的符号表示，实际电路元件模型化后，就可以用电路元件符号绘制出电路图。如图 1.1 所示的汽车实际防雾灯电路，可画成如图 1.2 所示的电路图。

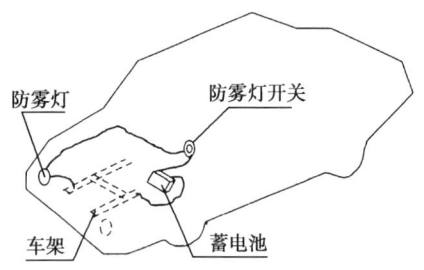 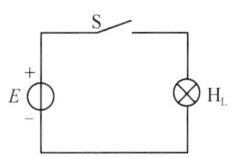

图 1.1　汽车实际防雾灯电路示意图　　　　图 1.2　汽车防雾灯电路图

三、电路的基本物理量

1. 电流

电荷的定向移动就形成电流。电流可分为两类：一类是大小和方向均不随时间改变的电流，称为恒定电流，简称直流（DC）；另一类是大小和方向都随时间变化的电流，称为变动电流，其中一个周期内电流的平均值为零的变动电流称为交变电流，简称交流（AC）。

直流电流用 I 表示，其大小为单位时间内通过导体横截面的电荷量 Q，即

$$I = \frac{Q}{t} \tag{1-1}$$

交流电流一般用 i 表示，其大小为

$$i = \frac{\Delta q}{\Delta t} \tag{1-2}$$

电流的单位是安培，符号为 A。此外，在不同的电路中，电流常用到的单位有千安（kA）、毫安（mA）或微安（μA），其关系如下

$$1kA = 10^3 A \qquad 1mA = 10^{-3} A \qquad 1\mu A = 10^{-3} mA = 10^{-6} A$$

电流的实际方向习惯上指正电荷运动的方向。

2．电压

在电路中电荷之所以能定向移动，是由于电场力作用的缘故。在任何电路的外电路中，正电荷受电场力作用，由电源的"+"端通过负载向电源的"–"端移动。正电荷所具有的电位能逐渐减少，同时将电能转换为其他形式的能量。

如图 1.3 所示电路中，A、B 两端间的电压，用 U_{AB} 表示，其大小等于电场力把单位正电荷从 A 端移动 B 端所做的功，即

$$U_{AB} = \frac{W_{AB}}{Q} \tag{1-3}$$

电压的单位是伏特，符号为 V。常用的电压单位还有千伏（kV）、毫伏（mV）或微伏（μV）。

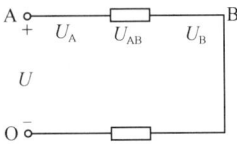

图 1.3　电压和电位

选择电路中任意一点为参考点，则电路中某点至参考点的电压就叫作这一点的电位（相对于参考点），用符号 U 带下标表示。如图 1.3 所示电路中，若以 O 点为参考点，则 A 点电位为 $U_A = U_{AO}$。

如果 A、B 两点的电位分别记为 U_A、U_B，则 $U_{AB} = U_A - U_B$。

因此，两点间的电压就是这两点的电位之差。电压的实际方向是由高电位点指向低电位点。

3．功率

电流在单位时间内做的功称为电功率，在直流情况下，功率用符号 P 表示，其大小为

$$P = \frac{W}{t} = UI \tag{1-4}$$

功率的单位为瓦特，符号为 W。

4．电能

在直流电路中，负载上的功率不随时间变化，则电路消耗的电能为

$$W = Pt \tag{1-5}$$

若功率的单位为瓦特（W），时间的单位为秒（s），则电能的单位为焦耳（J）。

在实际应用中，电能的单位常用千瓦小时（kW·h），1kW·h 的电能通常叫作 1 度电。1 度电为 1kW×1h=1000W×3600s=3.6×10^{6}J。

5．电流、电压的方向

在分析和计算较为复杂的电路时，电路中某一支路的电流或元件的端电压实际方向或极性有时很难判定，从而给我们分析计算电路带来困难。为了解决这一问题，我们引入电流的"参考方向"这一概念。

在某一支路或某一元件的两端事先选定一个方向，这个选定的方向叫作电流或电压的"参考方向"。支路电流参考方向用有向线段在电路中标示，元件端电压参考方向用"+""–"号在电路中标示（也可以用有向线段标示，有向线段方向即为"+"指向"–"）。我们依据参考方向进行电路分析计算，若分析结果为正值，即 $I>0$ 或 $U>0$，则表明电流或电压的实际方向与所选定的电流或电压参考方向一致；反之，若分析计算结果为负值，即 $I<0$ 或 $U<0$，则表明

电流或电压的实际方向与所选定的电流或电压参考方向相反。如图 1.4 和图 1.5 所示，为电流和电压的参考方向与实际方向的对应关系。值得注意的是，电路中的电压、电流参考方向确定后，电路分析计算所对应电量值的正负号才有意义。

通常电流参考方向的选定与电压参考方向的选定是无关的。但是为了分析计算方便起见，对某一支路或某一元件选定其电流的参考方向与电压的参考方向一致，即电流参考方向从标以电压"＋"极性的一端流入，从标以电压"－"极性的另一端流出。电路中电流和电压的参考方向一致时称为关联参考方向，简称关联方向；反之，则称为非关联参考方向，如图 1.6 所示。

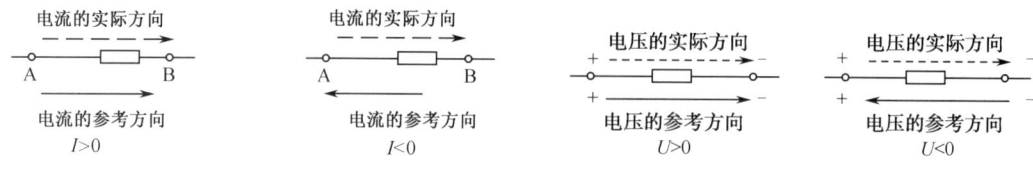

图 1.4　电流参考方向　　　　　　　　　图 1.5　电压参考方向

（a）关联参考方向　　　　　　（b）非关联参考方向

图 1.6　参考方向的关联

四、电路的三种工作状态

一个电路因中间环节的不同连接，可处于三种不同的工作状态，这三种不同的工作状态分别是有载工作状态、断路状态和短路状态。

1．有载工作状态

如图 1.7 所示电路中，R_0 与 E 构成实际电源模型，R_0 为电源内阻，E 为电源电动势，R_L 为负载电阻。当开关 S 闭合时，电路便处于有载工作状态。此时电路有以下特征：

（1）电路中的电流为

$$I = \frac{E}{R_0 + R_L} \tag{1-6}$$

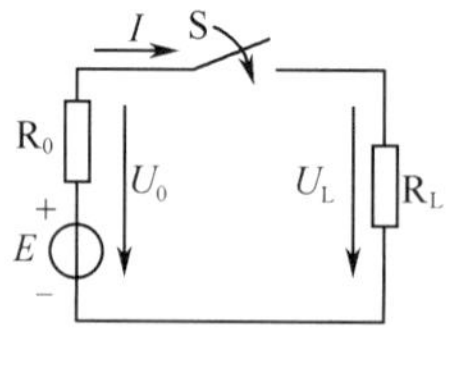

图 1.7　有载工作状态的电路

（2）电源的端电压为

$$U_0 = E - R_0 I \tag{1-7}$$

由式（1-7）可知，电源的端电压 U_0 小于电动势 E。若忽略线路上的电压降，则负载两端的电压 U_L 等于电源的端电压 U_0，即

$$U_0 = U_L \tag{1-8}$$

（3）电源的输出功率为

$$P_1 = U_0 I = (E - R_0 I)I = EI - R_0 I^2 \tag{1-9}$$

式（1-9）表明，电动势发出的功率 EI 减去电源内阻上的消耗 $R_0 I^2$，才是供给负载的功率。显然，负载所吸取的功率为

$$P_2 = U_L I = U_0 I = P_1 \tag{1-10}$$

通常负载是并联运行的。因为电源的端电压是基本不变的，即负载两端的电压也是基本不变的。当负载增加（如并联的负载数目增加）时，负载所取用的总电流和总功率都增加，电源输出的功率和电流都增加，可见电源输出的功率和电流取决于负载的大小。但负载的功率和电流不能过大，否则会造成事故，为此引入了负载和电源额定值的概念。

各种电气设备的电压、电流及功率等都有一个额定值。额定值是电气设备在一定的工作条件下正常运行时的允许值。电气设备在额定值工作时最经济合理、安全可靠，使用寿命长。当电流超过额定值时，由于发热使电气设备温度升高，绝缘材料将会受损；当所加的电压超过额定值过多时，绝缘材料将被击穿。反之，当电压和电流远低于额定值时，就不能充分利用设备的能力或设备不能正常工作。电气设备或元件的额定值常标在铭牌上或写在说明书中，其额定数据有额定电压 U_N、额定电流 I_N 和额定功率 P_N 等。电气设备或元件的额定值不一定等于实际使用值，如发电机发出的功率和电流完全取决于负载的大小；电动机的实际功率和电流由其转轴所带机械负载的大小决定。它们在运行时不应超过额定值。

例 1.1 一只标有"220V/60W"的灯泡，其额定电流是多少？若接在电源电压为 200V 的电源上，其消耗的功率为多少？

解：

$$I_N = \frac{P_N}{U_N} = \frac{60}{220} \approx 0.27（\text{A}）$$

$$R = \frac{U_N}{I_N} = \frac{U_N^2}{P_N} = \frac{220^2}{60} \approx 806.67（\Omega）$$

$$P = \frac{U^2}{R} = \frac{200^2}{806.67} \approx 49.59（\text{W}）$$

因此，灯泡的额定电流约为 0.27A，当灯泡接到 200V 电源电压上时，其消耗的功率约为 49.59W。

2．断路状态

如图 1.8 所示电路，当开关断开或连接线任何一处断开时，电路便处于断路状态。断路状态又称为开路状态。电路处于这种状态下，电源和负载未构成闭合电路，这时外电路所呈现的电阻对电源来说是无穷大的，因此，电路具有以下特征：

（1）电路中的电流为零，即

$$I = 0$$

（2）电源的端电压等于电源电动势，即

$$U_0 = E - R_0 I = E$$

（3）电源的输出功率 P_1 和负载所吸收的功率 P_2 均为零，即

$$P_1 = P_2 = 0 \tag{1-11}$$

3．短路状态

如图 1.9 所示电路，当电源的两输出端或负载的两端由于某种原因相接触时，电路便处于

短路状态。电路处于这种状态下，外电路所呈现的电阻对电源来说等于零，因此，电路具有以下特征：

（1）电源中的电流为

$$I_s = \frac{E}{R_0} \qquad\qquad (1\text{-}12)$$

短路状态下电源中流过的电流称为短路电流，用 I_s 表示。一般电源的内电阻 R_0 很小，因此短路电流很大。

（2）电源端电压和负载电压为

$$U_0 = U_L = E - I_s R_0 = 0 \qquad\qquad (1\text{-}13)$$

式（1-13）说明，电源电动势大小与电源的内阻电压降相等，方向相反，因此，电源端电压等于零。换一个角度也可理解，由于电路处于短路状态下，外电路电阻等于零，因此，无论外电路电流多大，电源端电压总是等于零。

（3）电源供给负载的功率 P_1 及负载吸收的功率 P_2 均为零，电源发出的功率 EI_s 全部消耗在电源内阻上，即

$$EI_s - I_s^2 R = 0 \qquad\qquad (1\text{-}14)$$

电路处于短路状态，因其短路电流过大，会导致电源或电气设备发热而烧毁，因此，实际电路中往往加装熔断器等进行电路的短路保护。

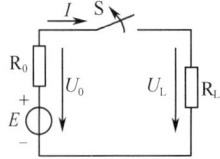　　　　　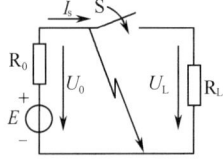

图 1.8　断路状态的电路　　　　　图 1.9　短路状态的电路

五、电路的基本元件

1. 电阻元件

电阻元件是用电阻率较大的材料制成的，它的主要作用是限流、分压、耦合、负载等。常用电阻器一般分为固定电阻器和可变电阻器两大类。固定电阻是指电阻的阻值固定不变，可变电阻器的阻值根据需要可以在一定范围内进行调节。

（1）识别电阻元件。

①固定电阻。固定电阻器简称电阻，根据材料和工艺的不同，可分为碳膜电阻器（RT）、金属膜电阻器（RJ）、线绕电阻器（RX）、热敏电阻器（RR）、光敏电阻器（RG）等不同类型。常用固定电阻器的外形如图 1.10 所示。

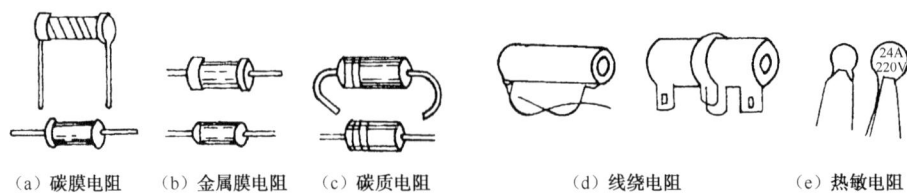

（a）碳膜电阻　　（b）金属膜电阻　　（c）碳质电阻　　　　（d）线绕电阻　　　　（e）热敏电阻

图 1.10　常用固定电阻器的外形

②可变电阻器。可变电阻器简称可变电阻，是指其阻值在规定的范围内可任意调节的电阻器，可分为半可调电阻器和电位器两类。常用可变电阻器的外形如图 1.11 所示。

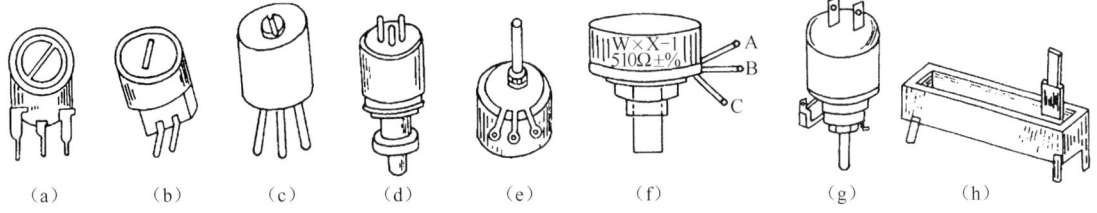

（a）　　　（b）　　　（c）　　　（d）　　　（e）　　　（f）　　　（g）　　　（h）

（a）（b）（c）：微调可变电阻；（d）（e）（f）（g）（h）：各种电位器

图 1.11　常用可变电阻器的外形

（2）电阻元件的主要参数和型号命名方法。

①电阻的主要参数（阻值和功率）。电阻器的标称阻值系列如表 1.1 所示，电阻器的标称额定功率系列如表 1.2 所示。

表 1.1　电阻器的标称阻值系列

系　列	允许误差	标称阻值（Ω）
E24	Ⅰ级（±5%）	1.0　1.1　1.2　1.3　1.5　1.6　1.8　2.0　2.2　2.4　2.7　3.0　3.3　3.6　3.9　4.3　4.7　5.1　5.6　6.2　6.8　7.5　8.2　9.1
E22	Ⅱ级（±10%）	1.0　1.2　1.5　1.8　2.2　2.7　3.3　3.9　4.7　5.6　6.8　8.7
E6	Ⅲ级（±20%）	1.0　1.5　2.2　3.3　4.7　6.8

表 1.2　电阻器的标称额定功率系列

种　类	额定功率（W）
非线绕电阻	0.05　0.125　0.25　0.5　1　2　5　10　16　25　50　100
线绕电阻	0.05　0.125　0.25　0.5　1　2　4　8　10　16　25　40　50　75　100　150　250　500
线绕电位器	0.25　0.5　1　1.6　2　3　5　10　16　25　40　63　100
非线绕电位器	0.025　0.05　0.1　0.25　0.5　1　2　3

②电阻器色标的含义。电阻器色标的含义如表 1.3 所示。

表 1.3　电阻器色标的含义

颜　色	棕	红	橙	黄	绿	蓝	紫	灰	白	黑	金	银	无
有效数字第 1 位	1	2	3	4	5	6	7	8	9	0	—	—	—
有效数字第 2 位	1	2	3	4	5	6	7	8	9	0	—	—	—
倍乘数	10^1	10^2	10^3	10^4	10^5	10^6	10^7	10^8	10^9	10^{10}	10^{-1}	10^{-2}	—
允许误差（±%）	1	2	—	—	0.5	0.25	0.1	20～50	—	—	5	10	20

③电阻器的型号命名方法如下：

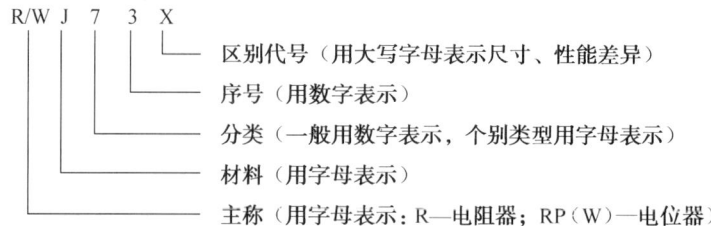

R/W J 7 3 X

区别代号（用大写字母表示尺寸、性能差异）
序号（用数字表示）
分类（一般用数字表示，个别类型用字母表示）
材料（用字母表示）
主称（用字母表示：R—电阻器；RP（W）—电位器）

电阻器和电位器的材料、分类代号及其意义如表 1.4 所示。

表 1.4　电阻器和电位器的材料与特征对照表

材料符号	意　义	分类代号	电阻器意义	电位器意义
T	碳膜	1	普通	普通
H	合成碳膜	2	普通	普通
S	有机实芯	3	超高频	
N	无机实芯	4	高阻	
P	硼碳膜	5	高温	
U	硅碳膜	6		
M	压敏	7	精密	精密
G	光敏	8	高压	特殊函数
J	金属膜	9	特殊	特殊
Y	氧化膜	G	高功率	
C	沉积膜	T	可调	
I	玻璃釉膜	W		微调
X	线绕	D		多圈
R	热敏	B	温度补偿	
		C	温度测量	
		P	旁热式	
		W	稳压式	
		Z	正温度系数	

（3）电阻元件的伏安特性。电阻元件在电路中将电能转换成热能，属于耗能元件。在如图 1.12 所示的参考方向下，电阻元件两端的电压和通过电阻元件的电流之间的关系为

$$I = \frac{U}{R} \tag{1-15}$$

式（1-15）称为电阻元件的特性方程式，也称欧姆定律的表达式。电阻的倒数称为电导，用字母 G 表示，即

$$G = \frac{1}{R} \tag{1-16}$$

电阻的单位为欧姆，简称欧，用 Ω 表示；电导的单位为西门子，简称西，用 S 表示。

若电阻值不随电压、电流和频率变化而变化，则称此电阻为线性电阻。一般的电阻器可视为线性电阻元件，它的伏安特性是通过坐标原点的一条直线，如图 1.13 所示。由于电阻元件

的特性方程是一个代数方程，所以当电压 U 发生突然变化时，电流也会立即随之变化，反之亦然。就是说，某一时刻 t，电阻两端的电压 U_t 的值与同一时刻的电流 I_t 的值有关，而与过去的工作状态（或初始条件）无关，因此电阻元件是一种瞬态元件。

如果加在电阻两端的电压和产生的电流是随时间变化的，那么这两者的乘积，即电功率也是随时间变化的，称为瞬时功率，用小写的字母 p 表示，即

$$p = ui = Ri^2 = \frac{u^2}{R} \tag{1-17}$$

由于 p 与 i^2 或 u^2 成正比，故总是大于零的，这说明电阻是消耗电能的，是一种耗能元件。

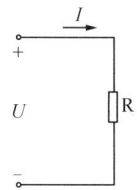

图 1.12　电阻元件

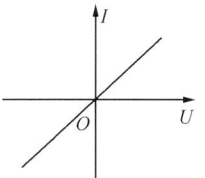

图 1.13　电阻伏安特性曲线

以上讨论的是线性电阻元件，其电阻值是一个常数。如果电阻不是常数，而是随着电压或电流而变动，那么这种电阻就称为非线性电阻。非线性电阻两端的电压与流过电阻中的电流的关系不遵循欧姆定律，一般不能用数学式准确地表示出来，而是根据实验结果用电压与电流的关系曲线 $u = f(i)$ 来表示，即伏安特性曲线。非线性电阻的伏安特性曲线是一条非线性的曲线。

（4）电阻元件的连接。

①串联电路。将两个或两个以上电阻首尾依次相连组成的电路，称为电阻串联电路，如图 1.14 所示。串联电路的基本特点是：

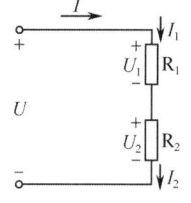

图 1.14　电阻的串联

a．电阻串联时，流过每个电阻的电流相同。

$$I = I_1 = I_2$$

b．串联电阻总电压等于各电阻上电压的代数和。

$$U = U_1 + U_2$$

c．串联电路的总电阻等于各电阻之和。

$$R = R_1 + R_2 \tag{1-18}$$

d．串联电路的电压分配。由于串联电路中的电流处处相等，所以

$$\frac{U_1}{R_1} = \frac{U_2}{R_2} = \cdots = \frac{U_n}{R_n} = I$$

e．串联电路中各个电阻两端的电压与它的阻值成正比。

当只有两个电阻串联时，可得

$$I = \frac{U}{R_1 + R_2}$$

所以

$$\begin{cases} U_1 = IR_1 = \dfrac{R_1}{R_1 + R_2} U \\ \\ U_2 = IR_2 = \dfrac{R_2}{R_1 + R_2} U \end{cases} \tag{1-19}$$

由此看出，在电阻串联电路中，每个电阻都分担一部分电压，阻值大的电阻分得的电压大，这就是串联电路的分压原理。

f．串联电路的功率分配。各个电阻消耗的功率分别是

$$P_1 = I^2 R_1 , \quad P_2 = I^2 R_2 , \quad \cdots , \quad P_n = I^2 R_n$$

所以

$$\frac{P_1}{R_1} = \frac{P_2}{R_2} = \cdots = \frac{P_n}{R_n} = I^2 \qquad (1\text{-}20)$$

串联电路中各个电阻消耗的功率与它的阻值成正比。

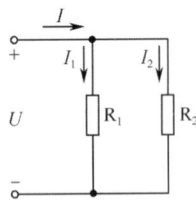

图 1.15　电阻的并联

②并联电路。把两个或两个以上电阻接到电路中的两点之间，电阻两端承受的是同一个电压的电路，叫作电阻并联电路，如图 1.15 所示。并联电路的基本特点是：

a．电阻并联时，每个电阻端电压相等。

$$U = U_1 = U_2$$

b．并联电阻的总电流强度等于各支路的电流强度之和。

$$I = I_1 + I_2$$

c．并联电路总电阻的倒数，等于各个电阻的倒数之和。

$$\frac{1}{R} = \frac{1}{R_1} + \frac{1}{R_2} \qquad (1\text{-}21)$$

d．并联电路的电流分配。在并联电路中，由于

$$U_1 = I_1 R_1 , \quad U_2 = I_2 R_2 , \quad \cdots , \quad U_n = I_n R_n$$

所以

$$I_1 R_1 = I_2 R_2 = \cdots = I_n R_n = U \qquad (1\text{-}22)$$

e．并联电路中通过各个电阻的电流强度与它的阻值成反比。因为

$$\frac{1}{R} = \frac{1}{R_1} + \frac{1}{R_2}$$

可得

$$R = \frac{R_1 R_2}{R_1 + R_2}$$

所以

$$\begin{cases} I_1 = \dfrac{U}{R_1} = \dfrac{R_2}{R_1 + R_2} I \\[2mm] I_2 = \dfrac{U}{R_2} = \dfrac{R_1}{R_1 + R_2} I \end{cases} \qquad (1\text{-}23)$$

式（1-23）就是两个电阻并联时的分流公式。

f．并联电路的功率分配。各个电阻消耗的功率分别是

$$P_1 = \frac{U^2}{R_1} , \quad P_2 = \frac{U^2}{R_2} , \quad \cdots , \quad P_n = \frac{U^2}{R_n}$$

所以

$$P_1 R_1 = P_2 R_2 = \cdots = P_n R_n = U^2 \qquad (1\text{-}24)$$

并联电路中各个电阻消耗的功率与它的阻值成反比。

③混联电路。在实际电路中，既有电阻的串联又有电阻的并联，这种电路被称为电阻的混联。分析电阻混联的一般步骤如下：

a. 计算各串联电阻和并联电阻的等效电阻，再计算总的等效电阻。

b. 用欧姆定律求出总电流。

c. 根据串联电阻分压关系和并联电阻分流关系，逐步计算出各支路电流、各部分电压以及电路的其他参数。

例 1.2 如图 1.16（a）所示，$U_{AB}=6V$，$R_1=1\Omega$，$R_2=2\Omega$，$R_3=3\Omega$，当开关 S_1、S_2 同时断开或同时闭合时，求 R 和 I。

解：（1）当开关 S_1、S_2 同时断开时，相当于 3 个电阻串联，则

$$R=R_1+R_2+R_3=6（\Omega）$$

$$I=\frac{U}{R}=\frac{6}{6}=1（A）$$

（2）当开关 S_1、S_2 同时闭合时，等效电路如图 1.16（b）所示，则

$$R=R_1//R_2//R_3=\frac{6}{11}（\Omega）$$

$$I=\frac{U}{R}=\frac{6}{\frac{6}{11}}=11（A）$$

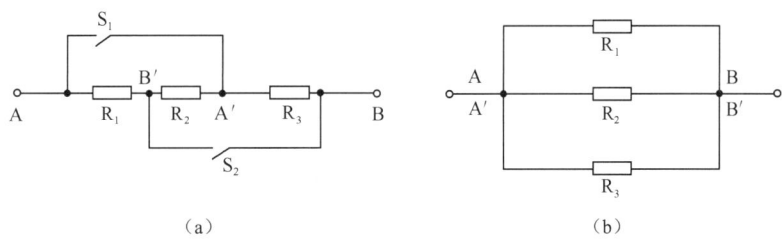

（a）　　　　　　　　（b）

图 1.16　例 1.2 图

2. 电容元件

（1）电容元件的分类、形状及符号。

电容器（简称电容）是电子电路中常用的电子元件之一。电容器具有隔直流、通交流、储能等特性，常用它来组成滤波、耦合、旁路、振荡等电子电路。电容器由两块金属板中间隔一层绝缘介质所构成。根据绝缘介质的种类可分为纸介电容器、有机薄膜电容器、瓷介电容器、云母电容器、电解电容器等。按其结构特点又可分为固定电容器、可变和半可变（微调）电容器等。

电路中电容用符号 C 来表示，电容的单位为法拉（F），法拉太大，实际应用中常用微法（μF）和皮法（pF），其数量关系为

$$1F=10^6\mu F=10^{12}pF$$

电容器的形状很多，如图 1.17 所示。图 1.17（a）为瓷介固定电容器，用于振荡、高频等电路中；图 1.17（b）为电解电容器，常用在电源滤波、去耦、耦合、旁路等电路中，使用时，电极长的为正极，接电路中的高电位；图 1.17（c）为聚酯薄膜电容器；图 1.17（d）为可变电容器，此类电容器常用在经常改变电容量的场合，如收音机的调谐、电子仪器的调频等；

图 1.17（e）为半可变电容器，用在电容量需要做微调或调好后一般不需要再变动的场合，如振荡器等。

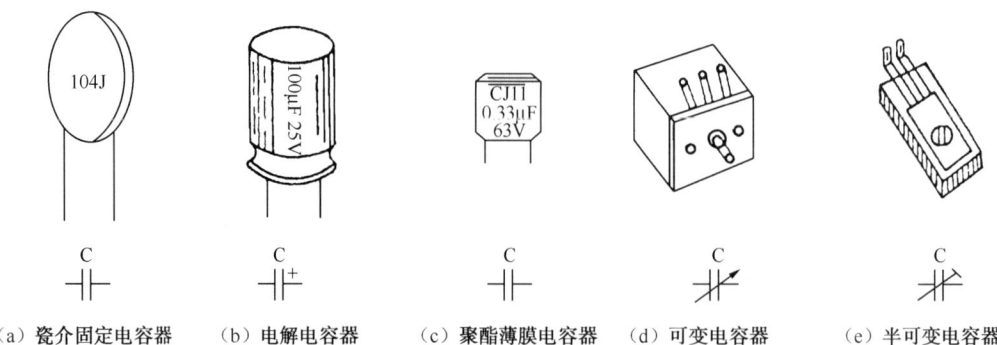

（a）瓷介固定电容器　　（b）电解电容器　　（c）聚酯薄膜电容器　　（d）可变电容器　　（e）半可变电容器

图 1.17　电容器形状及图形符号

（2）电容器的参数及标注方法。电容器的主要参数有电容器的标称容量、允许误差和耐压等。

①电容器的额定工作电压。电容器长期连续可靠工作时，两电极间最高承受的电压称为电容器的额定工作电压，简称电容的耐压。

②电容器的标称容量。标注在电容器外壳上的电容量大小称为标称容量，它是由标准系列规定的，如表 1.5 所示。

表 1.5　各类电容器标称容量标准系列

名　　称	允 许 误 差	允 许 范 围	标 称 容 量
纸质复合介质电容器, 低频（有极性）、有机薄膜介质电容器	±5%	100pF～1μF	1.0　1.5　2.2　3.3　4.7　6.8
	±10%	1～10μF	1　2　4　6　8　10　15　20　30　50
	±20%		60　80　100
有机薄膜介质电容器、瓷介电容器	±5%		E24
	±10%		E12
铝、钽、铌电解电容器	±10～±20%	1～1000μF	1.0　1.5　2.2　3.3　4.7　6.8

注：标称容量为表中数值或表中数值乘以 10^n，其中 n 为正整数或负整数。

③电容量的标注。电容器的电容量常按下列规则标印在电容器上。

a. 直标法。小于 10000pF 的电容器，一般只标注数值而省去单位，如表 1.5 所示，如 330 表示 330pF；10000～100000pF 之间的电容器以 μF 为单位，以小数点为标志，也只标注数值而省去单位，如 0.1 表示 0.1μF，0.022 表示 0.022μF；电解电容器以 μF 为单位直接标印在电容器上，如 100μF/16V，表示标称容量为 100μF，耐压为 16V。

b. 数码表示法。用三位数码表示容量大小，前两位数字是电容量的有效数字，第三位是零的个数，单位为 pF，如 103 表示 $10×10^3$=10000pF，224 表示 $22×10^4$=220000pF=0.22μF；如果第三位是 9，则乘以 10^{-1}，如 339 表示 $33×10^{-1}$=3.3pF。

c. 色标法。电容器的色标法与电阻器色标法大致相同，如表 1.6 所示。

表 1.6　电容器的色标与工作电压对应表

颜　　色	黑	棕	红	橙	黄	绿	蓝	紫	灰
工作电压（V）	4	6.3	10	16	25	32	42	50	63

（3）电容器的电压、电流特性。

电容器是一种聚集电荷的元件，其聚集的电荷量与所加的电压成正比，即

$$q = Cu \tag{1-25}$$

当电容器极板上的电荷 q 或两极板间的电压 u_C 发生变化时，电路中就会产生电流 i_C，在图 1.18 中所规定的参考方向下，其数学表达式为

$$i_C = \frac{dq}{dt} = C\frac{du_C}{dt} \tag{1-26}$$

式（1-26）表明，在某一时刻电容电路中的电流 i_C 与该时刻电容电压 u_C 变化率成正比，而与该时刻电容电压 u_C 的数值无关。这一特性称为电容的动态特性，所以电容元件也被称为动态元件。

式（1-26）还表明了电容元件的一个重要特性，即：如果电容的电流为有限值，则电容两端的电压只能连续变化而不能跃变。否则，就会导致 $\frac{du_C}{dt} \to \infty$，$i_C = C\frac{du_C}{dt} \to \infty$，这与保持电流为有限值相违背，所以电容电压不可能发生跃变。其电场能量 W_C 的大小与电容两端的电压 U 的关系为

$$W_C = \frac{1}{2}CU_C^2 \tag{1-27}$$

（4）电容器的充电和放电。

①电容器的充电。如图 1.19 所示是阻容串联电路，当开关 S 拨到 A 端时，串联电路接通直流电源，在电场力作用下电荷开始向电容器充电。

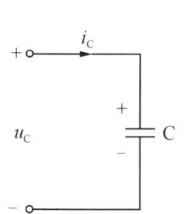
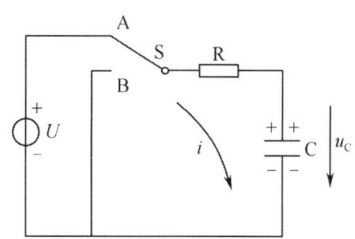

图 1.18 电容元件   图 1.19 电容的充、放电电路

在充电刚开始时，因电容器上没有电荷，u_C 为零，故充电电流最大。随着充电的继续，电容器极板上的电荷不断增多，电压 u_C 逐渐增大，而输入电压 U 与电容电压 u_C 之差逐渐减小，因此充电电流随电压 u_C 增大而不断减小。当电容电压 u_C 增大到等于输入电压 U 时，充电电流减小为零，充电结束。可见，只有在电容器充电的短暂时间内，直流电路才是导通的，一旦充电结束，电路进入稳定状态，则电路处于开路状态，说明电容器具有隔直流的作用。

②电容器的放电。充电结束之后，把开关 S 从 A 端拨到 B 端，输入电压为零，充过电的电容器通过电阻放电，其方向与充电时相反。

在放电刚开始时，电容器的电压最高，此时放电电流最大。随着放电的继续，极板电荷不断减少，电压 u_C 不断减小，放电电流也随之减小。当电荷全部释放完毕时，电压 u_C 为零，放电结束。

当电容器接通交流电源时，由于交流电的大小和方向不断交替变化，使电容器反复充、放电，这样，电路中就会出现连续不断的交流电流。对交流来讲，电容器始终是导通的。

3．电感元件

电感是用漆包线在绝缘骨架上绕制而成的一种能够储存磁场能量的电子元件。电感是电工电子线路的重要元件之一，它可与电阻、电容、晶体管等元器件组合构成各种功能的电子电路，在调谐、振荡、耦合、匹配、滤波等电路中都是重要元件。

（1）电感器的分类。

①固定电感器。

a．小型固定电感器。这种电感器也称为色码电感器，它是用铜线直接绕在磁性材料骨架上，然后再用环氧树脂或塑料封装起来的。其外形结构和表示符号如图 1.20 所示，主要有立式和卧式两种。这种电感器的特点是体积小、质量轻、结构牢固、安装方便，被广泛应用于收录机、电视机等电子产品中。

（a）外形　　　　　　　　　　　　　　　　　　　　（b）符号

图 1.20　小型固定电感器的外形与表示符号

小型固定电感器的电感量较小，一般在 0.1μH～100mH 之间，误差等级有 Ⅰ 级（±5%）、Ⅱ 级（±10%）、Ⅲ 级（±20%），Q 值范围一般在 30～80 之间，工作频率约为 10kHz～200MHz，最大工作电流常用 A、B、C、D、E 等字母表示，所对应的具体数值如表 1.7 所示。

表 1.7　小型固定电感器工作电流的字母表示

字　　母	A	B	C	D	E
最大工作电流（mA）	50	150	300	700	1600

b．空心线圈。空心线圈是用导线直接在骨架上绕制而成的，其线圈内没有磁性材料做成的磁芯或铁芯，有的线圈甚至没有骨架。其外形与表示符号如图 1.21 所示。这种线圈由于没有铁芯、磁芯，故电感量往往很小，一般只用在高频电路中。

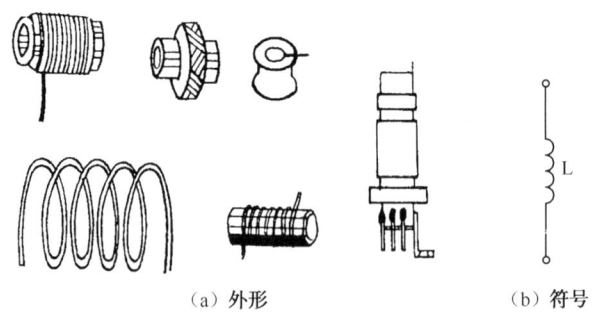

（a）外形　　　　　　　　　　　　　（b）符号

图 1.21　空心线圈的外形与表示符号

c．扼流圈。扼流圈可分为两类：高频扼流圈和低频扼流圈。高频扼流圈是用漆包线在塑料或瓷骨架上绕成蜂房式结构，如图 1.22（a）所示。它在高频电路中的作用是阻止高频信号通过，而让低频信号畅通无阻。低频扼流圈是指用漆包线在铁芯外经过多层绕制制成的大电感量的电感器，也有的是通过将漆包线绕在骨架上，然后在线圈中间插入铁芯（或硅钢片）制成的，如图 1.22（b）所示。它们通常与电容器组成滤波电路，用以滤除整流后的残余交流成分，从而让直流成分顺利通过。

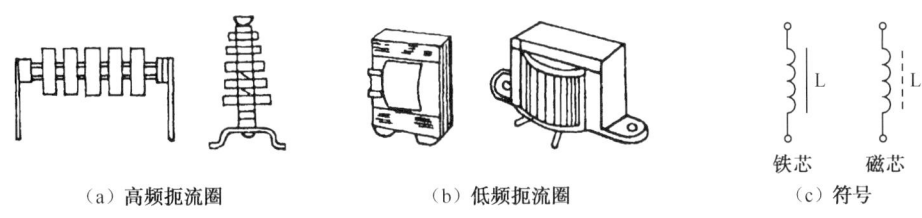

（a）高频扼流圈　　　　　（b）低频扼流圈　　　　　　（c）符号

铁芯　　　磁芯

图 1.22　扼流圈的外形与表示符号

②可变电感器。

a. 可变电感线圈，也称磁芯线圈。其外形与表示符号如图 1.23 所示。它是在线圈中插入磁芯，并通过调节其在线圈中的位置来改变电感量的。可变电感线圈的特点是体积小、损耗小、分布电容小，电感量可在所需的范围内调节。如收音机中的磁棒天线就是可变电感器，它与可变电容器组成的谐振电路可构成调谐器，通过改变可变电容器的容量，就能改变谐振回路的谐振频率，从而实现对所需电台信号的频率选择。

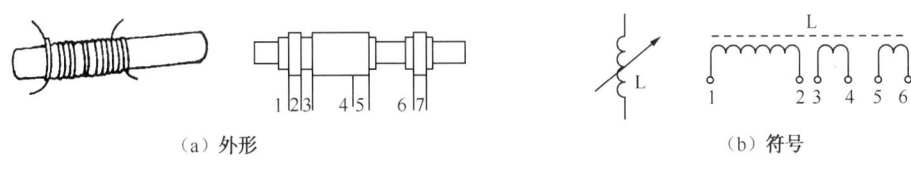

（a）外形　　　　　　　　　　　　（b）符号

图 1.23　可变电感线圈的外形与表示符号

b. 微调电感线圈。它在线圈中间装有可调节的磁帽（或磁芯），通过旋转磁帽可调节磁芯或磁帽在线圈中的位置，从而改变电感量。微调电感线圈的外形与表示符号如图 1.24 所示。

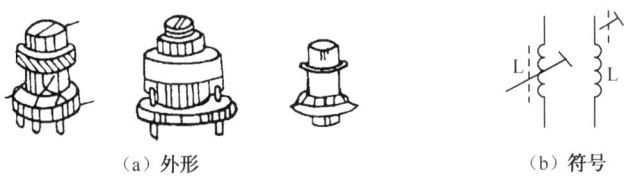

（a）外形　　　　　　　　　（b）符号

图 1.24　微调电感线圈的外形与表示符号

有的电子电路要求电感器的电感量只能有微小的改变，以满足生产、调试的需要。例如，在收音机的选频电路中，由电感器和电容器组成一个选频电路，它能将 465kHz 的中频信号选出来，再加以放大。但由于电容量和电感量在生产时都存在一定的误差值，很难配合完好，所以往往需要通过对电感量进行微小调整，以修正误差值，达到选出 465kHz 信号的目的。

（2）电感器的型号、命名及识别方法。

①电感线圈的命名。电感线圈的命名方法目前有两种：采用汉语拼音字母或阿拉伯数字串表示。电感器的型号命名包括四个部分，如图 1.25 所示。例如，LGX 的含义是小型高频电感线圈。

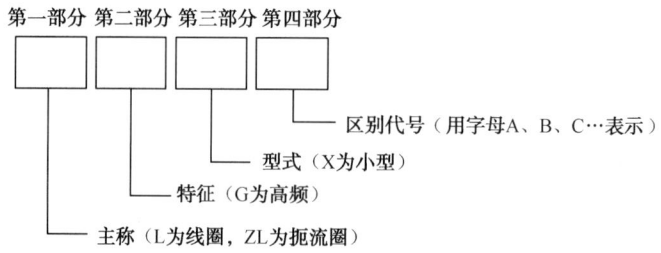

图 1.25　电感器的型号命名

②电感器的识别方法。为了标明各种电感器的不同参数，以便于在生产、维修时识别和应用，常在小型固定电感器的外壳上涂上标志，其标志方法有直标法和色环标志法两种。小型固定电感器电感量的数值、单位通常直接标注在外壳上，也有的采用色环标志法。目前，我国生产的固定电感器一般采用直标法，而国外的电感器常采用色环标志法。

a．直标法。直标法是指将电感器的主要参数，如电感量、误差值、最大直流工作电流等用文字直接标注在电感器的外壳上。电感器直标法如图 1.26 所示，其中，最大工作电流常用字母 A、B、C、D、E 等标注，字母和电流的对应关系如表 1.7 所示。

b．色标法。色标法是指在电感器的外壳涂上各种不同颜色的环，用来标注其主要参数。电感器色标含义如表 1.3 所示（电感与电阻色标法相同）。如图 1.27 所示，最靠近某一端的第一条色环表示电感量的第一位有效数字；第二条色环表示第二位有效数字；第三条色环表示 10^n 倍乘数；第四条色环表示允许误差。其数字与颜色的对应关系和色环电阻标志法相同，单位为微亨（μH）。例如，某一电感器的色环标志依次为棕、红、红、银，则表示其电感量为 12×10^2 μH，允许误差为 ±10%。

图 1.26　小型固定电感器直标法　　　　图 1.27　小型固定电感器色标法

③电感器的主要参数。

a．电感量。电感量是电感器的一个重要参数，单位是亨利（H），简称亨。常用的单位还包括毫亨（mH）和微亨（μH），其数量关系为

$$1H = 10^3 mH = 10^6 μH$$

电感量的大小与电感线圈的匝数（或称圈数）、线圈的截面积及内部有无铁芯、磁芯有关。在同等条件下，匝数多的比匝数少的电感量大；有磁芯的比无磁芯的电感量大。

用于高频电路中的电感线圈，其电感量相对较小；而用于低频整流滤波电路中的电感线圈，其电感量比较大。

b．品质因数（Q）。品质因数是表示电感器质量的主要参数，也称为 Q 值。它是指电感器在某一频率的交流电压下工作时，电感器储存的能量与损耗的能量之比。对于电感或电容元件来说，就是在测试频率上呈现的电抗和本身直流电阻的比值，用公式可表示为

$$Q = \frac{X_L}{R} = \frac{\omega L}{R} = \frac{2\pi f L}{R}$$

或

$$Q = \frac{X_C}{R} = \frac{1}{\omega CR} = \frac{1}{2\pi f CR} \tag{1-28}$$

通常，Q 值越大越好。因为 Q 值越大，电感线圈本身的损耗越小。在实际应用中，谐振电路要求线圈的 Q 值要高，这样线圈的损耗小，能提高工作性能；用于耦合的线圈，其 Q 值可低一些；若线圈用于阻流，则基本上不做要求。

c. 固有电容。电感器线圈的匝与匝之间有空气、导线的绝缘层、骨架等，它们存在着寄生电容，绕组与地之间、与屏蔽罩之间也存在着电容，这些电容是电感器所固有的。这些固有电容的存在，降低了电感器的稳定性，同时也降低了线圈的品质因数。为了减小电感器的固有电容，通常采用减小线圈骨架尺寸、导线直径以及改变绕法（如蜂房绕法和间绕法）等加以解决。

d. 稳定性。稳定性是指电感器参数随环境条件变化而变化的程度。在工作时，电感器的电感量和品质因数会随工作环境温度、湿度的改变而改变。在对稳定性要求较高的电路中，对电感器的稳定性有较高的要求。

e. 额定电流。额定电流是指电感器正常工作时，允许通过的最大工作电流。若工作电流大于额定电流时，电感器会因发热而改变参数，严重时会被烧毁。

④电感器的电压、电流特性。

如图 1.28（a）所示，当电感线圈通以电流时，便产生磁场，若穿过一匝线圈的磁通为Φ，则与匝数为 N 的线圈交链的总磁通为 $N\Phi$，总磁通 $N\Phi$ 常称为磁链ψ，即$\psi=N\Phi$，磁链是电流 i 的函数，因此，电感器是一种使磁链ψ与电流 i 相约束的元件。当元件周围的介质为非铁磁物质（如空气、木材、铜等）时磁链ψ与电流 i 成正比关系，这个约束关系为一个常量。故对空心线圈来说，ψ与i 呈线性关系

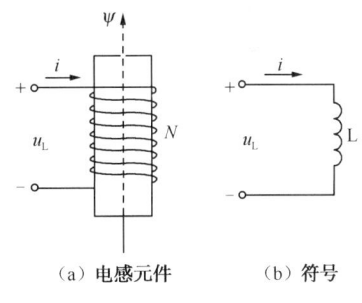

（a）电感元件　　　（b）符号

图 1.28　电感元件及其表示符号

$$\psi = Li \tag{1-29}$$

式中，L 是一个常数，称为电感，单位为亨利，简称亨（H），还可用毫亨（mH）、微亨（μH）作单位，视计量大小而定。

电感 L 的大小与线圈的尺寸、匝数以及附近介质的导磁性能有关。实际电感线圈除电感外，还有一定的电阻，但电阻值较小，可以忽略不计，而把它看成理想电感元件（或电感），其表示符号如图 1.28（b）所示。

当通过线圈的电流发生变化时，由于穿过线圈的磁通也相应地发生变化，因此在线圈两端产生感应电压，以u_L 表示。根据电磁感应定律，有

$$u_L = \frac{d\psi}{dt} = L\frac{di}{dt} \tag{1-30}$$

式（1-30）就是电感元件的特性方程式。它表明，在某一时刻电感两端的电压只取决于该时刻的电流变化率，而与该时刻电流的大小无关。这一特性称为电感的动态特性，故电感元件也被称为动态元件。

式（1-30）是在 u_L 和 i 的参考方向一致的前提下建立的，在这一前提下，该式才能正确地反映感应电压 u_L 的实际极性，才能符合楞次定律的要求。如图 1.28 所示，当电流增大时，$\frac{di}{dt} > 0$，根据式（1-30）得 $u_L > 0$，它意味着电流的流入端为高电位，电流的流出端为低电位，

这时感应电压的方向与参考方向一致；当电流减小时，$\dfrac{\mathrm{d}i}{\mathrm{d}t} < 0$，$u_L < 0$，这时感应电压的方向（电流的流出端为高电位，电流的流入端为低电位）与参考方向相反。

式（1-30）还表明了电感元件的一个重要特性，即：如果电感两端的电压保持为有限值，则流过电感的电流只能连续变化而不能跃变。其磁场能量 W_L 的大小与电感量 L 和通过电感的电流 I 的关系为

$$W_L = \frac{1}{2}LI^2 \qquad (1\text{-}31)$$

技能操作　常用电路元件的识别与检测

1．操作目的
（1）学习万用表的使用方法。
（2）学习用万用表测量直流电路。
（3）学习用万用表测量电阻器、电容器和电感器。
（4）掌握电压、电位的测量及电位正负的判定方法。

2．操作器材
万用表 1 块，稳压电源 2 个，直流电压表 1 个，直流电流表 1 个，实验线路板 1 块，元件若干。

3．操作内容及步骤
（1）电阻的识别与检测。

①从采用直接标注或文字标注的若干不同的固定电阻器中，每次任意取出 1 个，将识别和检测的结果填入表 1.8 中。

表 1.8　固定电阻器的识别与检测

序　号	识　别				测　量	
	材　料	阻　值	允许误差	额定功率	量　程	阻　值
1						
2						
3						
4						

②从若干不同规格的色环标注的固定电阻器中，每次任意取出 1 个，将识别和检测的结果填入表 1.9 中。

表 1.9　色环电阻器的识别与检测

序　号	识　别			测　量	
	色环颜色	阻　值	允许误差	量　程	阻　值
1					
2					
3					
4					

③各选一个旋转式和直滑式电位器，将识别和检测结果填入表 1.10 中。

表 1.10　电位器的识别与检测

序　号	识　别			测　量			
	材　料	阻　值	允许误差	R12	R13	R14	滑动端状态
1							
2							

（2）电容和电感的识别与检测。

①从若干非电解电容器中，每次任意取出 1 个，将识别和检测的结果填入表 1.11 中。

表 1.11　非电解电容器的识别与检测

序　号	识　别				测　量	
	标　记	容　量	耐　压	误　差	量　程	漏电电阻
1						
2						
3						

②从若干电解电容器中，每次任意取出 1 个，将识别和检测的结果填入表 1.12 中。

表 1.12　电解电容器的识别与检测

序　号	识　别				测　量		
	标　记	容　量	耐　压	误　差	量　程	正向电阻	反向电阻
1							
2							
3							

③从若干电感器中，每次任意取出 1 个，将识别和检测的结果填入表 1.13 中。

表 1.13　电感器的识别与检测

序　号	识　别				测　量		
	类　型	标　称	作　用	误　差	量　程	电阻值	质量好坏
1							
2							
3							

（3）测量直流电压、直流电流及电位。

①直流电压、直流电流的测量。在实验电路板上，按如图 1.29 所示连接电路，测量并记录电压值、电流值的数据，填入表 1.14 中。

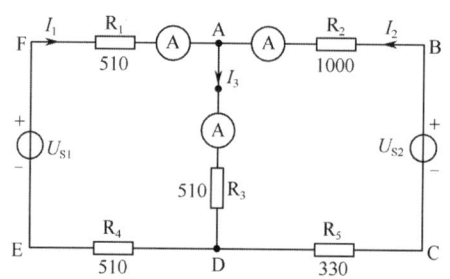

图 1.29　实验电路

表 1.14　电路基本测量实验数据

	U_{S1}	U_{S2}	U_1	U_2	U_3	I_1	I_2	I_3
$U_{S1}=15V$，$U_{S2}=10V$								
$U_{S1}=6V$，$U_{S2}=12V$								
$U_{S1}=12V$，$U_{S2}=10V$								

②电位的测量。分别以 C、E 为参考节点，测量图 1.29 中各节点电位及相邻两点之间的电压值，将测量结果记入表 1.15 中。通过计算，验证电路中任意两节点间的电压与参考点的选择无关。

表 1.15　不同参考点电位与电压

参考点	V、U	V_A	V_B	V_C	V_D	V_E	V_F	U_{AB}	U_{BC}	U_{CD}	U_{DA}	U_{EF}	U_{AF}	U_{DE}
C 节点	计算值													
	测量值													
	相对误差													
E 节点	计算值													
	测量值													
	相对误差													

4．操作报告及要求

（1）画出测试电路。

（2）总结万用表的使用及注意事项。

（3）计算表 1.15 中所列各值，总结出有关参考点与各电压间的关系。

任务 1.2　电路的基本定律和电源的等效变换

一、常用的电路名词

（1）支路。由一个或几个元件构成的无分支电路叫作支路。在同一支路中，流过所有元件的电流都相等。如图 1.30 所示的电路中共有 3 条支路，即 ACB、AB、ABD 支路。其中含有电源的支路称为有源支路，如 ACB 支路和 ADB 支路；不含电源的支路称为无源支路，如 AB 支路。

（2）节点。电路中 3 条或 3 条以上支路的交点叫作节点。图 1.30 中有 2 个节点，即 A 和 B。

（3）回路。电路中任一条闭合路径叫作回路。1 个回路可能只有 1 条支路，也可能包含几条支路。图 1.30 中有 3 个回路，即 ABCA、ADBA 和 ADBCA。

（4）网孔。电路中不含支路的回路叫作网孔。图 1.30 中有 2 个网孔，即 ABCA 和 ADBA。

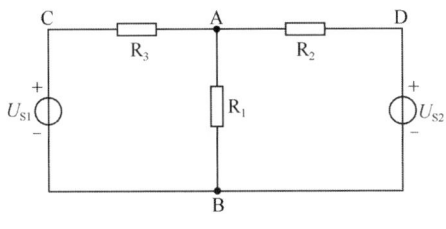

图 1.30　复杂电路

二、基尔霍夫定律

1. 基尔霍夫电流定律

基尔霍夫电流定律也称基尔霍夫第一定律（英文缩写为 KCL）。其内容表述为：在集中参数电路中，任一时刻对任何一个节点而言，所有连接到该节点上支路电流的代数和等于零。其数学表达式为

$$\sum I = 0 \tag{1-32}$$

为统一起见，可约定：在式（1-32）中，流入节点的电流取正值，流出节点的电流取负值。电流流进或流出节点均针对电流参考方向而言。

基尔霍夫电流定律可以推广应用于包围部分电路的任一假设封闭面（也称为广义节点）。在任何瞬间，通过任一封闭面的电流代数和恒等于零。

例如，如图 1.31 所示的电路中有 6 个支路电流 $I_1 \sim I_6$，如果只求 I_4、I_5、I_6 之间的关系（$I_1 \sim I_3$ 不做要求），可作一个封闭面（如图 1.31 中点画线所示），它切割了 I_4、I_5、I_6 支路，由 KCL 可知 $I_4 - I_5 - I_6 = 0$。

例 1.3　在如图 1.32 所示电路中，$I_1 = 4\text{A}$，$I_2 = -2\text{A}$，$I_3 = 1\text{A}$，$I_4 = -3\text{A}$，求电流 I_5 的数值。

解： 由电路图可知，电路只有一个节点 O 和 5 条支路，根据 KCL 有

$$I_1 - I_2 - I_3 - I_4 + I_5 = 0$$

所以

$$I_5 = -I_1 + I_2 + I_3 + I_4 = -4 + (-2) + 1 + (-3) = -8（\text{A}）$$

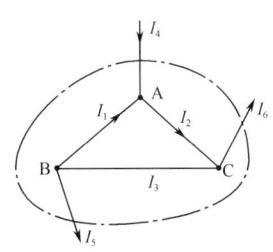

图 1.31　广义节点示意图

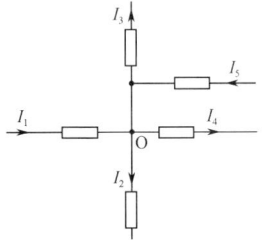

图 1.32　例 1.3 图

例 1.4　在如图 1.33 所示的电路中，$I_1 = 2\text{A}$，$I_2 = 5\text{A}$，$I_3 = -3\text{A}$，求电流 I_4 的值。

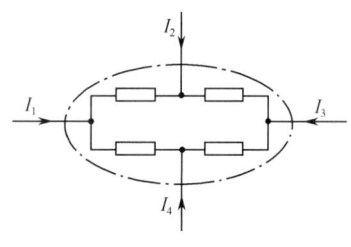

图 1.33　例 1.4 图

解： 根据 KCL 的推广，做一封闭面（如图 1.33 中点画线所示），切割了 I_1、I_2、I_3、I_4 4 条支路，可列方程如下

$$I_1 + I_2 + I_3 + I_4 = 0$$

所以

$$I_4 = -(I_1 + I_2 + I_3) = -[2 + 5 + (-3)] = -4（A）$$

由上面例子可见，公式的正负号与代数量的正负号不能混淆；经计算后得到的电流为负值，说明电流实际方向与原先假设的参考方向相反。

2. 基尔霍夫电压定律

基尔霍夫电压定律也称为基尔霍夫第二定律（英文缩写为 KVL）。其内容可表述为：在电路中沿任一回路循行方向，任一时刻其电压的代数和恒等于零。其数学表达式为

$$\sum U = 0 \tag{1-33}$$

为统一起见，可约定：在式（1-33）中，沿回路循行方向，电压降取正值，电压升取负值。电压降和电压升均针对电路参考方向而言。

如图 1.34 所示电路中，按照电路中所确定的各支路电流参考方向和回路的循行方向，根据 KVL 可列出如下方程

$$R_1 I_1 - E_1 - R_2 I_2 - R_3 I_3 - R_4 I_3 - E_2 + R_5 I_4 + E_3 - E_4 = 0$$

基尔霍夫电压定律不仅应用于闭合回路，也可以推广应用于假想回路（开口电路）。如图 1.35 所示的电路中，其开口端电压 U_{UV} 可看成是连接节点 U、V 另一条支路上的电压，这样可将 UVNU 看成是一个闭合电路（虚线部分），以顺时针为回路循行方向，根据 KVL 可列出

$$U_{UV} + U_{VN} - U_{UN} = 0$$

即

$$U_{UV} = U_{UN} - U_{VN}$$

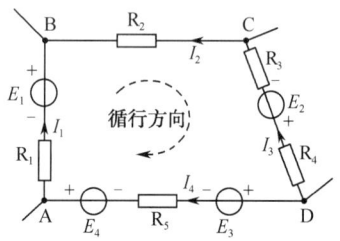

图 1.34　KVL 电路图

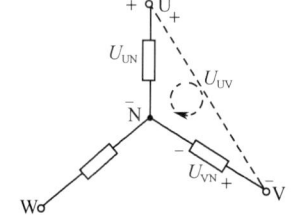

图 1.35　基尔霍夫电压定律的推广应用

基尔霍夫电流定律和电压定律具有普遍性，它们适用于各种由不同元件构成的电路，既适用于直流电阻电路，也适用于任一瞬间、任何变化的电流和电压的电路。

例 1.5 如图 1.36 所示的闭合电路中，各支路元件是任意的，各电压参考方向如图所示。已知 $U_{AB} = 3V$，$U_{BC} = 4V$，$U_{FD} = -6V$，$U_{AF} = 8V$。试求：（1）U_{CD}；（2）U_{AD}。

解：（1）取顺时针方向为回路循行方向，根据 KVL 可列出

$$U_{AB} + U_{BC} + U_{CD} + U_{DF} + U_{FA} = 0$$

$$U_{CD} = -U_{DF} - U_{FA} - U_{AB} - U_{BC} = [-(6) - (-8) - (3) - (4)] = -5（V）$$

（2）设 ADFA 为一假想回路，取顺时针方向为回路循行方向，列出 KVL 方程

$$U_{AD} + U_{DF} + U_{FA} = 0$$

$$U_{AD} = -U_{DF} - U_{FA} = -(-U_{FD}) - (-U_{AF}) = -(6) - (8) = -6 + 8 = 2 \ (V)$$

例 1.6 在如图 1.37 所示电路中,各元件参数及电流参考方向如图所示。试计算 U_{CD} 及 I_3。

解: A、B 两点之间的电压与路径无关,因此有

$$U_{AB} = 50 - 40 + 10 = 20 \ (V)$$

根据含源支路欧姆定律可求得

$$I_1 = (U_{AB} - 10)/(3 + 2) = (20 - 10)/5 = 2 \ (A)$$
$$I_2 = (-U_{AB} + 10 - 30)/(5 + 5) = (-20 + 10 - 30)/10 = -4 \ (A)$$

所以

$$U_{CD} = 2I_1 + 30 + 5I_2 = 2 \times 2 + 30 + (-4) \times 5 = 14 \ (V)$$

根据 KCL 可得

$$I_1 = I_2 + I_3$$
$$I_3 = I_1 - I_2 = 2 - (-4) = 6 \ (A)$$

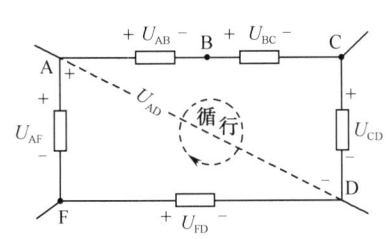
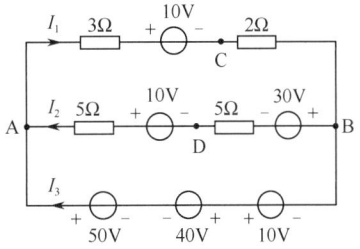

图 1.36 例 1.5 图   图 1.37 例 1.6 图

三、电压源与电流源等效变换

电源是一种能将其他形式的能量转换成电能的装置和设备,它为电路提供电能。实际电源有两种类型:一种是电压源,如电池、发电机和信号源等;另一种是电流源,如光电池等。

电压源和电流源是从实际电源中抽象出来的理想化模型,也称理想电压源和理想电流源。

1. 电压源

当电压源与外电路接通时,如果端电压保持一个恒定值——直流电压 U_S,或按某一特定规律随时间变化而变化的交流电压 u_S(其幅值、频率不变),而与电流无关,则这种电压源叫作理想电压源。理想电压源的图形符号及其伏安特性曲线如图 1.38 所示。

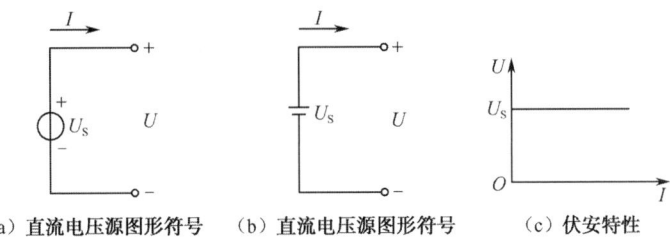

(a)直流电压源图形符号   (b)直流电压源图形符号   (c)伏安特性

图 1.38 直流电压源图形符号及其伏安特性

理想电压源具有如下两个特点:

(1)它的端电压固定不变,与外电路取用的电流 I 无关。

(2)通过它的电流取决于它所连接的外电路,是可以改变的。

理想电压源内电阻为零，而实际电压源内阻不等于零，因此它的内部总是有损耗的。所以，通常用一个理想电压源和一个内阻 R_0 相串联的模型来表示实际电压源，如图 1.39（a）所示。

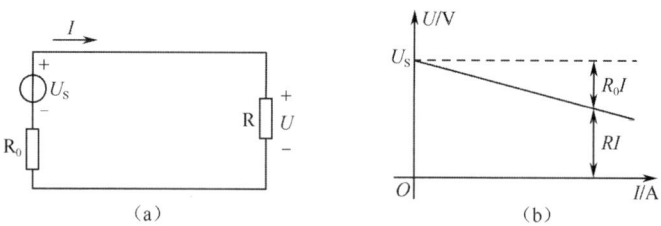

图 1.39　实际电压源及其伏安特性

根据如图 1.39 所示电路，可知

$$U = U_S - R_0 I = IR \qquad\qquad (1\text{-}34)$$

式（1-34）表明，实际电压源的端电压 U 不再等于 U_S，而与负载电流有关。电流越大，内阻上的电压降越大，端电压就越低，其伏安特性是一条下降的直线，如图 1.39（b）所示。

电压源有如下特性：

（1）几个理想电压源或实际电压源相串联，其等效电压源的电动势等于这几个电压源电动势的代数和，总内阻为各电压源内阻的串联值。

（2）电动势不相等的理想电压源不允许并联。

（3）任一支路与理想电压源 U_S 并联时，其等效电压源的电压仍等于 U_S，而等效电压源的输出电流则等于原电路相应的电流 I。要特别指出，等效是对外部电路而言的，与电压源 U_S 并联支路的存在及变化对电压源的电流是有影响的。

2．电流源

如果电源能向负载提供一个恒定的电流——直流电流 I_S，或按某一特定规律随时间变化的交流电流 i_S（其幅值、频率不变），即输出电流与端电压无关，则这种电源称为理想电流源。电流源的图形符号及其伏安特性曲线如图 1.40 所示，箭头所指方向为 I_S 的参考方向。

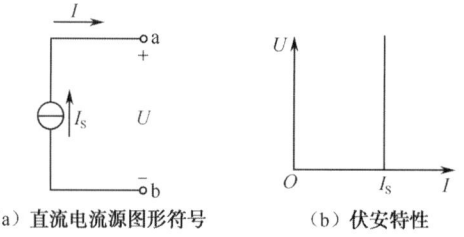

（a）直流电流源图形符号　　　（b）伏安特性

图 1.40　直流电流源图形符号及其伏安特性

理想电流源具有如下两个特点：

（1）电流源流出的电流 I 是恒定的，即 $I = I_S$，与其两端的电压 U 无关。

（2）电流源的端电压取决于它所连接的外电路，是可以改变的。

一个实际电流源在工作时内部也是有损耗的。可以用一个理想电流源和一个电阻元件并联的组合来作为实际电流源的电路模型，如图 1.41（a）所示。

由图 1.41 可知，负载电流

$$I = I_S - \frac{U}{R_0} \qquad\qquad (1\text{-}35)$$

由式（1-35）表明，负载电流 I 总是小于定值电流 I_S 的，且负载电流越小，内电阻上电流越大，内部损耗越大，所以不应使实际电流源处于空载状态。由式（1-35）可作出其伏安特性曲线，如图 1.41（b）所示，也是一条下降的直线。

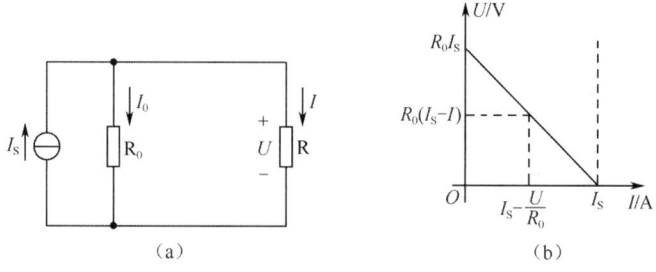

图 1.41　实际电流源及其伏安特性

电流源有如下特性：

（1）当几个电流源并联时，其等效电流源的电流等于这几个电流源电流的代数和，总内阻为各电流源内阻的并联值。

（2）电流不相等的理想电流源不允许串联。

（3）任一支路与电流源 I_S 串联时，其等效电流源的电流仍等于 I_S，而等效电流源的端电压则等于原电路相应外部电路的电压 U。等效只对外部电路有效，但对内部，电流源相串联的支路产生变化或者将它去掉，对电流源本身的端电压是有影响的。

3．两种电源模型的等效变换

一个实际电源既可以用电压源模型来等效代替，也可以用电流源模型来等效代替，如图 1.42 所示。

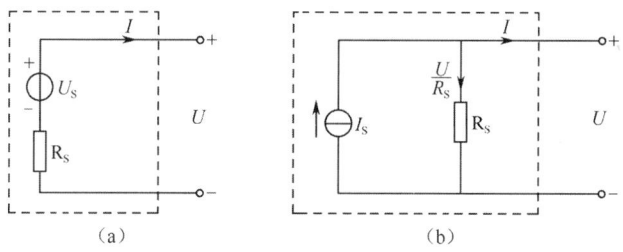

图 1.42　电压源模型与电流源模型的等效变换

电压源与电流源的等效变换，是指当它们分别与同一外电路相连接时，其两端点处的电压 U 以及电流 I 对外电路都相等。也就是说，对同一外部电路而言，二者的伏安特性相同。

从图 1.42 可见，为了使两种模型的 U、I 均相等，等效变换的条件是

$$I_S = \frac{U_S}{R_S} \quad 或 \quad U_S = R_S \cdot I_S \tag{1-36}$$

对于电压源模型，
输出电压

$$U = U_S - R_S I$$

输出电流

$$I = \frac{U_S}{R_S} - \frac{U}{R_S}$$

对于电流源模型，
输出电压

$$U = R_S I_S - R_S I$$

输出电流
$$I = I_s - \frac{U}{R_s}$$

电源模型在等效变换时，应注意以下几个问题：

（1）等效变换仅对外电路成立，电源内部是不等效的。

（2）只有实际电源之间才可以进行等效变换。理想电压源与理想电流源之间不能进行等效变换，因为两者的伏安特性不同。

（3）变换时应注意电源的极性和方向，即电压源电压从负极到正极的方向与电流源的方向在变换前后应保持一致。

（4）两种电源模型的等效变换，可进一步理解为对含源支路的等效变换，即一个电压源的串联组合和一个电流源与电阻的并联组合之间可以进行等效变换，这个电阻不要求一定是电源的内阻。

（5）基于理想电压源端电压恒定的性质，并联在其两端的元件（电阻、电流源）不影响理想电压源电压的大小，故而在分析电路时可舍去；在计算电压源提供的电流和功率时，元件不可去掉。基于理想电流源提供恒定电流的性质，串联在其支路的元件（电阻、电压源）不影响理想电流源电流的大小，故而在分析电路时可舍去。

例1.7 在如图1.43所示电路中，用电源等效变换求电路中的电流I和电压U。

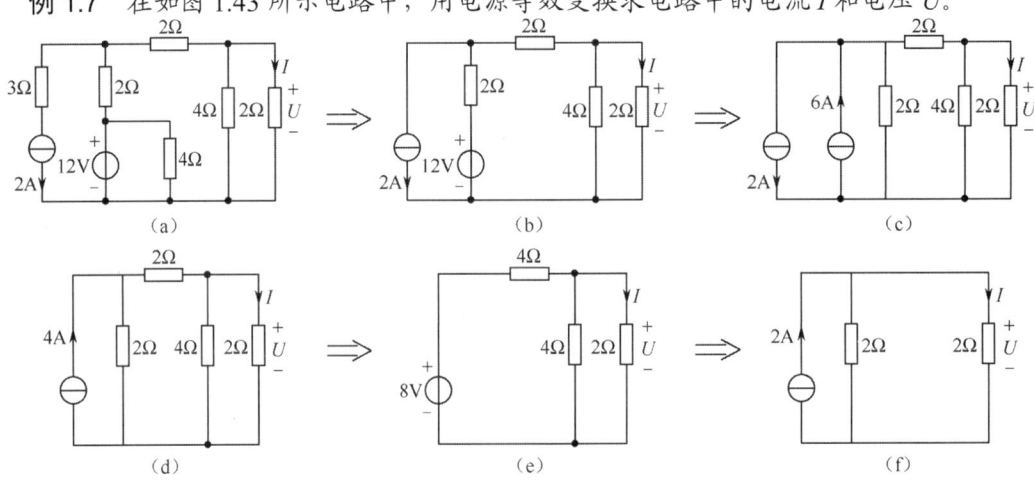

图1.43 例1.7图

解：根据图1.43（a）～（f）的变换次序，最后将电路化简为如图1.43（f）所示电路

$$I = \frac{2//2}{2} \times 2 = 1 \text{（A）}$$

$$U = 1 \times 2 = 2 \text{（V）}$$

技能操作 验证基尔霍夫定律

1. 操作目的

（1）验证基尔霍夫定律（KCL和KVL）。

（2）学会测定电路的开路电压与短路电流，加深对电路参考方向的理解。

2. 操作器材

可调直流稳压电源1个，直流数字电压表1块，直流数字电流表1块，万用表1块，基尔霍夫定律训练线路板 1 块，导线若干，电工工具 1 套。

3．操作注意事项

（1）验证 KCL、KVL 时，电流源的电流及电压源两端的电压都要进行测量，训练中给定的已知量仅作参考。

（2）防止电源两端碰线短路。

（3）使用电源测试线时，将电流插头的红接线端接电流表"+"极，电流插头的黑接线端接电流表"−"极。

（4）使用数字直流电压表测量电压时，红笔端接入被测电压参考方向的正（+）端，黑表笔插入被测电压参考方向的负（−）端。若显示正值，则表明电压参考方向与实际方向一致；若显示负值，表明电压参考方向与实际方向相反。

（5）若用指针式电流表进行测量时，要识别电流插头所接电流表的"+""−"极性。倘若不换接极性，则电表指针可能反偏（电流为负值时），此时必须调换电流表的极性。重新测量，此时指针正偏，但读得的电流值必须是负号。

4．操作内容及步骤

（1）实验前先任意设定三条支路的电流参考方向，如图 1.44 中的 I_1、I_2、I_3 所示。

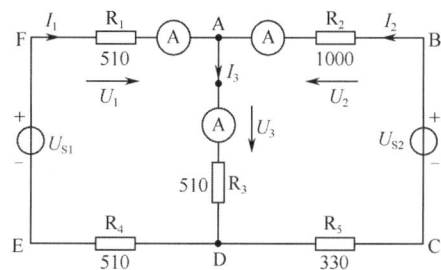

图 1.44　基尔霍夫定律的验证

（2）分别将两路直流稳压电源接入电路，令 U_{S1}=6V，U_{S2}=12V。

（3）将电流插头分别插入三条支路的三个电流插座中，将电流插头的红接线端接电流表"+"极，电流插头的黑接线端接电流表"−"极。选择合适的电流表挡位，记录电流值。

（4）用直流数字电压表分别测量两路电源输出电压及电阻元件上的电压值，并记录。

（5）将测得的各电流、电压值分别代入 $\Sigma I=0$ 和 $\Sigma U=0$，计算并验证基尔霍夫定律，做出必要的误差分析（测量数据记入表 1.16）。

表 1.16　基尔霍夫定律测量数据

被测量	I_1（mA）	I_2（mA）	I_3（mA）	U_{S1}	U_{S2}	U_{FA}	U_{AB}	U_{CD}	U_{AD}	U_{DE}
计算值										
测量值										
相对误差										

5．操作报告及要求

（1）根据测量数据，选定实验电路中的任一个节点，验证 KCL 的正确性。

（2）根据测量数据，选定实验电路中的任一个闭合回路，验证 KVL 的正确性。

任务 1.3　汽车电路基本器件

一、汽车电路保险装置

为了防止过载或短路烧坏用电设备与导线，常在负载与电源之间串联保险装置。汽车上的保险装置通常有 3 种：一种是易熔线；一种是熔断器（保险丝），易熔线与熔断器熔断后都需要更换；还有一种是断路器，断路器动作会切断电源与负载的联系，电路在排除故障后可自行恢复。

1. 熔断器

熔断器俗称保险丝，在电路中起保护作用。当电路发生短路或严重过载时，它的熔丝能自动迅速熔断，从而切断电路，防止烧坏电路连接导线和电气设备，并把故障限制在最小范围内。熔断器的主要元件是熔丝（片），其材料是锌、锡、铅、铜等金属的合金。常见熔断器按外形可分为熔片式、熔管式、绝缘式、缠丝式、插片式、瓷插式和螺旋式等，它们的结构如图 1.45 所示。

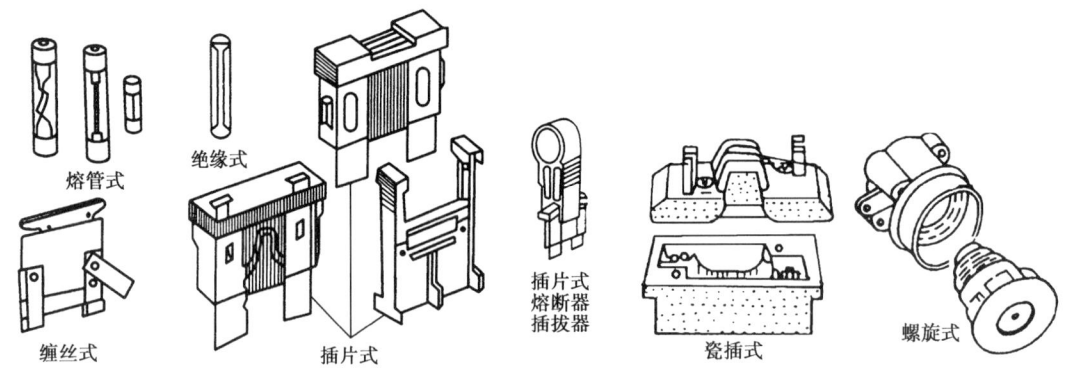

图 1.45　熔断器的种类

一般情况下，环境温度在 18～32℃、流过熔断器的电流为额定电流的 1.1 倍时，熔丝不熔断；达到 1.35 倍时，熔丝在 60s 内熔断；达到 1.5 倍时，20A 以内的熔丝在 15s 内熔断，30A 熔丝在 30s 内熔断。

熔丝的颜色：30A—绿色，25A—白色，20A—黄色，15A—蓝色，10 A—红色，7.5A—棕色，5A—米色。

熔断器在使用中应注意以下几点：

（1）熔断器熔断后，必须找到故障原因，彻底排除故障。

（2）更换熔断器时，一定要与原规格相同。汽车上增加用电设备时，不要随意改用容量大的熔断器，最好另外再安装熔断器。

（3）熔断器支架与熔断器接触不良会产生电压降和发热现象，安装时要保证良好接触。

行驶中熔断器熔断后的应急处理：可用其他电路相同或稍大容量的熔断器替代；如果其他电路需要工作，可暂时采用细导线代替其他电路的熔断器。一旦到达目的地或有新熔断器时，应及时更换。

除了熔断器,汽车中还有易熔线,也是常用的熔断装置,如图 1.46 所示为熔断器和易熔线的图形符号。

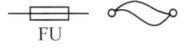

图 1.46　熔断器和易熔线的图形符号

2. 易熔线

易熔线是一种截面积一定,能长时间通过较大电流的合金导线。当电路中电流过载或发生短路故障时,易熔线在数秒内熔断,从而切断电路,以保护用电设备。易熔线主要用在电源电路和大电流电路中。

易熔线在使用时应注意:

(1)绝对不允许换用比规定容量大的易熔线。

(2)易熔线熔断,可能是主要电路发生短路,因此需要仔细检查,彻底排除隐患。

(3)不能和其他导线绞合在一起。

3. 断路器

(1)电路断路器的分类。易过载的电路和负载设备常用电路断路器进行保护,它可以安装在熔断器盒面板上或电路的线路中。电路断路器分为三种常用类型,即自动复位电路断路器、手动复位电路断路器和正温度系数(PTC)固态电路断路器。

①自动复位电路断路器。自动复位电路断路器又称可循环电路断路器,如图 1.47 所示。断路器是机械装置,它利用两种不同金属(双金属)的热效应断开电路,如果额外的电流经过双金属带,双金属带弯曲,触点开路,阻止电流通过;双金属带冷却后,触点自动闭合,电流又可以在电路中流动。

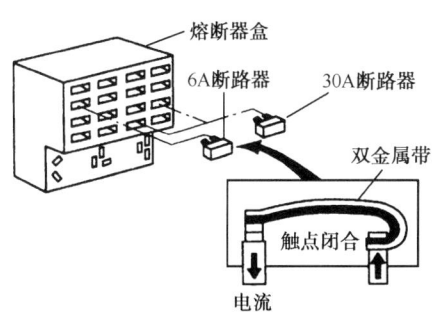

图 1.47　自动复位电路断路器

②手动复位电路断路器。手动复位电路断路器又称为可复位电路断路器,它有两种形式。一种是通过按下断路器上的按钮复位,另一种是通过断开电路电源并让电路断路器冷却复位,如图 1.48 所示。

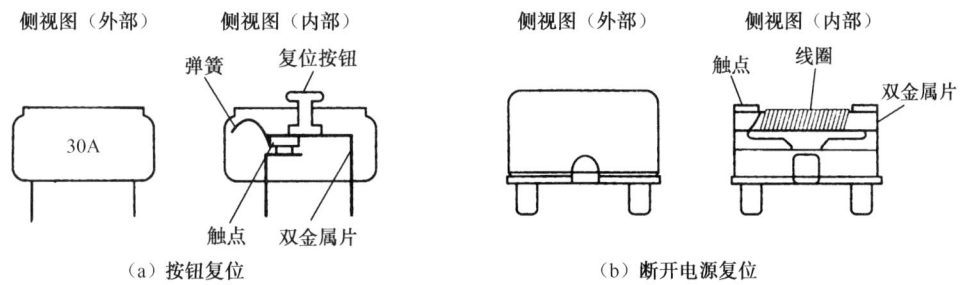

图 1.48　可复位电路断路器

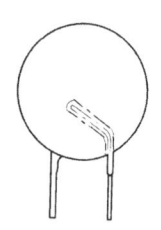

图 1.49　PTC 固态电路断路器

③PTC 固态电路断路器。PTC 固态电路断路器外形如图 1.49 所示，这种电路断路器常线绕于负载元件的内部。当电流超出了设计极限，PTC 固态电路断路器的电阻就会一直增加，直到电路断路。只有电路中的高电流状态消失后，PTC 固态电路断路器才能恢复导通。

（2）电路断路器的应用。汽车电路断路器的一个代表性应用是电动车窗电路。电动车窗由可逆电机牵引，每个电机都由一个内置式断路器保护。如果车窗开关打开太久（车窗受到阻碍或达到上下极限后），断路器会将电路断开，待冷却之后又会自动复位。

前照灯电路是应用断路器代替熔断器的一个例子。前照灯电路中任何地方发生短路或接地都会引起额外的电流，并会因此断开电路。在夜晚突然失去前照灯会产生灾难性的后果，可是，断路器在断开电路后又会迅速闭合电路，从而避免了电路过热，也提供了充足的电流以保持至少部分前照灯能够工作。

二、点火开关

点火开关主要用来接通和切断点火电路，同时还用以控制起动机、发电机励磁、收放机、空调、刮水器、点烟器、仪表、信号灯、进气加热和其他电气设备电路。

点火开关是汽车电路中最重要的开关之一，是各条电路分支的控制枢纽，是多挡接线柱开关。其主要功能是：锁住转向盘轴（LOCK），运行/点火（ON 或 IG）挡、起动（ST 或 Start）挡、附件（Acc）挡，如果用于柴油车则增加预热（HEAT）挡。其中，起动、预热挡因为工作电流很大，开关不宜接通过久，所以这两挡在操作时必须用手克服弹簧力，扳住钥匙，一松手就弹回点火挡，不能自行定位，其他挡均可自行定位。点火开关的结构及表示方法如图 1.50 所示。

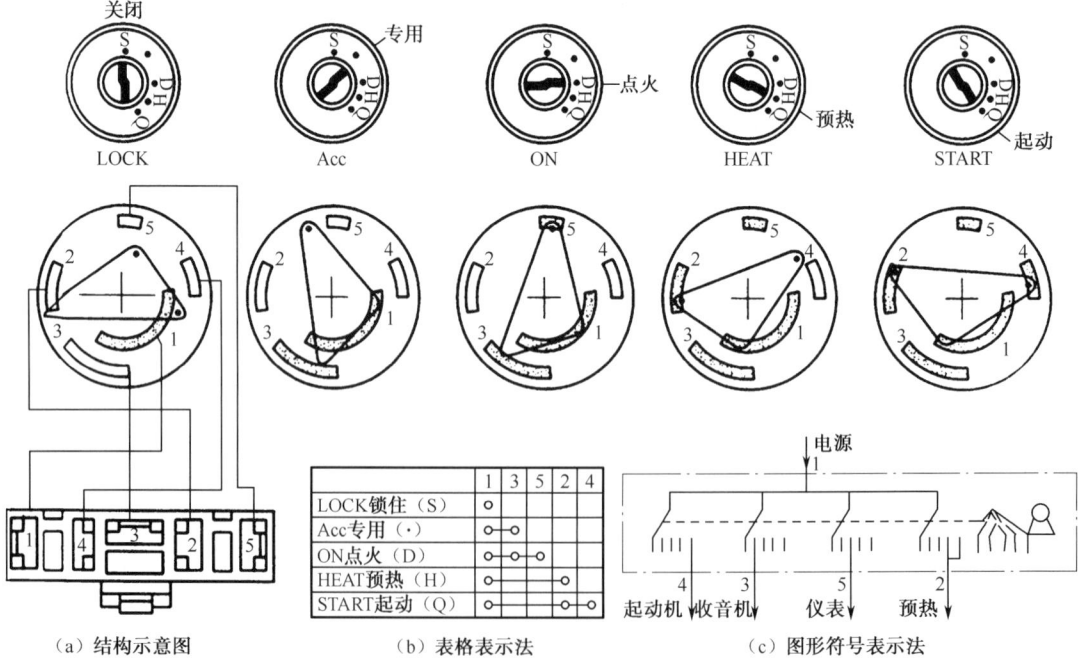

图 1.50　点火开关的结构及表示方法

除了点火开关，将多种开关功能集成在一起而构成的组合开关在现代汽车上使用非常广泛，如灯光组合开关、风扇组合开关等。因此，在识图时应了解开关在不同状态下，开关内部触点（插头）和电路接线（插座）之间的对应关系。

三、继电器

另一种广泛应用于汽车中的开关是电磁式开关，这种开关又称为继电器，如图 1.51 所示。

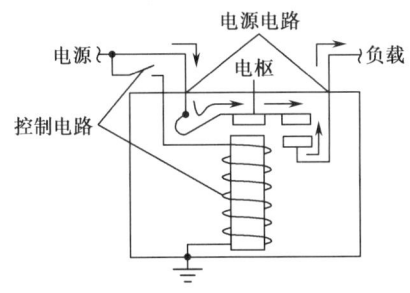

图 1.51 继电器

1. 继电器概述

电磁继电器一般由铁芯、线圈、衔铁、触点簧片等组成。只要在继电器线圈两端加上一定的电压，线圈中就会流过一定的电流，从而产生电磁效应。衔铁就会在电磁力的作用下（吸引）克服返回弹簧的拉力而吸向铁芯，从而带动衔铁的动触点与静触点（常开触点）吸合；当线圈失电后，电磁吸力也随之消失，衔铁就会在弹簧反作用力的作用下返回原来的位置，使动触点与原来的静触点（常闭触点）吸合。这样反复吸合与释放，达到接通与切断电路的目的。

继电器是一种电子控制器件，它具有控制系统（又称输入回路）和被控制系统（又称输出回路）。继电器具有动作性，工作稳定，使用寿命长，体积小，广泛应用于电力保护领域，如自动化装置，遥控、测量及通信等装置中。继电器实际上是用较小的电流去控制较大电流的一种"自动开关"，在电路中起着自动调节、安全保护电路转换等作用。

汽车喇叭电路就是应用继电器实现控制的一个例子，如图 1.52 所示。按下图中的喇叭开关，电路中的继电器线圈得电，有电流通过，继电器常开触点闭合，接通蓄电池和喇叭部件间的电路。

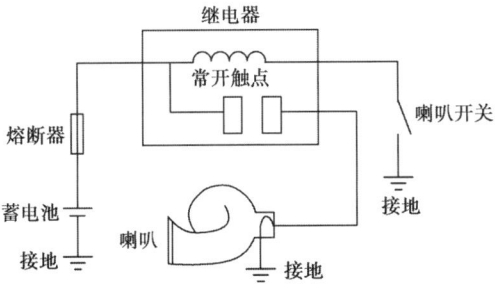

图 1.52 继电器在喇叭电路中用作大电流开关

2. 继电器的检测

继电器的检测方法有两种，即在车检测和离车检测。在车检测时可以先用万用表测量继电器两个线圈接线端子是否有电，如果一端有，那么另一端可以连上搭铁线，此时如果听到"咔"的响声，那么继电器是好的；如果此时无声无息（无动作），那么继电器是坏的。

（1）检测线圈。检测线圈时，应先用电阻表对继电器线圈的连通性进行测试，如图 1.53 所示。如果线圈未断开，说明继电器绕线部分没有问题；若电阻表的读数为无穷大，说明线圈已经烧断。

（2）测试继电器的常开触点。如图 1.54 所示，进行这一步测试需要将电阻表连接在继电器常开触点的接线端上。当用适当的电池给继电器的线圈充电励磁时，电阻表的读数就能显示触点的连通性。如果触点已损坏，电阻表的电阻读数会很大。

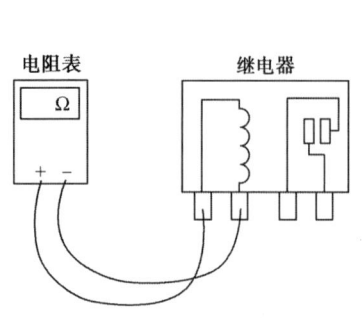

图 1.53　测试继电器线圈的连通性　　　　图 1.54　检查继电器触点的连通性

技能操作　汽车电路中常见电气元件的识别与检测

1．操作目的
（1）学习万用表的使用方法。
（2）认识并检测常用电气元件的好坏。

2．操作器材
实验用车 1 台，万用表 1 块，继电器、熔断器、组合开关等若干。

3．操作内容及步骤
（1）常用电气元件的认识情况填入表 1.17。

表 1.17　常用电气元件的认识

电气元件名称	安 装 位 置	型　　　号	作　　用	备　　注
继电器 1				
继电器 2				
继电器 3				
中央接线盒				
接线盒 2				
开关				

（2）开关。实验车上用到了哪些开关？

_____

_____

（3）点火开关的检测。
①实验车的点火开关有_____挡，分别是_____。

②在不通电的情况下检测点火开关，选用数字万用表_____挡。

③将检测情况填入表 1.18 中。

表 1.18　点火开关检测情况

开 关 动 作	测 量 端 子	通 断 情 况
0 挡		
I 挡		
II 挡		
III 挡		

④对表 1.18 中的检测情况分析可知，该点火开关_____（填"损坏"或"良好"）。

（4）电动车窗组合开关的检测。

①用数字万用表进行检测，将检测情况填入表 1.19 中。

表 1.19　电动车窗组合开关检测情况

开关状态（驾驶员侧）	输 出 端 子	通 断 情 况	备 注
OFF			
UP			
DOWN			
AUTO/ DOWN			
开关状态（乘员侧）	输 出 端 子	通 断 情 况	备 注
OFF			
UP			
DOWN			

②从检测情况分析，该组合开关_____（填"损坏"或"良好"）。

③其他组合开关检测情况填入表 1.20。

表 1.20　其他组合开关检测情况

开 关 名 称	开 关 动 作	引 脚 测 量	测 量 标 准	好 坏 判 断

（5）继电器检测。

①中央接线盒中有_____个继电器。

②你所检测的继电器属于哪种？_____

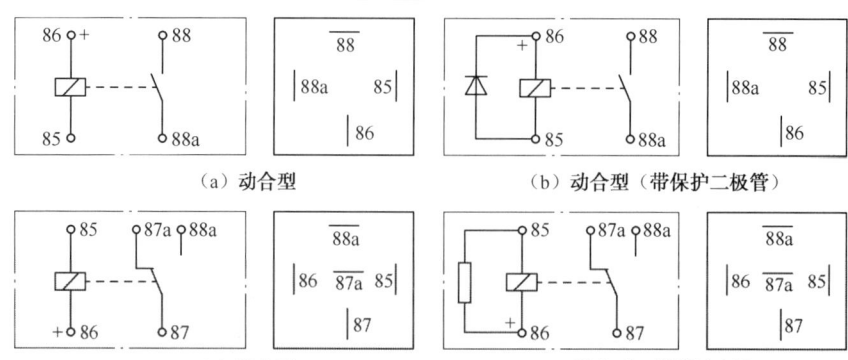

（a）动合型　　　　　　　　　　（b）动合型（带保护二极管）

（c）混合型　　　　　　　　　　（d）混合型（带泄放电阻）

③检测继电器，选用万用表合适的挡位，将所测结果填入表 1.21 中。

表 1.21　继电器检测结果

继电器名称	型　号	引　脚	测 量 结 果	好 坏 判 断

（6）熔断器。

①实验车中央接线盒中有_____个熔断器。

②将中央接线盒中熔断器的规格填入表 1.22 中。

表 1.22　熔断器规格

熔 断 器	颜　色	规　格	作　用	好 坏 判 断

任务 1.4　汽车电路

一、汽车电路的特点

1．双电源低压直流供电

汽车电气系统的额定电压一般有 12V 和 24V 两种，汽油机普遍采用 12V 电源，柴油机多采用 24V 电源。汽车中电源有两类：一类是蓄电池，一类是交流发电机及其整流电路，它们都是直流低压电源。蓄电池是辅助电源，发动机未起动时向部分用电设备供电；发电机是主电源，当发动机起动后，发电机向全车用电设备供电，同时对蓄电池进行充电。

2．单线制

单线制，就是利用汽车发动机和底盘、车身等金属机件作为各种用电设备的共用连线（俗称搭铁），而用电设备到电源只需另设一根导线。任何一个电路中的电流都是从电源的正极出发，经导线流入用电设备后，通过金属车架流回电源负极而形成回路。采用单线制不仅可以节省材料（铜导线），使电路简化，而且便于安装和检修，降低故障率。但在一些不能形成可靠的电气回路或需要精确电子信号的回路中则采用双线。

3．负极搭铁

搭铁，就是采用单线制时，将蓄电池的一个电极用导线连接到发动机或底盘等金属车体上。若蓄电池的负极连接到金属车体上，称为负极搭铁；反之，若蓄电池的正极连接到金属车体上，称为正极搭铁。我国国家标准中规定汽车电器必须采用负极搭铁，目前世界各国生产的汽车也大多采用负极搭铁方式。

4．用电设备并联

用电设备并联，是指汽车上的各种用电设备都采用并联方式与电源连接，每个用电设备都由各自串联在其支路中的专用开关控制，互不产生干扰。

5．装有保护装置

为了防止电路或元件因搭铁或短路而烧坏电线束和用电设备，各种类型的汽车上均安装有保险装置。这些保险装置有的串接在元器件（或零部件）回路中，也有的串接在支路中。

6．大电流开关通常加中间继电器

汽车中大电流的用电器（如起动机、电喇叭等）工作时的电流很大（例如通过起动机的电流一般约为100~200A），如果直接用开关控制它们的工作状态，往往会使控制开关早期损坏。因此，控制大电流用电设备的开关常采用加中间继电器的方法，即采用控制继电器线圈的小电流，由继电器闭合后的触点为用电设备提供大电流。

二、汽车电路识图

汽车电路图包含了汽车电气线路图、汽车电路原理图、汽车线路定位图等。

1．汽车电气线路图

汽车电气线路图是表示汽车电源、用电设备、电器控制开关、继电器与导线连接方式及其在车身上的分布情况的简图。它按照汽车用电设备在车身上的位置来进行布线，重点表示线路的走向、插接件连接和开关继电器的控制。

汽车电气线路图有如下特点：

（1）与实物极为相似。用电设备都以实物为轮廓，内部画出其结构简图。

（2）用电设备的数量明显准确。

（3）各配电装置、用电设备、导线的连接方式清晰，方便循线查找。

（4）重在表达整车电器及线路的连接，对反映系统工作原理与故障分析产生的原因有帮助。

2．汽车电路原理图

原理图是用简明的电路符号按照电路原理将每个系统元器件合理地连接起来，再将各个规则排列而成。

汽车电路原理图有如下特点：

（1）各用电设备、配电装置全用电路符号表示，不讲究电气设备的实际形状、位置和导线的实际走向。

（2）以表达汽车电路的工作原理和相互连接控制关系为重点。对线路图做了高度的简化，使电路变得简明扼要、准确清晰。

（3）对了解汽车电气设备的工作原理和迅速分析排除电气系统的故障十分有利，它是分析电气系统的工作原理以及维修电气系统最实用的资料。

电路原理图重点表达各电气系统电路的工作原理，既可以是全车电路图，也可以是各系统电路原理图。通常所说的汽车电路图的识读，就是识读这种原理图，它是检测与维修人员必备的基本功。

3．汽车线路定位图

汽车线路定位图用于指示各电器及导线的具体位置，一般采用绘制的立体图或实物照片的形式，立体感强，能直观、清晰地反映电器在车上的实际位置，具有很高的实用价值。定位图还可进一步细化分为汽车电器定位图、汽车线束图、汽车线路连接器插脚图、汽车接线盒（含熔丝盒、继电器盒）平面置图。例如，为了便于检修，熔丝、继电器及导线的铰接点往往集中安装在熔丝盒、继电器盒及接线中。许多车上把这三种盒组合在一起称为熔丝/继电器盒、中央接线盒等。在读图时，先通过电器定位图了解各盒在车上的安装位置，再通过各盒的内部线路图了解盒内的连接关系。

4．汽车电路图识读的要领

（1）认真读几遍图注，熟悉电气图形符号、电路标记符号。

（2）牢记汽车电路特点：直流低压、负极搭铁、单线并联制。

（3）读图的第一步是将局部电路从全车电路中分离出来。

（4）牢记回路原则。电路读图的目的是找出正确回路，确定回路中的导线、插座、保险、继电器及各种元件，从而分析故障点。

（5）继电器电路要分别分析继电器线圈与触点所在回路。

技能操作　识读汽车电器电路图

1．操作目的

（1）能正确识读汽车电器电路原理图。

（2）分析系统工作原理和线路电流走向。

2．操作器材

实验用车1台，数字万用表1块，丰田轿车电路图若干。

3．操作注意事项

（1）在分析系统电路图时，要全面细致。

（2）分析电流走向时，要注意电流的方向。

4．操作内容及步骤

（1）总电路图的识读。

①丰田轿车电路图（局部）如图1.55所示。

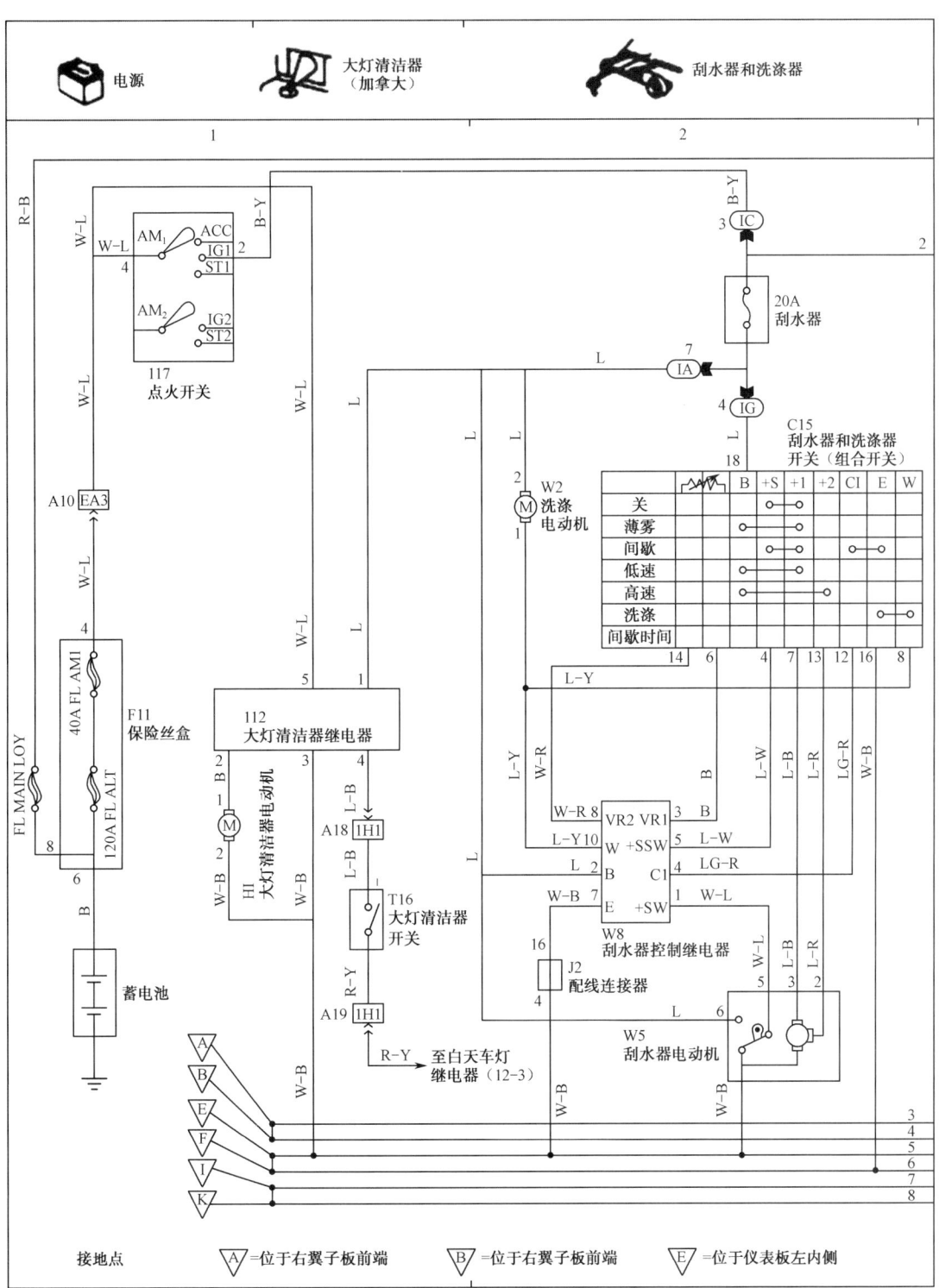

图 1.55　丰田轿车电路图（局部）

在线路图中，配线颜色用字母代号表示，字母代号的含义见表 1.23。

表 1.23　配线颜色与代号

B—黑	L—蓝	R—红	BR—棕	LG—浅绿	V—紫
G—绿	O—橙	W—白	GR—灰	P—粉红	Y—黄

②电路图的标示方法。

丰田车系电路图的标示方法如图 1.56 所示。图中各部分的含义如下：

Ⓐ表示各子系统的标题符号。

Ⓑ表示配线颜色。例如，线路图中导线颜色编号为 R，则说明在实际电路中，导线颜色为红色。如果导线为双色，则由第一个字母表示配线基本颜色，第二个字母表示配线的条纹颜色。

Ⓒ表示与电气元件连接的插接器编号。S40 或 S41 表示与起动继电器相连接的插接器。

Ⓓ表示插接器的引脚编号，其中插座和插头编号的方法不同。在插座编号中，顺序为从左至右，从上至下；插头编号则从右至左，从上至下。

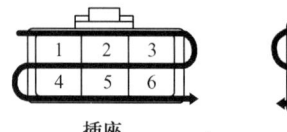

插座　　　　　　插头

Ⓕ表示继电器盒。圈内数字表示继电器盒号码，图示继电器盒号码为 1，表示 EFI 主继电器在 1 号位置。

Ⓔ表示接线盒。圈内数字表示接线盒（J/B）号码，圈旁数字表示该插接器插座位置代码。接线盒上一般印上阴影，使其与其他元件区分。不同的接线盒用不同的阴影标出，以便区分。

Ⓖ表示相互关联的系统。

Ⓗ配线与配线之间的插接器。带插头的配线用符号"》"表示，外侧数字 12 表示引脚号码。

Ⓘ用"（　）"中内容表示同车型不同系列、不同发动机或不同技术下的不同配线或连接。

Ⓙ表示屏蔽的配线。

Ⓚ表示接地点位置。接地点在电路图中用"▽"符号表示。

Ⓛ表示系统电路图如果分开两页以上，则相同的配线用同一个数字（如用 1、2、3……）表示其连接关系。

（2）电路图的识读方法。尽管不同车系、不同系统电路原理不同，但识读电路原理图的方法是通用的。可从三个方面入手：

①判断该电气系统的控制方式。若属于电子控制系统，则要将系统的线路分成三部分：

a．电控制单元与电源的连接电路；

b．信号输入电路；

c．执行器工作电路。

若该用电器中使用了继电器，则要区分主电路及控制电路。注意：无论是主电路还是控制电路，往往都不止一条。

②识图从用电器入手。在电路图中，从其他部分处入手，不利于掌握各电器的工作原理。而从用电器入手，很容易将与之相关的控制器件查找出来。

③运用回路原则。通过运用回路原则，找出电器与电源正、负极构成的回路。

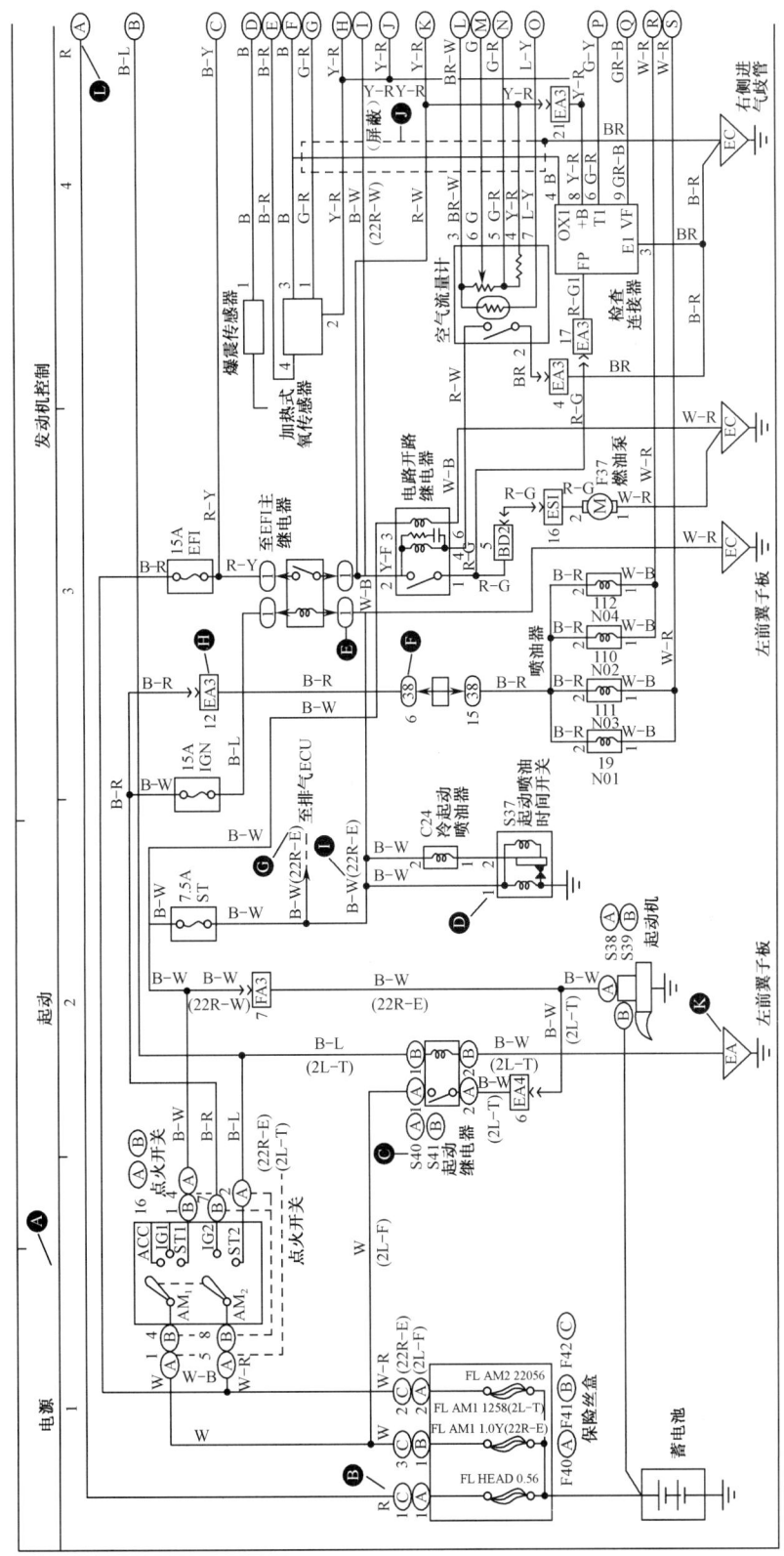

图1.56 丰田车系电路图的标示方法

（3）电路图的识读。

①电路按其作用分为电源电路、接地电路、信号电路、控制电路。

②直接连接在一起的导线（也可经由熔丝、铰接点连接）必具有一个共同的功能，如都为电源线、接地信号线、控制线等。

③在分析各条电路（电源电路、信号电路、控制电路、接地电路）的作用时，经常用到排除法判断电路，即对不易判断功能的电路，通过排除其不可能的功能来确定其实际功能。

④注意各元件的串、并联关系，特别要注意几个元器件共用电源线、共用接地线和共用控制线的情况。

⑤传感器经常共用电源线、接地线，但决不会共用信号线。执行器会共用电源线、接地线、控制线。

任务 1.5 汽车常用仪器仪表的使用

一、汽车专用数字式万用表

汽车专用数字式万用表具有精度高、输入阻抗高、量程范围宽、测量速度快、抗干扰能力强、功耗小、过载能力强、分辨率高等特点。除了一般电路参数，汽车专用万用表还可以测量温度、电容、传感器输出的电信号频率、闭合角、占空比、发动机转速等参数，并具有峰值保持、读数锁定等功能。

下面以 KM300 型汽车专用数字万用表（如图 1.57 所示）为例进行介绍。

1. 测量直流电压

将选择开关转到 DCV 位置，这时万用表会进入自动选择量程方式，自动选择最佳量程。也可以按下"RANGE"（量程）按钮，选择量程方式，每按一次按钮即可选择到下一个较高的量程。

将红表笔插入面板上的"V/Ω"插孔中，将黑表笔插入面板上的"COM"插孔中，再将两表笔并联接到被测电路上，读数即可。

注意：红表笔（正）、黑表笔（负）应分别和电路测试点的"+""−"极性一致。

2. 测量直流电流

按下"DC/AC"切换按钮，选择直流。将选择开关转到 15A 或 mA/μA 位置。将红表笔插入"15A"或"mA/μA"插孔中，将黑表笔插入面板的"COM"插孔中。若事先不知道被测电流的大小范围，应从最大量程开始。此时应将万用表串联到被测电路中，待屏幕显示稳定后再读数。

3. 测量电阻

将选择开关转到 Ω 位置。这时万用表会进入自动选择量程方式，自动选择最佳量程。也可以按下"RANGE"（量程）按钮，选择量程方式，每按一次按钮即可选择到下一个较高的量程。将红表笔插入面板上的"V/Ω"插孔中，黑表笔插入面板上的"COM"插孔中，再将两表笔接到被测电路上，显示稳定后即可读数。

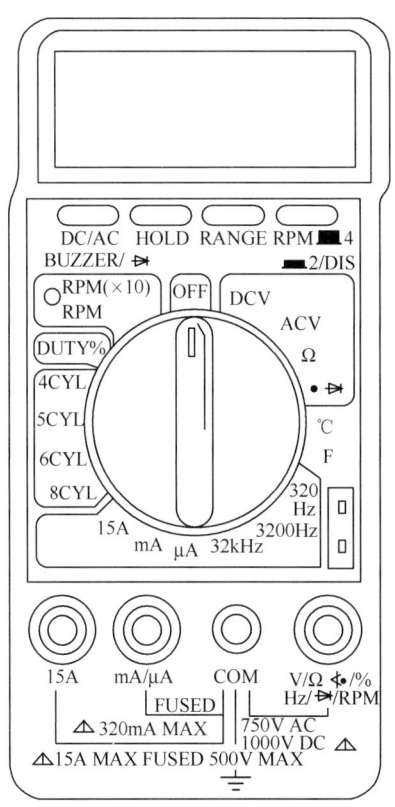

图 1.57　KM300 型汽车专用数字万用表

4．测量温度

将选择开关转到℃位置。将汽车专用数字万用表配备的带测针的特殊温度插头插到面板的黄色插孔内，让测针与被测温度的部位接触，待显示稳定后即可读数。

5．测量发动机转速

将选择开关转到 RPM 或 RPM（×10）位置。将感应夹的红色导线插入面板的"V/Ω"插孔中，黑色导线插入面板上的"COM"插孔中，将感应夹夹在通往火花塞的高压线上，其上方的箭头应指向火花塞。按"RPM"按钮，根据被测发动机的冲程数和有无分电器，选择"4"或"2/DIS"，读取发动机转速值。

6．测量触点闭合角

根据被测发动机的气缸数，将选择开关转到触点闭合角区域中对应缸（4CYL、5CYL、6CYL、8CYL）位置上。闭合角插孔与"V/Ω"插孔是同一个插孔，将红表笔插入面板的"V/Ω"插孔中，黑表笔插入面板的"COM"插孔中，再将两表笔接到被测电路上，读取触点闭合角数值。

二、汽车专用示波器

1．示波器的分类与作用

显示和记录随时间变化的电量（如电压、电流等）的仪器称为示波器。示波器用电压随时间的变化的图像来反映一个电信号，它显示的电信号比万用表更准确、更形象。示波器一般由传感器（包括夹持器、测试探头和测针等）、中间处理环节和显示器等组成。

（1）模拟示波器。模拟示波器显示屏上显示的电压波形称为光迹，是由阴极射线管（CRT）内移动的光束形成的。电子枪产生光束，CRT 内的电压极板则在垂直和水平方向上使光束发生偏转，形成光迹。其光迹是一种模拟式的"实时"电压图像，适合于测量频率较快、重复性好（周期稳定）的电压信号。

（2）数字示波器。数字示波器采集模拟的电压信号，然后将其转变为数字信息记录下来，再通过显示屏将其重现。相比于模拟示波器，该信息具有以下特性：可暂停显示、保存、打印或记录某个波形；可显示、捕捉慢速变化且周期不稳的单一脉冲信号波形。

（3）数字示波器在汽车维修中的作用。汽车电子设备的有些信号其变化速率非常快，其变化周期达到千分之一秒，许多故障信号是间歇的，时有时无，这就需要仪器的测试速度高于故障信号的速度。通常要求测试仪器的扫描速度是被测信号的5～10倍。数字示波器完全可以胜任这个速度，数字示波器不仅可以快速捕捉电路信号，还可以用较慢的速度来显示这些波形，以便可以一面观察一面分析。它还可以用储存的方式记录信号波形，可以倒回来观察已经发生过的快速信号，这就为分析故障提供了极大的方便。无论是高速信号（如喷油器信号及间歇性故障信号）还是慢速信号（如节气门位置变化及氧传感器信号），用数字示波器来观察都可以得到想要得到的波形结果。一个好的示波器就像一把尺子，它可以去测量计算机系统工作状况，通过数字示波器可以观察到汽车电子系统是如何工作的。

2. 汽车电控系统输入信号与输出信号的种类

汽车电控系统输入信号与输出信号的种类，基本上可分为模拟信号和数字信号两种。这些模拟信号和数字信号可分为直流信号、交流信号、频率调制信号、脉宽调制信号和串行数据信号。

（1）直流（DC）信号。直流信号是一种模拟信号，如图1.58所示，汽车上产生直流信号的传感器元件有发动机冷却液温度传感器、进气温度传感器、节气门位置传感器、翼片式空气流量传感器、进气压力传感器等。

图1.58　直流信号波形

（2）交流（AC）信号。交流信号也是模拟信号，如图1.59所示，在汽车上产生交流信号的传感器和装置有车速传感器、轮速传感器、磁感应式曲轴位置与凸轮轴位置传感器等。

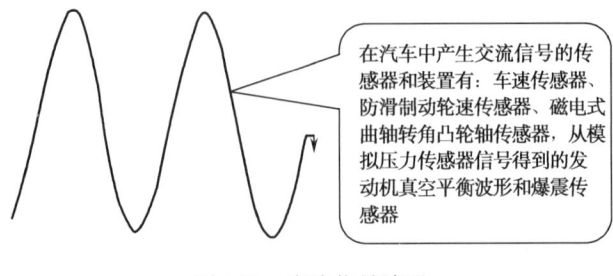

图1.59　交流信号波形

（3）频率调制信号。汽车电控系统中产生可变频率信号的传感器和装置有数字式空气流量传感器、光电式车速传感器、霍尔式车速传感器、光电式曲轴位置和凸轮轴位置传感器、霍尔式曲轴位置和凸轮轴位置传感器等。频率调制信号波形如图 1.60 所示。

图 1.60　频率调制信号波形

（4）脉宽调制信号。汽车电控系统中产生这种信号的电路和装置有喷油器、EGR 控制电磁阀、涡轮增压控制电磁阀、怠速控制电磁阀等。脉宽调制信号波形如图 1.61 所示。

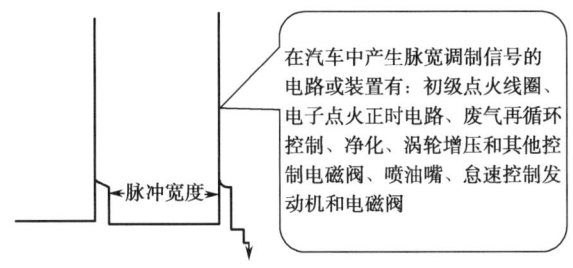

图 1.61　脉宽调制信号波形

（5）串行数据信号波形。串行数据信号波形由发动机控制计算机、车身控制计算机、防抱死制动系统计算机和其他控制模块产生。串行数据信号波形如图 1.62 所示。

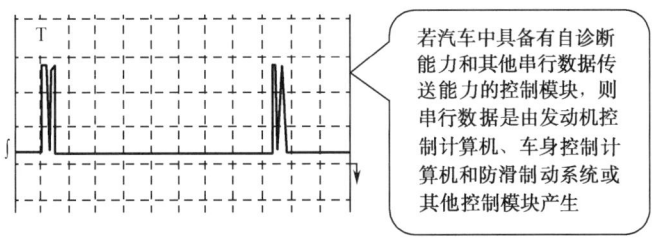

图 1.62　串行数据信号波形

3．分析示波器波形的重要参数

对于任意一个传感器或执行器及电路，所有的汽车电子信号都具有以下可度量的 5 个参数指标中的一个或几个，它们分别可以用以下可度量的 5 个参数指标加以判断。

（1）幅值 A。幅值是指电子信号在一定点上的即时电压，也表示波形的最低点和最高点的差值，如图 1.63 所示。

（2）频率 f。频率是指电子信号循环之间的时间，即电子信号在两个事件或循环之间的时间，一般是指每秒的循环次数（Hz）。如图 1.64 所示的信号周期 T=20ms=0.02s，频率 f=1/T=1/0.02=50Hz。

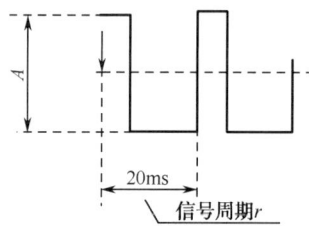

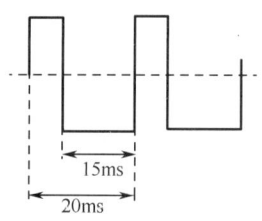

图 1.63　脉冲波形的峰值与周期　　　　图 1.64　脉冲波形的宽度与占空比

（3）形状。波形的形状是指电子信号的外形特征，指明它的曲线、轮廓、上升沿、下降沿等。

（4）脉冲宽度。脉冲宽度是指电子信号所占的时间或占空比。

波形的脉冲宽度表示信号负电压部分的宽度，通常以 ms 表示，如图 1.64 所示。

波形的占空比表示信号的脉冲宽度与信号周期的比值，用百分比表示。例如，脉冲宽度=15ms，占空比=15/20×100%=75%，如图 1.64 所示。

（5）阵列。波形的阵列是指组成信息信号的重复方式，例如第 1 缸传送给发动机 ECU 的上止点同步脉冲信号，或传给微机故障检测仪的有关冷却液温度的数据流等。

4．示波器控制

示波器控制按照其功能可分为两种：一种控制 Y 轴上的电压，一种控制 X 轴上的时间。

在示波器上，这些控制通过示波器上的开关和旋钮实现，帮助技术人员确定信号位置，并在屏幕上进行调节。有些汽车专用示波器采用了先进的数字技术，控制调节可用屏幕上的菜单进行选择，这种改进使示波器上的控制旋钮数量减少，操作简便快捷。

（1）示波器用语。

①电压比例：每格垂直高度代表的电压值。

②时基：每格水平长度代表的时间值。

③触发电平：示波器显示时的起始电压值。

④触发源：示波器的触发通道，如通道（CH1）、通道（CH2）……

⑤触发沿：示波器显示时的波形上升或下降沿。

⑥自动触发：示波器根据信号特点自动设置触发条件。

（2）调整电压比例。纵坐标控制系统可调节电压轨迹在 Y 轴上的显示。用户可以选择以下旋钮调节电压：

①电压刻度。

②基准电压。

③输入信号耦合。

大多数模拟式示波器和部分数字式示波器都有一个旋钮来调节电压刻度。新型的数字式示波器则使用按钮来改变电压刻度。尽管不同的示波器制造厂使用不同的旋钮或按钮调节电压刻度，但这些旋钮或按钮均有相同的功能。

电压比例值决定了信号波形的高度，即幅度。电压比例是指屏幕垂直方向上显示的每个格子所对应的实际电压值。如图 1.65 和图 1.66 所示（同样的信号在使用不同电压比例显示的情况），设定值越低，示波器显示屏上显示的波形就越高。

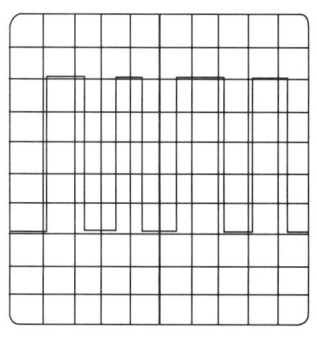

图 1.65　1V/格时的显示

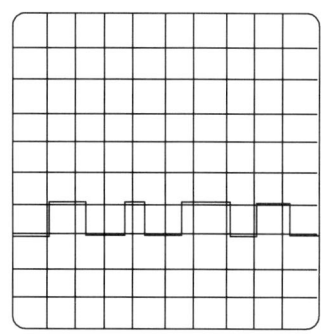

图 1.66　5V/格时的显示

（3）调整时基。时基的选择决定了重复性信号在屏幕上显示的频数，是指屏幕水平方向上显示的每个格子所对应的实际时间值。同样的信号使用不同的时基显示的情况如图 1.67 和图 1.68 所示。

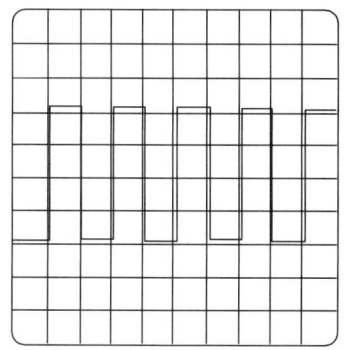

图 1.67　2ms/格时的显示

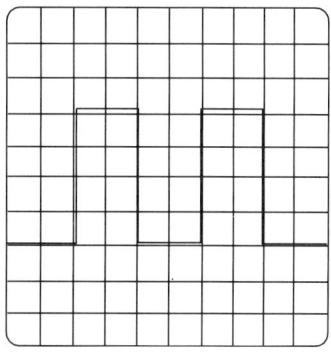

图 1.68　1ms/格时的显示

（4）调整触发。基准电压旋钮可确定 Y 轴上的基准电压。在大多数测试中，基准电压为零或为接地，但用户使用时并不希望基准电压位于屏幕的最下端。对于交变电压波形而言，如果基准电压在屏幕的最下端，则屏幕只能显示波形的上半部分。通过基准电压旋钮可将基准电压上移，这样便可观察到整个波形。触发参数的调整是使信号在屏幕上能稳定显示的前提。触发电平用于调节波形的起始显示电压值，也即设定显示屏上显示的信号以大于或小于设定的触发电平为起始显示点，如图 1.69 和图 1.70 所示。

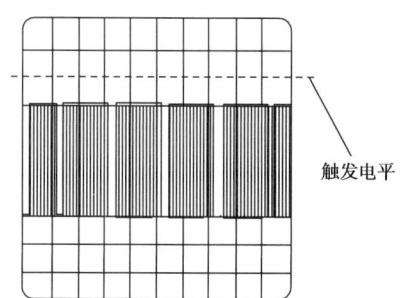

图 1.69　错误的触发电平

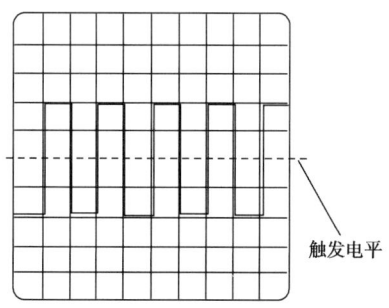

图 1.70　正确的触发电平

在图 1.69 中，由于设定的触发电平超出了信号的电平范围，示波器无法确定显示的起始位置，因此屏幕上显示的波形左右晃动，无法锁定。

在图 1.70 中，正确设定了触发电平，示波器可以准确锁定波形。

触发正、负的设定是用于确定示波器显示的波形是以大于触发电平（正触发）还是小于触发电平（负触发）的电压变化点来作为显示起始点。

触发源是用于设定以哪一通道的信号来作为触发信号。

5. 波形界面识别

（1）单通道波形识别图如图 1.71（a）和图 1.71（b）所示。

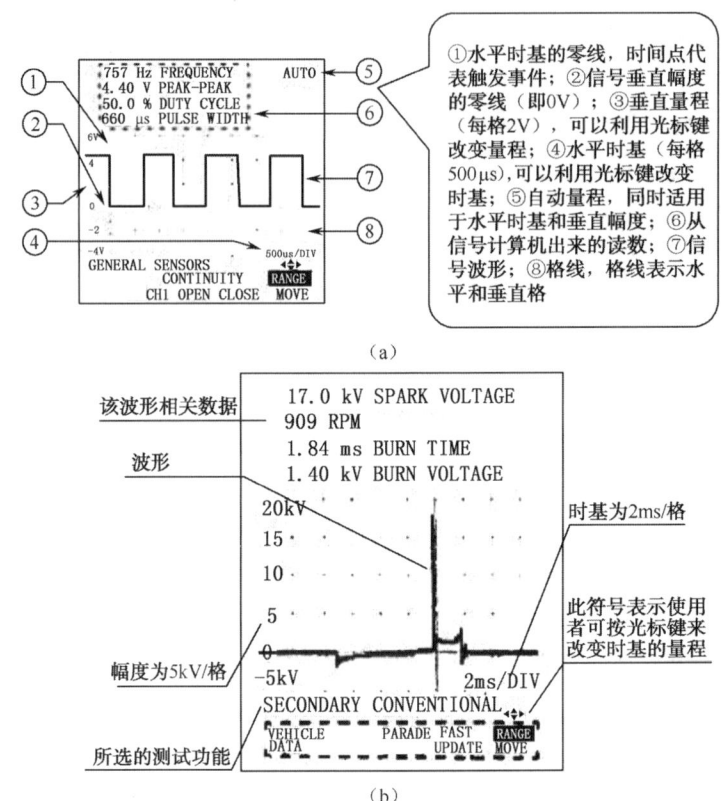

图 1.71　单通道波形识别图

（2）双通道波形识别图如图 1.72 所示。

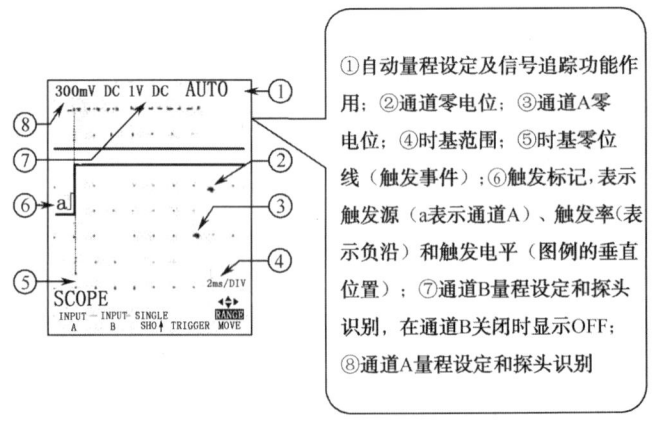

图 1.72　双通道波形识别图

6. 波形数据的识别

（1）氧传感器的信号波形如图 1.73 所示。

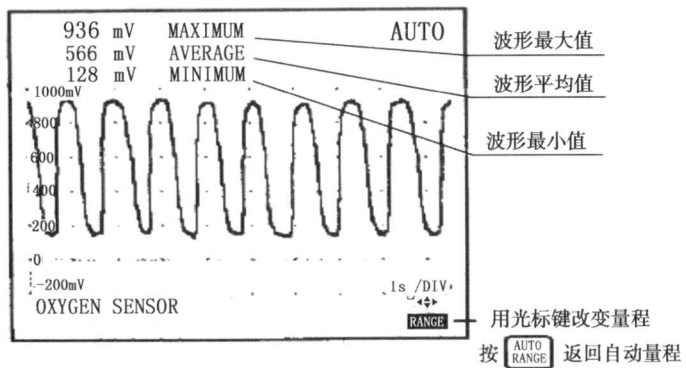

图 1.73　氧传感器信号波形图

（2）爆震传感器的信号波形如图 1.74 所示。

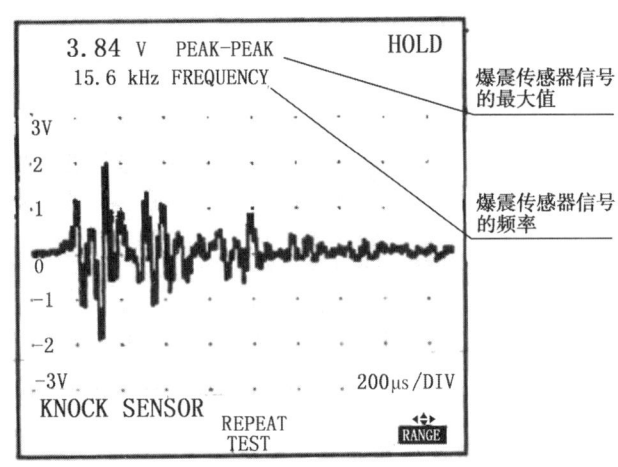

图 1.74　爆震传感器信号波形图

（3）喷油器的信号波形如图 1.75 所示。

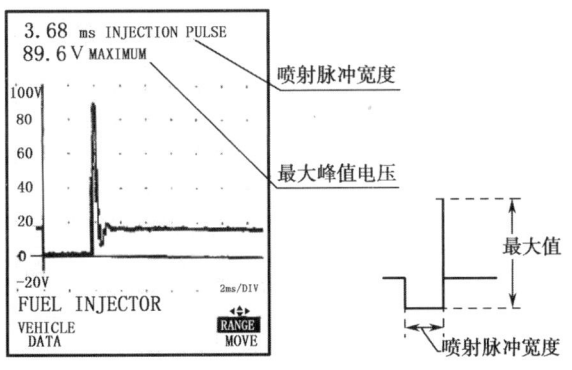

图 1.75　喷油器信号波形图

（4）初级点火信号波形如图 1.76 所示。

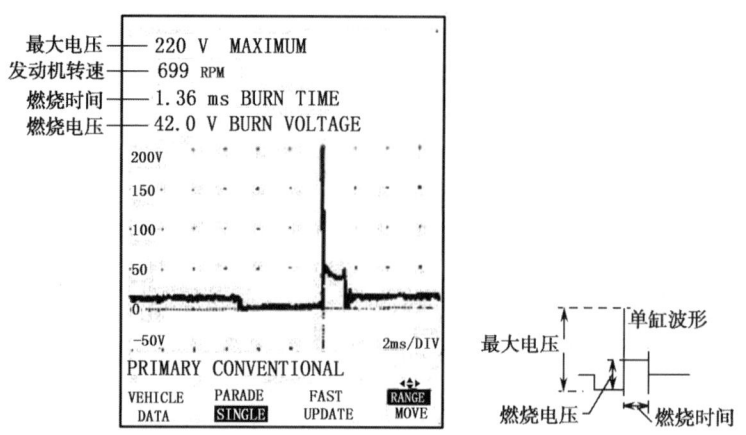

图 1.76 初级点火信号波形图

（5）次级点火信号波形如图 1.77 所示。

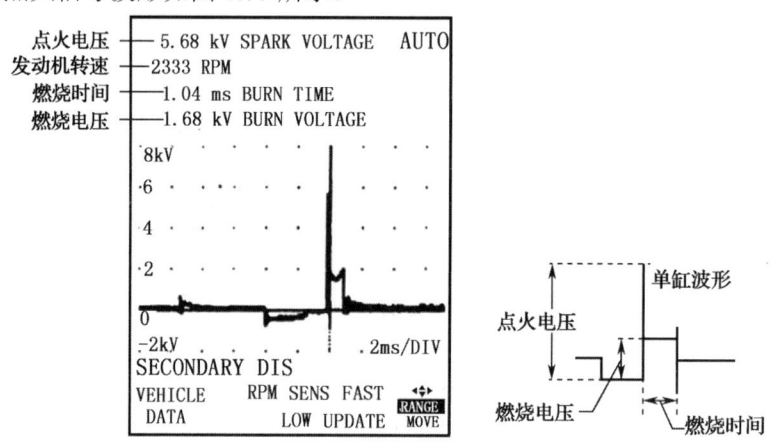

图 1.77 次级点火信号波形图

7．汽车专用示波器的使用

汽车专用示波器为汽车修理技术人员快速判断汽车电子设备故障提供了有力的工具。汽车示波器按功能分有专用示波器和多功能型示波器。Snap-on 公司的 VANTAGE-MT2400 为波形显示、数字式万用表和诊断数据库三合一的多功能综合分析仪，其外观如图 1.78 所示。

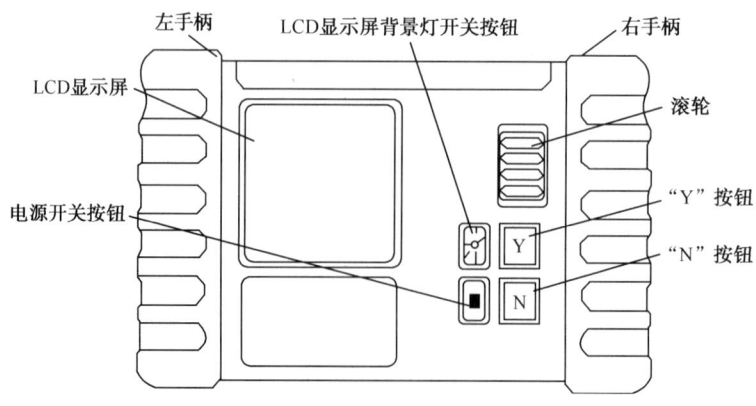

图 1.78 VANTAGE-MT2400 汽车示波器的外观

（1）仪器简介。

①VANTAGE-MT2400 汽车示波器有一个用于显示数据的液晶（LCD）显示屏和 4 个按钮、一个滚轮。4 个按钮分别是 LCD 显示屏背景灯的开关按钮、电源开关按钮、用于确定选项的"Y"按钮、用于否定或后退一步的"N"按钮。

②调整显示屏亮度的方法。按下 LCD 显示屏背景灯的开关按钮，慢慢滚动滚轮直至满意为止。滚动滚轮，屏幕上的光标随之移动，可选择所需选项；"Y"按钮用于激活选定选项，"N"按钮用于放弃选择或退出选项。按下电源开关按钮，可打开示波器；关闭时，按下电源开关钮，保持至示波器关闭为止；也可在常规设置中，设置为一段时间未操作时，示波器自动关闭。

③该示波器有 5 个测试通道接口和 1 个串行打印机接口，其中两个测试通道 CH3、CH4接口可通过一个 9 脚的 mini-DIN 连接器连接压力表 kV 级模块系统，如图 1.79 所示。

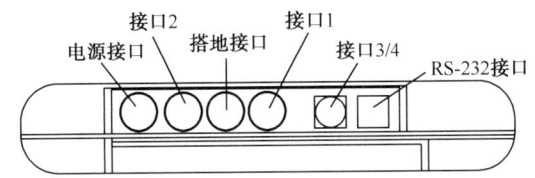

图 1.79　VANTAGE-MT2400 测试接口说明

选择不同的通道接口，该仪器可显示不同的内容，包括直流电流和电压、交流电压、电阻、频率、脉宽、压力、真空度、转速次级电压、循环频率等数值，还可测试其连续性及二极管压降。

④诊断数据库资料。该仪器可提供传感器、动作执行元器件、控制信号的测试及制造商和各系统的信息，如一般元器件的工作原理、技术参数、接头位置、正常波形显示等。

单击按钮或者测试帮助信息结束时，追踪到最大/最小值，此时蜂鸣器会发出响声。

该仪器使用两节电池，由熔断丝保护内部线路，机壳侧面有熔断丝、电池、记忆卡及更换说明。

（2）使用方法。

①元器件测试设置。打开 VANTAGE-MT2400 汽车示波器时，屏幕上会显示版权及主选单，如图 1.80 所示。

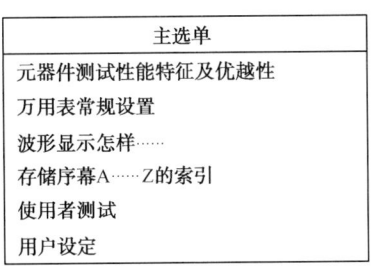

主选单
元器件测试性能特征及优越性
万用表常规设置
波形显示怎样……
存储序幕A……Z的索引
使用者测试
用户设定

图 1.80　屏幕显示主选单

②通过滚轮从主选单选择元器件作测试项，确定后仪器将会列出所选车型：克莱斯勒、福特、通用、吉普、奥迪、宝马、本田、现代、马自达等。

③滚动滚轮选择待测车型（如奥迪），按"Y"按钮进入所选车系（奥迪）测试系统（若要改变车系可按"N"按钮返回车系选择显示）。

④选择燃油喷射系统，按"Y"按钮进入生产年款选择、发动机型号选择，选好后按"Y"按钮进入主菜单。

⑤选择元器件测试性能特征及优越性，按"Y"按钮进入元器件选项：凸轮轴位置传感器、冷却液温度传感器、活性炭罐电磁阀、燃油压力、进气温度传感器、点火控制模式、喷油器、爆震传感器、空气流量传感器、氧传感器、转速传感器、节气门阀控制模式、故障诊断代码电路、旧术语、缩写应用、依普通项目列出元件单。

⑥选择凸轮轴位置传感器，按"Y"按钮进入该项目：原理、位置、连接、测试。

⑦如果在主选单中选择万用表功能，则按"Y"按钮进入万用表使用模式。此模式下示波器可作为独立的万用表使用，在全屏幕显示时有4种主要检测模式：图形、数字、双重显示和单独显示。在半屏幕显示时可作为兼有元器件测试功能的万用表使用，有5种测试模式：数字、图形、双重显示、全屏显示和单独显示。

⑧在万用表状态下的图形模式中，可显示测试波形与示波器，X轴为时间坐标轴，Y轴为测试上限，上、下限可通过将光标移动到屏幕的适当位置，滚动滚轮选择的值来改变。

⑨双重显示方式能显示两个波形，可同时比较两组读数、两组波形或一组读数、一组波形。

⑩在主选单上可选择操作设定，它可以改变仪器的操作功能，操作者设定包括：断电定时设定、背光定时设定、对比度调节、英制/公制切换、最大值/最小值声响报警、打印机/波特率设定和转速夹选择。

技能操作 用示波器测量直流电压、交流电压

1．操作目的
会用示波器进行测量。

2．操作器材
示波器1台，实训箱1台。

3．操作注意事项
（1）禁止使用绝缘外皮破损的测试线及测试探头。

（2）禁止在仪器信号输入端输入超过规定的直流或交流电压。

4．操作内容及步骤
（1）直流电压的测量。将直流稳压电源输出的直流信号送至示波器的Y轴输入端，按示波器测量直流电压的方法测量。用实训箱的电压表测量直流电压，并与示波器测量值比较，分析误差产生原因，将结果填入表1.24中。

表1.24 直流电压检测记录表

直流稳压电源输出指示/V	−5	−12	0	+12	+5
每格电压/V·div^{-1}					
占几格					
示波器测量值/V					
电压表测量值/V					

（2）交流电压的测量。将示波器的耦合选择开关置于"C"，使函数发生器输出频率为1kHz的正弦波，根据被测信号的幅度和频率，合理选择Y轴衰减和X轴扫描挡位，使示波器显示

出稳定的波形（2～3 个周期），最后根据测量方法进行测量，并将结果填入表 1.25 中。

表 1.25　交流电压检测记录表

输出电压/V	1	2	3	4	5
占格高度/div					
每格电压/V·div^{-1}					
U_{p-p}					

（3）频率（周期）的测量。利用信号波形两点间的间隔时间来测量信号的频率，将结果填入表 1.26 中。其中，U_{p-p}=2V。

表 1.26　频率检测记录表

函数发生器输出信号频率/Hz	10	100	200	300	500	1k	3k	5k	10k	100k
一个周期的间距/s·div^{-1}										
周期/s										
频率/Hz										

任务 1.6　能力测试

1.1　万用表测量的电阻器阻值与其标称值是否完全一样？是哪些因素引起的误差？

1.2　电路由哪几部分组成？各部分的作用是什么？

1.3　求如图 1.81 所示的电阻组合的等效电阻 R_{ab}（已知 R=2Ω，R_1=4Ω）。

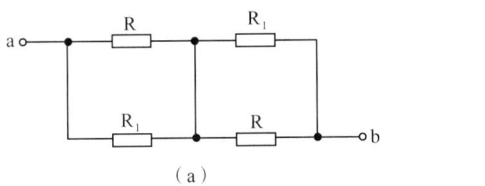 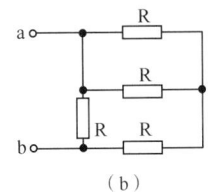

图 1.81

1.4　两个电阻 R_1 和 R_2 并联，其中 R_1 为 200Ω，通过 R_1 的电流 I_1 为 0.2A，通过整个并联电路的电流 I 为 0.8A，求 R_2 和通过 R_2 的电流 I_2。

1.5　两个相同的电容器，标有"100pF、600V"，串联后接到 900V 的电路上，每个电容器带多少电量？加在每个电容器上的电压是多少？电容器是否会被击穿？

1.6　有一容量为 0.1F 的电容器，若以直流电源对它充电，在时间间隔Δt=100μs 内相应的电压变化量为ΔU=10V，求该段时间的充电电流。

1.7　一只 10μF 的电容器已被充电到 100V，今欲继续充电到 200V，问电容器可增加多少电场能？

1.8　有一电感器，其电感量为 1.2H，当通过它的电流在 0.0005s 内由 0 增加到 5A 时，线圈中产生的自感电动势为多大？

1.9 一个电感器的电流强度在 0.001s 内有 0.02A 的变化时，产生 50V 的自感电动势，求电感器的电感量。如果这个电路中的电流强度的变化率为 40A/s，那么自感电动势为多大？

1.10 电路的负载大小是指什么？负载的额定值又是指什么？

1.11 电路处于短路状态下，电源提供的功率及负载吸收的功率将发生怎样的变化？

1.12 在如图 1.82 所示电路中，有几个节点？几条支路？几个回路？几个网孔？

1.13 在如图 1.83 所示电路中，已知 $E_2 = 12V$，$I_1 = 0.4A$，$I_4 = 0.1A$，$I_5 = 12A$，$R_2 = 500\Omega$，$R_3 = 500\Omega$，求 I_2、U_{BA} 及 U_{AC}。

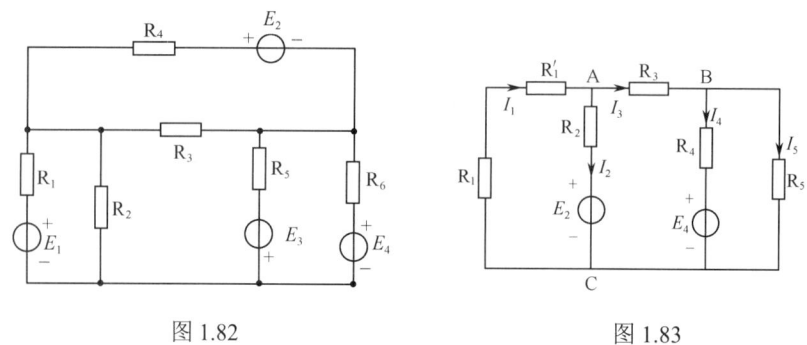

图 1.82   图 1.83

1.14 将如图 1.84 所示各电路化为最简形式的电压源模型和电流源模型。

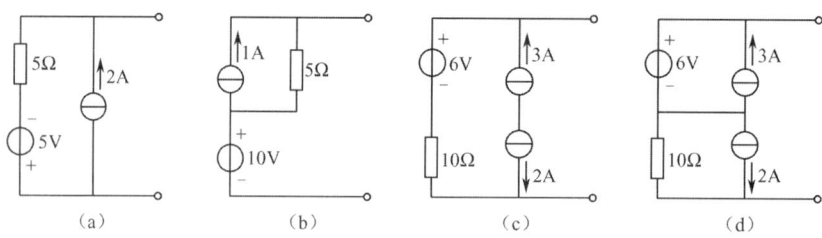

(a)   (b)   (c)   (d)

图 1.84

1.15 将如图 1.85 所示各电路化为最简形式。

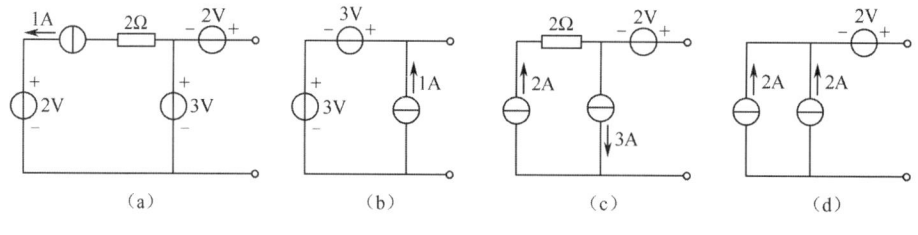

(a)   (b)   (c)   (d)

图 1.85

项目 **2**

交流电路的应用

【知识目标】
1. 了解正弦交流电的周期、频率、角频率、幅值、初相位、相位差等特征量；
2. 掌握正弦交流电的解析式、波形图、相量图、三要素等概念；
3. 掌握单相交流电路的特点，具备分析简单交流电路的能力；
4. 掌握 RLC 串、并联交流电路中电压与电流的相位、数量关系及功率计算；
5. 掌握三相交流电源和三相负载的连接方法及特点。

【能力目标】
1. 会用万用表测量交流电压和电流；
2. 会正确使用示波器和函数发生器。

任务 2.1 正弦交流电路

正弦交流电路是指含有正弦交流电源，其电压和电流均随时间按正弦规律变化的电路。日常生活及生产实践中所接触到的电路大多数为正弦交流电路，如照明电路、三相异步电动机拖动电路等。

一、正弦电压和正弦电流及正弦量的表示方法

1. 正弦交流电压和电流

如图 2.1 所示电路，在一个电阻的两端并接一个理想的直流电源，则电路中产生的电压和电流均为直流，其波形如图 2.2 所示。

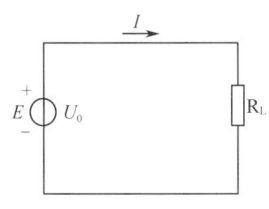

图 2.1　直流电路

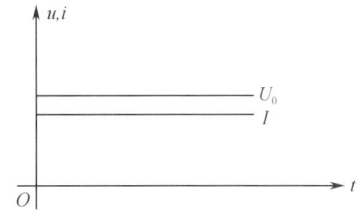

图 2.2　直流电压和电流波形

同样，在一个电阻的两端并接一个理想的正弦交流电源（电动势的大小和方向随时间按正弦规律变化的电源），电路如图 2.3 所示（注意：为区别直流电量，交流电量一般用小写字母表示），则电路中产生的电压和电流均为交流，其波形如图 2.4 所示。

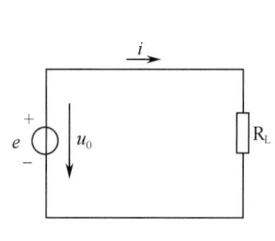

图 2.3　交流电路

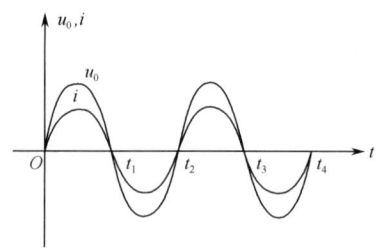

图 2.4　交流电压和电流波形

对照图 2.3 和图 2.4 分析可知，在 $0 \sim t_1$ 和 $t_2 \sim t_3$ 时间内，正弦电压和电流为正，则电压、电流实际方向和参考方向相同；在 $t_1 \sim t_2$ 和 $t_3 \sim t_4$ 时间内，正弦电压和电流为负，则电压、电流实际方向和参考方向相反。

2．正弦交流量的基本特征和三要素

正弦交流电压、正弦交流电流及正弦交流电动势等物理量，统称为正弦交流量，简称正弦量。每一个正弦量都具有如下共同的基本特征。

（1）瞬时值、最大值和有效值。

瞬时值：正弦交流量随时间按正弦规律变化，任意时间正弦交流量的大小均有对应的值，我们把任意时间正弦交流量所对应的值称为瞬时值，用小写字母表示，如 e、u、i 等。瞬时值可以是正值、负值，甚至是零。

最大值：正弦交流量最大的瞬时值称为最大值（或称峰值、振幅），用大写字母加 m 下标表示，如 E_m、U_m、I_m 等。最大值有正值和负值，但习惯上以其绝对值表示。

有效值：正弦交流量的有效值是根据交流电流和直流电流热效应相等的原则而确定的，即让交流电和直流电分别通过阻值完全相同的电阻，在相同的时间内直流电流和交流电流在两个电阻上产生的热效应相等，则将此直流电数值定义为该交流电的有效值。有效值用大写字母表示，如 E、U、I 等。有效值与最大值通过计算有如下关系：

$$\left. \begin{array}{l} I = \dfrac{I_m}{\sqrt{2}} \approx 0.707 I_m \\[2mm] U = \dfrac{U_m}{\sqrt{2}} \approx 0.707 U_m \\[2mm] E = \dfrac{E_m}{\sqrt{2}} \approx 0.707 E_m \end{array} \right\} \tag{2-1}$$

通常，设备上标定的值和交流电表上指示的值均为有效值。

（2）周期、频率和角频率。

周期：正弦交流量变化一次所用的时间称为周期，用字母 T 表示，其单位为秒（s）。

频率：正弦交流量 1 秒钟内重复变化的次数称为频率，用字母 f 表示，其单位是赫兹（Hz）。

根据周期和频率的定义可知，周期与频率互为倒数，即

$$f = \frac{1}{T} \tag{2-2}$$

或

$$T = \frac{1}{f} \tag{2-3}$$

我国工业及民用交流电频率采用 50Hz，习惯上称为"工频"。日本等国家的交流用电的频率为 60Hz。

角频率：正弦交流量 1 秒钟变化的电角度（或相角、相位）称为角频率，用字母 ω 表示，其单位为弧度每秒（rad/s）。由于正弦交流量一个周期对应于 2π 电角度，因此，可知角频率与频率或周期之间的关系为

$$\omega = 2\pi f = \frac{2\pi}{T} \tag{2-4}$$

周期、频率和角频率都是反映正弦交流量变化快慢的物理量。

例 2.1 频率为 50Hz 的交流电，其周期和角频率为多少？

解：

$$T = \frac{1}{f} = \frac{1}{50} = 0.02(\text{s})$$

$$\omega = 2\pi f = 2 \times 3.14 \times 50 = 314(\text{rad/s})$$

（3）相位、初相位和相位差。

相位：正弦交流量随时间按正弦规律变化，正弦量任意时间所对应的电角度称为该正弦量的相位角，简称相位，其单位为度或弧度。

初相位：在 $t=0$ 时，正弦交流量所对应的相位称为该正弦量的初相位，简称初相，其单位为度或弧度。初相位反映了正弦量计时起点初始值的大小。一般规定初相位大于-180°，小于等于 180°。如图 2.5 所示为两个初相位不为零的正弦交流电流波形图（注意：在波形图上表示初相位时，横坐标常以弧度或角度为单位）。一般来说，初相位和时间起点的选择有关，当 $t=0$ 时正弦交流量为正值，则其初相位为正；反之，则为负。在确定波形图上正弦量的初相位时，可取正弦量由负值到正值间的零点与坐标原点之间的电角度作为该正弦量的初相位，注意考虑初相位的取值范围。通常初相位落在纵坐标左侧为正值，落在右侧则为负值。因此，图 2.5 中 i_1 的初相角 θ_1 为正值，i_2 的初相角 θ_2 为负值。

相位差：相位差指两个正弦量某时刻的相位之差。对于不同频率的两个正弦量而言，任意时刻其相位差均可能不相等；而对于两个同频率的正弦量来说，其相位差是一个常数。因此，在只有单一频率电源激励的电路中，若电路中的各参数不变，则各电量的相位差保持不变。由分析可知，两个同频率的正弦量的相位差等于两正弦量的初相位之差。

根据相位差的大小，可确定两个同频率正弦量之间的关系。设 u 的初相位为 φ，i 的初相位为 ψ。

若 $\varphi - \psi > 0°$，则 u 的相位超前于 i 的相位，或者说 i 的相位滞后于 u 的相位。如图 2.6 所示，u 的相位超前 i 的相位 255°。

若 $\varphi - \psi = 0°$，则 u 与 i 同相位。如图 2.7 所示，u 与 i 的相位相同。

若 $\varphi - \psi = 180°$，则 u 与 i 反相位。如图 2.8 所示，u 与 i 的相位相反。

（4）正弦交流量的三要素。一个正弦交流量，其变化的快慢由频率决定，其变化的幅度由最大值决定，其变化的起点由初相位决定。因此，频率、最大值和初相位是确定一个正弦交流量的三个重要参数，通常称为正弦交流量的三要素。

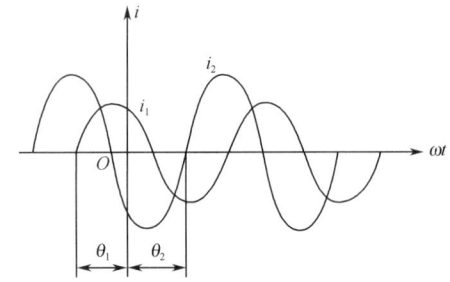

图 2.5　初相位不等于零的电流波形

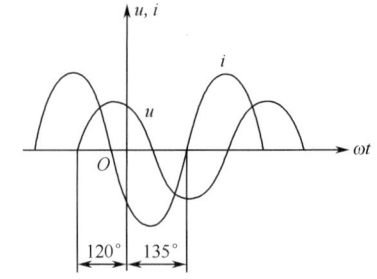

图 2.6　u 相位超前 i 相位 255° 的波形

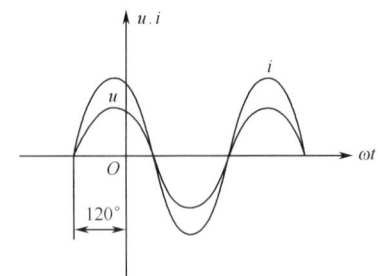

图 2.7　u 相位与 i 相位相同的波形

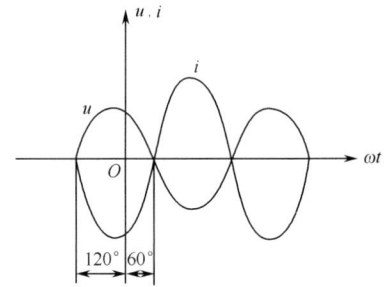

图 2.8　u 相位与 i 相位相反的波形

二、正弦交流量的表示方法

一个正弦交流量一般有三种表示方法：解析法、曲线法和相量法。

解析法是利用三角函数表示正弦交流量与时间的变化关系的方法，例如

$$u = U_{m} \sin(\omega t + \varphi) \tag{2-5}$$

式中，U_{m} 为交流电压 u 的最大值；ω 为交流电压 u 的角频率；φ 为交流电压 u 的初相位。

式（2-5）也称为正弦交流量的瞬时表达式，利用瞬时表达式可以计算任意时刻正弦交流量的大小。

曲线法是根据解析法计算的数据，在平面直角坐标系中作出曲线表示正弦交流量的方法，曲线法也称为波形图（图 2.4 是用曲线法表示正弦交流电压、电流波形的）。

解析法和曲线法能够直观地反映正弦交流量，但用这两种方法表示正弦交流量进行运算时非常烦琐或不准确。因此，在进行正弦交流量的运算时，往往将正弦交流量用另一种方法表示——相量法。相量法就是用相量来表示正弦交流量。由于在同一个正弦交流电路中，各种正弦响应量与激励电源的频率相同，电路中各种正弦交流量仅存在大小与相位（或初相位）的不同，因此，对电路中各种正弦交流量的描述可以采用相量来表示。

一个正弦交流量在不考虑频率时，其有效值（或最大值）和初相位可用一有向线段或复数表示。在一个平面直角坐标系（笛卡儿）中，设横轴为实轴，单位用+1 表示；纵轴为虚轴，单位用+j 表示，由此两轴构成复数平面（或称复平面）。在复数平面上，有向线段由原点指向平面上任意一点，平面中的有向线段与复数可相互转换。如图 2.9 所示有向线段 A，其复数表示式为

$$A = a + jb \tag{2-6}$$

式中

$$a = r\cos\varphi \qquad\qquad 复数的实部$$
$$b = r\sin\varphi \qquad\qquad 复数的虚部$$

若已知复数如式（2-6），则有

$r = \sqrt{a^2 + b^2}$ 有向线段的长度或复数的模

$\varphi = \arctan\dfrac{b}{a}$ 有向线段与实轴正方向的夹角或复数的辐角

式（2-6）为复数的直角坐标表示形式，根据欧拉公式，式（2-6）还可转换为

$$A = re^{j\varphi} \qquad \text{（指数形式）} \tag{2-7}$$

或

$$A = r\underline{/\varphi} \qquad \text{（极坐标形式）} \tag{2-8}$$

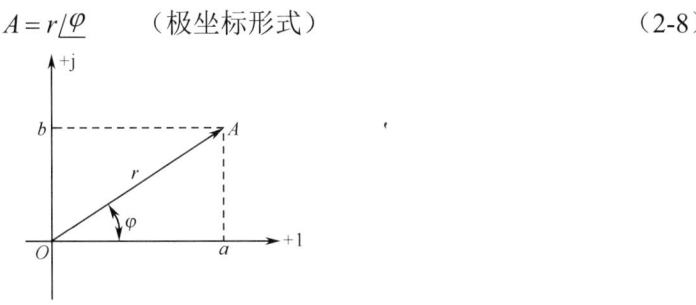

图 2.9　有向线段的复数表示图

一般来说，在进行复数的加减运算时，将复数转换成直角坐标形式；而对复数进行乘除运算时，将其转换为指数形式或极坐标形式。

用复数的辐角表示正弦交流量的初相位，用复数的模表示正弦交流量的大小（最大值或有效值），这种表示方法称为正弦交流量的相量表示法。采用相量表示法可大大简化正弦交流电路的分析与计算。正弦交流量相量化后，为区别于一般的复数，规定用上方加"•"的大写字母（有效值相量）或带 m 下标的大写字母（最大值相量）表示，如 $\dot{U}$、$\dot{E}_{m}$ 等。

例 2.2　用相量表示正弦交流电压 $u = 5\sqrt{2}\sin(314t - 30°)$ V 和电流 $i = 0.06\sqrt{2}\sin 314t$ A。

解： 根据相量表示法，可知

$$\dot{U}_{m} = 5\sqrt{2}e^{-j30°} = 5\sqrt{2}\underline{/-30°} = 6.12 - j3.54 \ \text{（V）}$$

$$\dot{U} = 5e^{-j30°} = 5\underline{/-30°} = 4.33 - j2.5 \ \text{（V）}$$

$$\dot{I}_{m} = 0.06\sqrt{2}e^{j0°} = 0.06\sqrt{2}\underline{/0°} = 0.085 \ \text{（A）}$$

$$\dot{I}_{m} = 0.06e^{j0°} = 0.06\underline{/0°} = 0.06 \ \text{（A）}$$

正弦交流量用相量表示后，其运算规则相同于复数的运算规则。若有两个正弦交流量分别为 $\dot{A} = a_1 + ja_2 = A\underline{/\varphi_1}$，$\dot{B} = b_1 + jb_2 = B\underline{/\varphi_2}$，则有

加法运算：　　$\dot{A} + \dot{B} = (a_1 + b_1) + j(a_2 + b_2)$

减法运算：　　$\dot{A} - \dot{B} = (a_1 - b_1) + j(a_2 - b_2)$

乘法运算：　　$\dot{A}\dot{B} = (a_1 + ja_2) \cdot (b_1 + jb_2) = (a_1b_1 - a_2b_2) + j(a_2b_1 + a_1b_2)$

或　　　　　　$\dot{A}\dot{B} = (A\underline{/\varphi_1}) \cdot (B\underline{/\varphi_2}) = AB\underline{/(\varphi_1 + \varphi_2)}$

除法运算：　　$\dfrac{\dot{A}}{\dot{B}} = \dfrac{A\underline{/\varphi_1}}{B\underline{/\varphi_2}} = \dfrac{A}{B}\underline{/(\varphi_1 - \varphi_2)}$

技能操作　典型电信号的观察与测量

1. 操作目的

（1）根据给定的电路图，正确布线，使电路正常工作。

（2）学习函数信号发生器的使用方法。

（3）掌握用示波器观察电信号波形，定量测出正弦信号和脉冲信号的波形参数。

2．操作器材

电工实验实训台1套，双踪示波器1台，函数信号发生器1台，交流毫伏表1块，频率计1个，交流电流表1块，交流电压表1块，灯泡（220V/25W）3只。

3．操作注意事项

（1）示波器的辉度不要过亮，尤其是光点长期停留在荧光屏上不动时，应将辉度调暗，以延长示波器的使用寿命。

（2）调节仪器旋钮时，动作不要过猛。训练前须熟读双踪示波器的使用说明，特别是观测双踪时，要特别注意开关、旋钮的操作与调节。

（3）调节示波器时，要注意触发开关和电平调节旋钮的配合使用，以使显示的波形稳定。

（4）做定量测定时，"t/div"和"V/div"的微调旋钮应旋至"标准"位置。

（5）信号源的接地端与示波器的接地端要连在一起，以防外界干扰而影响测量的准确性。

4．操作内容及步骤

（1）双踪示波器的自检。

将示波器的 Y 轴输入插口 Y_A 或 Y_B 端，用同轴电缆线接至双踪示波器面板部分的"标准信号"输出，然后开启示波器电源，指示灯亮。稍后，协调地调节示波器面板上的"辉度""聚焦""辅助聚焦""X 轴位移""Y 轴位移"等旋钮，使在荧光屏的中心部分显示出线条细而清晰、亮度适中的方波波形；通过选择幅度和扫描速度灵敏度，将它们的微调旋钮旋至"校准"位置，从荧光屏上读出"标准信号"的幅值与频率，并与标称值进行比较，如相差较大，请老师给予校准。

（2）正弦信号的观察。

①将示波器的幅度或扫描速度微调旋钮调至"校准"位置。

②通过电缆线，将信号发生器的正弦波输出口与示波器的 Y_A 或 Y_B 插座相连。

③接通电源，调节信号源的频率旋钮，使输出频率分别为50Hz、1.5kHz和20kHz（由频率计读出），输出幅值分别为有效值0.1V、1V、3V（由交流毫伏表读出），调节示波器 Y 轴和 X 轴灵敏度至合适的位置，并将它们的微调旋钮旋至"校准"位置。从荧光屏上读得幅值及周期，记入表2.1和表2.2中。

表 2.1

频率计读数 项目测定	正弦信号频率的测定		
	50Hz	1.5kHz	20kHz
示波器"t/div"位置			
一个周期占有的格数			
信号周期（s）			
计算所得频率（Hz）			

表 2.2

交流毫伏表读数 项目测定	正弦信号频率的测定		
	0.1V	1V	3V
示波器"t/div"位置			
峰值波形格数			
峰值			
计算所得有效值			

（3）方波脉冲信号的测定。

①将函数信号发生器的波形选择开关置于方波位置。

②调节信号源的输出幅度为 3V（用示波器测定），分别观测 100Hz、3kHz 和 30kHz 方波信号的波形参数。

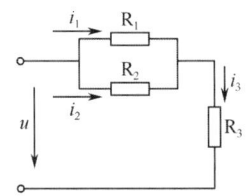

③使信号频率保持在 3kHz，调节示波器幅度和脉宽旋钮，观察波形参数的变化，做好记录。

（4）交流电压、电流的测量按如图 2.10 所示电路正确连接。电路图中的交流电源电压为 220V、50Hz，3 个电阻可用 3 个相同的交流灯泡（220V、25W），也可用 3 个均为 1kΩ 的电阻。

图 2.10　电路图

测量电源两端电压和负载两端电压 U_{R1}、U_{R2}、U_{R3} 以及负载电流 I_1、I_2、I_3，将测量数据填入到表 2.3。

表 2.3　交流电压、电流的测量

测 试 项 目	U	U_{R1}	U_{R2}	U_{R3}	I_1	I_2	I_3
测量值							

5. 操作报告及要求

（1）整理实验中显示的各种波形，绘制有代表性的波形。

（2）总结实验中所用仪器的使用方法及观察电信号的方法。

（3）如用示波器观察正弦信号，若在荧光屏上出现如图 2.11 所示情况，试说明测试系统中哪些旋钮的位置不对，应如何调节？

（4）回答思考题。

①熟读仪器的使用说明，"t/div" 和 "V/div" 的含义是什么？

②应用双踪示波器观察到如图 2.12 所示的两个波形，Y 轴的 "V/div" 的指示为 0.5V，"t/div" 的指示为 20μs，试问：两个波形信号的波形参数为多少？

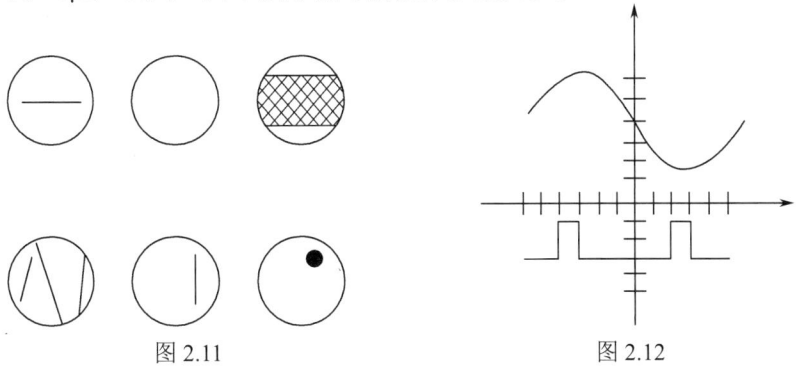

图 2.11　　　　　　　　　　　　　图 2.12

任务 2.2　单相交流电路

将负载接到交流电源而组成的电路叫交流电路。交流电路中的负载一般由电阻、电感、电容或它们的不同组合组成，如果正弦交流电路中只含电阻、电感或电容中的某一参数，则称这种电路为单一参数正弦交流电路。

一、单一参数正弦交流电路

1. 纯电阻电路

仅由电阻组成的交流电路称为纯电阻交流电路，其电路如图 2.13 所示。由于交流电路中各电量是随时间变化而变化的，因此，各电量均有两个作用方向。为方便分析电路，一般选择电路中某一电量，确定任意方向作为它的参考方向，并规定该方向为交流量的正方向，电路中其他电量的参考方向与之关联。

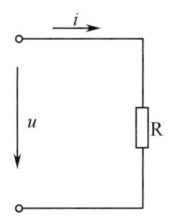

图 2.13　纯电阻电路

（1）纯电阻电路中电阻两端的电压与通过电阻的电流的关系。

设如图 2.13 所示电阻上通过的电流为

$$i = \sqrt{2}I \sin(\omega t + \theta) \tag{2-9}$$

根据欧姆定律，电阻两端的电压为

$$u = Ri = \sqrt{2}RI \sin(\omega t + \theta) = \sqrt{2}U \sin(\omega t + \theta) \tag{2-10}$$

式（2-9）和式（2-10）对应的电流和电压波形图如图 2.14 所示。由式（2-10）可知，纯电阻电路中电阻两端的电压与通过电阻的电流的关系为

$$RI = U \quad 或 \quad I = \frac{U}{R} \tag{2-11}$$

纯电阻电路中电阻两端的电压与通过电阻的电流相位相同，即同相。

由式（2-11）得电流相量为

$$\dot{I} = I\underline{/\theta} \tag{2-12}$$

由式（2-11）和式（2-12）得电压相量为

$$\dot{U} = U\underline{/\theta} = RI\underline{/\theta} = R\dot{I} \tag{2-13}$$

即

$$\dot{U} = R\dot{I} \tag{2-14}$$

式（2-14）为纯电阻电路欧姆定律的相量表达式，根据式（2-12）和式（2-13）可得其相量图如图 2.15 所示。

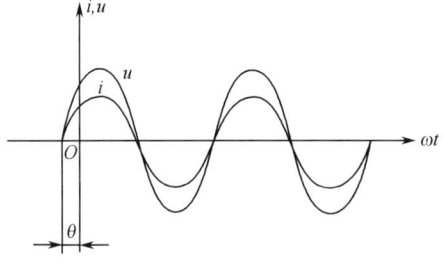

图 2.14　纯电阻电路电压、电流波形图

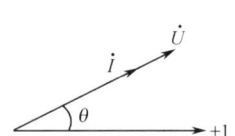

图 2.15　纯电阻电路电压、电流相量图

（2）纯电阻电路的功率。

电阻两端的瞬时电压 u 与流过电阻上的瞬时电流 i 的乘积为电路的瞬时功率，即 $p = ui$。由于纯电阻电路中电阻两端的电压与通过电阻的电流相位相同，使 u 与 i 在任何时刻（除零点时刻外）和电路中的电流与电压的符号相同，因此，其乘积所得的电路瞬时功率大于等于零。根据功率的定义，电路总是在消耗电能。

由于瞬时功率不便计算和测量,通常用瞬时功率在一个周期内的平均值来表征交流电路的功率大小,称此功率为平均功率或有功功率,用 P 表示,单位为瓦特（W）。由数学分析可知,纯电阻电路的平均功率为

$$P = UI = RI^2 = \frac{U^2}{R} \qquad (2\text{-}15)$$

式（2-15）表明,纯电阻电路中,电路的功率即电阻上消耗的功率就是电阻两端的电压有效值与流过电阻的电流的有效值的乘积。通常将平均功率简称为有功功率。

2．纯电感电路

直流电阻和分布电容可以忽略的电感线圈作为交流电路负载的电路,称为纯电感电路,如图 2.16 所示。

（1）纯电感电路中电感两端的电压与通过电感的电流的关系。

从电磁感应定律可知,变化的电流通过线圈时,线圈中就要产生自感电动势来阻碍电流的变化,自感电动势为

$$e = -L\frac{\mathrm{d}i}{\mathrm{d}t} \qquad (2\text{-}16)$$

式中, L 为电感的自感系数,单位为亨利（H）。

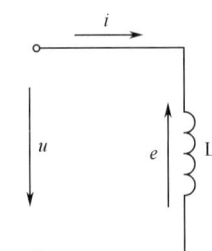

由于纯电感线圈的电阻和电容可视为零,所以电感两端的外加电压 u 就完全用来平衡线圈中所产生的自感电动势 e,即

图 2.16　纯电感电路

$$u = -e = L\frac{\mathrm{d}i}{\mathrm{d}t} \qquad (2\text{-}17)$$

设通过电感线圈的电流为

$$i = \sqrt{2}I\sin(\omega t + \theta) \qquad (2\text{-}18)$$

将式（2-18）代入式（2-17）,得

$$
\begin{aligned}
u &= L\frac{\mathrm{d}i}{\mathrm{d}t} = L\frac{\mathrm{d}}{\mathrm{d}t}\left[\sqrt{2}I\sin(\omega t + \theta)\right] = \sqrt{2}I\omega L\cos(\omega t + \theta) \\
&= \sqrt{2}I\omega L\sin(\omega t + \theta + 90^\circ) = \sqrt{2}U\sin(\omega t + \varphi)
\end{aligned}
\qquad (2\text{-}19)
$$

式（2-18）和式（2-19）对应的电流和电压波形图如图 2.17 所示。

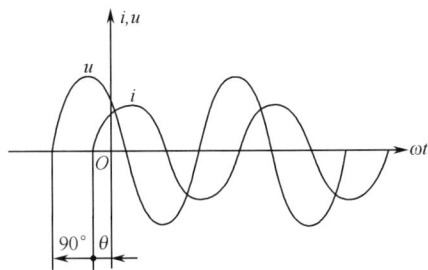

图 2.17　纯电感电路电压、电流波形图

由式（2-19）可知,纯电感电路中电感两端的电压与通过电感的电流的大小关系为

$$U = I\omega L = IX_{\mathrm{L}} \qquad (2\text{-}20)$$

式（2-20）中电压与电流之间的关系符合欧姆定律,式中 $X_{\mathrm{L}} = \omega L$ 是表征电感对正弦电流所呈现"阻碍"能力大小的一个参数,称为电感抗,简称感抗,其单位为欧姆（Ω）。感抗的大小与电流频率成正比。当电流的频率 $f \to 0$,即电流为直流时,感抗为零,故电感在直流稳

态时相当于短路。

同样由式（2-19）和式（2-20）可知，纯电感电路中电感两端的电压与通过电感电流的相位差为

$$\varphi - \theta = 90°$$

即电感两端电压的相位超前通过电感电流的相位 $90°$。

由式（2-20）得电流相量为

$$\dot{I} = I\underline{/\theta} \tag{2-21}$$

由式（2-21）得电压相量为

$$\dot{U} = U\underline{/\varphi} = \omega L I\underline{/(\theta + 90°)} = \omega L\underline{/90°}\, I\underline{/\theta} = j\omega L\dot{I} = jX_L\dot{I} \tag{2-22}$$

即

$$\dot{U} = jX_L\dot{I} = j\omega L\dot{I} \tag{2-23}$$

式（2-23）为纯电感电路欧姆定律的相量表达式，它既表示了电感电压和电流有效值之间的数值关系，又表达了两者的相位关系。式中 jX_L 为电感的相量模型。

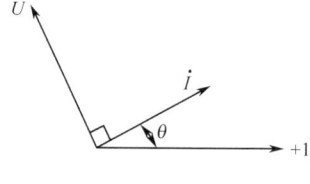

图 2.18　纯电感电路电压、电流相量图

根据式（2-21）和式（2-23）可得电感两端的电压及通过电感电流的相量图，如图 2.18 所示。

（2）纯电感电路的功率。

由数学分析可得，纯电感电路的瞬时功率是随时间按正弦规律变化的，其幅值为电感两端电压的有效值与流过电感上的电流的有效值的乘积。

因正弦函数的平均值为零，因此纯电感电路的平均功率或有功功率为零，这表明电感不消耗电能。但由于瞬时功率是随时间按正弦规律变化的，这又表明电感与电源之间存在着能量的交换，即瞬时功率大于零时，电感从电源吸收能量并储存起来；当瞬时功率小于零时，电感将储存的能量送归电源。为反映电感与电源之间能量交换的规模，通常把瞬时功率的幅值进行量化，并称之为无功功率，用 Q 表示，即

$$Q = UI = I^2 X_L = \frac{U^2}{X_L} \tag{2-24}$$

无功功率的单位为乏（var）。

例 2.3　将一个 0.2H 的纯电感分别接到端电压为 $u_1 = 180\sqrt{2}\sin(314t + 30°)\text{V}$ 和 $u_2 = 180\sqrt{2}\sin(628t - 30°)\text{V}$ 的电源上，求通过电感的电流 i 和无功功率 Q。

解： 当电感接到 u_1 时，

$$\dot{I} = \frac{\dot{U}_1}{j\omega L} = \frac{180\underline{/30°}}{314 \times 0.2\underline{/90°}} = 2.87\underline{/-60°}\,（\text{A}）$$

$$i = 2.87\sqrt{2}\sin(314t - 60°)\,（\text{A}）$$

$$Q = I \cdot U = 2.87 \times 180 = 516.6\,（\text{var}）$$

当电感接到 u_2 时，

$$\dot{I} = \frac{\dot{U}_1}{j\omega L} = \frac{180\underline{/-30°}}{628 \times 0.2\underline{/90°}} = 1.43\underline{/-120°}\,（\text{A}）$$

$$i = 1.43\sqrt{2}\sin(628t - 120^\circ)(\text{A})$$

$$Q = I \cdot U = 1.43 \times 180 = 257.4(\text{var})$$

3. 纯电容电路

介质损耗和分布电感可忽略的电容作为交流电路负载的电路，称为纯电容电路，如图 2.19 所示。

（1）纯电容电路中电容两端的电压与通过电容的电流的关系。

电容的两端接上交变电压以后，电容就要不断地充电和放电，在电路中形成交变电流 i，其大小与电容两端电压的变化率成正比，即

$$i = C\frac{\mathrm{d}u}{\mathrm{d}t} \qquad (2-25)$$

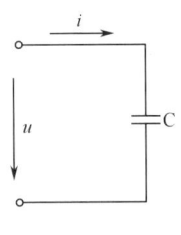

图 2.19 纯电容电路

式中，C 为电容的电容量，单位为法拉（F）。

设电容两端的电压为

$$u = \sqrt{2}U\sin(\omega t + \theta) \qquad (2-26)$$

将式（2-26）代入式（2-25）得

$$i = C\frac{\mathrm{d}u}{\mathrm{d}t} = C\frac{\mathrm{d}}{\mathrm{d}t}\left[\sqrt{2}U\sin(\omega t + \theta)\right] = \sqrt{2}U\omega C\cos(\omega t + \theta)$$

$$= \sqrt{2}U\omega C\sin(\omega t + \theta + 90^\circ) = \sqrt{2}I\sin(\omega t + \varphi) \qquad (2-27)$$

式（2-26）和式（2-27）对应的电流和电压波形图如图 2.20 所示。

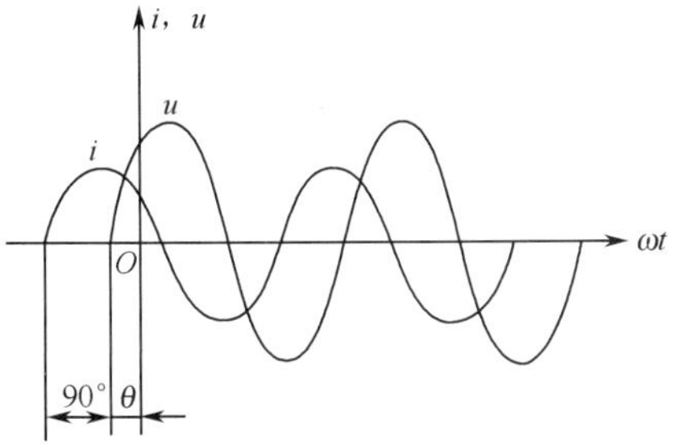

由式（2-27）可知，纯电容电路中电容两端的电压与通过电容的电流的大小关系为

$$I = U\omega C = \frac{U}{\dfrac{1}{\omega C}} = \frac{U}{X_\mathrm{C}}$$

上式中电压与电流之间的关系符合欧姆定律，式中 $X_\mathrm{C} = \dfrac{1}{\omega C}$ 是表征电容对正弦电流所呈现"阻碍"能力大小的一个参数，称为容抗，其单位为欧姆（Ω）。容抗与电容 C 及频率 f 成反比。这是因为同样电容量的电容加在其两端的电压频率越高，电容两极间电压变化就越快，电流充放电过程中极板上的电荷变化率就越大，电路中的充放电电流就越大，电容所呈现的"阻碍"作用越小；同样，电压频率一定时，电容的电容量越大，电压变化时电路中移动的电荷就越多，电流就越大，容抗同样就越小。反之，电容量越小或频率越低，容抗就越大。若 $f \to 0$ 时，$X_\mathrm{C} \to \infty$，此时电路相当于开路，所以电容具有"阻直通交"的作用。

同样根据式（2-26）和式（2-27）可知，纯电容电路中电容两端的电压与通过电容的电流相位差为

$$\theta - \varphi = -90^\circ \qquad (2-28)$$

即电容两端的电压的相位滞后通过电容电流的相位 90°。

由式（2-28）得电压相量为

$$\dot{U} = U\underline{/\theta} \qquad (2-29)$$

由式（2-29）得电流相量为

图 2.20 纯电容电路电压、电流波形图

$$\dot{I} = I\underline{/\varphi} = \omega CU\underline{/(\theta + 90^\circ)} = \omega C\underline{/90^\circ}\,U\underline{/\theta} = \mathrm{j}\omega C\dot{U} = \frac{\dot{U}}{-\mathrm{j}\dfrac{1}{\omega C}} = \frac{\dot{U}}{-\mathrm{j}X_\mathrm{C}} \qquad (2\text{-}30)$$

即

$$\dot{I} = \frac{\dot{U}}{-\mathrm{j}X_\mathrm{C}} = \frac{\dot{U}}{-\mathrm{j}\dfrac{1}{\omega C}} \qquad (2\text{-}31)$$

式（2-31）为纯电容电路欧姆定律的相量表达式，它反映了电感电压和电流大小及相位关系。式中 $\mathrm{j}X_\mathrm{C}$ 为电容的相量模型。

根据式（2-30）和式（2-31）可得，电容两端的电压及通过电容电流的相量图如图 2.21 所示。

（2）纯电容电路的功率。

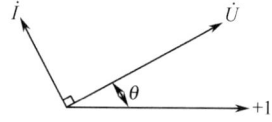

图 2.21　纯电容电路电压、电流相量图

与纯电感电路相似，纯电容电路的瞬时功率也是随时间按正弦规律变化的，其幅值为电感两端电压的有效值与流过电感上的电流的有效值的乘积。

由于正弦函数的平均值为零，因此纯电容电路的平均功率或有功功率为零，这表明电容不消耗电能。但由于瞬时功率是随时间按正弦规律变化的，这又表明电容与电源之间存在着能量的交换。当瞬时功率大于零时，电源向电容充电，电容吸收电源能量并储存起来；当瞬时功率小于零时，电容向电源放电，将原来储存的能量送回电源。为反映电容与电源之间能量交换的规模，将瞬时功率的幅值称为无功功率，用 Q 表示，单位为乏（var），即

$$Q = UI = I^2 X_\mathrm{C} = \frac{U^2}{X_\mathrm{C}} \qquad (2\text{-}32)$$

例 2.4　把一个 $10\mu\mathrm{F}$ 的电容器，接到 $U=220\mathrm{V}$（有效值）、$f=50\mathrm{Hz}$、$\theta=-60^\circ$ 的交流电源上，试求电流 i 及无功功率 Q，并画出电流、电压的相量图。

解：

$$X_\mathrm{C} = \frac{1}{\omega C} = \frac{1}{2\pi fC} = \frac{1}{2\times 3.14\times 50\times 10\times 10^{-6}} \approx 318(\Omega)$$

$$I = \frac{U}{X_\mathrm{C}} = \frac{220}{318} \approx 0.692(\mathrm{A})$$

由于纯电容电路中电容两端电压的相位滞后流经电容电流的相位 90°，因此

$$i = 0.692\sqrt{2}\sin(314t + 30^\circ)(\mathrm{A})$$

$$Q = UI = 220\times 0.692 = 152(\mathrm{var})$$

电流、电压相量图如图 2.22 所示。

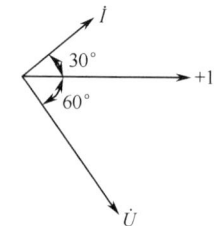

图 2.22　例 2.4 电流、电压相量图

 二、RLC 串联交流电路

RLC 串联正弦交流电路如图 2.23 所示，为分析电路方便，我们将电路中各电量用相量表示，将电路中各元件参数相量模型化（注：电阻的相量模型仍为 R），于是得到如图 2.23 所示的 RLC 串联正弦交流电路相量模型图。

设流经图 2.23 中电路的电流为

$$i = \sqrt{2}I\sin\omega t \tag{2-33}$$

则对应于图 2.24 中的电流相量为

$$\dot{I} = I\underline{/0^\circ} \tag{2-34}$$

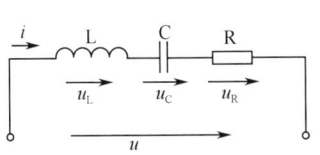

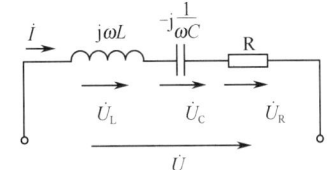

图 2.23 RLC 串联交流电路　　　　图 2.24 RLC 串联交流电路相量模型图

根据 KVL 可得

$$\dot{U} = \dot{U}_R + \dot{U}_L + \dot{U}_C = \dot{I}R + \dot{I}\,\mathrm{j}\omega L - \dot{I}\,\mathrm{j}\frac{1}{\omega C} = \dot{I}\left(R + \mathrm{j}\omega L - \mathrm{j}\frac{1}{\omega C}\right) = \dot{I}Z \tag{2-35}$$

即

$$Z = \frac{\dot{U}}{\dot{I}} \tag{2-36}$$

式中

$$Z = R + \mathrm{j}\omega L - \mathrm{j}\frac{1}{\omega C} = R + \mathrm{j}\left(\omega L - \frac{1}{\omega C}\right) = R + \mathrm{j}X \tag{2-37}$$

式（2-37）形式类同欧姆定律，因此称其为欧姆定律的相量形式。式（2-37）中的 Z 称为电路的阻抗或复阻抗，其单位为欧姆（Ω），阻抗由电阻 R 和称为电抗的 X 两部分组成。它是一个复数，但不表示正弦量，因此在 Z 上不带相量标志的小点。阻抗的模$|Z|$称为阻抗模，阻抗的辐角 φ 称为阻抗角，它们分别为

$$|Z| = \sqrt{R^2 + (X_L - X_C)^2} = \sqrt{R^2 + \left(\omega L - \frac{1}{\omega C}\right)^2} \tag{2-38}$$

$$\varphi = \arctan\frac{X_L - X_C}{R} = \arctan\frac{\omega L - \dfrac{1}{\omega C}}{R}$$

由式（2-38）可知，电抗等于感抗与容抗之差，即

$$X = \omega L - \frac{1}{\omega C} = X_L - X_C$$

式（2-38）表明，RLC 串联正弦交流电路中的电压与电流的有效值之比等于阻抗的模，电压与电流的相位差等于阻抗角。在 RLC 串联正弦交流电路中，电压与电流的关系取决于电路的阻抗。阻抗可能有以下三种情况。

1. 阻抗呈电感性

当 $X = X_L - X_C > 0$，即 $X_L > X_C$ 时，可知 $U_L > U_C$（因 X_L 和 X_C 上通过同一电流）

$$\varphi = \arctan\frac{X_L - X_C}{R} > 0$$

此时，电路中电压的相位超前电流的相位，电路阻抗呈电感性，或者称此时电路的负载为感性负载，以电流相量作为参考相量可得相量图，如图 2.25 所示。

2. 阻抗呈电容性

当 $X = X_L - X_C < 0$，即 $X_L < X_C$ 时，可知 $U_L < U_C$

$$\varphi = \arctan \frac{X_L - X_C}{R} < 0$$

此时，电路中电压的相位滞后电流的相位，电路阻抗呈电容性，或者称此时电路的负载为容性负载，电路中各电量相量图如图 2.26 所示。

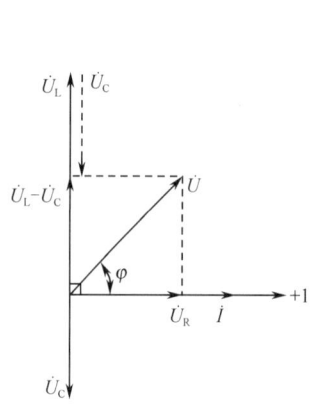

图 2.25　阻抗呈感性时的相量图　　　　图 2.26　阻抗呈容性时的相量图

3. 阻抗呈电阻性

当 $X = X_L - X_C = 0$，即 $X_L = X_C$ 时，可知 $U_L = U_C$

$$\varphi = \arctan \frac{X_L - X_C}{R} = 0$$

此时，电路中电压与电流同相位，电路阻抗呈电阻性，电路发生串联谐振（一般来说，具有电感和电容元件的电路电压与电流不同相位；若两者相位相同，则电路发生谐振），电路谐振时所对应的交流电量的频率称为谐振频率，用 f_0 表示。因为 $X_L = X_C$，即 $\omega L = \dfrac{1}{\omega C}$，故

$$f_0 = \frac{1}{2\pi \sqrt{LC}} \tag{2-39}$$

式（2-39）说明，谐振频率仅与电路参数 L 和 C 有关，当电源频率与电路参数满足式（2-39）条件时，电路就发生谐振。

电路发生谐振时具有以下两个特点：

（1）电路的阻抗模最小，电源电压不变时，电流达到最大值。

$$|Z| = \sqrt{R^2 + (X_L - X_C)^2} = \sqrt{R^2 + \left(\omega L - \frac{1}{\omega C}\right)^2} = R$$

$$I = \frac{U}{|Z|} = \frac{U}{R}$$

（2）U_L 与 U_C 不仅大小相等，且相位相反，相互抵消，对整个电路不起作用（即 $U = U_R$）。但 U_L 与 U_C 的个体作用仍存在。

RLC 串联交流电路负载呈电阻性，或电路发生谐振时，电路中各电量的相量图如图 2.27 所示。

4．RLC 串联电路的功率

RLC 串联交流电路中的功率包括电阻上消耗的有功功率 P 和电容电感上的无功功率 Q，根据如图 2.27 所示电路中电压的相位关系可知

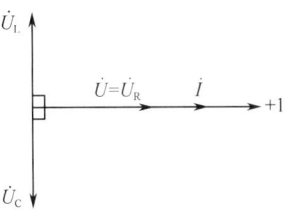

$$P = IU_R = IU\cos\varphi$$
$$Q = I(U_L - U_C) = IU\sin\varphi \tag{2-40}$$

式中，φ 为 RLC 串联交流电路的阻抗角。由式（2-40）可知，

图 2.27　阻抗呈电阻性时的相量图

RLC 串联交流电路中的有功功率等于电路的总电压与电流的有效值乘积再乘以系数 $\cos\varphi$，$\cos\varphi$ 称为电路的功率因数。

电路中总电压与电流的有效值乘积为电源所提供的总功率，我们称之为视在功率，用 S 表示，单位为伏安（V·A），则

$$S = IU \tag{2-41}$$

由式（2-40）和式（2-41）得

$$\cos\varphi = \frac{P}{S}$$

由此可知，电路的功率因数越高，有功功率占电源总功率的比率越大。

例 2.5　如图 2.23 所示 RLC 串联交流电路中，已知 $R = 10\Omega$，$L = 31.8\text{mH}$，$C = 159.2\mu\text{F}$，电路端电压 $u = 100\sqrt{2}\sin 314t\text{ V}$，求电路中的电流 i 及各元件的端电压 u_R、u_L、u_C，画出电路中各电量的相量图。

解：（1）求电路阻抗。

因为

$$jX_L = j\omega L = j314 \times 31.8 \times 10^{-3} = j10 = 10\underline{/90^\circ}\ (\Omega)$$

$$-jX_C = -j\frac{1}{\omega C} = -j\frac{1}{314 \times 159.2 \times 10^{-6}} = -j20 = 20\underline{/-90^\circ}\ (\Omega)$$

故阻抗为

$$Z = R + j(X_L - X_C) = 10 - j10 = 10\sqrt{2}\underline{/-45^\circ}\ (\Omega)$$

（2）计算电路各电量。

$$\dot{I} = \frac{\dot{U}}{Z} = \frac{100\underline{/0^\circ}}{10\sqrt{2}\underline{/-45^\circ}} = 5\sqrt{2}\underline{/45^\circ}\ (\text{A})$$

$$\dot{U}_R = \dot{I}R = 5\sqrt{2}\underline{/45^\circ} \times 10 = 50\sqrt{2}\underline{/45^\circ}\ (\text{V})$$

$$\dot{U}_L = \dot{I}jX_L = 5\sqrt{2}\underline{/45^\circ} \times 10\underline{/90^\circ} = 50\sqrt{2}\underline{/135^\circ}\ (\text{V})$$

$$\dot{U}_C = \dot{I}(-jX_C) = 5\sqrt{2}\underline{/45^\circ} \times 20\underline{/-90^\circ} = 100\sqrt{2}\underline{/-45^\circ}\ (\text{V})$$

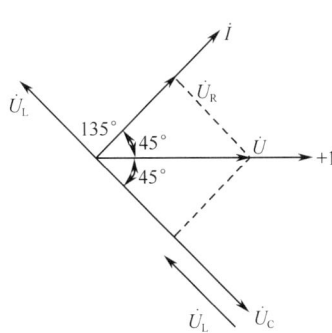

（3）根据各相量写出各电量瞬时表达式。

$$i = 10\sin(314t + 45^\circ)\ (\text{A})$$
$$u_R = 100\sin(314t + 45^\circ)\ (\text{V})$$
$$u_L = 100\sin(314t + 135^\circ)\ (\text{V})$$
$$u_C = 200\sin(314t - 45^\circ)\ (\text{V})$$

（4）根据各相量作相量图，如图 2.28 所示。

图 2.28　例 2.5 电压、电流相量图

三、RLC 并联交流电路

串联谐振电路一般只适用于内阻较小的信号源。当信号源内阻较大时，如果采用串联谐振，将会使谐振回路的品质因数大大降低，电路的选择性较差，甚至失去选择性，所以当信号内阻较高时应采用并联谐振。一般常见的是电感（等效为 RL 串联电路）与电容器的并联电路。

1. R、L 与 C 并联的交流电路

含有一定电阻的电感性负载和电容器并联，在实际电路中经常出现，如图 2.29 所示说明了并联电路的分析方法。由于各支路是同一电压，所以选电压为参考正弦量较为方便，即令 $u = U_\text{m} \sin \omega t$。

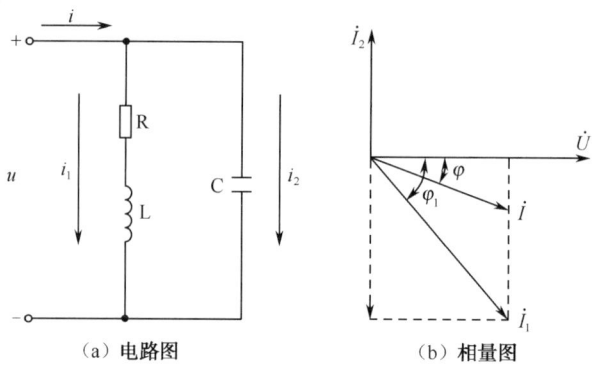

（a）电路图   （b）相量图

图 2.29　并联谐振电路

第一条支路是 RL 串联电路，电流的大小为

$$I_1 = \frac{U}{Z} = \frac{U}{\sqrt{R_2 + X_\text{L}^2}}$$

它滞后电压的相位差为 $\varphi_1 = \arctan \dfrac{X_\text{L}}{R}$

第二条支路是电容电路，$I_2 = \dfrac{U}{X_\text{C}}$，且 I_2 超前 U $90°$。

根据基尔霍夫第一定律有

$$i = i_1 + i_2$$

电流与电压的相量图如图 2.29（b）所示，总电流 I 的大小和滞后电压的相位差 φ 分别为

$$I = \sqrt{(I_1 \cos \varphi_1)^2 + (I_1 \sin \varphi_1 - I_2)^2}$$

$$\varphi = \arctan \frac{I_1 \sin \varphi_1 - I_2}{I_1 \cos \varphi_1} \tag{2-42}$$

总电流 I 确定后，电路中总功率可根据下式求得

有功功率　　　　　　　　　　$P = UI \cos \varphi$

无功功率　　　　　　　　　　$P = UI \sin \varphi$

视在功率　　　　　　　　　　$S = UI$

由于电容支路不吸收有功功率，所以上式中总有功功率应等于电阻、电感串联支路的有功功率，即

$$P = UI \cos \varphi = U_1 I_1 \cos \varphi_1$$

这里 I_1 和 $\cos \varphi_1$ 是第一条支路的电流和功率因数；I 和 $\cos \varphi$ 是并联电容后电路的总电流和

功率因数。

由式（2-42）可分析如下：

（1）$I_1 \sin\varphi_1 - I_2 > 0$ 时，$\varphi > 0$，表示电流 I 滞后电压 $U\varphi$ 角，电路呈电感性。

（2）$I_1 \sin\varphi_1 - I_2 < 0$ 时，$\varphi < 0$，表示电流 I 超前电压 $U\varphi$ 角，电路呈电容性。

（3）$I_1 \sin\varphi_1 - I_2 = 0$ 时，$\varphi = 0$，表示电流 I 和电压 U 同相，电路呈纯电阻性。此种状态称为并联谐振。

2．并联谐振条件和谐振频率

$X_L = X_C$，电路出现并联谐振，谐振的条件为

$$\omega_0 L \approx \frac{1}{\omega_0 C}$$

谐振频率为

$$f_0 = \frac{1}{2\pi\sqrt{LC}} \tag{2-43}$$

3．谐振的特点

（1）总阻抗最大，且为纯电阻性，其值为

$$Z = \frac{R^2 + X_L^2}{R}$$

当 $X_L \gg R$ 时，

$$Z \approx \frac{X_L^2}{R} = QX_L$$

（2）总电流最小，且与电压同相，其值为

$$I = I_R = I_1 \cos\varphi_1$$

（3）电容支路电流与电感支路电流的垂直分量相等，且为总电流的 Q 倍，所以并联谐振也称为电流谐振。即

$$I_2 = I_L = I_1 \sin\varphi_1 = QI$$

并联谐振在电工和电子技术中也有广泛的用途。利用并联电容器来提高电感性电路的功率因数时，若将功率因数提高到 1，电路就处于并联谐振状态。

例 2.6 在图 2.29 中，已知 $L=500\mu H$，$C=234pF$，$R=20\Omega$。求 f_0。

解：

$$\sqrt{LC} = \sqrt{500\times10^{-6}\times234\times10^{-12}} = 342\times10^{-9}$$

故得

$$f_0 = \frac{1}{2\pi\sqrt{LC}} = \frac{1}{2\pi\times342\times10^{-9}} = 465（kHz）$$

技能操作　R、L、C元件阻抗特性的测定

1．操作目的

（1）验证电阻、感抗与频率的关系，测定 $R\text{-}f$、$X_L\text{-}f$ 与 $X_C\text{-}f$ 特性曲线。

（2）加深理解 R、L、C 元件端电压与电流间的相位关系。

2．操作器材

双踪示波器 1 台，函数信号发生器 1 台，交流毫伏表 1 块，频率计 1 个，电阻 1kΩ，200Ω 各 1 个，电感 10mH，电容 1μF 各 1 个。

3．操作注意事项

（1）注意自耦调压器的使用。

（2）信号源的接地端与示波器的接地端、交流毫伏表的接地端要连在一起，以防外界干扰而影响测量的准确性。

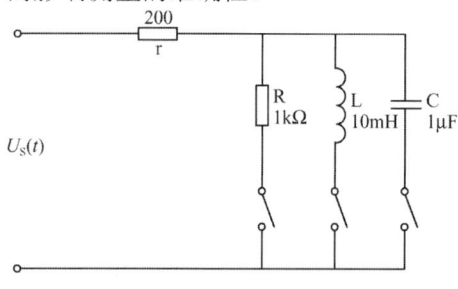

图 2.30　阻抗频率特性测试电路

（3）用双踪示波器同时观察双路波形时，应该注意两路信号的共地问题。

4．操作内容及步骤

（1）测量唯一参数 R、L、C 元件的阻抗频率特性。

实验线路如图 2.30 所示，图中 R、L、C 为被测元件，r 为电流取样电阻。通过电缆线将函数信号发生器输出的正弦信号接至电路输入端，作为激励源 u，并用交流毫伏表（或者示波器）测量，使激励电压的有效值为 $U=3\text{V}$，并在整个实验过程中保持不变。注意接地端的共地问题。

改变信号源的输出频率，从 200Hz 逐渐增至 5kHz（用频率计测量），并使开关分别接通 R、L、C 三个元件，用交流毫伏表分别测量 U_R、U_r，U_L、U_r，U_C、U_r，通过计算得到各个频率点的 R、X_L、X_C 之值，记入表 2.4 中。

表 2.4　R、L、C 元件的阻抗频率特性数据

频率 f（Hz）		单 位	200	500	1000	2000	2500	3000	4000	5000
R	U_R	V								
	U_r	V								
	$I_R=U_r/r$	mA								
	$R=U_R/I_R$	kΩ								
L	U_L	V								
	U_r	V								
	$I_L=U_r/r$	mA								
	$X_L=U_L/I_L$	kΩ								
C	U_C	V								
	U_r	V								
	$I_C=U_r/r$	mA								
	$X_C=U_C/I_C$	kΩ								

（2）用双踪示波器观测如图 2.31 所示 RL 串联和 RC 串联电路在不同频率下阻抗角的变化情况，即用双踪示波器观测 RL 串联电路（RC 串联电路）的电压、电流波形相位差，并做好记录。

用双踪示波器测量阻抗角（电压、电流波形相位差）的方法：将欲测量相位差的两个信号分别接到双踪示波器 Y_A 和 Y_B 两个输入端。调节示波器有关旋钮，使示波器屏幕上出现两条大小适中、稳定的波形，如图 2.32 所示，荧光屏上数得水平方向一个周期占 n 格，相位差占 m 格，则实际的相位差 φ（阻抗角）为 $\varphi = m \times \dfrac{360°}{n}$。将所得数据记入表 2.5 中。

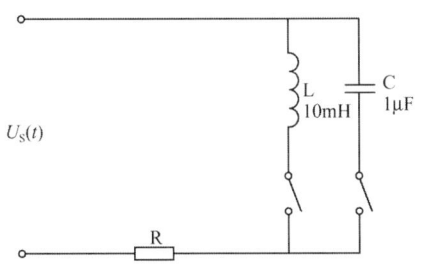

图 2.31　串联电路阻抗角测试电路

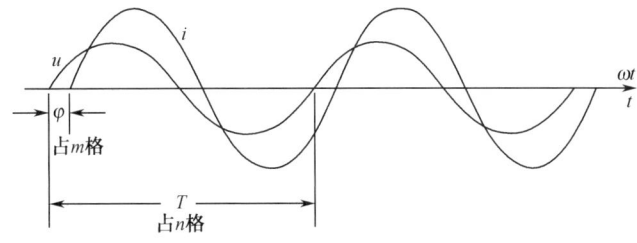

图 2.32　示波器测量阻抗角（相位差）

表 2.5　串联电路阻抗角测试数据

频率 f（Hz）	200	500	1k	2k	2.5k	3k	4k	5k
n（格）								
m（格）								
φ（度）								

流过 RL 串联电路（RC 串联电路）的电流则可由 R 两端电压 U_R 除以 R 得到，用示波器观察 RL 串联电路电流波形，可通过观察流过该电流的电阻 R 上的电压波形来实现。RL 串联电路（RC 串联电路）两端的电压与输入端的激励电压相等，用双踪示波器观察电压波形，可通过观察输入端电压波形来实现。注意两路信号的共地问题。

5．操作报告及要求

（1）根据实验数据，在方格纸上绘制 R、L、C 三个元件的阻抗频率特性曲线，从中可以得出什么结论？

（2）根据实验数据，在方格纸上绘制 RL 串联、RC 串联电路的阻抗角频率特性曲线，并总结、归纳出结论。

（3）回答思考题。

①图 2.30 中各元件流过的电流如何求得？

②怎样用双踪示波器观察 RL 串联和 RC 串联电路阻抗角的频率特性？

任务 2.3　三相交流电路

一、三相电动势的产生

三相交流电路是由三个频率、幅值相等，彼此相位互差 120° 的单相交流电源构成的电路。与单相交流电路相比，三相交流电路的优点是：降低输配电路网络建设成本及设备运行功率损耗，简化设备结构，优化设备性能，方便设备使用和维护。因此，三相交流电路被广泛地采用。在分析计算三相交流电路时，不仅要弄清同一相电路电压与电流的关系，而且要弄清三相电路之间电量的关系。

三相交流电动势一般由三相交流发电机产生。三相交流发电机结构如图 2.33（a）所示，它主要由定子和转子两部分构成。定子铁芯上嵌入三个对称的绕组 U_1-U_2、V_1-V_2、W_1-W_2，它们在空间内相互成 120°分布，每个绕组为一相，三相绕组的 U₁、V₁、W₁ 称为首端，U₂、V₂、W₂ 称为末端。转子铁芯上绕有直流励磁绕组。

当转子由原动机带动并以恒定转速 ω 旋转时，定子上三相绕组依次被磁力线切割，于是三个绕组中便产生了三个对称的正弦交流电动势，每个绕组两端对应三个正弦交流电压 u_U、u_V、u_W，若选择电压的参考方向为从绕组的始端指向末端，如图 2.33（b）所示，且以 U 相为参考，则这 3 个电压的三角函数表达式如下

$$\left.\begin{array}{l} u_U = U_m \sin \omega t \\ u_V = U_m \sin(\omega t - 120°) \\ u_W = U_m \sin(\omega t + 120°) \end{array}\right\} \tag{2-44}$$

其对应相量表达式为

$$\left.\begin{array}{l} \dot{U}_U = U\underline{/0°} = U \\ \dot{U}_V = U\underline{/-120°} = U\left(-\dfrac{1}{2} - j\dfrac{\sqrt{3}}{2}\right) \\ \dot{U}_W = U\underline{/120°} = U\left(-\dfrac{1}{2} + j\dfrac{\sqrt{3}}{2}\right) \end{array}\right\} \tag{2-45}$$

用波形图表示如图 2.34 所示，用相量图表示则如图 2.35 所示。

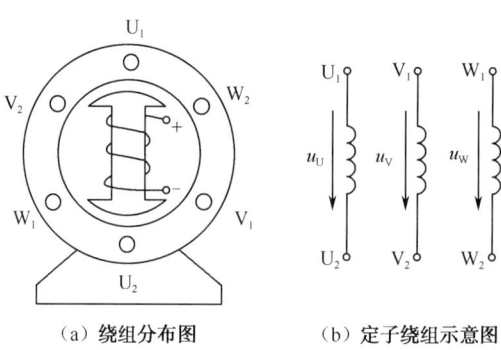

（a）绕组分布图　　　　（b）定子绕组示意图

图 2.33　三相交流发电机绕组结构图

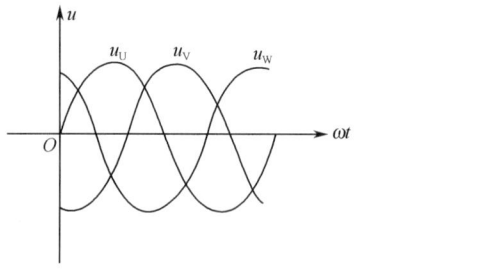

图 2.34　三相交流电压波形图　　　　图 2.35　三相交流电压相量图

由以上三相交流电压的特点不难证明：三相瞬时电压及其相量之和均为零。即

$$\left.\begin{array}{l} u_U + u_V + u_W = 0 \\ \dot{U}_U + \dot{U}_V + \dot{U}_W = 0 \end{array}\right\} \tag{2-46}$$

二、三相电源的连接

三相发电机的三个绕组向外供电时，根据其绕组的连接方式不同可分为星形（Y）和三角形（△）两种连接。

1. 三相电源的星形（Y）连接

星形连接是将发电机三个绕组的末端 U_2、V_2、W_2 连接在一起，这一连接点称为电源的中点或零点；由该点引出的导线称为中线或零线，用 N 表示；三个绕组的首端 U_1、V_1、W_1 分别向外引出的导线称为相线或火线，如图 2.36 所示。

发电机绕组连接成星形时，可以得到两种电压：相线与中线之间的电压，即相电压，用 $\dot U_U$、$\dot U_V$、$\dot U_W$ 表示，一般用 U_p 表示它们的有效值；相线与相线之间的电压，也称为线电压，用 $\dot U_{UV}$、$\dot U_{VW}$、$\dot U_{WU}$ 表示，一般用 U_l 表示它们的有效值。各电压的参考方向如图 2.37 所示。对照图 2.36 中相电压和线电压的参考方向，应用基尔霍夫电压定律可得星形连接时电源的线电压和相电压的关系式为

$$\left.\begin{aligned}
\dot U_{UV} &= \dot U_U - \dot U_V = U - U\left(-\frac{1}{2} - j\frac{\sqrt3}{2}\right) = U\left(\frac{3}{2} + j\frac{\sqrt3}{2}\right) = \sqrt3 U\underline{/30^\circ}\\
\dot U_{VW} &= \dot U_V - \dot U_W = U\left(-\frac{1}{2} - j\frac{\sqrt3}{2}\right) - U\left(-\frac{1}{2} + j\frac{\sqrt3}{2}\right) = -j\sqrt3 U = \sqrt3 U\underline{/-90^\circ}\\
\dot U_{WU} &= \dot U_W - \dot U_U = U\left(-\frac{1}{2} - j\frac{\sqrt3}{2}\right) - U = U\left(-\frac{3}{2} + j\frac{\sqrt3}{2}\right) = \sqrt3 U\underline{/150^\circ}
\end{aligned}\right\}\qquad (2\text{-}47)$$

由式（2-47）可知，线电压和相电压在大小上的关系为

$$U_l = \sqrt3 U_p \qquad (2\text{-}48)$$

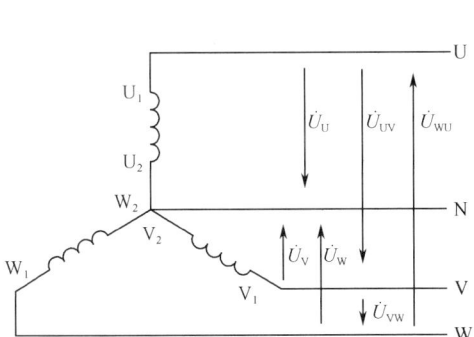

图 2.36 三相交流电源星形连接电路

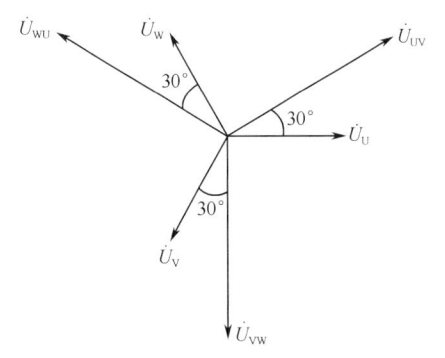

图 2.37 三相交流电源星形连接电压相量图

线电压和相电压在相位上的关系是线电压超前相应的相电压 30°，各电压相量图如图 2.37 所示。

在电力系统及汽车电路系统中，发电机的三个绕组通常连接成星形。

2. 三相电源的三角形（△）连接

三角形连接就是把发电机三个绕组中一个绕组的末端与另一个绕组的首端相连接，构成一个闭合回路，然后从三个连接点引出三根导线向外送电，如图 2.38 所示。这种连接方式仅能得到一种电压，即线电压。对照图 2.38 中所规定的电压参考方向可知，三个线电压 $\dot U_{UV}$、$\dot U_{VW}$、

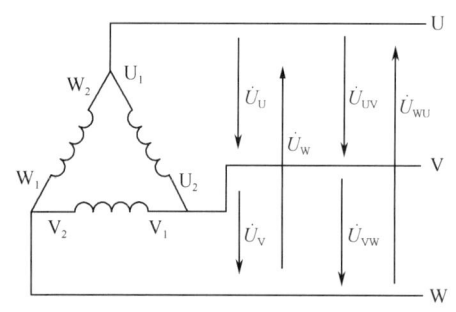

图 2.38　三相交流电源三角形连接电路

$\dot{U}_{WU}$ 就是对应于每相绕组的相电压 $\dot{U}_U$、$\dot{U}_V$、$\dot{U}_W$，即

$$\left.\begin{array}{l} \dot{U}_{UV} = \dot{U}_U \\ \dot{U}_{VW} = \dot{U}_V \\ \dot{U}_{WU} = \dot{U}_W \end{array}\right\} \qquad (2\text{-}49)$$

或

$$U_l = U_p \qquad (2\text{-}50)$$

由式（2-50）可知，理想对称的三相绕组所产生的三相电压，任意时刻电压之和为零，因此，三相绕组所构成的闭合回路中不会产生环形电流。但实际上，由于发电机制造工艺不可能保证三相发电机三个绕组绝对对称，因此，发电机绕组做三角形连接时，或多或少会存在环形电流。环形电流过大，不仅要消耗能量，而且会导致发电机损坏。正因为如此，电力系统中的发电机绕组一般不采用三角形连接。但汽车用发电机因功率小，部分发电机绕组仍采用三角形连接。

三、三相负载的连接

三相负载的连接与三相电源的连接一样，也有两种方式，即星形连接与三角形连接。

1．三相负载的星形连接

将三相负载分别接在三相电源的一根相线和中线之间的连接方式称为负载星形连接，如图 2.39 所示，对应的电路称为三相四线制电路。三相负载做星形连接时，负载上的线电压和相电压的关系就是电源线电压和相电压的关系，即 $U_l = \sqrt{3}U_p$。星形连接的负载接上电源后，就产生电流，我们把流过每相负载的电流称为相电流，用带小写字母下标表示，即 $\dot{I}_u$、$\dot{I}_v$、$\dot{I}_w$，用 I_p 表示相电流的有效值；把流过相线上的电流称为线电流，用带大写字母下标表示，即 $\dot{I}_U$、$\dot{I}_V$、$\dot{I}_W$，用 I_l 表示线电流的有效值。由图 2.39 可知，三相负载做星形连接时，其相电流与线电流相等，即

$$\left.\begin{array}{l} \dot{I}_u = \dot{I}_U = \dfrac{\dot{U}_U}{Z_1} \\[2mm] \dot{I}_v = \dot{I}_V = \dfrac{\dot{U}_V}{Z_2} \\[2mm] \dot{I}_w = \dot{I}_W = \dfrac{\dot{U}_W}{Z_3} \end{array}\right\} \qquad (2\text{-}51)$$

中线上的电流为

$$\dot{I}_N = \dot{I}_u + \dot{I}_v + \dot{I}_w \qquad (2\text{-}52)$$

对于对称负载（各相负载阻抗的模与阻抗角完全相等），即 $Z_1 = Z_2 = Z_3$，则各相电流大小相等，相位相差 120°，此时可分析得知中线上的电流为零。因此，对称负载做星形连接时，可省略中性线，如图 2.40 所示。

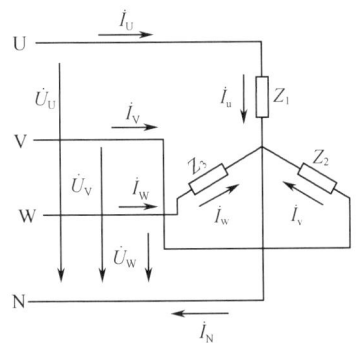

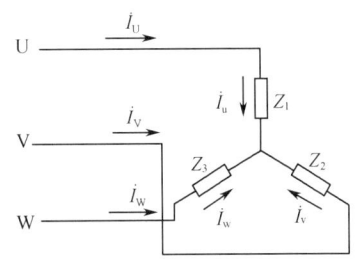

图 2.39　三相负载的星形连接电路　　　　图 2.40　三相对称负载的星形连接电路

例 2.7 一个做星形连接的三相对称负载，其每相阻抗为 $Z = 10\underline{/53^\circ}\ \Omega$，已知三相对称电源电压 $u_{UV} = 380\sqrt{2}\sin(\omega t + 30^\circ)\text{V}$，求各相负载上的电流。

解： 因负载对称，可任意计算一相电流，其他各相电流可按对称关系推算。

根据 u_U 比 u_{UV} 滞后 30°，可知

$$\dot{U}_U = \frac{\dot{U}_{UV}}{\sqrt{3}}\underline{/-30^\circ} = \frac{380\underline{/30^\circ}}{\sqrt{3}}\underline{/-30^\circ} = 220\underline{/0^\circ}\ (\text{V})$$

因此

$$\dot{I}_U = \frac{\dot{U}_U}{Z} = \frac{220\underline{/0^\circ}}{10\underline{/53^\circ}} = 22\underline{/-53^\circ}\ (\text{A})$$

由对称关系可得

$$\dot{I}_V = 22\underline{/-173^\circ}\ (\text{A})$$
$$\dot{I}_W = 22\underline{/67^\circ}\ (\text{A})$$

于是各负载上的电流为

$$i_U = 22\sqrt{2}\sin(\omega t - 53^\circ)\ (\text{A})$$
$$i_V = 22\sqrt{2}\sin(\omega t - 173^\circ)\ (\text{A})$$
$$i_W = 22\sqrt{2}\sin(\omega t + 67^\circ)\ (\text{A})$$

2. 三相负载的三角形连接

将三相负载分别连接在三相电源每两根相线之间的连接方式称为负载的三角形连接，如图 2.41 所示。三相负载做三角形连接时，负载上的相电压等于电源的线电压，即 $U_1 = U_p$。各相电流为

$$\left. \begin{aligned} \dot{I}_u &= \frac{\dot{U}_{UV}}{Z_1} \\ \dot{I}_v &= \frac{\dot{U}_{VW}}{Z_2} \\ \dot{I}_w &= \frac{\dot{U}_{WU}}{Z_3} \end{aligned} \right\} \qquad (2\text{-}53)$$

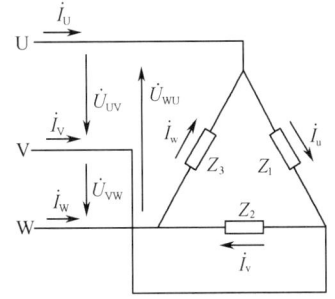

根据图 2.41 中各电流所规定的参考方向，由 KCL 可列出各相电流与对应的线电流关系式

图 2.41　三相负载的三角形连接电路

$$\left.\begin{array}{l} \dot{I}_{U} = \dot{I}_{u} - \dot{I}_{w} \\ \dot{I}_{V} = \dot{I}_{v} - \dot{I}_{u} \\ \dot{I}_{W} = \dot{I}_{w} - \dot{I}_{v} \end{array}\right\} \qquad (2\text{-}54)$$

对于对称负载,即 $Z_1 = Z_2 = Z_3$,其各相电流也对称,通过分析可知线电流为相电流的 $\sqrt{3}$ 倍,相位比对应的相电流滞后 30°。

3. 三相交流电路的功率

在三相交流电路中,电路的总有功功率为各相负载有功功率之和,即

$$P = P_U + P_V + P_W = I_u U_u \cos\varphi_u + I_v U_v \cos\varphi_v + I_w U_w \cos\varphi_w \qquad (2\text{-}55)$$

式（2-55）中,I_u、I_v、I_w 为各相电流有效值;U_u、U_v、U_w 为各相电压有效值;$\cos\varphi_u$、$\cos\varphi_v$、$\cos\varphi_w$ 为各相负载的功率因数。

当三相负载对称时,由于每相电压 U_p 相等,电流 I_p 也相等,所以各相电路的功率 P_p 也相等。这时,三相电路的有功功率是一相有功功率的 3 倍,即

$$P = 3P_p = 3I_p U_p \cos\varphi_p \qquad (2\text{-}56)$$

根据三相负载不同连接时,电路的相电压与线电压及相电流与线电流之间的关系,不难证明

$$P = \sqrt{3}I_l U_l \cos\varphi_p \qquad (2\text{-}57)$$

式中,I_l、U_l 为三相电路的线电压和线电流。

同样,在三相交流电路中,电路的总无功功率为各相负载无功功率之和;电路的总视在功率为各相负载视在功率之和。负载对称时,则有

$$Q = \sqrt{3}I_l U_l \sin\varphi_p \qquad (2\text{-}58)$$

$$S = \sqrt{3}I_l U_l \qquad (2\text{-}59)$$

例 2.8 在三相交流电源线电压 $U_l = 380\text{V}$ 的电网中,接有做三角形连接的对称负载,已知每相负载的电阻 $R = 30\Omega$,感抗 $X_L = 40\Omega$。试求电路的相电流 I_p、线电流 I_l、三相有功功率 P、无功功率 Q 和视在功率 S。

解：

$$|Z| = \sqrt{R^2 + X_L^2} = \sqrt{30^2 + 40^2} = 50 \ (\Omega)$$

$$I_p = \frac{U_p}{|Z|} = \frac{U_L}{|Z|} = \frac{380}{50} = 7.6 \ (\text{A})$$

$$I_l = \sqrt{3}I_p = \sqrt{3} \times 7.6 = 13.16 \ (\text{A})$$

$$P = \sqrt{3}U_l I_l \cos\varphi_p = \sqrt{3}U_l I_l \frac{R}{|Z|} = \sqrt{3} \times 380 \times 13.16 \times \frac{30}{50} = 5.2 \ (\text{kW})$$

$$Q = \sqrt{3}U_l I_l \sin\varphi_p = \sqrt{3}U_l I_l \frac{X_L}{|Z|} = \sqrt{3} \times 380 \times 13.16 \times \frac{40}{50} = 6.9 \ (\text{kvar})$$

$$S = \sqrt{3}U_l I_l = \sqrt{3} \times 380 \times 13.16 = 8.66 \ (\text{kV·A})$$

技能操作　三相负载星形、三角形连接

1. 操作目的

（1）通过实验熟悉三相负载的连接方法。

（2）验证对称三相电路中线电压与相电压、线电流与相电流之间的关系。

（3）通过不对称三相负载实验,理解中线的作用。

2. 操作器材

实验线路板 1 块，三相负载（白炽灯，15W）6 个，万用表 1 块，交流电流表 0～0.25A 4 只，空气开关 500V/5A（三极）1 只，空气开关 500V/5A（单极）1 只，三相自耦变压器 220/380V、1kV·A 1 个，导线若干。

3. 实验原理

（1）对称三相负载做星形连接与三相四线电源相接时，各相电流大小相等，相位相差 120°，中线上的电流为零，因而中线可省去；若三相负载不对称，则中线上的电流不为零。

（2）对称三相负载做三角形连接与三相电源相接时，相电流 I_p 与线电流 I_1 满足 $I_1 = \sqrt{3}I_p$ 的关系；若不对称的三相负载做三角形连接，各相电流与对应的线电流不一定满足 $I_1 = \sqrt{3}I_p$ 关系。

4. 操作内容及步骤

（1）负载做星形连接。

①将三组负载（每组 2 只灯泡并联）做星形连接，如图 2.42 所示，确认连接无误后，接线电压为 380V 的三相电源。

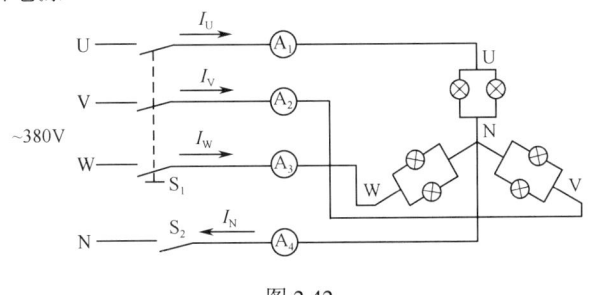

图 2.42

②接通开关 S_2 后，再接通开关 S_1，测量有关电量，并将测量结果填入表 2.6 中（对称负载栏）。验证：$I_U=I_V=I_W$，$I_N=0$；三组负载灯泡亮度基本相同。

③保持开关 S_1 接通，重复断开、接通开关 S_2，观察三组负载灯泡亮度及有关测量值。验证：$I_U=I_V=I_W$，$I_N=0$ 仍然成立；三组负载灯泡亮度仍基本相同。

④断开开关 S_2 后，拆下任意一组负载中的一只灯泡，再按步骤②循序接通 S_2、S_1，测量有关电量值，并填入表 2.6（不对称负载栏）。验证：$I_U \neq I_V \neq I_W$，且 $I_o \neq 0$。

表 2.6

测量内容	U_{UN}（V）	U_{VN}（V）	U_{WN}（V）	I_U（A）	I_V（A）	I_W（A）	I_N（A）	灯泡亮度
对称负载								
不对称负载								

（2）负载做三角形连接。

①将三组负载（每组 2 只灯泡并联）做三角形连接，如图 2.43 所示，确认连接无误后接上线电压为 220V 的三相电源。

②接通开关 S 后，测量电路有关电量，并将测量结果填入表 2.7 中（对称负载栏）。验证：当 $U_{UV} = U_{VW} = U_{WU}$ 时，$I_U = \sqrt{3}I_{UW}$；三组负载灯泡亮度基本相同。

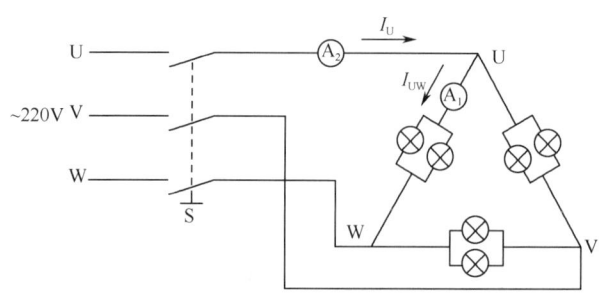

图 2.43

③断开开关 S 后，拆下任意一组负载中的一只灯泡，重新合上开关 S，测量有关电量值，并填入表 2.7 中（不对称负载栏）。验证：当 $U_{UV} = U_{VW} = U_{WU}$ 时，$I_U \neq \sqrt{3}I_{UW}$；三组负载灯泡亮度基本相同。

表 2.7

测 量 内 容	U_{UN}（V）	U_{VN}（V）	U_{WN}（V）	I_U（A）	I_{UW}（A）	灯 泡 亮 度
对称负载						
不对称负载						

5．操作报告及要求

（1）应用实验所测量数据，验证对称三相电路中负载做星形及三角形连接时电路中各电量之间的关系。

（2）计算测量中的相对误差，并对测量结果做出必要的解释。

任务 2.4　安全用电

一、有关人体触电的知识

人体是导体，当发生"触电"事故导致电流通过人体时，会使人体受到不同程度的伤害。由于触电的种类、方式及条件不同，受伤害的后果也不一样。

1．触电的种类和方式

（1）人体触电分为电击和电伤两类。

①电击是指电流通过人体内部，破坏人体内部组织，影响呼吸系统、心脏及神经系统的正常功能，甚至危及生命。

②电伤是指在电流的热效应、化学效应、机械效应及电流本身作用下造成的人体外伤，常见的有灼伤、烙伤和皮肤金属化等现象。

（2）人体触电的方式有单相触电和两相触电。

①单相触电。这是常见的触电方式。人体的一部分接触带电体的同时，另一部分又与大地或零线（中性线）相接，电流从带电体流经人体到大地（或零线）形成回路，这种触电称为单相触电，如图 2.44 所示。在接触电气线路（或设备）时，若不采用防护措施，一旦电气线路

或设备绝缘损坏漏电，将引起间接的单相触电。若站在地上，误接触带电体的裸露金属部分，将造成直接的单相触电。

②两相触电。人体的不同部位同时接触两相电源带电体而引起的触电称为两相触电，如图2.44所示。对于这种情况，无论电网中性点是否接地，人体所承受的线电压将比单相触电时更高，危险性更大。

图 2.44　单相触电和两相触电

2．电流伤害人体的相关因素

人体对电流的反应非常敏感，触电时电流对人体的伤害程度与以下几个因素有关。

（1）电流的大小。触电时，流过人体的电流是造成损伤的直接因素。流过人体的电流越大，对人体的损伤越严重。

（2）电压的高低。人体接触的电压越高，流过人体的电流就越大，对人体的伤害也就越严重。但在触电事例的分析统计中，70%以上的死亡者是在对地电压为250V低压下触电的。对地250V以上的高压，危险性更大，但由于人们接触少，且对其警惕性较高，所以触高压电死亡事例在30%以下。

（3）时间的长短。触电电流越大，触电时间越长，对人体的伤害越严重。

（4）电流通过的路径。电流通过人体心脏、头部、脊髓等重要器官，将会造成严重后果，甚至死亡，因此，电流从人的手到手、手到脚的流经途径最危险。

（5）人体电阻的大小。人体电阻越大，受电流伤害越轻。通常人体电阻可按 $1\sim2k\Omega$ 考虑，这个数值主要由皮肤表面的电阻值决定。如果皮肤表面角质层损伤、皮肤潮湿、流汗、带着导电粉尘等，将会大幅度降低人体电阻，增加触电伤害程度。

二、安全电压

人体触电时，人体所承受的电压越低，通过人体的电流就越小，触电伤害就越轻。当电压低到某一定值以后，对人体就不会造成伤害。在不带任何防护设备的条件下，当人体接触带电体时对各部分组织（如皮肤、神经、心脏、呼吸器官等）均不会造成伤害的电压值，称为安全电压。它通常等于通过人体的允许电流与人体电阻的乘积，但在不同场合，安全电压的规定是不相同的。

我国有关标准规定，12V、24V 和 36V 三个电压等级为安全电压级别，不同场所选用的安全电压等级也不同。安全电压的规定是从总体上考虑的，对于某些特殊情况或某些人也不一定绝对安全。是否安全，与人的当时状况，主要是人体电阻、触电时间长短、工作环境、人与带电体的接触面积和接触压力等都有关系。所以，即便在规定的安全电压下工作，也不可粗心大意。

三、触电原因及保护措施

1．触电的常见原因

触电的场合不同，引起触电的原因也不同。根据在工农业生产、日常生活中所发生的不同触电事例，可将常见触电原因归纳如下。

（1）线路架设不合规格。室内、外线路对地距离及导线之间的距离小于允许值；通信线、广播线与电力线间隔距离过近或同杆架设；线路绝缘破损；有的地区为节省电线采用一线一地制送电等。

（2）电气操作制度不严格、不健全。带电操作时，不采取可靠的保护措施；不熟悉电路和电器而盲目修理；救护已触电的人时，自身不采取安全保护措施；停电检修时，不挂警告牌；检修电路和电器时，使用不合格的保护工具；人体与带电体过分接近而又无绝缘措施或防护措施；在架空线上操作时，不在相线上加临时接地线（零线）；无可靠的防高空跌落措施等。

（3）用电设备不合要求。电气设备内部绝缘损坏，金属外壳又未加保护接地措施或保护接地线太短、接地电阻太大；开关、闸刀、灯具、携带式电器绝缘外壳破损，失去防护作用；开关、熔断器误装在中性线上，一旦断开，就使整个线路带电。

（4）用电不谨慎。违反布线规程，在室内乱拉电线；随意加大熔断器熔丝规格；在电线上或电线附近晾晒衣物；在电线杆上拴牲口；在电线（特别是高压线）附近打鸟、放风筝；未断开电源而移动家用电器；打扫卫生时，用水冲洗或用湿布擦拭带电电器或线路等。

2．接地与接零保护措施

电气设备漏电或击穿碰壳时，平时不带电的金属外壳、支架及其相连的金属部分就会呈现电压，人若触及这些意外带电部分，就会发生触电事故。为防止意外事故的发生，应采取保护措施。

在低压配电系统中采用的保护措施有两种：当低压配电系统变压器中点不接地时，采用接地保护；当低压配电系统变压器中点接地时，采用接零保护。

（1）保护接地。为防止触电事故而装设的接地称为保护接地。电气设备不带电的金属外壳、支架及与其相连的金属部分的接地就是保护接地。设备接地后将会起到保护作用。如图 2.45（a）所示三相电源，中点不接地，如果接在这个电源上的电动机的外壳没接地而发生一相漏电或碰壳时，它的外壳就带有很高的对地电压，这时如果人接触到电动机外壳，就有电流流过人体入地，并经线路与大地之间的分布电容构成回路，这是非常危险的。

将电动机外壳接了地，由于人体电阻与接地电阻并联，而人体电阻又远大于接地电阻，大部分电流经接地装置流入大地，通过人体的电流就很小，保护了人的安全，如图 2.45（b）所示。保护接地仅适用于中性点不接地的电网，凡接在这个电网中的电气设备的金属外壳、支架及相连的金属部分均应接地。

（2）保护接零。在中性点直接接地的三相四线制电网中，电气设备应采用保护接零。将电气设备正常运行时，不带电的金属外壳与电网的零线连接起来。当一相发生漏电或碰壳时，由于金属外壳与零线相连，形成单相短路；当电流很大时，能使电路保护装置迅速动作，切断电源。这时外壳不带电，保护了人身安全和电网其他部分的正常运行，如图 2.46 所示。

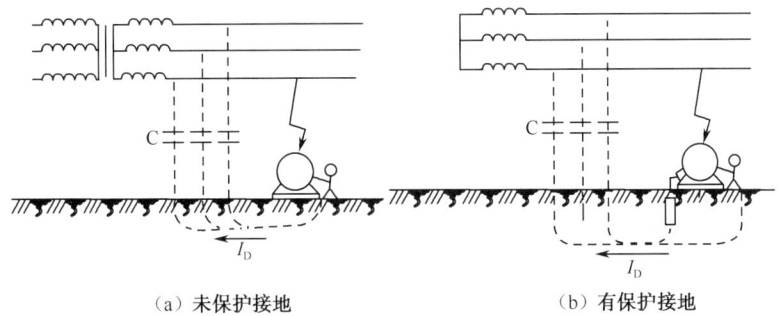

（a）未保护接地 （b）有保护接地

图 2.45　保护接地原理图

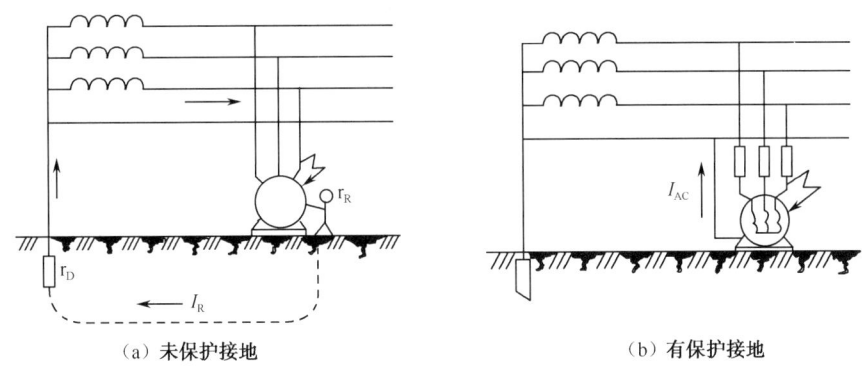

（a）未保护接地 （b）有保护接地

图 2.46　保护接零原理图

在采用接零保护时，电源中线不允许断开，如果中线断开，则保护失效。所以，在电源中线上不允许安装开关和熔断器。实际应用中，在用户端常将电源中线再重复接地，以防止中线断线，如图 2.47 所示。重复接地电阻一般不小于 10Ω。

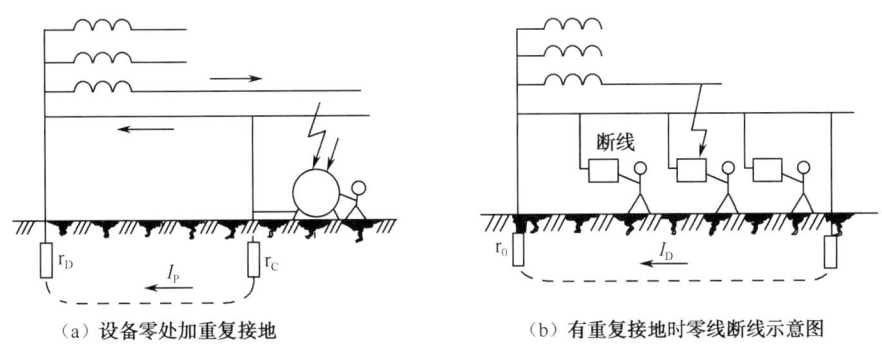

（a）设备零处加重复接地 （b）有重复接地时零线断线示意图

图 2.47　重复接地

（3）家用电器的接零与接地。如果居民区供电变压器低压输出的三相四线电源中性点不接地，家用电器须采用保护接地作为保护措施。

如三相四线电源中点接地，应采用接零保护。居民住宅一般是单相供电，即一根相线、一根零线。家用电器多采用三脚插头和三眼插座。如图 2.48 所示为三眼插座的接法。接三眼插座时，不准将插座上接电源中线的孔与接地线的孔连接，如图 2.48（a）所示。否则，如果接零孔的线路松落或断开，会使设备金属外壳带电，或者当零线与相线接反时，也会使金属外壳带电，如图 2.48（b）所示。三眼插座的正确接法，是将插座上接零线的孔同接地的孔分别用导线并联到中性线上，如图 2.48（c）所示。

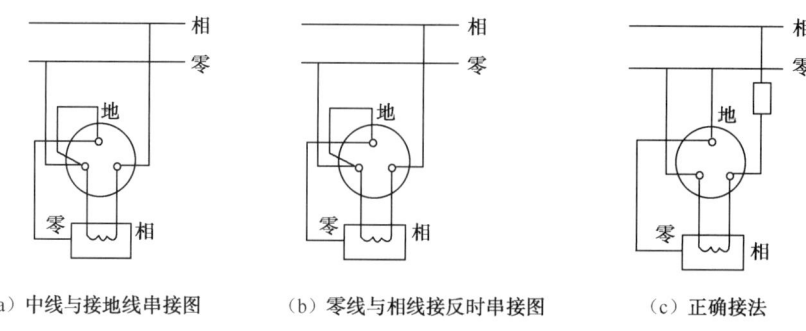

（a）中线与接地线串接图　　（b）零线与相线接反时串接图　　（c）正确接法

图 2.48　三眼插座的接法

3．漏电保护装置

普通民用住宅的配电箱大多数采用熔断器作为保护装置。随着家用电器的日益增多，这类保护装置已不能满足安全用电的要求。当设备因绝缘不良引起漏电时，由于泄漏电流很小，不能使传统的保护装置（熔断器、自动空气开关等）动作，漏电设备外露的可导电部分长期带电，这增加了人身触电的危险。漏电保护开关（简称漏电开关）就是针对这种情况在近年来发展起来的新型保护装置。

漏电保护开关的特点是在检测与判断到触电或漏电故障时，能自动切断故障电路。如图 2.49 所示为目前通用的电流动作型漏电保护开关的工作原理图，它由零序互感器 TAN、放大器 A 和主回路断路器 QF（内含脱扣器 YR）等主要部件组成。其工作原理是：设备正常运行时，主电路电流的相量和为零，零序互感器的铁芯无磁通，其二次侧无电压输出。如设备发生漏电或单相接地故障时，由于主电路电流的相量和不再为零，零序互感器的铁芯有零序磁通，其二次侧有电压输出，经放大器 A 判断、放大后，输入脱扣器 YR，令断路器 QF 跳闸，从而切除故障电路，避免人员发生触电事故。

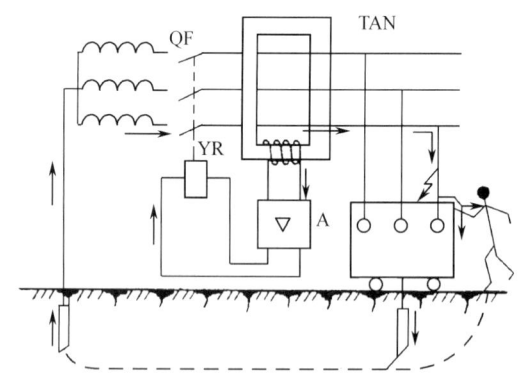

TAN—零序互感器；A—放大器；YR—脱扣器；QF—低压断路器

图 2.49　电流工作型漏电保护开关工作原理图

四、触电急救

发生触电事故时，首先要做的就是使触电者迅速脱离电源，最好立即切断电源开关，若开关不在附近，可用有绝缘柄的斧、钳等工具切断电源线，或用绝缘物挑开接触人体的电线、用绝缘物把人拉开使其脱离电源等。必须注意：不要直接接触触电者身体，以免使救护者触电；要观察周围环境，防止事故扩大再误伤他人。

触电者摆脱电源后，要平躺在担架上送往医院。若发现触电者已停止呼吸、心脏停止跳动，常为"假死"，要立即用人工呼吸维持气体交换，用体外心脏按摩挤压维持血液循环，要就地立即实施抢救，不可有片刻延误。此种方法是触电急救的重要方法，任何药物都无法替代。在用救护车将触电者送往医院时，途中要边送边抢救，不可中断，直至触电者恢复自主呼吸、心脏恢复跳动时为止。

做人工呼吸和人工心脏按摩要有耐心，曾有坚持几小时还可救活的案例，决不可轻易放弃抢救。只有在触电者身上出现"尸斑"或身体僵冷经医生做出无法救活的诊断后方可停止抢救。

生产第一线的人员应经过培训，掌握必需的人工呼吸和人工心脏按摩的基本方法，这样在任何情况下，出现事故都能有懂得抢救知识的人在场，就不至因举止无措或错误处理而延误抢救时机。

五、汽车安全用电

在进行汽车检测与维修过程中，需要接触到很多电气设备和检测仪器，操作人员必须对安全用电引起足够重视。每个人要充分认识安全用电的重要意义，自觉遵守安全用电操作规程，确保用电安全。

1. 汽车实训室操作规程及安全用电的规定

（1）按指导教师要求，正确使用各种电工工具。在使用工具前，要仔细检查工具绝缘部分是否损坏，以免触电伤人。

（2）学生在实习过程中，要严格执行安全操作技术规程，听从指导教师指挥。未经指导教师许可，不得擅自合闸送电。

（3）在检查和排除电路故障前，要用测量工具检查电路是否带电，严禁用手触摸。

（4）排查故障时，要在切断电源后方可进行维修。

（5）特殊情况下带电操作或登高作业，旁边必须安排专人监护。

（6）实习中工具箱摆在安全区域，工具用后要及时放入工具箱，不要随手乱放，更不允许放置在高处。

（7）注意实习中导线线头、螺钉或其他配件放在专门区域，不要随意丢弃。

（8）实习操作过程中，保持双手干燥。

（9）下课前应做到：切断电源，整理工具、材料等，打扫环境卫生。

2. 汽车电器使用和检测中需要注意的问题

（1）各种信号线与电源搭铁线一定要分开，不要通过搭铁传递信号，否则容易出现干扰信号而发生故障。

（2）汽车运行时，蓄电池的正、负两极的任意一根电线都不能随意断开。因为蓄电池和负载是与发电机并联的，它在供电系统中相当于一个低阻抗大电容。在供电系统中断开和闭合电感性负载时，会产生较大的瞬时感应电压，蓄电池将吸收瞬时高电压能量，成为一个瞬变电压抑制器，以免过高瞬变电压影响电子控制单元（ECU）等设备正常工作。此外，蓄电池容量越大，吸收瞬变电压能量的作用也越大。

（3）不要带电插拔各类控制板和插头。带电插拔各类控制板和插头一方面容易造成电路短路，另一方面在电感性负载上会产生较强的感应电动势。感应电动势的电压值可达到数千伏特，这样高的瞬时电压会通过电源线加到车载计算机系统，可能造成计算机电源保护装置的损坏，从而使计算机不能正常工作。

（4）慎重使用电子检测设备和仪器，如兆欧表，它内部可产生几百伏的电压，在测量绝缘电阻时，过高的电压可能会使车载计算机内的芯片电路短路或断路，发生故障，所以一般不宜用来测量低压电器的电阻。又如在检测发动机计算机系统时，要用高阻抗的仪表进行检测。如果用低阻抗的仪表对计算机进行检测，就相当于在计算机的测试点上并联一个较大的负载，计算机系统就有可能超负载工作而遭到损坏。因此，在实际检测中，最好选用高阻抗的数字仪表。

（5）检测车载计算机时，要有静电防护措施。在检测计算机系统时，要防止静电对计算机的损害。静电能损坏甚至摧毁计算机和其他电子元件。这种损坏有两种表现：一种是明显地使设备完全损坏而不能工作；另一种是难以确定的，检查故障原因也十分困难。在后者的情况下，集成电路的品质下降，参数改变，运行混乱，工作不可靠，故障断断续续，一时无法找出原因。防止静电损坏的最佳方法是采取静电保护措施，将人体上的静电荷排泄掉。一般采用人体与车体用导线连接起来的方法。实际使用中，将静电防护腕带缠在手上，另一端接在车体上，让人体上的电荷顺着手腕防护带泄出，成为无静电工作状态。

3．电气灭火常识

发生火灾，不管是否是电气方面引起的，首先要想办法迅速切断火灾范围内的电源。因为，如果火灾是电气方面引起的，切断了电源，也就切断了起火的火源；如果火灾不是电气方面引起的，也会烧坏电线的绝缘，若不切断电源，烧坏的电线会造成碰线短路，引起更大范围的电线着火。同时，还应拨打119火警电话。

扑灭电气火灾时要用绝缘性能较好的气体灭火器、干粉灭火器或使用盖土、盖沙的方法，严禁带电用水或用泡沫灭火器灭火，因为泡沫灭火剂是导电的。贵重电器失火，即使切断电源，也不能使用水剂灭火器。

任务2.5　能力测试

2.1　用相量表示下列正弦交流量，并作出它们的相量图。

（1）$u_1 = 2\sqrt{2}\sin(\omega t - 30°)$ V；

（2）$u_2 = 4\sqrt{2}\sin(\omega t + 150°)$ V；

（3）$u_1 = 3\sqrt{2}\sin\omega t$ V。

2.2　已知相量 $\dot{I} = 3 - j2\sqrt{3}$ A，$\dot{E} = 220\underline{/60°}$，$\dot{U}_m = 5.5$V，若它们的角频率为314rad/s，试写出它们的瞬时表达式。

2.3　将某线圈接到 $U = 6$V 的直流电源上，测得电流为 $I = 0.2$A。现将线圈改接到 $u = 25\sqrt{2}\sin314t$ V 的电源上，测得流过线圈的电流为 $I = 0.5$A。试求：（1）线圈的电阻 R 和电感 L；（2）电路的功率因数 $\cos\varphi$。

2.4　将 0.02μF 的电容器接到频率 f=10kHz、有效值为 12V 的交流电源两端，求：通过电容的电流为多少？若电源的频率改为 f=500Hz，则通过电容的电流又为多少？

2.5 如图 2.50 所示电路中，电流表 A_1、A_2 读数均为 10A，试求电流表 A 的读数。

2.6 如图 2.51 所示电路中，$u=14.1\sin1000t$ V，$Z_1=10\Omega$，$Z_2=30+j40\Omega$，求电路中的电流 I，电压 u_1、u_2，并作电压、电流相量图。

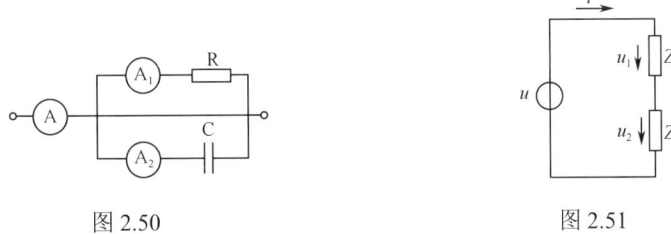

图 2.50　　　　　　　　　　　　　　图 2.51

2.7 RLC 串联电路中，已知 $R=500\Omega$，$L=500$mH，$C=0.5\mu$F，试求 ω 分别为 1000rad/s 和 3000rad/s 时的阻抗。

2.8 一个 RLC 串联电路，已知 $R=80\Omega$，$L=260\mu$H，要使电路在 640Hz 处发生谐振，问：所串联的电容应选用多大？

2.9 在三相交流电源线电压 $U_l=380$V 的电网中，接有星形连接的对称负载，已知每相负载的电阻 $R=30\Omega$，感抗 $X_L=40\Omega$，试求电路的相电流 I_p、线电流 I_l、三相有功功率 P、无功功率 Q 和视在功率 S。

2.10 在三相交流电源线电压 $U_l=380$V 的电网中，接有三角形连接的对称负载，已知每相负载的电阻 $R=30\Omega$，感抗 $X_L=40\Omega$，试求电路的相电流 I_p、线电流 I_l、三相有功功率 P、无功功率 Q 和视在功率 S。

2.11 阻抗为对称三相负载，把它们由三角形连接改成星形连接。求该负载在三角形连接时与星形连接时线电流之比及功率之比。

2.12 有一个三相四线制照明电路，相电压为 220V，已知 U、V、W 三相电灯分别由 34 盏、45 盏、56 盏白炽灯并联组成，每盏灯的功率都是 220W。求各端线上的电流及中线电流。

2.13 什么叫触电？触电对人体有哪些伤害？

2.14 保护接地和保护接零的方式是怎么样的？它们有何区别？

2.15 如果有人触电，而电源开关又不在附近，应如何处置？

电磁感应及电磁器件在汽车中的应用

【知识目标】

1．了解磁场的概念和磁感线表示法，掌握电流的磁效应及在汽车中的应用；

2．理解磁场的基本物理量，会用磁路欧姆定律分析和计算无分支磁路，掌握磁场对通电直导体的作用，磁场对通电半导体的作用；

3．熟悉铁磁性材料特性及其应用，掌握电磁铁的工作特性及其在汽车中的应用；

4．学会感应电动势方向判别，掌握自感现象、互感现象及其在汽车点火线圈电路的应用。

【能力目标】

1．能应用磁路欧姆定律分析磁力大小的影响因素；

2．会用万用表检测点火线圈的参数；

3．熟悉交流电磁铁的构造，会拆解电喇叭。

 ## 任务 3.1 磁路和电磁铁

 ### 一、磁场的基本知识

1．磁铁的性质

物体具有吸引铁、镍、钴等一类物质的性质叫作磁性，把具有磁性的物质叫作磁体（磁铁）。

磁体分为天然磁体（磁铁矿）和人造磁体，常见的人造磁体有条形磁铁、蹄形磁铁、磁针等，如图 3.1 所示。

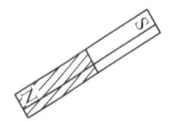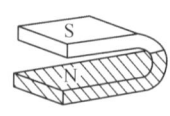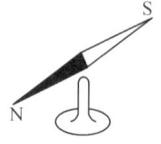

图 3.1　几种人造磁体

磁体上磁性最强的部位叫磁极，任何磁体都有两个永远不可分割的磁极。用绳子在磁体中心把它悬吊起来，其两极将指向南、北方向后而静止。这时，指北的磁极叫北极（或 N 极），指南的磁极叫南极（或 S 极）。

在磁极之间存在一种力，同种磁极相互排斥，异种磁极相互吸引，这种磁极之间的作用称为磁力。

2. 磁场

在磁体或电流周围存在一种特殊物质，能够传递磁体与磁体、磁体与电流、电流与电流的相互作用，这种物质叫作磁场。磁场是矢量。

（1）磁场有两个特性：一是磁场对处在场内的另一载流导体或铁磁性物质有力的作用；二是磁场内具有能量。

（2）磁场的方向：在磁场中的任一点，小磁针北极的受力方向规定为该点的磁场方向，即为小磁针静止时 N 极的方向。

（3）产生磁场的根本原因是电流永久磁体的磁场也是由分子电流产生的。所谓分子电流是由原子内的电子绕原子核旋转和电子自旋转形成的。所以，电流和磁场有着不可分割的联系，即磁场总是伴随着电流而存在，而电流永远被磁场包围着。

3. 磁感线

为了形象地描绘磁场，人为地在磁场中画出一系列带有箭头的曲线，曲线上任一点的切线方向都与该点的磁场方向相同，这些曲线就是磁感线。如图 3.2 所示为条形磁铁的磁感线。磁感线具有以下特点：

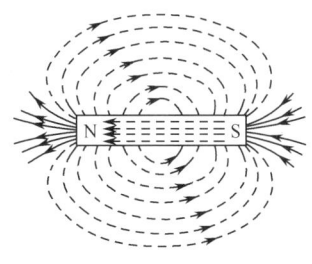

（1）磁感线是不中断的闭合曲线，在磁体的外部由 N 极到 S 极，在磁体的内部由 S 极指向 N 极。

（2）磁场中磁感线的疏密表示磁场的强弱（密强疏弱）。

（3）任何两条磁感线都不会相交。

图 3.2　条形磁铁的磁感线

 二、电流的磁效应

由电流产生磁场的现象叫作电流的磁效应。对于直线电流、环形电流和通电螺线管周围的磁场（磁感线）的方向可用安培定则判定。

如图 3.3 所示是直线电流的磁场。直线电流磁场的磁感线是一些以导线上各点为圆心的同心圆，这些同心圆都在与导线垂直的平面上。直线电流的方向跟它的磁感线方向之间的关系用安培定则来判定：用右手握住导线，让伸直的大拇指的方向跟电流方向一致，那么弯曲的四指所指的方向就是磁感线的环绕方向。

如图 3.4 所示是环形电流的磁场。环形电流磁场的磁感线是一些围绕环形导线的闭合曲线。在环形导线的中心轴线上，磁感线和环形导线的平面垂直。环形电流的方向跟它的磁感线方向之间的关系，也可以用安培定则来判定：让右手弯曲的四指和环形电流的方向一致，那么伸直的大拇指所指的方向就是环形导线中心轴线上磁感线的方向。

如图 3.5 所示是通电螺线管的磁场。螺线管通电以后表现出来的磁性，很像是一根条形磁铁，一端相当于 N 极，另一端相当于 S 极，改变电流方向，它的两极就对调。通电螺线管外部的磁感线和条形磁铁外部的磁感线相似，也是 N 极出来，进入 S 极的。通电螺线管内部具有磁场，内部的磁感线跟螺线管的轴线平行，方向由 S 极指向 N 并和外部的磁感线连接，形成一些闭合曲线。通电螺线管的电流方向跟它的磁感线方向之间的关系，也可用安培定则来判定：用右手握住螺线管，让弯曲的四指所指方向跟电流的方向一致，那么大拇指所指方向就是螺线管内部磁感线的方向，也就是说，大拇指指向通电螺线管的 N 极。

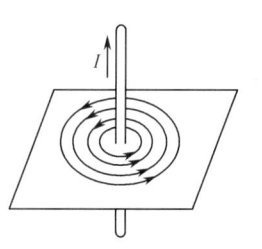
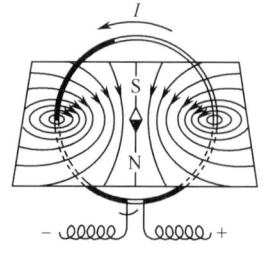
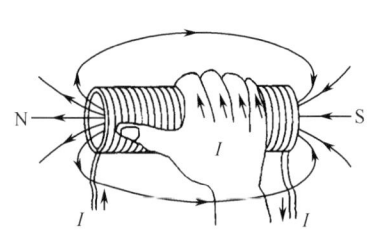

图 3.3　直线电流的磁场　　　图 3.4　环形电流的磁场　　　图 3.5　通电螺线管的磁场

三、电流的磁效应在汽车中的应用

1. 电喇叭

电喇叭是安装在汽车上的一种电器，它用来警告行人和其他车辆，保证行车安全。触点式电喇叭有筒形、螺旋形和盆形三种。盆形电喇叭具有结构尺寸小、指向性好等特点，因此被现代汽车广泛采用。盆形电喇叭的结构如图 3.6 所示。

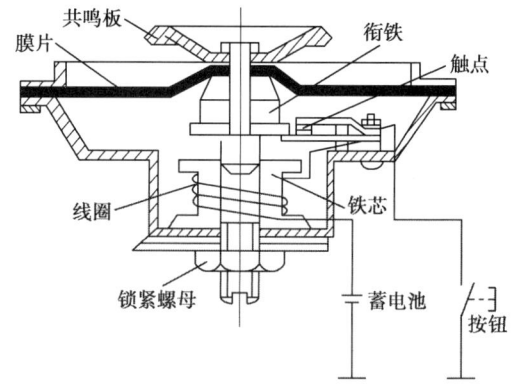

图 3.6　盆形电喇叭结构图

从组成上看，盆形电喇叭由铁芯线圈、衔铁、膜片、动断触点等组成。膜片与衔铁是固定连接。动断触点与铁芯线圈相串联，其状态由衔铁决定。衔铁下移时触点打开，复位时触点恢复闭合状态。

盆形电喇叭工作原理是，按下喇叭按钮，线圈通电，电路为：蓄电池正极→线圈→触点→喇叭按钮→接地端（搭铁）→蓄电池负极。通电后铁芯产生磁力，吸引衔铁和膜片下移。衔铁下移中将触点顶开，线圈电路被切断，其磁力消失，衔铁及膜片又在触点臂的弹力作用下复位，触点又闭合。触点闭合后，线圈又通电产生磁力吸下衔铁和膜片。如此循环，使膜片振动，引起喇叭里面的空气柱振动，从而发出音量适中、和谐悦耳的声音。

2. 电喇叭继电器

继电器是一种利用线圈电路的小电流控制触点电路大电流的开关电器。电喇叭继电器是汽车上使用的一种典型继电器，其电路图如图 3.7 所示。

由图 3.7 可以看出，喇叭继电器由铁芯线圈、衔铁、触点、反力弹簧等组成。线圈电路由蓄电池供电，由喇叭按钮控制电路状态。喇叭电路也由蓄电池供电，但由触点控制状态。

继电器的工作原理是，按下喇叭按钮，线电圈通电，电路为：蓄电池正极→铁芯→线圈→喇叭按钮→蓄电池负极。线圈通电后，铁芯产生的电磁力将衔铁吸下，触点闭合，喇叭电路接通。当松开喇叭按钮后，线圈失电，在反力弹簧作用下，衔铁复位，触点断开，从而切断喇叭电路。

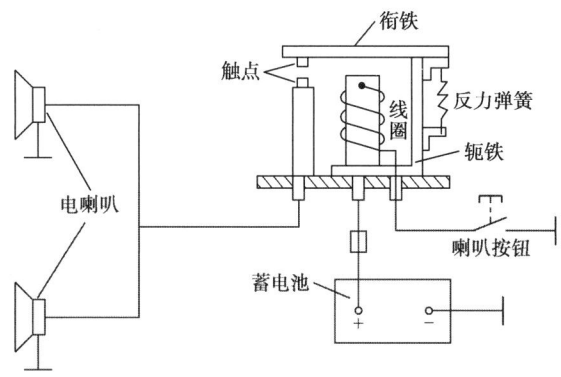

图3.7 喇叭继电器电路图

3. 电磁式燃油表电路

（1）电路组成。电磁式燃油表的电路如图3.8所示。在燃油指示器中，左、右两个铁芯上分别绕有线圈3和7，中间有转子2，指针4与转子相连。传感器仍为可变电阻式，其结构与双金属式燃油表传感器完全一样，也是由电阻、滑针和浮子组成的。

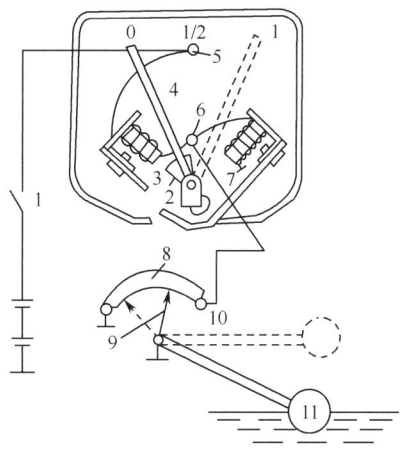

1—点火开关；2—转子；3—左线圈；4—指针；5、6、10—接线柱；

7—右线圈；8—可变电阻；9—滑片；11—浮子

图3.8 电磁式燃油表电路

（2）电路分析。接通点火开关，电流从蓄电池"+"极→点火开关1→燃油指示器接线柱5→左线圈3→接线柱6→传感器接线柱10→可变电阻8→滑片9→搭铁→蓄电池"−"极，构成回路；另外，电流从蓄电池"+"极→点火开关1→燃油指示器接线柱5→左线圈3→接线柱6→右线圈7→搭铁→蓄电池"−"极，构成回路。电流通过左、右两个线圈，在两个线圈中产生磁场，转子在合成磁场的作用下转动。

当油箱无油时，浮子下降至最低位置，滑片9滑至最右端，可变电阻8被短路，右线圈7两端都搭铁，无电流通过，不产生电磁力；而左线圈3在全电压下工作，电流达到最大值，电磁力也达最大值，吸引转子2转至左极限位置，指针指"0"，即无油。

油箱有油时，浮子上升，滑片 9 左移，使可变电阻 8 部分接入电路，此时左线圈 3 由于串联了电阻，线圈内电流相应减小，电磁力减弱，而右线圈 7 中有电流通过。因此，转子 2 在合成磁场的作用下向右偏移，指示油箱的存油量。

当油箱满油时，浮子升至最高位置，可变电阻 8 全部接入电路，右线圈电流达最大值，而左线圈电流则为最小值，所以转子将至右极限位置，指针指 "1"，即油箱满。

有些燃油表，用一个分流电阻与左线圈 3 并联，使通过左线圈的电流值减小，而右线圈 7 的电流增大，以提高指针的灵敏度。传感器可变电阻的末端搭铁，可避免滑片与可变电阻接触不良时产生电火花，引起事故。

四、磁路及其基本物理量

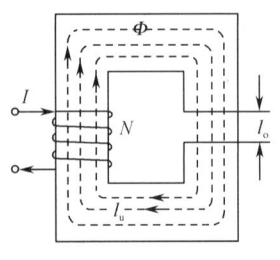

图 3.9　磁路

在电器、电动机中采用铁磁材料，不但可以用较小的励磁电流获得较大的磁通，而且可使磁通集中地通过一定的闭合路径。所谓磁路，是指主要由铁磁材料构成而为磁通集中通过的闭合回路，磁路中的铁磁材料称为铁芯。

磁路中除铁芯外往往还有一些非铁磁性物质，如空气间隙等。由于磁感线是连续的，所以通过无分支磁路各处横截面的磁通是相等的。如图 3.9 所示的无分支磁路中，穿过铁芯和空气间隙的磁通相等。

磁路的基本物理量见表 3.1。

表 3.1　磁路的基本物理量

物　理　量	意　义	SI 制单位	CGS 制单位	单位制换算
磁感应强度（或磁密）B	表示空间某点磁场强弱与方向的物理量，定义为单位正电荷 q 以单位速度 v 向与磁场相垂直的方向运动时，所受到的机械力 F $B=F/(qv)$	特斯拉，简称"特"（T）（韦/米^2）	高斯（G）	1T=1（1Wb）/m^2=10^{4}G 1G=10^{-4}T
磁通量（或磁通）Φ	表示穿过某一截面 S 的磁感应强度矢量的磁通量，或者说穿过该截面的磁感应线总量，或者说穿过该截面的磁感应线总数。在均匀磁场内 $\Phi=BS$	韦伯（Wb）（伏·秒）	麦克斯韦（Mx）	1Wb=10^{8}Mx 1Mx=10^{-8}Wb
磁场强度 H	表示磁场中与介质导磁率 μ 无关的量，是一个矢量，它等于单位长度磁路上的磁动势，定义为介质中某点的磁感应强度 B 与介质导磁率 μ 之比，即 $H=B/\mu$	安/米（A/m）	奥斯特（Oe）	1A/m=4π×10^{-3}Oe 1Oe=80A/m
导磁率 μ	表示物质的导磁性能，在真空中 $\mu_0=4\pi×10^{-7}$H/m	亨/米（H/m）	G/Oe	1H/m=1/(4π)×10^{7}G/Oe 1H=1Wb/A

五、磁路的欧姆定律

我们可将磁路与电路进行对比。磁路中的磁动势 IN 好比是电路中的电动势，磁通 Φ 好比是电流。在无分支电路中，电动势与电流的比值是全电路的电阻；类似地，我们把无分支磁路中磁动势 IN 与磁通 Φ 的比值称为全磁路的磁阻，记做 R_m，有

$$R_{\mathrm{m}} = \frac{\mathrm{IN}}{\Phi} \qquad (3-1)$$

或写成

$$\Phi = \frac{\mathrm{IN}}{R_{\mathrm{m}}} \qquad (3-2)$$

这就是无分支磁路的欧姆定律。就是说，无分支磁路中的磁通 Φ 与磁动势 IN 成正比，而与磁阻 R_m 成反比。

假设磁路是由均匀的铁磁材料构成的，它的平均长度为 L，横截面积为 S，磁导率为 μ。可以证明，该磁路的磁阻为

$$R_{\mathrm{m}\mu} = \frac{L}{\mu S}$$

则

$$\Phi = \frac{\mu \mathrm{IN} S}{L}$$

因 μ 不是常数，所以铁磁材料构成的磁路的磁阻也不是常数。

如果磁路中有一段长为 L_0 的空气隙，其横截面积也是 S，那么这段空气隙的磁阻为

$$R_{\mathrm{m}\mu 0} = \frac{L_0}{\mu_0 S}$$

于是，如图 3.9 所示无分支磁路的总磁阻为

$$R_{\mathrm{m}} = \frac{L}{\mu S} + \frac{L_0}{\mu_0 S} \qquad (3-3)$$

这时磁路的欧姆定律具有下列形式

$$\Phi = \frac{\mathrm{IN}}{(R_{\mathrm{m}\mu} + R_{\mathrm{m}\mu 0})} \qquad (3-4)$$

式中，IN 为磁动势；$R_{\mathrm{m}\mu 0}$ 为空气隙的磁阻；$R_{\mathrm{m}\mu}$ 为磁路磁阻。

利用磁阻的概念来分析磁路是比较方便的。因为 μ 远远大于 μ_0，所以 $R_{\mathrm{m}\mu}$ 远远小于 $R_{\mathrm{m}\mu 0}$，可见磁路中有空气隙就会大大增加磁阻，若仍要求有足够的磁通，就必须增加励磁电流 I 或线圈的匝数 N。

六、磁场对电流的作用

1. 磁场对通电导线的作用力

把一小段通电导线垂直放入磁场中，根据通电导线受的力 F、导线中的电流 I 和导线长度 l 定义了磁感应强度 $B = \dfrac{F}{Il}$。将这个公式变形，就得到磁场对通电导线的作用力公式为

$$F = BIl \qquad (3-5)$$

严格说来，式（3-5）只适用于一小段通电导线的情形。导线较长时，导线所在处各点磁感应强度 B 一般并不相同，就不能应用式（3-5）。不过，如果磁场是匀强磁场，式（3-5）就适用于长的通电导线了。

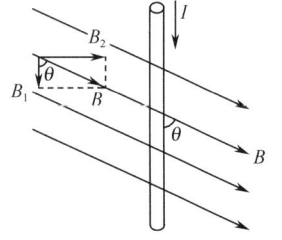

图 3.10 磁感应强度的分解

如果电流方向与磁场方向不垂直，即电流方向与磁场方向间有一个夹角时，可以把磁感应强度 B 分解为两个分量：一个是跟电流方向平行的分量，其大小为 $B_1=B\cos\theta$，另一个是跟电流方向垂直的分量，其大小为 $B_2=B\sin\theta$，如图 3.10 所示。前者对通电导线没有作用力，通电导线受到的作用力完全是由后者决定的，$F=B_2Il$，代入 $B_2=B\sin\theta$，即得

$$F = BIl\sin\theta \quad (3-6)$$

这就是电流方向与磁场方向成某一角度时作用力的公式。从式（3-6）可以看出：$\theta=\frac{\pi}{2}$ 时，力 F 最大；电流方向越偏离与磁场相垂直的方向，即 θ 越小，力 F 也越小；当 $\theta=0$ 时，力 F 最小，等于零。

磁场力的方向和磁场方向及电流方向均是垂直的，可用左手定则来判定：伸出左手，使大拇指跟其余四个手指垂直，并且都跟手掌在一个平面内，让磁感线垂直进入手心，并使四指指向电流方向，这时手掌所在的平面与磁感线和导线所在的平面垂直，大拇指所指的方向就是通电导线在磁场中受力的方向。

若电流方向与磁场方向不是垂直的，仍旧可以用左手定则来判定磁场力的方向，只是这时磁感线是倾斜进入手心的。

2. 磁场对通电半导体的作用

如图 3.11 所示，在磁极磁场中放入一个长方形的半导体薄片，使磁力线垂直于半导体表面，当在半导体的一个侧面上通入电流时，实验发现在另一个侧面上将出现一定的电压。这一现象是美国物理学家霍尔于 1879 年发现的，因此命名为霍尔效应。

霍尔效应产生的电压叫霍尔电压 U_H，实验证明，它的大小与通入半导体的电流 I 以及磁场的磁感应强度 B 成正比，与半导体片的厚度 d 成反比，即

$$U_H = \frac{R_H}{d}IB$$

式中，R_H 为霍尔系数，其值与材料的电荷密度成反比。

由上式可知，当通过半导体薄片的电流 I 一定时，霍尔电压 U_H 随磁感应强度 B 的大小而变化，当 $B\neq0$ 时，半导体产生霍尔电压；当 $B=0$，霍尔电压降为零。这一原理在汽车上被广泛使用。

（1）转速的测量。如图 3.12 所示是美国 GM 公司的霍尔效应传感器结构示意图，在转子表面靠近边缘的地方固定一块小磁铁，将霍尔半导体（也称霍尔元件）设置在转子边上靠近转子的地方，其正面对着磁铁。每当磁铁转到霍尔元件正面时，霍尔元件输出电压，磁铁转过后，输出电压为零。因此，转子每旋转一周，霍尔元件就输出一个脉冲，这些脉冲接入频率计或计数器即可测出转子转速。因为转子与曲轴连接在一起，因此这里测出的转速就是汽车发动机的转速。

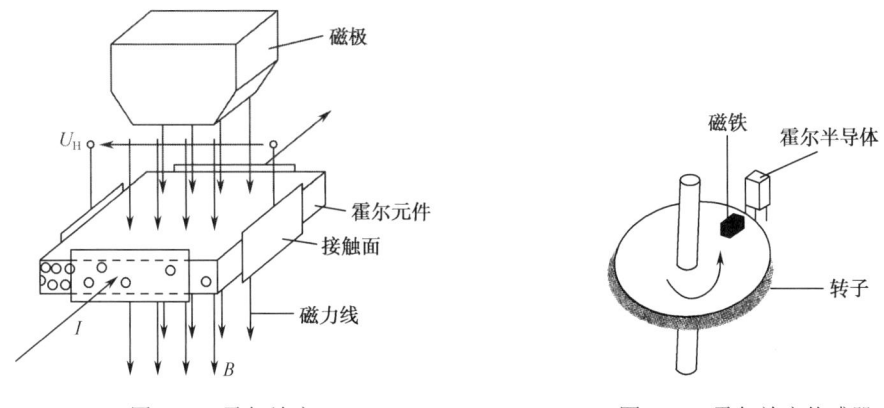

图 3.11　霍尔效应　　　　　　　　　图 3.12　霍尔效应传感器

（2）点火信号的产生。如图 3.13 所示是霍尔式汽车点火系统，其核心部件是磁轮和霍尔元件。在磁轮外圆上镶嵌了一圈永久磁铁，相邻磁铁的极性正好相反，因此磁轮上的 N、S 磁极交替出现。霍尔元件的感应面正对磁轮，当磁轮转动时，N、S 磁极交替出现在霍尔元件感应面上，使霍尔元件产生在正、负之间交替变化的脉冲电压，用这个脉冲电压去触发功率开关管，使它导通或截止，那么在点火线圈二次侧中便产生 15kV 的高电压，通过火花塞点燃气缸中的燃油。随着发动机的转动，上述过程将周而复始地进行下去，这就是点火系统的工作原理。

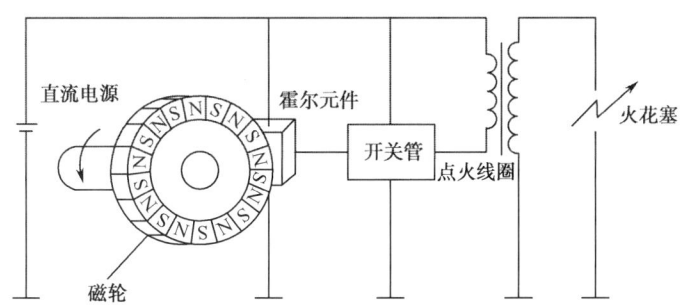

图 3.13　霍尔式汽车点火系统结构示意图

七、电磁铁

1. 铁磁材料的性质

（1）高导磁性。

事实证明，在外磁场作用下，铁磁物质都能被磁化。磁化是使原来没有磁性的物质具有磁性的过程。

铁磁物质能被磁化的内因是铁磁物质是由许多被称为"磁畴"的磁性小区域组成的，每一个磁畴相当于一个小磁体，在无外磁场作用下，磁畴排列杂乱无章。如图 3.14（a）所示，这些小磁畴本身所具有的磁性相互抵消，对外不呈磁性。在外磁场的作用下，磁畴都趋向外磁场，形成附加磁场，使原磁场显著增强，如图 3.14（b）所示。

铁磁材料能够在外磁场作用下磁化，使得磁场大为增强，因此其磁导率高。非磁性物质内部没有磁畴结构，在外磁场作用下不会产生磁化，故磁导率低。工程上利用铁磁性材料的高导磁性，在电动机、变压器及其他许多电工设备的线圈中放入铁芯，于是在线圈中送入不大的励磁电流，便可产生足够的磁场。

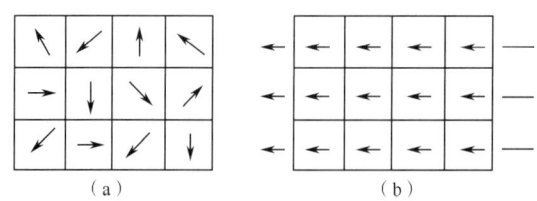

图 3.14 磁性物质磁化

（2）磁饱和性。

在真空或空气中，磁感应强度是与磁场强度呈线性关系的，如图 3.15 中的直线①所示。由于铁磁物质在磁化时有磁性饱和的特点，故铁磁物质中 B 与 H 的关系是非线性的。

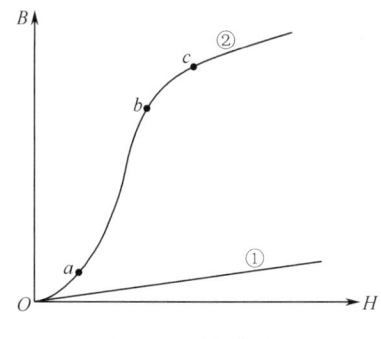

图 3.15 磁化曲线图

铁磁物质的磁化特性可用磁化曲线来表示。各种铁磁物质的磁化曲线 $B = f(H)$ 是用实验方法测出来的。该曲线大致可分为 3 段：图 3.15 中 Oa 段的 H 增大，B 几乎是线性地增大；ab 段的 H 已较强，B 的上升很快；bc 段的 H 很强，这时 B 增加得很少，达到磁饱和。在如图 3.15 所示 B-H 曲线上，常称 a 为跗点，b 为膝点，c 为饱和点。

上述分析说明，在铁磁物质的磁化过程中，当励磁电流增大到一定值时，几乎所有的磁畴都与外磁场的方向一致，即使再增大励磁电流，也不会使铁磁材料的磁性继续增强，也就是出现了磁饱和现象。如图 3.16 所示是几种常用铁磁材料的磁化曲线。

（3）磁滞性。

如果铁磁物质在磁化时所加的励磁电流是大小和方向都随时间变化而变化的交变电流，那么在电流交变的一个周期中，磁感应强度 B 随磁场强度 H 的变化关系如图 3.17 所示。由图可知，当 H 减少时，B 也随之减小，但当 $H = 0$ 时，B 却不为零，即磁感应强度 B 的变化滞后 H 的变化，铁磁材料的这种特性称为磁滞性，如图 3.17 所示的磁化曲线称为磁滞回线。

当励磁电流减少到零时，铁芯中的磁场强度 $H = 0$，但铁芯中的磁性并未完全消失，其磁感应强度 $B = B_r$，称为剩磁感应强度，简称剩磁。若要去掉剩磁，则需在反方向使铁芯磁化，即要改变励磁电流的方向。使 $B = 0$ 的反向磁场强度成为矫顽磁力。

2．铁磁材料的分类和用途

工程上应用的铁磁材料按磁性能和用途可分为以下三类。

（1）硬磁材料。硬磁材料的特点是需要较强的外磁场的作用，才能使其磁化，而且不易退磁，剩磁较强，其典型材料有钴钢、碳钢等。因其剩磁强，不易退磁，常用于制造各种形状的永久磁铁。

（2）软磁材料。软磁材料的特点是磁导率很大，而剩磁很小，易被磁化也易去磁，典型的软磁材料有硅钢片、铸铁、坡莫合金等。硅钢片主要用来制作电动机和变压器的铁芯，坡莫合金用来制造小型变压器、高精度交流仪表（灵敏继电器、磁放大器等）。

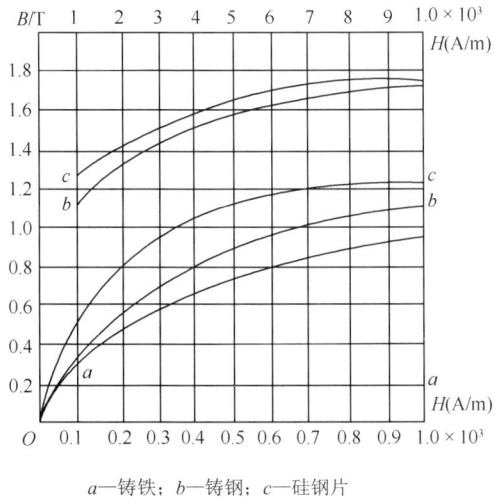

B/T
H(A/m)
1.0 × 10³
a—铸铁；b—铸钢；c—硅钢片

图 3.16　几种常用铁磁材料的磁化曲线

B
H
O
Br

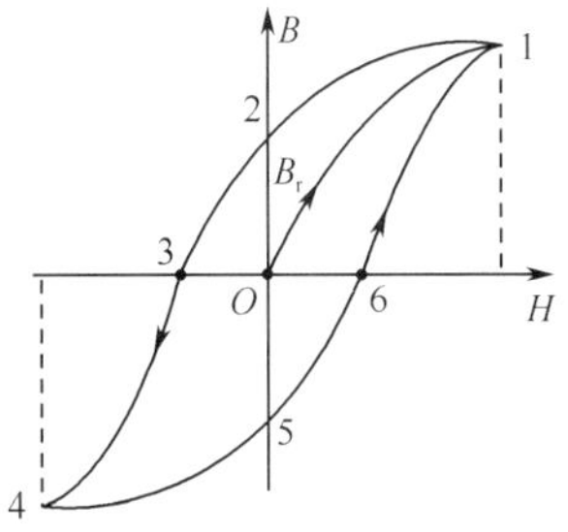

图 3.17　磁滞回线

（3）矩磁材料。矩磁材料的特点是在很弱的外磁场作用下就能被磁化，并达到磁饱和。当撤掉外磁场后，磁性仍然保持与磁饱和状态相同。矩磁材料主要用于制造计算机中存储元件的环形磁芯。

3．直流和交流电磁铁

电磁铁是利用通电的铁芯线圈吸引衔铁而工作的一种电器。如果衔铁带动其他机件，则产生机械联动；如果衔铁是被加工的工件，则可使工件固定在某一位置上。

电磁铁由三部分组成：线圈、铁芯和衔铁，如图 3.18 所示。

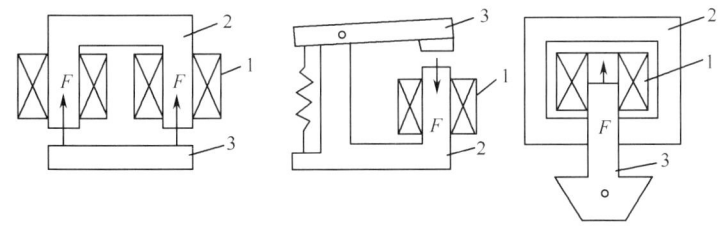

1—线圈；2—铁芯；3—衔铁

图 3.18　几种电磁铁示意图

电磁铁在生产上应用很广泛，它可用来起卸各种钢、铁材料及其制件；在机床中也常用电磁铁操纵气动或液压传动机构的阀门和控制变速机构；在磨床上，用电磁铁来固定钢制工件；尤其在自动化和半自动化的装置中，经常用它来控制电路的接通或断开，以实现各种控制和保护作用。

按铁芯线圈所通的电流性质，电磁铁可分成直流电磁铁和交流电磁铁两类。

（1）直流电磁铁。

电磁铁衔铁上吸力的大小与两个磁极的磁性强弱有关，每一个磁极的磁性强弱则和磁极之间的磁感应强度成正比，因此，衔铁所受到的吸力 F 的大小和两极间的磁感应强度 B 的平方成正比。此外，在 B 为一定值的情况下，磁极的面积 S 越大，则吸力也越大，所以 $F \propto B^2 S$。

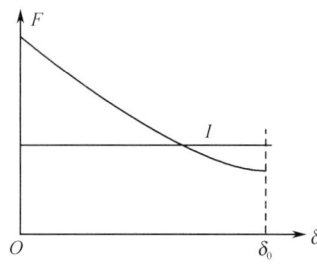

图 3.19 直流电磁铁的工作特性

电磁铁的吸力 F 与空气隙 δ 的关系，即 $F = g(\delta)$，以及电磁铁的励磁电流 I 与空气隙的关系，即 $I = g(\delta)$，称为电磁铁的工作特性，它可由实验得出，如图 3.19 所示。

由图 3.19 可知，直流电磁铁线圈励磁电流 I 的大小与衔铁的运动过程无关，即与 δ 的大小无关。这是因为励磁电流 I 仅取决于线圈电阻 R 和加在线圈上的电压 U。而作用在衔铁上的吸力则与衔铁的位置有关。电磁铁刚启动时，衔铁和铁芯之间的空气隙最大，此时磁路中的磁阻最大，因磁通势不变，故磁通小，磁感应强度亦小，吸力最小。当衔铁完全吸合后，磁路中的磁阻最小，此时吸力最大。

（2）交流电磁铁。

交流电磁铁、交流继电器等电器的供电电源极为方便，故在生产中应用很广。由于在这些电器的铁芯上有一很短的空气隙 δ，所以这些电器的电路就成为具有空气隙的铁芯线圈的交流电路。显然，在这种电路中，电流的大小不仅与它的外加电压有关，而且还和空气隙的长短有关。如图 3.20 所示是交流继电器的结构示意图。

当交流继电器的线圈 1（即交流电磁铁的线圈）通过交变电流时，虽然电流的方向经常改变，但铁芯 2 中的磁通方向以及两个磁极也随之改变，因此磁极之间始终能互相吸引。于是衔铁 3 被吸下，带动绝缘杆 4，使触头 6 闭合，接通另一电路。反之，当线圈断电时，在弹簧 5 的作用下，触头分断，切断另一电路。

交流电磁铁两磁极间的吸力 F 与两极间磁感应强度 B 的平方成正比。当磁感应强度等于零时，极间的吸力基本上也等于零（因为铁芯选用软磁材料，剩磁很小）；当磁感应强度为最大值时，吸力也为最大。由此可见，吸力在零和最大值之间脉动，如图 3.21 所示。

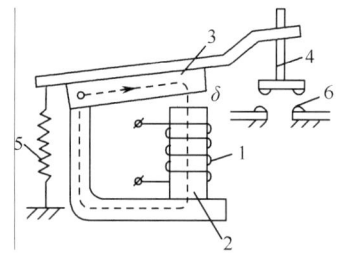

1—线圈；2—铁芯；3—衔铁；4—绝缘杆；5—弹簧；6—触头

图 3.20 交流继电器的结构示意图

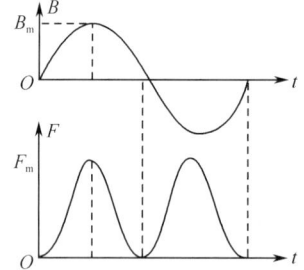

图 3.21 交流电磁铁的吸力

由于衔铁受到的吸力变化不定，因而引起衔铁振动，产生噪声，严重时会烧坏继电器的触头。为了消除这种现象，可在磁铁表面开一小槽，槽中嵌入短路铜环（又称分磁环），如图 3.22 所示。当线圈中通以交流电流时，磁路中产生交变磁通，一部分通过磁铁的未罩部分，另一部分通过短路环。后者必然在短路环中感应电动势，并产生电流。根据楞次定律，该电流的作用总是阻止磁通变化。这就使通过短路环部分的磁通在时间上滞后另一部分磁通，即这两部分的磁通不会同时为零，因此两磁通合成后的吸力就不会有零的现象，从而消除了衔铁的振动，降低了噪声。

交流电磁铁的工作特性用 $I = g(\delta)$ 和 $f = g(\delta)$ 来表示。它可由实验测得，如图 3.23 所示。图中 I 为线圈中通过的电流有效值，F 为衔铁受到的吸力平均值。

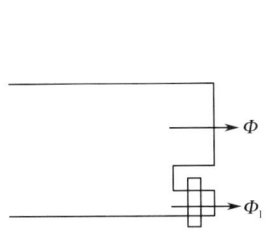

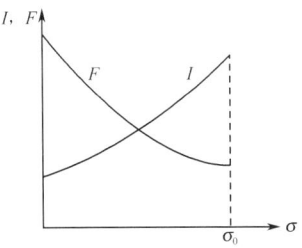

图 3.22　磁极处的分磁环　　　　　　图 3.23　交流电磁铁的工作特性

由图 3.23 可以看出，交流电磁铁刚刚起动时（即刚接入电源而衔铁尚未动作的瞬时），线圈中电流有效值最大；当衔铁被吸合后，线圈中的电流最小。衔铁所受到的吸力却与此相反，刚起动时最小；当衔铁吸合后，衔铁的吸力最大。因此，衔铁与磁铁之间一定要吸合好，否则若衔铁被卡住，线圈通电后，线圈中的电流为最大值，时间一长会使线圈严重发热，甚至被烧坏。

4．电磁铁在汽车中的应用

利用电磁铁磁性强、控制方便等特点，可制成许多控制部件或执行部件应用到汽车上，因此电磁铁在汽车电气设备中应用广泛，如电磁铁常用于各种继电器、电磁阀等设备，它可以控制电路的接通与关断或流量的有无，相当于一个开关元件。

如图 3.24 所示为汽车电控燃油喷射系统中的喷油器，其中，电磁铁中的衔铁与针阀是一体的。喷油器就是采用电磁铁的电磁吸力来打开或关闭燃油计柱塞，从而控制喷油器的喷油量的。当发动机 ECU 发出喷油信号，电磁线圈通电后产生电磁吸力，吸引衔铁沿着轴向向右移动，并带动针阀克服弹簧弹力离开阀座，燃油即开始喷射。当发动机 ECU 发出停止喷油指令时，喷油器电磁线圈的搭铁回路被切断，电磁吸力消失，在弹簧弹力作用下针阀关闭，喷射停止。

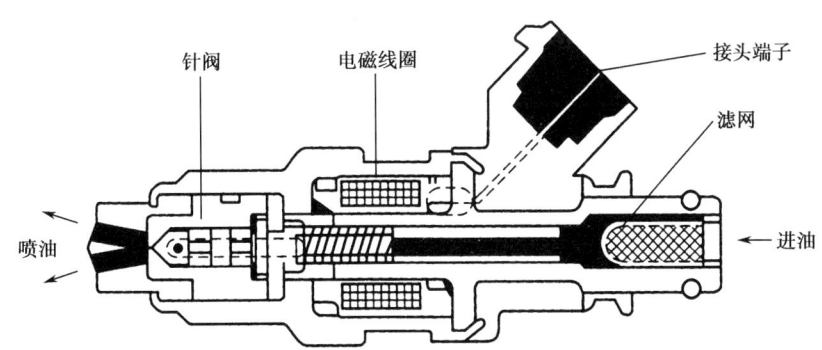

图 3.24　汽车电控燃油喷射系统中的喷油器

技能操作　分析直流电磁铁铁芯线圈与衔铁之间的吸力大小

1．操作目的

（1）掌握磁路欧姆定律和基尔霍夫定律。

（2）学会用磁路欧姆定律和基尔霍夫定律分析直流电磁铁铁芯线圈与衔铁之间的吸力大小。

2．操作器材

电源，电磁铁，100 匝、50 匝铁芯各 1 个，滑动变阻器 1 个，电流表 1 块，开关 1 个，导线、大头针若干。

3．实验原理

本实验采用控制变量法，即在研究电磁铁磁性强弱与电流大小的关系时，要保证线圈匝数等其他条件不变，只通过移动变阻器的滑片来改变线圈中的电流大小。

4．操作内容及步骤

（1）按如图 3.25 中（a）和（b）所示连接好电路，在开关闭合后，发现大头针被吸起；在开关断开后，大头针落下。电磁铁通电时有磁性，断电时没磁性。

（2）按如图 3.25（b）所示连接好电路，闭合开关，观察并记录电磁铁吸起大头针的数量，再次抽去铁钉后闭合开关，观察并记录电磁铁吸起大头针的数量。电磁铁磁性强弱与铁芯有无有关。其他条件一定时，电磁铁有铁芯时磁性要强。

（3）按如图 3.25（b）和（c）所示连接好电路，闭合开关，将滑动变阻器移到适当位置，观察并记录电磁铁吸起大头针的数量。改变滑动变阻器（阻值改变较大），观察并记录电磁铁吸起大头针的数量。电磁铁磁性强弱与电流强弱大小有关。其他条件一定时，通入电磁铁的电流越大，电磁铁的磁性越强。

（4）按如图 3.25（d）所示连接好电路，闭合开关，观察并记录两电磁铁吸起大头针的数量。电磁铁的磁性强弱与线圈匝数有关。其他条件一定时，线圈匝数越多，电磁铁的磁性越强。

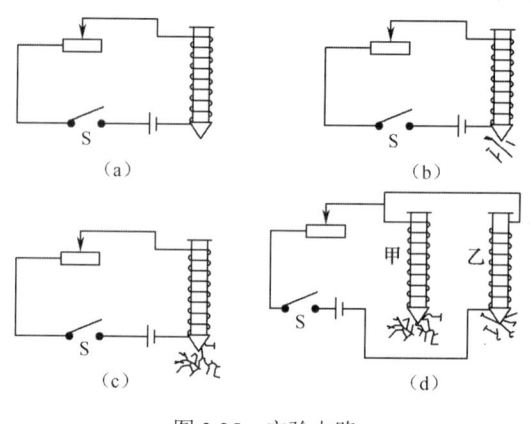

图 3.25　实验电路

任务 3.2　电磁感应现象及自感和互感

一、磁场中运动导体的电磁感应

如图 3.26 所示，当导体 AB 在磁场静止不动或沿磁感线方向运动时，闭合回路的磁通不产生变化，电流表指针不偏转，电路中没有电流。而当导体 AB 在磁场中切割磁感线运动时，闭合电路内磁通发生变化（增加或减小），电流表指针发生偏转，这表明闭合电路内产生了感应电流，也表明导体 AB 产生了感应电动势。

设磁感应强度为 B，当长度为 l 的直导体以大小为 v 的线速度切割磁感线时，导体中产生的感应电动势公式为

$$E = Blv\sin\theta \tag{3-7}$$

式中，θ 为磁感应强度 B 与切割速度 v 方向的夹角。显然，当 $\theta = 0°$ 时，导体不切割磁场，所以感应电势为零；当 $\theta = \dfrac{\pi}{2}$ 时，导体垂直切割磁场，感应电动势最大。上式中，B 的单位是 T（特），l 的单位是 m（米），v 的单位是 m/s（米/秒），感应电动势 E 的单位是 V（伏）。

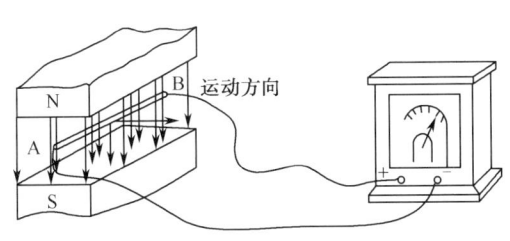 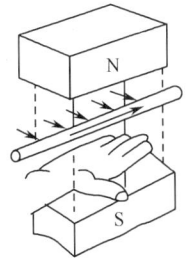

图 3.26　切割磁力线运动　　　　　图 3.27　右手定则

感应电动势的方向由负极指向正极。E、B 和 v 的关系可用如图 3.27 所示右手定则确定，即伸平右手，拇指与其余四指垂直，让磁线穿过掌心，大拇指指向运动的方向，则四指的指向即为导体内感应电动势方向。

二、线圈中磁场变化时的电磁感应

法拉第通过实验发现，线圈中感应电动势的大小与下列因素有关：
（1）在一定的时间内，与线圈交链的磁通的变化量越大，感应电动势越大；
（2）在磁通变化量一定的条件下，这种变化所经历的时间越短，感应电动势越大；
（3）在其他条件不变的情况下，线圈的匝数越多，感应电动势越大。
综上所述，感应电动势用数学公式表示为

$$e = N\left|\frac{\mathrm{d}\Phi}{\mathrm{d}t}\right| \tag{3-8}$$

这就是法拉第电磁感应公式，它表明感应电动势的大小与磁通的变化率成正比，与线圈的匝数 N 成正比。式中，磁通 Φ 的单位是 Wb（韦伯），时间 t 的单位是 s（秒），电动势的单位是 V（伏）。

为了解决电动势的方向问题，楞次通过大量实验证明，当磁链变化时，导体内部的自由电子受力向线圈一端移动，在该端便积累有正电荷。楞次观察到下列情况。

（1）磁通方向和线圈绕向如图 3.28 所示，当磁通 Φ 增加时，$\dfrac{\mathrm{d}\Phi}{\mathrm{d}t} > 0$ 时，正电荷移向 B 端，负电荷积累在 A 端，电动势方向由 A 指向 B。

（2）线圈绕向方向和磁通不变，磁通 Φ 减小时，$\dfrac{\mathrm{d}\Phi}{\mathrm{d}t} < 0$ 时，电动势方向相反（正电荷移向 A 端）。

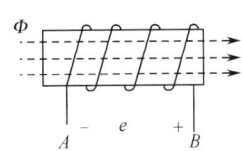

图 3.28　楞次定律

对于这一现象，楞次认为：当磁通增加时，电荷受力移动也产生磁场，该磁场方向与原磁

场方向相反，阻碍了磁通的增加（但不是阻止，原磁通还是增加的），称为电的惯性。同理，当磁通减少时，正电荷移动方向反过来，阻碍磁通的减少。

因此，感应电动势为

$$e = -N\frac{\mathrm{d}\Phi}{\mathrm{d}t} \tag{3-9}$$

式中的负号说明，e 的方向是阻碍磁通变化的，称为楞次定律。

三、自感

由于线圈本身电流的变化而产生的电磁感应叫作自感应，简称自感。由自感现象产生的电动势叫作自感电动势，用 e_L 表示。

线圈中的自感电动势同样可用电磁感应的普遍公式来计算

$$e_L = -N\frac{\mathrm{d}\Phi}{\mathrm{d}t}$$

为了找出 e_L 与 i 的关系，可先分析 Φ 与 i 之间的关系。如前所述，线圈中磁通 $\Phi = \mu i N S / l$，若两边各乘以 N，则得 $N\Phi = \mu i N^2 S / l$。$N\Phi$ 表示线圈的磁通和它所交链的匝数的乘积，称为线圈的磁通链，用 Ψ 表示。对空心线圈而言，其磁通链和电流之比是一个常数，即

$$L = \Psi / i = \mu S N^2 / l = N^2 / R_m \tag{3-10}$$

式中，L 称为线圈的自感系数或电感，它和线圈的匝数 N 的平方成正比，和磁阻成反比。

由于电感 L 仅与线圈的几何形状及磁导率有关，所以电感 L 是表征线圈本身结构的物理量，可用来衡量线圈通过电流时产生自感磁链的本领大小。

电感的单位是亨利，简称亨（H），较小的单位是毫亨（mH），$1H = 10^3 \mathrm{mH}$。

把 $N\Phi = Li$ 的关系代入电磁感应的普遍公式，若线圈的芯子为非铁磁材料，则为

$$e_L = -N\frac{\mathrm{d}\Phi}{\mathrm{d}t} = -\frac{\mathrm{d}}{\mathrm{d}t}Li = -L\frac{\mathrm{d}i}{\mathrm{d}t} \tag{3-11}$$

上式表明，自感电动势的大小等于线圈的电感与电流变化率的乘积。

自感电动势也有两个不同的方向。由于电流的方向和磁通的方向满足右手螺旋定则，所以当自感电动势的方向与电流的正方向（即磁通的正方向）一致时，此自感电动势的方向即为正方向。

应当指出，由于铁芯线圈 L 并非常数，故不能应用 $e_L = -L\frac{\mathrm{d}i}{\mathrm{d}t}$ 来计算自感电动势，而必须根据电磁感应的普遍公式来计算。

由公式 $e_L = -L\frac{\mathrm{d}i}{\mathrm{d}t}$ 可知，空心线圈中的自感电动势取决于 L 和 $\frac{\mathrm{d}i}{\mathrm{d}t}$ 的大小。但在直流电路中，通过线圈的电流是恒定的，即 $\frac{\mathrm{d}i}{\mathrm{d}t}$ 为零，故线圈只在电路接通和断开的一瞬间才有自感电动势产生。

由楞次定律可知，自感电动势 e_L 起着阻碍电流变化的作用，即当电流 i 增大时，e_L 与 i 方向相反，以阻碍电流的增大；当电流减小时，e_L 与 i 方向相同，以阻碍电流的减小。因此，电感线圈在电路中具有稳定电流作用，在线圈的电阻一定时，电感越大，稳定作用越强。

四、互感

如图 3.29 所示，两个靠得很近的线圈，当线圈 N_1 有电流 i_1 通过时，它在线圈 N_1 中产生的磁通为 Φ_{11}，与此相对应的磁通链 $\Psi_{11} = N_1\Phi_{11}$；由于两线圈靠得很近，Φ_{11} 中有一部分同时与 N_2 相交链，用 Φ_{12} 表示，称为互感磁通，对应的磁通链 $\Psi_{12} = N_2\Phi_{12}$。

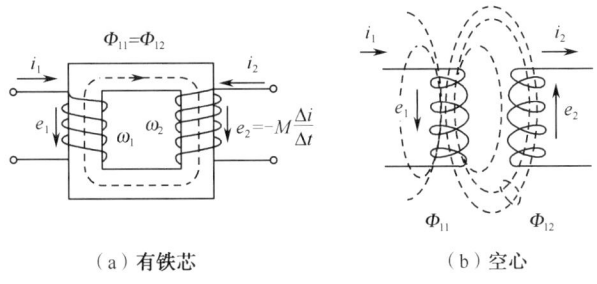

图 3.29　两个线圈的互感

当 i_1 发生变化时，Ψ_{11} 和 Ψ_{12} 都将发生变化，Ψ_{11} 的变化在 N_1 中产生自感电动势 e_L，而 Ψ_{12} 的变化在线圈 N_2 中产生互感电动势 e_2。这种一个线圈中的电流发生变化，而在相邻线圈产生感应电动势的现象称为互感现象，由此而产生电动势称为互感电动势。

同理，在图 3.29 中，若线圈 N_2 中有电流通过时也会在 N_1 中产生互感磁通 Φ_{21} 与此对应的磁通链为 $\Psi_{21} = N_1\Phi_{21}$，图中未标出 Φ_{21}。当 I_2 发生变化时，也要在第一个线圈中产生互感电动势 e_1。

在两个有磁交链（耦合）的线圈中，互感磁链与产生此磁链的电流的比值，叫作这两个线圈的互感系数，简称互感，用符号 M 表示，单位为亨（H），即

$$M = \frac{\Psi_{12}}{i_1} = \frac{\Psi_{21}}{i_2}$$

将 $\Psi_{12} = Mi_1$、$\Psi_{21} = Mi_2$ 代入互感电动势的公式得

$$e_1 = -M\frac{\mathrm{d}i_2}{\mathrm{d}t}$$

五、互感现象在汽车中的应用

汽车中的点火线圈就是利用互感原理制成的。

如图 3.30 所示为一个传统点火线圈原理图，其工作过程如下：

（1）触点闭合。铁芯中形成磁路：当点火开关 1 闭合，发动机工作，驱动断电器小轴旋转，小轴上端的断电器凸轮不断地使触点 4 闭合与断开，当触点闭合时，点火线圈 3 一次侧绕组中电流流过，电流由蓄电池"+"极→点火开关附加电阻→点火线圈一次侧绕组 N_1→断电器触点 4→搭铁蓄电池"–"极，则铁芯中有磁通通过，形成磁路。

（2）触点断开。二次侧绕组产生高压：当断电凸轮将触点 4 打开时，这时点火线圈一次侧绕组 N_1 电路被切断，一次侧电流及电芯中的磁通迅速消失，根据电磁感应原

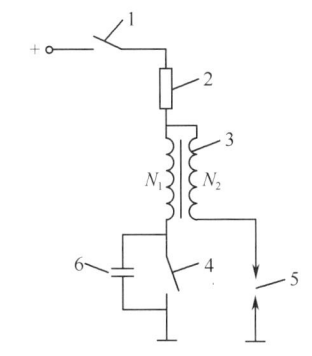

1—点火开关；2—附加电阻；3—点火线圈；
4—触点；5—火花塞；6—电容器

图 3.30　传统点火线圈原理图

理，在点火线圈二次侧绕组 N_2 感应出高压感应电动势时，该电动势为 15000～20000V。

（3）火花塞放电。高压二次侧绕组电磁感应电动势将火花塞电极间隙击穿，形成火花，点燃混合气。此时高压电流由点火线圈二次侧绕组 N_2→高压导线→火花塞→搭铁→蓄电池→点火开关 1→附加电阻 2→二次侧绕组 N_2。

当触点 4 断开，磁场消失时，在点火线圈一次侧绕组中根据自感应原理，将感应产生自感电动势，为 200～300V。它将在触点处形成火花，使触点烧坏。为了减少这一影响，在触点 4 两端并联一个电容 6。

技能操作　电磁感应现象的研究

1．操作目的

（1）理解电磁感应现象。

（2）验证楞次定律。

2．操作器材

灵敏电流计 1 只，空心线圈 1 个，条形磁铁 1 个，连接导线若干。

3．操作原理

穿过闭合线圈的磁通量变化时，线圈要产生感应电动势和感应电流，其方向服从楞次定律。

4．操作内容及步骤

（1）将线圈和电流计用导线连接成闭合回路，如图 3.31（a）所示，或在实验桌上按如图 3.31（b）所示接好电路。

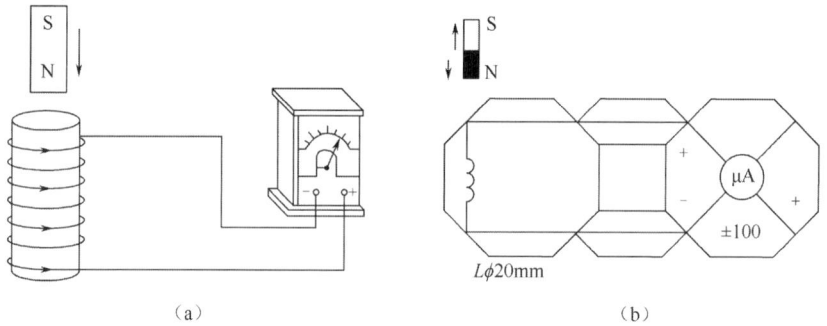

（a）　　　　　　　　　　　　　　　　　（b）

图 3.31　实验电路

（2）把条形磁铁 N 极迅速插入线圈，观察电流计指针偏转方向，将所产生的感应电流方向记入表 3.2 中。

（3）把条形磁铁 N 极迅速从线圈中拔出，观察电流计指针偏转方向，将所产生的感应电流方向记入表 3.2 中。

（4）将条形磁铁的 N 极换成 S 极，重做上述步骤（2）和（3）的实验，将结果记入表 3.2 中。

表 3.2　实验记录

条形磁铁的运动	电流计指针的偏转方向	靠近磁铁一端的线圈所呈现的磁极的极性
N 极插入线圈		
N 极从线圈拔出		
S 极插入线圈		
S 极从线圈拔出		

5．操作报告及要求

（1）根据实验结果，验证感应电流的方向是否服从楞次定律。

（2）观察磁铁插入或拔出的速度与电流表指针偏转的关系，用法拉第电磁感应定律解释其原因。

⬛ 任务 3.3　能力测试

3.1　磁路的铁磁材料有哪些？其磁性能如何？

3.2　分析磁路的物理量及定律有哪些？

3.3　判断在下列三种情况下，闭合线圈有无感应电流产生：

（1）如图 3.32 所示，导线框的平面垂直于匀强磁场的磁感线，让线框上下或左右移动时；

（2）先把置于磁场中的弹簧线圈撑大，再放手使线圈缩时（如图 3.33 所示）；

（3）图 3.34 中（合上开关 S 时）的变阻器触头左、右移动时。

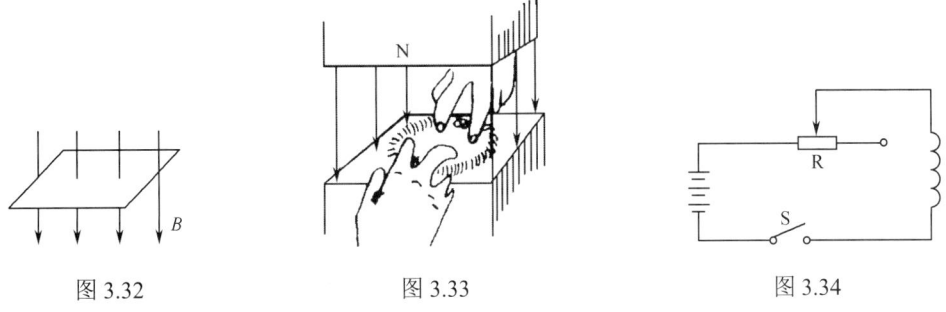

图 3.32　　　　　　　图 3.33　　　　　　　图 3.34

3.4　什么是电流的磁效应？它在汽车上有哪些应用？

3.5　霍尔效应有何特点？在汽车上具体应用在哪些场合？

3.6　什么是电磁感应现象？计算公式是什么？

3.7　在 B=0.5T 的匀强磁场中，一个面积 S=0.10m^2，匝数 N=100 的线圈，从线圈平面与磁感应线平行的位置匀速转动到与磁感线垂直的位置，所需时间 Δt =0.50s。求线圈的平均感应电动势的大小。

3.8　螺线管的轴线与金属环的环面垂直（如图 3.35 所示），试分析开关断开的瞬间金属环的运动方向。

3.9　一个矩形线圈匀速通过一个匀强磁场（如图 3.36 所示），它处于 A、B、C 三个位置时有感应电流吗？若有，把方向标出来。

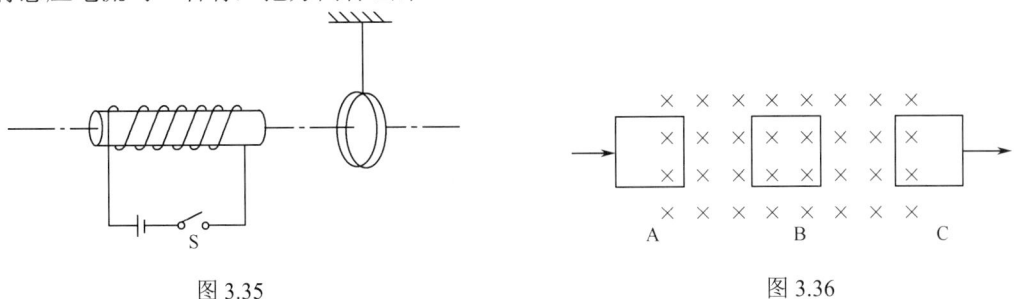

图 3.35　　　　　　　　　　　　　　　　图 3.36

3.10　一个线圈中的电流以 200A/s 的速度变化，在另一个线圈中产生的感应电动势为 0.2V，求两线圈的互感。

3.11　直流电磁铁与交流电磁铁有什么不同？试比较。

3.12　交流电磁铁在吸合时，若衔铁长时间被卡住不能吸合，会有什么影响？直流电磁铁发生上述情况时，又会如何？

3.13　某磁路的气隙长 1mm，截面积 $S=40cm^2$，试求它的磁阻。若同样的磁路截面积不变，为铁磁性材料，$\mu=2000$，则磁阻为多少？

3.14　通常电喇叭用永久磁铁制作，变压器用硅钢片叠成，试说明这两种铁磁性材料有何不同。

3.15　一个具有闭合均匀铁芯的线圈，其匝数为 300，铁芯中的磁感应强度为 0.9T，磁路的平均长度为 45cm，试求：

（1）铁芯材料为铸铁时线圈中的电流；

（2）铁芯材料为硅钢片时线圈中的电流。

汽车中的电动机和交流发电机

【知识目标】

1. 熟悉直流电动机和三相异步电动机的工作原理和结构；
2. 掌握串励直流电动机的机械特性和运行、反转、制动、调速的方法；
3. 了解汽车用起动机和永磁电动机在汽车上的应用；
4. 掌握三相交流发电机的励磁方式和工作原理及特性。

【能力目标】

1. 学会起动机的拆装与检测；
2. 会拆解、组装交流发电机。

任务 4.1　直流电动机

一、直流电动机的工作原理

1. 电磁感应与右手定则

从物理学中可知，在一个均匀磁场 B 中，当放置一根有效长度为 l 的导体，作垂直切割磁力线运动时，则在导体 l 上产生感应电动势。这种由于导体切割磁力线而在导体上感应电动势的现象称为电磁感应。其电动势的大小取决于单位时间内切割磁力线的多少，按法拉第电磁感应定律来计算，有

$$e = Blv$$

式中，v 为导体运动的速度。

而电动势 e 的方向按右手定则确定，即：将右手掌伸开，让磁力线垂直指向掌心，大拇指指向导体运动方向，则与大拇指成 $90°$ 的其余四指所指方向便是导体中感应电动势的方向，如图 4.1 所示。

如果一匝对称线圈 abcd（两有效边 l_{ab} 和 l_{cd}）置于按正弦规律变化的磁场 $B_x = B_m \sin x$ 中，线圈两端 a 和 d 分别与线圈一起转动的两个铜环焊接，再在两个铜环上分别压着固定不动的两个电刷 A 和 B，如图 4.2 所示。当线圈以速度 v 作逆时针旋转时，则在 A、B 两刷间产生的感应电动势为

$$e_{AB} = e_{ad} = e_{cd} + e_{ab} = 2B_m l_{ab} v \sin x \tag{4-1}$$

式中，B_m 为最大磁场密度，单位为 Wb/m²；l_{ab} 为导体有效长度，单位为 m；v 为切割线速度，单位为 m/s。

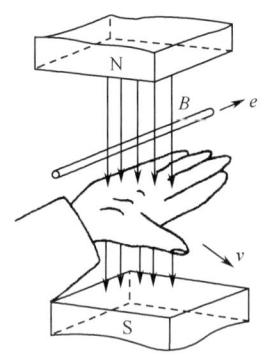

图 4.1　电磁感应及右手定则

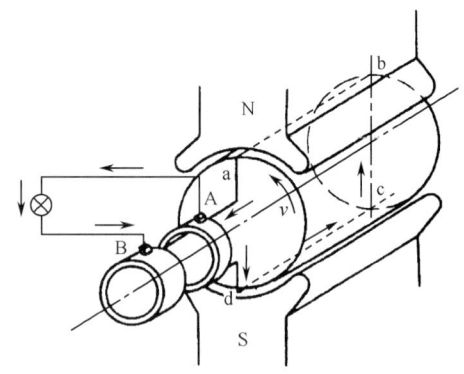

图 4.2　交流发电机原理模型

由此可见，导体等速运动切割磁力线时，导体上的感应电动势在时间上也按正弦规律变化，即同 B_x 的规律变化，而不是直流电动势。显然，如果磁场波形是半个正弦波的话，则导体中感应电动势在时间上也是半个正弦波。

2. 直流发电机工作原理

如果将图 4.2 中的两个铜环去掉一个，而将留下的一个剖成互相绝缘的两个半圆环，线圈两个端点分别接在两个半圆环上，将 A、B 两电刷也分别压在两个半圆环上，且固定不动，其位置分别与磁极 N、S 对正，电机线圈仍以逆时针方向旋转，如图 4.3 所示，那么在图示瞬间，导线 ab 处于 N 极下，与 A 电刷连接，电动势 e_{ab} 由 b 指向 a，则 A 电刷为 "+"（正极）；当线圈转过 180° 时，导体 cd 处于 N 极下，且与 A 电刷连接，电动势 e_{cd} 由 c 指向 d，则 A 电刷仍为 "+"。

可见，A 电刷始终与处于 N 极下导体连接，不管哪根导体，一旦转到 N 极下，所产生的感应电动势方向都一样，永远指向 A 电刷，故 A 电刷为正极。同理，B 电刷始终为 "–"（负极）。显然，对某根导体来说，如 l_{ab}，在 N 极下感应电动势方向由 b 指向 a，转过 180° 后，处于 S 极下，感应电动势方向由 a 指向 b，即导体内部感应电动势为交流电动势，但电刷两端间电动势却不变，A 电刷永为正，B 电刷永为负，都是直流电动势。

如图 4.4 所示为一个线圈交流电动势经两个半圆铜环与电刷两端引出的电动势波形，其显然是半波整流状态，有明显脉动。如果把一个圆铜环剖为互相绝缘的四等份，分别与两个线圈连接，则脉动将减半。

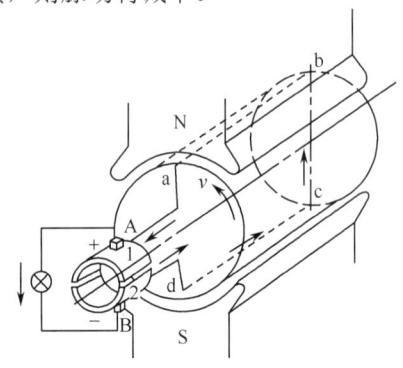

图 4.3　利用换向器获得直流电动势

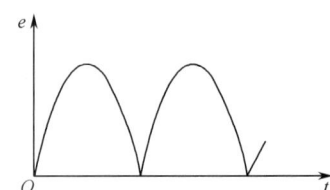

图 4.4　一个线圈电刷两端电动势的波形

在实际发电机中，发电机的转动部分不只一个线圈，而是由许多个线圈均匀分布在发电机转动部分表面，按一定规律连接起来。如若发电机每磁极下的导体数大于 8 时，电动势脉动的幅度将小于 1%。

综上所述，直流发电机中线圈的感应电动势是交流的，借助于换向器和电刷配合作用，才把交流电动势"换向"成为直流电动势。由于这个原因，则把上述这种发电机称为换向器式直流发电机。

3. 直流电动机的工作原理

直流电动机的工作原理是基于电磁力定律，若磁场 B_x 与导体 l 互相垂直，且导体 l 中通以电流 i，则作用于载流导体 l 上的电磁力为

$$f_x = B_x il \qquad (4\text{-}2)$$

式中，f_x 为电磁力的大小，单位为 N；B_x 为每极磁通下的瞬时值，单位为 Wb/m^2；i 为导体中流过的电流，单位为 A；l 为导体的有效长度，单位为 m。

电磁力的方向按左手定则来确定。

欲使电动机连续旋转，必须使载流导体在磁场中所受到的电磁力形成一种方向不变的转矩，这需要用换向器和电刷装置配合来实现。

把电刷 A、B 接到一个直流电源上，电刷 A 接电源的正极，电刷 B 接电源的负极，此时在电枢线圈中将有电流通过。

如图 4.5 所示，电刷 A、B 两端恒加直流电压 U，在此瞬间位置，导体 l_{ab} 处于 N 极下，电流从 a 到 b，导体 l_{ab} 受到电磁力作用而向左运动，导体 l_{cd} 处于 S 极下，电流是从 c 到 d，所受到电磁力作用方向向右，从而形成一转矩，使线圈逆时针方向旋转；当转过 90° 时，电刷不与换向片接触，而与换向片间绝缘接触，此时线圈无电流，转矩消失，但由于惯性，转子仍向前转，这时导体 l_{ab} 与 l_{cd} 交换位置，即 l_{cd} 处于 N 极下，与 A 电刷连接，l_{ab} 处于 S 极下，与 B 电刷连接，电流从 d 进从 a 出，导体 l_{cd} 受电磁力作用，电磁力方向向左，导体 l_{ab} 受到向右的电磁力，保持原来转矩方向不变，从而使电动机继续沿着逆时针方向旋转。

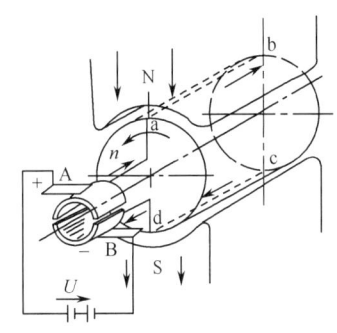

图 4.5　直流电动机工作原理示意图

由此可见，直流电动机的换向器和电刷装置是将直流电流引入处于 N 极（或 S 极）下的导体，而不是恒接入某个线圈，才使电动机有单一方向的转矩。电动机在此方向不变的转矩作用下转动。

同直流发电机相同，实际的直流电动机的电枢并非单一线圈，磁极也并非一对。

由此可见，发电机与电动机，两者并无本质上差别，只是外界条件不同而已。所以，同一台直流电动机，既可作为发电机运行，也可以作为电动机运行，仅仅改变电流的方向。这就是电动机的可逆原理，汽车中常用到这种电动机。

例 4.1　如图 4.3 所示直流发电机带上负载（灯泡），在线圈 abcd 中有电流通过，且与电动势同方向。问导体 ab 和 cd 是否受电磁力作用？

解：由于导体 ab 和 cd 处在气隙磁场中，当它们有电流通过时，便受到电磁力作用。按左手定则，它的方向与旋转方向相反。

例 4.2　在图 4.5 中，当电动机旋转起来后，导体 ab 和 cd 能否切割气隙磁场而感应电动势？如果能，则电动势方向如何？

解：根据电磁感应定律，导体 ab 和 cd 与气隙磁场相对运动，故能在 ab 和 cd 导体中感应电动势，其方向按右手定则确定，与导体中电流方向相反。

二、直流电动机的结构

直流电动机可作为电动机运行，也可作为发电机运行。不管是电动机还是发电机，其结构基本是相同的，即都有可旋转部分和静止部分。可旋转部分称为转子，静止部分称为定子。小型直流电动机的结构如图 4.6 所示，其剖面图如图 4.7 所示。

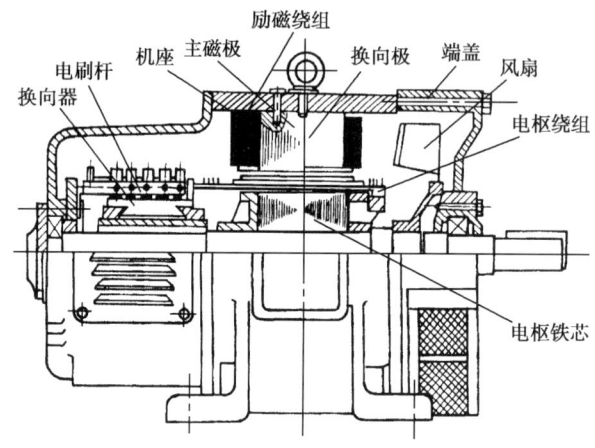

图 4.6　小型直流电动机的结构

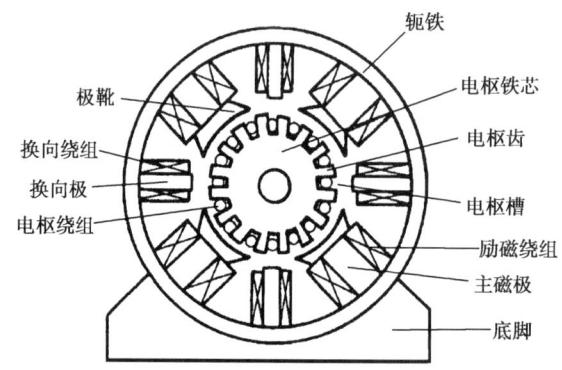

图 4.7　小型直流电动机的剖面图

1. 定子部分

定子主要由主磁极、机座、换向磁极、电刷装置和端盖组成。

主磁极的作用是产生恒定且有一定空间分布形状的气隙磁通密度。主磁极由主磁极铁芯和放置在铁芯上的励磁绕组构成。主磁极铁芯分成极身和极靴，极靴的作用是使气隙磁通密度的空间分布均匀并减小气隙磁阻，同时极靴对励磁绕组也起支撑作用。为减小涡流损耗，主磁极铁芯用 1.0～1.5mm 厚的低碳钢板冲成一定形状，用铆钉将冲片铆紧，然后再固定在机座上。主磁极上的线圈是用来产生主磁通的，称为励磁绕组。主磁极的结构如图 4.8 所示。

当给励磁绕组通入直流电时，各主磁极均产生一定极性，相邻两主磁极的极性是 N、S 交替出现的。

直流电动机的机座有两种形式：一种为整体机座，另一种为叠片机座。整体机座是用导磁效果较好的铸钢材料制成的，该种机座能同时起到导磁和机械支撑作用。由于机座起导磁作用，因此机座是主磁路的一部分，称为定子轭铁。主磁极、换向极及端盖均固定在机座上，机座上用薄板冲叠片压成定子轭铁，再把定子轭铁固定在一个起支撑作用的机座里，这样定子轭铁和机座是分开的，机座只起支撑作用，可用普通钢板制成。叠片机座主要用于主磁通变化快、调速范围较高的场合，如图 4.8 所示。

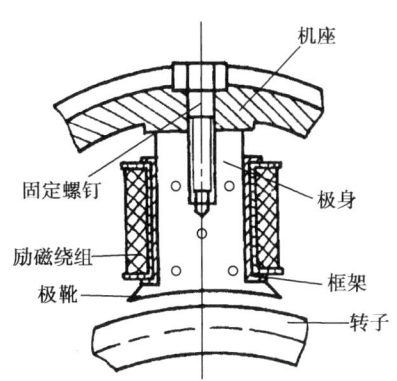

图 4.8 直流电动机主磁极的结构

换向极又叫附加极，结构如图 4.9 所示。其作用是改善直流电动机的换向，一般电动机容量超过 1kW 时均应安装换向极。

换向极的铁芯比主磁极的简单，一般用整块钢板制成，在其上放置换向极绕组，换向极安装在相邻的两主磁极之间，并总是和主磁极串联在一起。

电刷装置是直流电动机的重要组成部分。通过该装置把电动机电枢中的电流与外部静止电路相连或把外部电源与电动机电枢相连。电刷装置与换向片一起完成机械整流，把电枢中的交变电流变成电刷上的直流，或把外部电路中的直流变换为电枢中的交流。电刷的结构如图 4.10 所示。

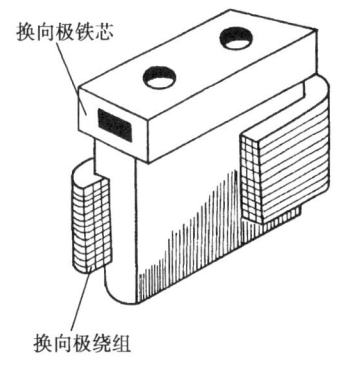

图 4.9 换向极的结构

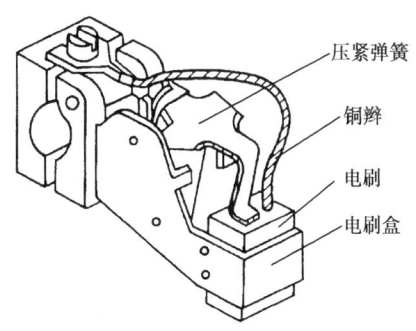

图 4.10 电刷的结构

电动机的端盖主要起支撑作用。端盖固定于机座上，其上放置轴承支撑直流电动机的转轴，使直流电动机能够旋转。

2. 转子部分

直流电动机的转子是电动机的转动部分，由电枢铁芯、电枢绕组、换向器、电动机转轴和轴承等部分组成。

电枢铁芯是主磁路的一部分，同时对放置在其上的电枢绕组起支撑作用。为减少电动机旋转时铁芯中的磁通方向发生变化引起磁滞损耗和涡流损耗，电枢铁芯通常用 0.5mm 厚的低硅钢片或冷轧硅钢片冲压成型。为减小损耗，在硅钢片的两侧涂绝缘漆。为放置绕组，在硅钢片上冲出转子槽。冲制好的硅钢片叠装成电枢铁芯。如图 4.11 所示为小型直流电动机的电枢冲片形状和电枢铁芯装配图。

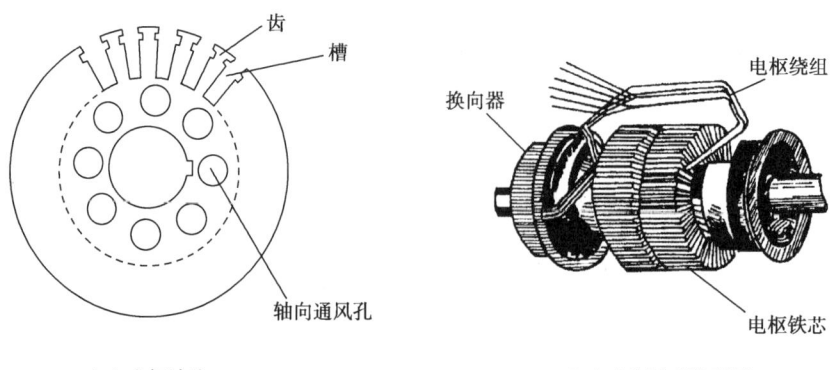

（a）电枢冲片   （b）电枢铁芯装配图

图 4.11　电枢冲片形状和电枢铁芯装配图

电枢绕组是直流电动机的重要组成部分。绕组由带绝缘的导体绕制而成，对于小型电动机常采用铜导线绕制，对于大中型电动机常采用成型线圈。在电动机中每一个线圈称为一个元件，多个元件有规律地连接起来形成电枢绕组。绕制好的绕组或成型绕组放置在电枢铁芯上的槽内，放置在铁芯槽内的导线部分在电动机运转时将产生感应电动势，称为元件的有效部分；在电枢槽内两端把有效部分连接起来的部分称为端接部分，端接部分仅起连接作用，在电动机运行过程中不产生感应电动势。

换向器又称整流子，对于发电机，换向器的作用是把电枢绕组中的交变电动势转变为直流电动势向外部输出直流电压；对于电动机，它是把外界供给的直流电流转变为绕组中的交变电流以使电动机旋转。换向器的结构如图 4.12 所示。换向器是由换向片组合而成的，是直流电动机的关键部件。

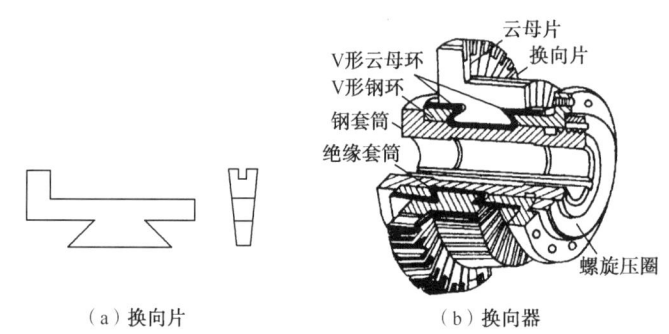

（a）换向片   （b）换向器

图 4.12　换向器的结构

换向片采用导电性能好、硬度大、耐磨性能好的紫铜或铜合金制成。换向片的底部制成燕尾形状，各换向片拼成圆筒形套筒上，相邻换向片间以 0.6～1.2mm 厚的云母片作为绝缘，换向片下部的燕尾嵌在两端的 V 形钢环内，换向片与 V 形云母片绝缘，最后用螺旋压圈压紧。换向器固定在转轴的一端。

3．铭牌数据及主要系列

铭牌镶在电动机机座的外表面上，上面标明电动机主要额定数据及电动机产品数据，供使用时参考。铭牌数据主要包括电动机型号、额定功率、额定电压、额定电流、额定转速和励磁电流及励磁方式等，此外还有电动机的出厂数据、出厂编号、出厂日期等。

电动机的型号表示电动机的结构和使用特点，国产电动机的型号一般采用大写的汉语拼音字母和阿拉伯数字表示，其格式为：第一部分字符用大写的汉语拼音表示产品代号；第二部分字符用阿拉伯数字表示设计序号；第三部分字符是机座代号，用阿拉伯数字表示；第四部分字符表示电枢铁芯长度代号，用阿拉伯数字表示。以 Z2-62 为例说明如下。

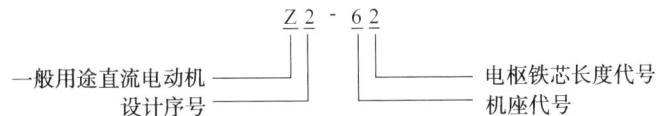

第一部分字符含义如下：

Z 系列：一般用于直流电动机。

ZJ 系列：精密机床用直流电动机。

ZT 系列：广调速直流电动机。

ZQ 系列：直流牵引电动机。

ZH 系列：船用直流电动机。

ZA 系列：防爆安全型直流电动机。

ZKJ 系列：挖掘机用直流电动机。

ZZJ 系列：冶金起重直流电动机。

关于其他系列直流电动机的型号及具体参数可查阅电动机手册。

额定功率 P_N：是指额定条件下电动机所能供给的功率。额定功率对于电动机和发电机是不同的。对于电动机，额定功率是指电动机轴上输出的额定机械功率；对于发电机，是指电刷间输出的额定电功率。功率的单位为 kW。

额定电压 U_N：是指在额定工况条件下，电动机出线端的平均电压。对于电动机，是指输入额定电压；对于发电机，是指输出额定电压。电压的单位为 V。

额定电流 I_N：是指电动机在额定电压情况下，运行于额定功率，此时的电流值为电动机的额定电流，其单位为 A。

额定转速 n_N：是指对应于额定电压、额定电流，电动机运行于额定功率时所对应的转速，转速的单位为 r/min。

额定励磁电流 I_{fN}：是指对应于额定电压、额定电流、额定转速及额定功率时的励磁电流，单位为 A。

励磁方式：是指直流电动机的励磁线圈与其电枢线圈的连接方式。根据电枢线圈与励磁线圈的连接方式不同，直流电动机励磁有他励、并励、串励和复励等方式，如图 4.13 所示。

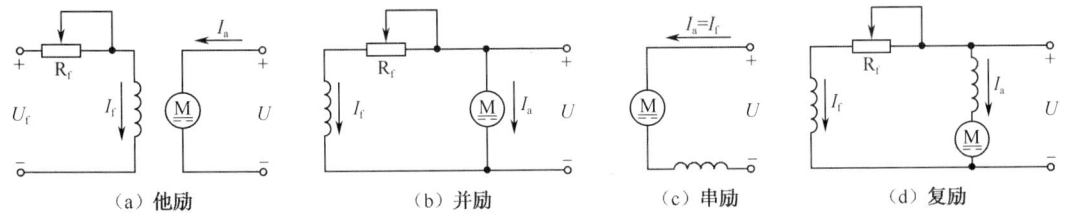

图 4.13 直流电动机的分类接线图

此外，电动机的铭牌上还标有其他数据，如励磁电压、出厂日期、出厂编号等。如表 4.1 所示为某直流电动机的铭牌数据。

表 4.1　某直流电动机的铭牌数据

型号	Z2-62	励磁方式	并励
功率	22kW	励磁电压	220V
电压	220V	励磁电流	2.06A
电流	116A	定额	连续
转速	1600r/min	温升	80℃
出品号数	××××	出厂日期	××××年×月
×××× 电动机厂			

在电动机运行时，若所有的物理量均与其额定值相同，则称电动机运行于额定状态；若电动机的运行电流小于额定电流，称电动机为欠载运行；若电动机的运行电流大于额定电流，则称电动机为过载运行。电动机长期欠载运行将使电动机的额定功率不能全部发挥作用，造成浪费，而长期过载运行会缩短电动机的使用寿命，因此长期过载和欠载都不好。电动机最好运行于额定状态或额定状态附近，此时电动机的运行效率、工作性能等均比较好。

三、直流电动机的电枢电动势与电磁转矩

直流电动机的电枢，就是指电刷间的电动势，可用下式表示

$$E = C_e \Phi n \tag{4-3}$$

式中　E——电枢电动势（V）；

　　　C_e——电动势常数，取决于电动机结构；

　　　Φ——每个磁极的磁通（Wb）；

　　　n——电枢转速（r/min）。

不论电动机作为发电机或作为电动机运行，电枢电动势都是存在的。不过，发电机的电枢电动势是电源电动势，在电动势的作用下产生电流，电动势与电流的方向一致，如图 4.14（a）所示，此时发电机输出电功率；而电动机的电枢电动势是反电动势，它与外加电压（电流）的方向相反，如图 4.14（b）所示，此时电动机消耗电功率。

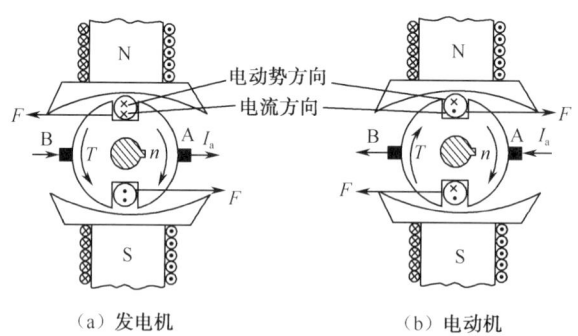

（a）发电机　　　　　　　　　（b）电动机

图 4.14　直流电动机中电枢电动势、电流、转速、转矩的方向

在直流电动机中，当电枢绕组内有电流通过时，此电流将与磁场相互作用，使电枢上每根导体受到电磁力 F 的作用，此电磁力 F 在电动机转轴上产生电磁转矩。

直流电动机的电磁转矩可用下式表示

$$T = C_T \Phi I_a \tag{4-4}$$

式中 T——电磁转矩（N·m）；

　　　Φ——每个磁极的磁通（Wb）；

　　　I_a——电枢电流（A）；

　　　C_T——转矩常数，取决于电动机结构。

　　显然，直流电动机不论作为发电机运行或是作为电动机运行，电磁转矩都是存在的。只是在发电机中，电磁转矩的方向与电枢旋转方向相反，如图 4.14（a）所示，它起着阻止电枢旋转的作用，是阻转矩；而在电动机中，电磁转矩是推动电枢旋转的驱动转矩，所以它的方向与电枢旋转方向相同，如图 4.14（b）所示。

四、串励直流电动机的运行

　　串励直流电动机的接线图如图 4.15 所示，其特点是励磁绕组与电枢绕组串联，励磁电流 I_f 等于电枢电流 I_a，主磁通 Φ 是电枢电流 I_a 的函数。则有

$$I_f = I_a \tag{4-5}$$

$$U = E + I_a R \tag{4-6}$$

$$R = R_a + R_f + R_{st} \tag{4-7}$$

　　当 I_a 较小，磁路未饱和时，Φ 与 I_a 成正比，即

$$\Phi = kI_a \tag{4-8}$$

式中，k 为比例常数。此时，电磁转矩 T 与 I_a 的平方成正比，即

$$T = C_T \Phi I_a = C_T k I_a^2 \tag{4-9}$$

$$I_a = \sqrt{\frac{T}{C_T k}} \tag{4-10}$$

　　下面来分析串励直流电动机的机械特性、起动、反转、调速和制动。

1. 串励直流电动机的机械特性

　　直流电动机机械特性一般表达式为

$$n = \frac{U}{C_e \Phi} - \frac{R}{C_e C_T \Phi^2} T \tag{4-11}$$

　　将式（4-9）和式（4-10）代入式（4-11）中，不难得出在磁路不饱和时串励直流电动机的机械特性为

$$n = \frac{\sqrt{C_T k}}{C_e k} \frac{U}{\sqrt{T}} - \frac{R}{C_e k} \tag{4-12}$$

　　式（4-12）表明，当磁路不饱和时，串励直流电动机的转速 n 与 $\sqrt{T}$ 成反比，其机械特性为非线性软特性，如图 4.16 中曲线 AB 段所示。

　　当 I_a 较大，磁路饱和时，Φ 基本保持不变，这时串励直流电动机的机械特性与他励电动机的机械特性相似，变为较硬的直线特性，如图 4.16 中曲线 BC 段所示。

　　串励直流电动机的固有特性是在 $U = U_N$、$R'_a = 0$ 时的特性（如图 4.16 所示），具有以下特点：

　　①它是一条非线性的软特性曲线，负载时的转速降落很大。

　　②空载时，$T = 0$，$I_a = 0$，$\Phi = 0$，$n_0 = \dfrac{U}{C_e \Phi} = \infty$，即理想空载转速为无穷大。但实际上，

即使 $I_a = 0$，由于存在剩磁通 Φ_0，故空载转速 $n_0 = \dfrac{U}{C_e\Phi_0}$ 为一有限值，但其值很高，一般可达 $(5\sim 6)\,n_N$，这就是所谓的"飞车"现象，因此，串励直流电动机是不允许空载或轻载运行的。

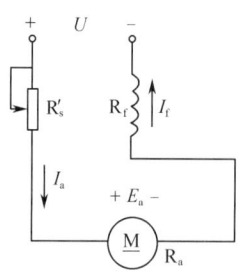

图 4.15　串励直流电动机的接线图

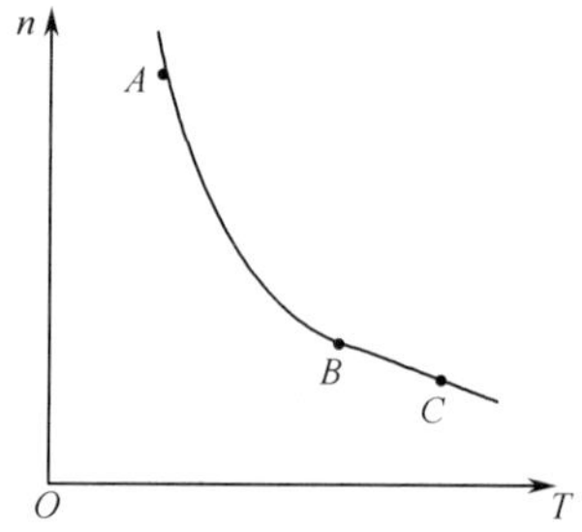

图 4.16　串励直流电动机的固有特性

③由于 T 正比于 I_a 的平方，起动和过载时 I_a 较大，故串励直流电动机的起动转矩大，过载能力强。

串励直流电动机同样可以采用电枢串电阻、改变电压和改变磁通的方法来获得各种人为特性。

（1）电枢串电阻时的人为特性。

由式（4-11）或式（4-12）可知，串入电阻后，转速降增大，所以电枢串电阻的人为特性位于固有特性的下方，且特性变得更软，如图 4.17 所示。从电路上分析，在 $T\,(I_a)$ 相同时，串入电阻后，电阻压降增大，因为电源电压不变，所以电枢反电动势减小，转速必然减小。

（2）降低电压时的人为特性。

由式（4-11）可知，降低电压时，理想空载转速降低，其人为特性向下平移。从电路上分析，电压下降后，电枢反电动势随之减小，转速也必然减小，所以降压的人为特性位于固有特性的下方，如图 4.18 所示。

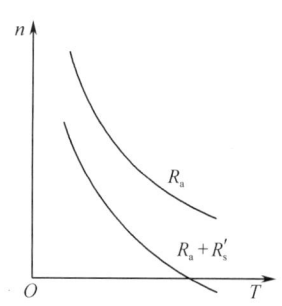

图 4.17　串电阻时的人为特性

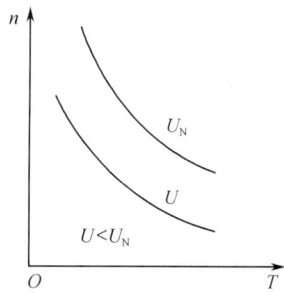

图 4.18　降低电压时的人为特性

（3）改变磁通时的人为特性。

串励直流电动机改变磁通的方法之一是在励磁绕组上并联一个分流电阻 R_{pf}，如图 4.19（a）所示。与固有特性相比，在 I_a 相同的情况下，此时，因 $I_f<I_a$，故 Φ 减小，因此人为特性位于固有特性的上方，如图 4.19（b）所示。

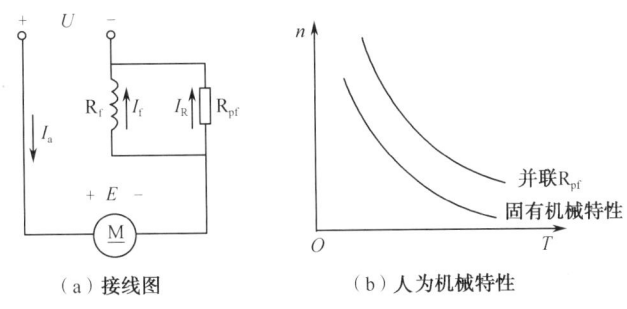

（a）接线图　　　　　　　（b）人为机械特性

图 4.19　减弱磁通时的人为特性

2．串励直流电动机的起动、反转与调速

（1）起动与反转。

为了限制起动电流，串励电动机的起动方法与并励电动机一样，也是采用电枢串电阻起动和降低电源电压起动。但由于 T 与 I_a^2 成正比，所以串励电动机的起动转矩较大，适用于重载起动的生产机械上，例如起重、运输设备等。

串励电动机也可反向运转，但不能用改变电源极性的方法，因为这时电枢电流与磁通同时反向，使电磁转矩依然保持原来方向，则电动机不可能反转。改变电枢或励磁绕组的接线极性可使其反转，反转时机械特性与正转时相同，但位于第三象限。

（2）调速。

串励电动机的调速也是采用电枢电阻、降压和弱磁三种调速方法，其中电枢串电阻调速比较常用，弱磁调速用得较少。

3．串励直流电动机的制动

对于串励电动机，若不考虑剩磁，只有 n 趋于无穷大时，才能出现 $E=U$，要使 $E>U$，显然无法实现。虽然电动机中存在少量的剩磁，但要使 $E>U$，转速将高达不能允许的数值，故串励直流电动机不存在回馈制动状态。

串励直流电动机只有能耗制动和反接制动两种制动方法，下面分别进行分析。

（1）能耗制动。串励直流电动机的能耗制动分为他励式和自励式两种。

他励式能耗制动时，是把励磁绕组由串励形式改接成他励形式，即把励磁绕组单独接到电源上，电枢绕组外接制动电阻 R_B 后形成闭路，如图 4.20（a）所示。由于串励电动机的励磁绕组电阻 R_f 很小，如果采用原来的电源，因电压较高，则必须在励磁回路中串入一个较大的限流电阻 R_{sf}。此外，还必须保持励磁电流 I_f 的方向与电动状态时相同，否则不能产生制动转矩（因 I_a 已反向）。他励式能耗制动时的机械特性为一直线，如图 4.20（b）中直线 BC 所示，其制动过程与他励电动机的能耗制动完全相同。他励式能耗制动的效果好，应用较广泛。

自励式能耗制动时，电枢回路脱离电源后，通过制动电阻形成闭路，但为了实现制动，必须同时改接串励绕组，以保证励磁电流的方向不变，如图 4.21（a）所示。自励式能耗制动时的机械特性如图 4.21（b）中曲线 BO 所示。由图 4.21 可见，自励式能耗制动开始时制动转矩较大，随着转速下降，电枢电动势和电流也下降，同时磁通也减小，从公式 $T=C_T\Phi I_a$ 可见，制动转矩下降很快，制动效果变弱，所以制动时间较长且制动不平稳。由于这种制动方式不需要电源，因此主要用于事故停车。

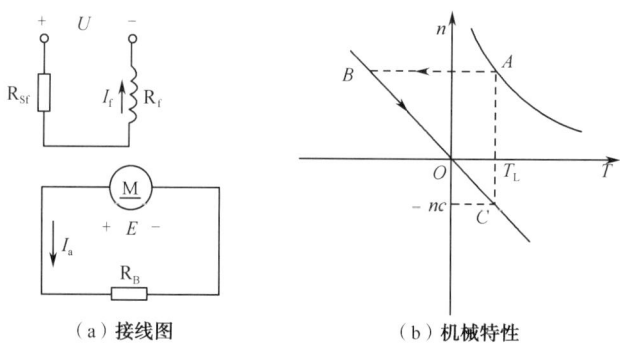

（a）接线图　　　　　　　（b）机械特性

图 4.20　串励直流电动机的他励式能耗制动

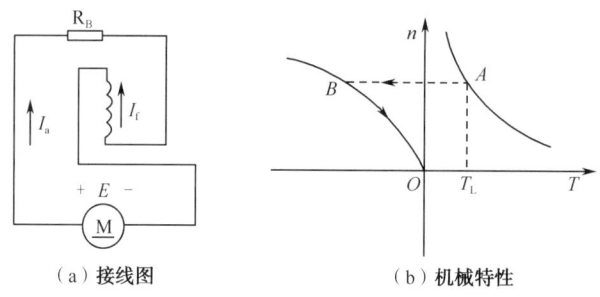

（a）接线图　　　　　　　（b）机械特性

图 4.21　串励直流电动机的自励式能耗制动

（2）反接制动。串励直流电动机的反接制动也有电压反接制动和倒拉反接制动两种。

串励直流电动机进行电压反接制动时，并不是将电源反接，因为这样将会造成 I_a 和 I_f 同时改变方向，电磁转矩方向不变，起不到制动作用。因此，只能将电枢两端反接，而励磁绕组的接法不变，如图 4.22（a）所示。为了限制过大的制动电流，还应串入制动电阻 R_B，其机械特性如图 4.22（b）中曲线 BC 所示。图中 A 点是正向电动工作点，B 点是制动起始点，减速时，工作点由 B 点沿特性曲线向 C 点移动，到达 C 点时，转速为零。若要停车，应断开电源，否则电动机将反向起动并加速到 D 点，在 D 点处于反向电动运行。

串励直流电动机倒拉反转反接制动只适用于位能性负载。方法是保持电压极性不变，电枢回路串入一个较大的电阻 R_B，使电动机倒拉反转，其接线图和机械特性如图 4.23 所示。在图 4.23（b）中，A 点是电动运行工作点，当电枢回路串入 R_B 后，工作点移至 B 点，并进入制动减慢运行，当工作点到达 C 点时，转速减至零，但由于电磁转矩小于负载转矩（$T_C < T_L$），于是在位能负载倒拉下，电动机反转并加速，直到 D 点进入反接制动状态稳定运行，匀速下放重物。

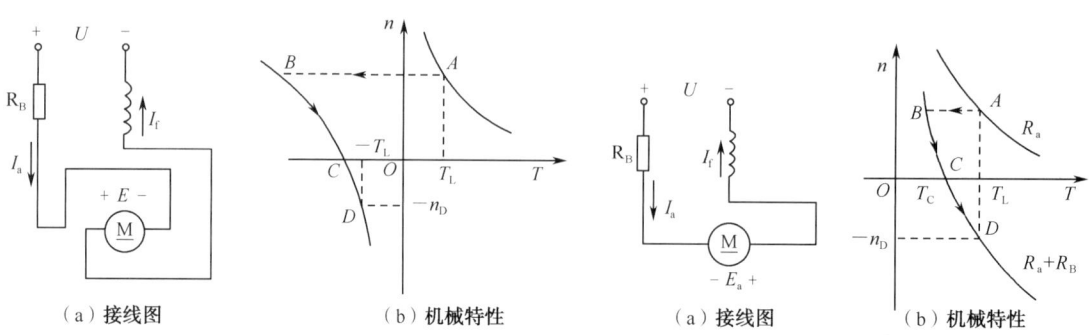

（a）接线图　　　（b）机械特性　　　　　　　（a）接线图　　　（b）机械特性

图 4.22　串励直流电动机的电压反接制动　　　图 4.23　串励直流电动机倒拉反接制动

五、汽车用起动机

汽车发动机是靠外力起动的，需要通过外力带动发动机曲轴旋转以实现起动。发动机的起动方法很多，汽车常用的有电动机起动和手摇起动两种。电动机起动用电动机作为机械动力，当将电动机轴上的齿轮与发动机飞轮周缘的齿圈啮合时，动力就传到飞轮和曲轴，使之旋转。电动机本身又用蓄电池作为能源。目前，绝大多数汽车发动机都采用电动机起动。

起动系统主要由蓄电池、点火开关、起动继电器、起动机等组成，其作用是利用起动机将蓄电池的电能转换为机械能，再通过传动机构将发动机拖转起动。

1．基本结构

汽车用起动机一般由直流电动机、单向传动机构和电磁操纵机构三大部分组成。起动机的总成如图 4.24 所示。不同类型的汽车上使用的起动机尽管形式不同，但其直流电动机部分基本相似，主要的区别就在于传动机构和控制装置各有差异。

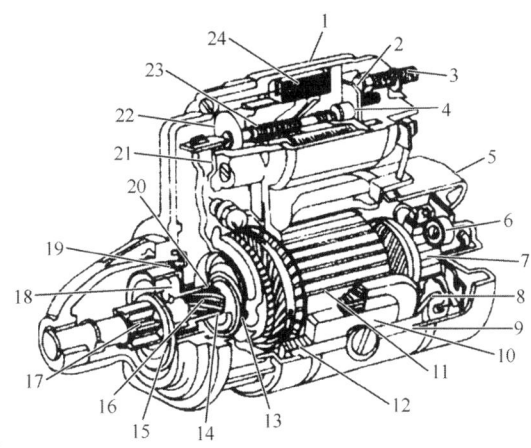

1—电磁开关；2—触点；3—蓄电池接线柱；4—动触点；5—前端盖；6—电刷弹簧；7—换向器；8—电刷；9—机壳；

10—磁极；11—电枢；12—磁场绕组；13—导向环；14—止推环；15—单向离合器；16—电枢轴；17—驱动齿轮；

18—传动机构；19—制动盘；20—啮合弹簧；21—拨叉；22—活动铁芯；23—复位弹簧；24—电磁开关

图 4.24　汽车起动机的总成

（1）直流电动机。直流电动机的作用是将蓄电池输入的电能转换为机械能，产生电磁转矩。依据磁场绕组和电枢绕组连接方式的不同，起动用直流电动机可分为并励、串励、复励三种形式。

（2）单向传动机构。单向传动机构的作用是在发动机起动时，使起动机的驱动齿轮与飞轮齿圈啮合，将电动机的转矩传给发动机飞轮；在发动机起动后，使起动机与飞轮自动脱离。

（3）操纵机构。操纵机构的作用是接通或切断起动机与蓄电池之间的主电路。

汽车用起动机的直流电动机的结构如图 4.25 所示，主要由机壳、磁极、电枢、换向器和电刷组件等部件组成。

2．励磁绕组连接

一般汽车用起动机的电动机有 4 个励磁绕组。励磁绕组有两种连接方式：一种是四个绕组与电枢绕组串联；另一种是两个绕组先串联后再并联复式接法，然后再与电枢绕组串联。连接方式如图 4.26 所示。复式接法可以在绕组导体截面相同的情况下增大起动电流，从而提高起动转矩。励磁绕组一端接在外壳的绝缘接线柱上，另一端与两个非搭铁电刷相连，如图 4.27 所示。

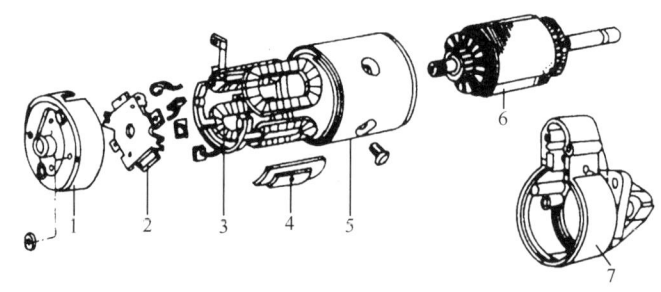

1—前端盖；2—电刷和电刷架；3—磁场绕组；4—磁极铁芯；5—机壳；6—电枢；7—后端盖

图 4.25　直流电动机的结构

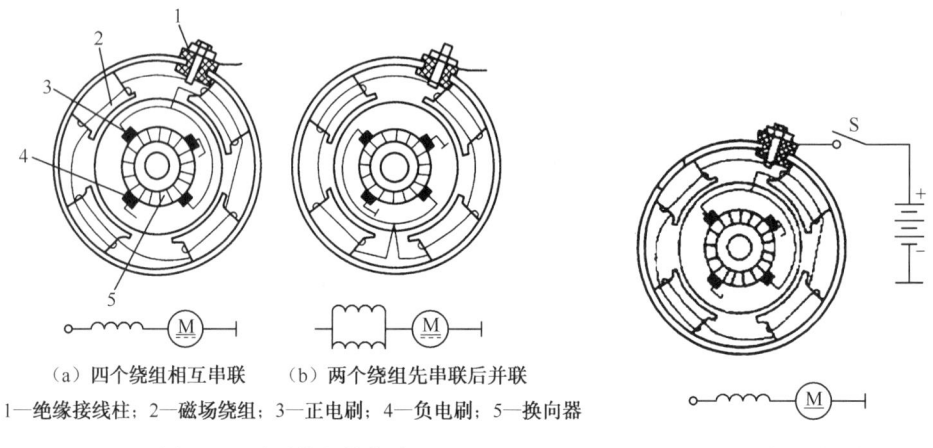

（a）四个绕组相互串联　（b）两个绕组先串联后并联

1—绝缘接线柱；2—磁场绕组；3—正电刷；4—负电刷；5—换向器

图 4.26　励磁绕组的接法　　　　图 4.27　外壳的绝缘接线柱

3．起动机的分类

在各种起动机的三个组成部分中，电动机部分一般没有本质的差别，而控制方法和传动结构的啮入方式则有很大差异，因此，起动机是按控制方法和传动机构的啮入方式的不同来分类的。

（1）按控制方法的不同可分为机械控制式和电磁控制式。

现代汽车大多采用电磁控制式这种方式，借按钮或钥匙控制电磁铁，再由电磁铁控制主电路开关，以接通或切断主电路。由于装有电磁铁，可进行远距离控制，操作省力。

（2）按传动机构啮入方式的不同可分为惯性啮合式、强制啮合式、电枢移动式、齿轮移动式、同轴式起动机。

除上述分类外，还有磁极为永久磁铁的永磁式起动机及内装减速齿轮的减速起动机等。

4．起动机的型号

根据 QC/T 73—1993《汽车电气设备产品型号编制方法》的规定，起动机的型号如下：

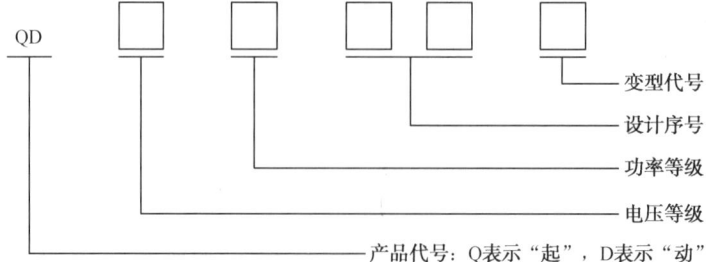

变型代号
设计序号
功率等级
电压等级
产品代号：Q 表示"起"，D 表示"动"

QDJ 表示减速起动机，QDY 表示永磁起动机（包括永磁减速起动机），其中的 J、Y 分别表示"减""永"。

电压等级：1 代表 12V；2 代表 24V。

功率等级：含义见表 4.2。

表 4.2　起动机功率等级

功率等级代号		1	2	3	4	5	6	7	8	9
功率（kW）	起动机	≈1	>1～2	>2～3	>3～4	>4～5	>5～6	>6～7	>7～8	>8～9
	减速起动机									
	永磁起动机									

如 QD124，表示额定电压为 12V、功率为 1～2kW、第四次设计的起动机。

六、永磁电动机在汽车中的应用

汽车中除了使用串励电动机外，用永磁铁构成定子的永磁电动机也得到广泛的应用。永磁电动机的磁场恒定，机械特性与他励电动机类似，在电动刮水器、电动车窗等汽车部件中都有应用。

刮水器是专门用来清除汽车风窗玻璃上的雨水、雪或灰尘的部件。根据其驱动方式的不同分为电动式、真空式和气动式三种。目前使用最广泛的是电动刮水器。电动刮水器主要由直流电动机、减速机构、自动停位器、刮水器开关和联动机构及刮片等组成，如图 4.28 所示。

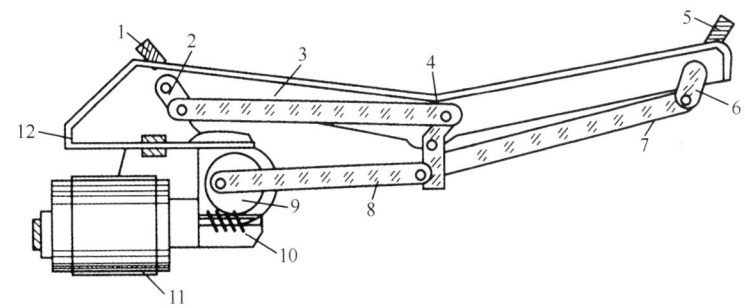

1、5—刷架；2、4、6—摆杆；3、7、8—拉杆；9—蜗轮；10—蜗杆；11—电动机；12—底板

图 4.28　电动刮水器

刮水器电动机按磁场结构不同可分为绕线式和永磁式两种。由于永磁式电动机具有体积小、质量轻、结构简单等特点，故在轿车上得到了广泛的应用。永磁式电动机如图 4.29 所示，它主要由一个永磁式直流电动机，一个蜗轮、蜗杆减速器和一个自动停位器组成。

电动机主要由磁极、电枢、电刷等组成，其磁极由铁氧体永久磁铁构成，磁场的强弱不能改变。为了改变电动机转速，采用三刷电动机，利用三个电刷来改变正、负电刷之间串联的电枢线圈的个数，从而改变电动机的转速。

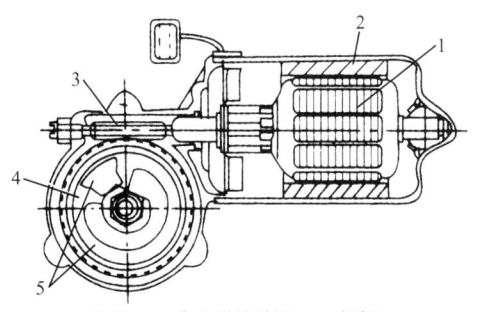

1—电枢；2—永久磁铁磁极；3—蜗杆；
4—蜗轮；5—自动停位滑片

图 4.29　永磁式电动机

1. 永磁式电动刮水器电路

由于永磁电动机的磁极是铁氧体永久磁铁，其磁场强弱是不能改变的，为了得到两种转速，汽车上常采用三刷式（即三个电刷）电动机。永磁电动机双速刮水器工作原理如图 4.30 所示，图中 B_3 为高、低速公用电刷，B_1 为低速电刷，B_2 为高速电刷，B_1 与 B_2 相差 60°，用以改变两电刷间的导体数。

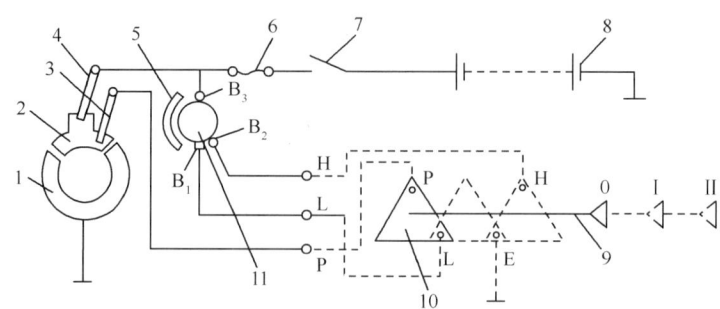

1、2—自动停位器滑片；3、4—自动停位器触片；5—永久磁铁；6—熔断丝；7—总开关；

8—蓄电池；9—刮水器变速开关；B_1、B_2、B_3—电刷；10—接触片；11—电枢

图 4.30 永磁电动机双速刮水器工作原理

接通电源开关 7，当把变速开关 9 拉到"Ⅰ"挡时，电流从蓄电池的"+"极→总开关 7→熔断丝 6→高、低速公用电刷 B_3→电枢 11→低速电刷 B_1→接线柱 L→接触片 10（LE）→接线柱 E→搭铁→蓄电池"−"极，构成回路。电流通过电刷 B_3 和 B_1 之间的有效导体数较多，电动机转速较低，故刮水片以低速状态刮去挡风玻璃上的雨或雪。

当变速开关拉到"Ⅱ"挡时，电流则从蓄电池的"+"极→总开关 7→熔断丝 6→高、低速公用电刷 B_3→电枢 11→高速电刷 B_2→接线柱 H→接触片 10（HE）→接线柱 E→搭铁→蓄电池"−"极，构成回路。此时电流通过 B_3 和 B_2 间的有效导体数减少，转速升高，从而使刮水片在快速摆动下扫除挡风玻璃上的雨或雪。

当变速开关推到"0"挡时，若刮水片没有停在行程末端的下限位置而妨碍驾驶员视线，由于自动停位器触片 3 与自动停位器滑片 1 接触，电流继续流入电枢，其电路为：蓄电池"+"极→电源开关 7→熔断丝 6→电刷 B_3→电枢 11→电刷 B_1→接线柱 L→接触片 10（LP）→接线柱 P→自动停位器触片 3→自动停位器滑片 1→搭铁→蓄电池"−"极，构成回路，电动机以低速运转，直至蜗轮转至如图 4.29 所示的位置，电路中断。但由于电枢的惯性，电动机不会立即停止转动，将以发电机的形式继续运转，利用发电制动，从而使刮水片停在规定的位置。发电制动短路电路为：电枢"+"极→电刷 B_3→触片 4→滑片 2→触片 3→接线柱 P→接触片 10（PL）→接线柱 L→电刷 B_1→电枢"−"极。

2. 电动座椅电路

电动座椅有两向、四向、六向移动等多种类型。两向座椅只能进行前后移动；四向座椅除前后移动外，还可以升降；六向座椅除前后移动外，还可使座椅的前部和后部分别升降。

电动座椅由双向电动机、传动装置和座椅调节器等组成。传动装置包括变速器、联轴装置和电磁阀等。座椅调节器的主要部件是螺旋千斤顶和齿轮传动机构。传动装置与座椅调节器之间用软轴联接。

当电路开关接通后，电动机及其电磁阀同时通电，电磁阀柱塞和爪形接头接合，电动机的

动力即通过齿轮、驱动轴使软轴转动，再驱动座椅调节器运动。当调节器达到终点时，软轴停止转动。如此时电动机仍在转动，其动力即为装在电动机和变速器之间的橡胶联轴节所吸收，这样也可防止座椅万一卡住时电动机过载损坏。当开关断电后，复位弹簧能使电磁阀柱塞和爪形接头分离，回到原来位置。

大多数电动座椅使用永磁式电动机,通过开关控制电流流向,可使电动机按不同方向旋转,如图 4.31 所示。

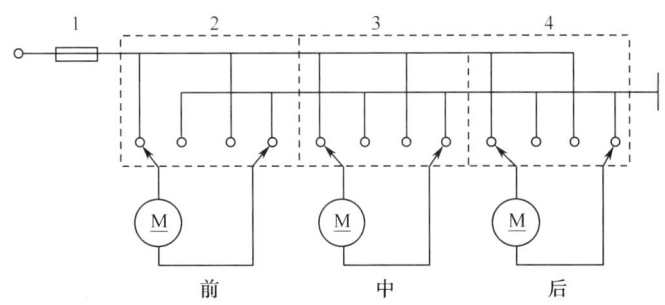

1—熔断丝；2—前开关；3—中开关；4—后开关

图 4.31 六向电动座椅电路

另外，也有的电动座椅采用串励式电动机，用两个磁场线圈使电动机进行双向运动。这种电动机一般用继电器控制电流方向，因此当开关换向时可听到继电器吸合的"咔哒"声。

3. 电动天窗电路

电动天窗系统原理与电动车窗系统基本相同，利用开启和关闭两个继电器，改变电动机电流的方向，驱动电动机实现正/反转，使天窗实现不同状态下的工作。现以广州本田雅阁轿车为例介绍电动天窗的工作原理。

在没有打开任何车门的情况下，将点火开关从打开位置旋至关闭位置时，电动天窗仍能工作 10min，电动天窗电路如图 4.32 所示。电路原理如下：

①电动天窗继电器电路。当打开点火开关时，电动车窗继电器电路接通，电路为蓄电池正极→多路控制装置（前乘客席侧）（点火开关断开定时器电路）→电动车窗继电器（前乘客席侧仪表板下熔断器/继电器盒）→G581 搭铁→蓄电池负极。

②天窗开启电路。当电动天窗开关置于开启位置时，电路为蓄电池正极→（发动机盖下熔断器/继电器盒）No.41（100A）、No.51（40A）→电动车窗继电器触点→（前乘客席侧仪表板下熔断器/继电器盒）熔断器 No.7（20A）→天窗开启继电器线圈→天窗开关 6 号端子→天窗开关 2 号端子→G501 搭铁→蓄电池负极。天窗继电器接通，将触点吸到图 4.32 中左边位置。

此时，电路为蓄电池正极→（发动机盖下熔断器/继电器盒）No.41（100A）、No.51（40A）→（前乘客席侧仪表板下熔断器/继电器盒）熔断器 No.1（30A）→天窗开启继电器触点→天窗电动机 1 号端子→天窗电动机 2 号端子→天窗关闭继电器触点→G50l 搭铁→蓄电池负极。天窗电动机开始工作，天窗开启。

③天窗关闭电路。当电动天窗开关打到关闭位置时，电路中的电流由蓄电池正极→（发动机盖下熔断器/继电器盒）No.41（100A）、No.51（40A）→电动车窗继电器触点→（前乘客席侧仪表板下熔断器/继电器盒）熔断器 No.7（20A）→天窗关闭继电器线圈→天窗倾斜开关关闭触点端子 1→天窗倾斜开关关闭触点端子 3→天窗开关 4 号端子→天窗开关 2 号端子→G501 搭铁→蓄电池负极。天窗关闭继电器接通，将触点吸到图 4.32 右边位置。

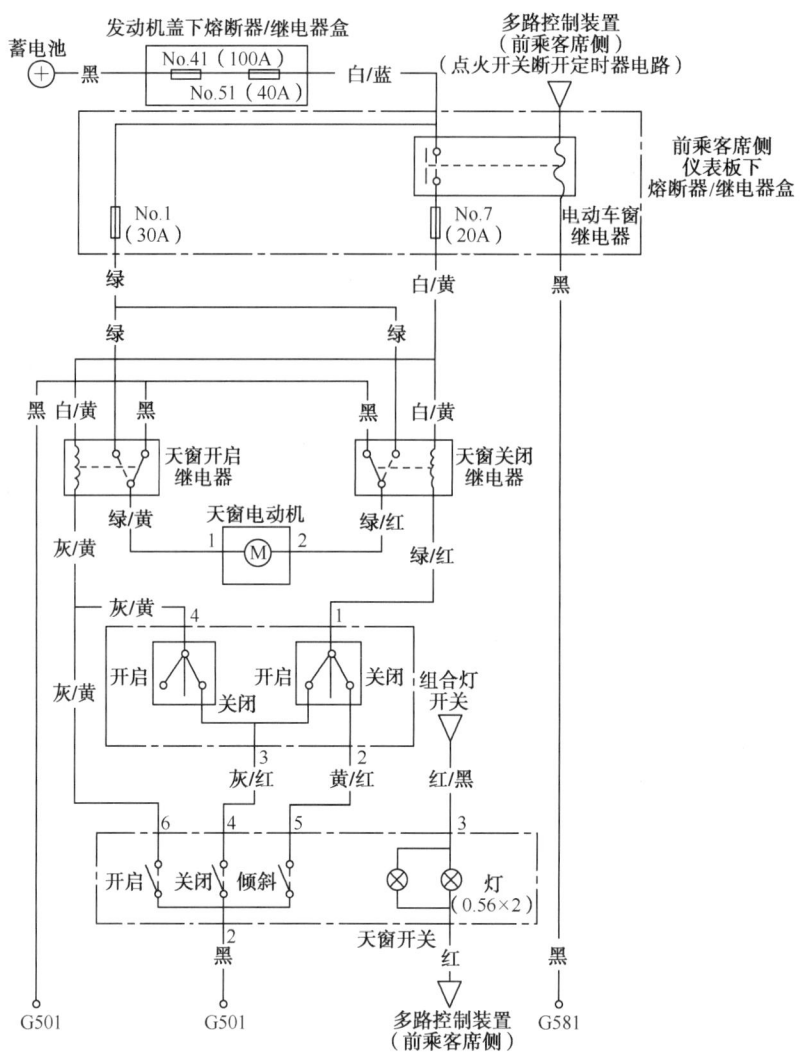

图 4.32　广州本田雅阁轿车电动天窗电路

此时，电路中的电流由蓄电池正极→（发动机盖下熔断器/继电器盒）No.41（100A）、No.51（40A）→熔断器 No.1（30A）（前乘客席侧仪表板下熔断器/继电器盒）→天窗关闭继电器触点→天窗电动机 2 号端子→天窗电动机 1 号端子→天窗开启继电器触点→G501 搭铁→蓄电池负极。天窗电动机开始工作，天窗关闭。

4．电动门锁电动机

电动门锁是一个电气系统，具有锁门和开门功能，当钥匙开关转到锁止位置时，所有车门同时锁住；当钥匙开关转到开锁位置时，所有车门同时打开。因为一把钥匙可以控制全车的车门，因此也称为中央控制门锁系统。电动门锁系统的电动机一般采用双向永磁电动机，如图 4.33 所示，利用门锁开关控制电动机的电流方向，使其连接杆做推拉动作，控制车门的锁止或打开。下面以锁门控制电路为例，说明其工作过程。

如图 4.34 所示为美国福特公司采用的门锁控制电路，由门锁开关、继电器和永磁电动机等组成。其中门锁开关是钥匙开关，是可以转动的，转动到不同位置，将使不同的触点闭合。门锁继电器由线圈、触点组成，触点的状态由线圈是否有电流决定，如锁止线圈通电时，触点

5 闭合、触点 6 断开；断电时，触点 5 断开、触点 6 闭合。各门锁电动机是并联在一起的，当通电时同时转动，断电时同时停止，步调协调一致。

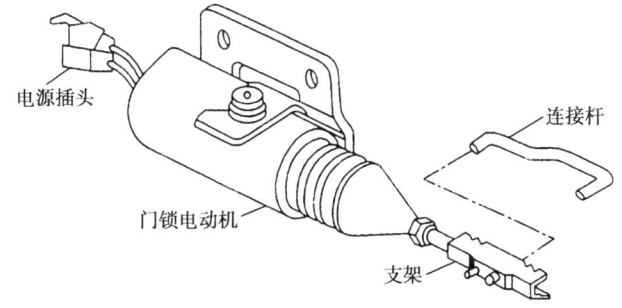

图 4.33　永磁式电动门锁电动机

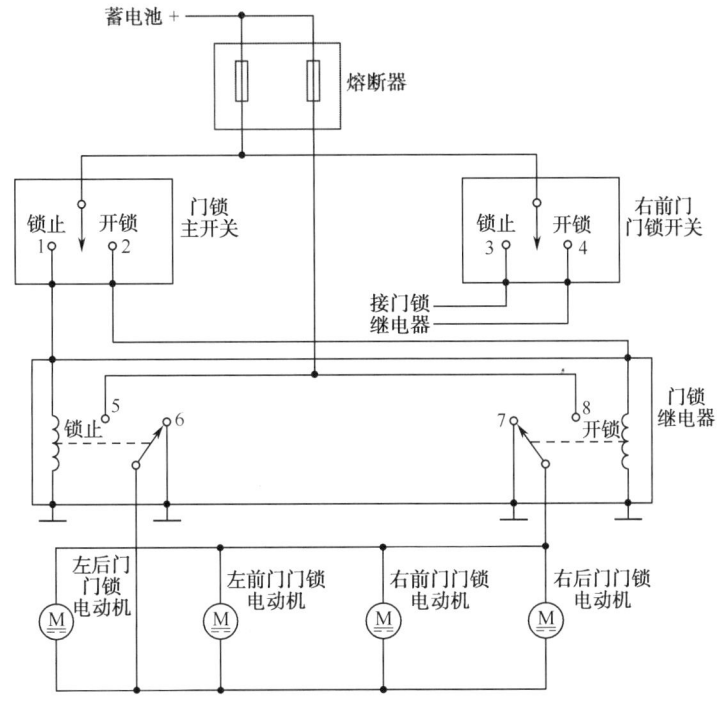

图 4.34　福特公司采用的电动门锁控制电路

锁门的控制过程如下：当门锁主开关转到锁止位置时，触点 1 闭合，门锁继电器的锁止线圈通电，触点 5 闭合。这时，各门锁电动机通电，其电流方向为蓄电池正极→门锁继电器触点5→各门锁电动机→门锁继电器触点 7→搭铁，电动机旋转并拉动连接杆，将车门锁上。

技能操作　起动机的拆装与检测

1．操作目的
（1）通过拆装掌握起动机的结构，熟练拆装技巧。
（2）了解起动机各部件的性能参数，掌握起动机的检测方法。

2．操作器材
起动机 1 台，拆装工具（一字螺丝刀、十字螺丝刀、钳子、扳手等），已分解的起动机部件、蓄电池、卡尺、导线、锉刀、砂纸、万用表等。

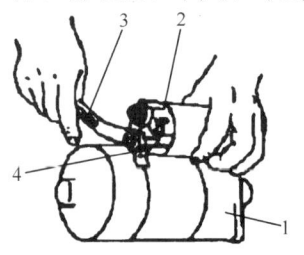

1—起动机；2—电磁开关；
3—梅花扳手；4—导线

图 4.35　拆除导线

3．操作内容及步骤

（1）分解。

①从电磁开关接线柱上拆开起动机与电磁开关之间的连接导线，如图 4.35 所示。

②松开电磁开关总成的两个固定螺母，如图 4.36 所示，取下电磁开关总成。

注意：在取出电磁开关总成时，应将其头部①向上抬，使柱塞铁芯端头的扁方②与拨杆脱开后取出，如图 4.37 所示。

③拆下换向器的两个螺栓，取下换向端盖，如图 4.38 所示。

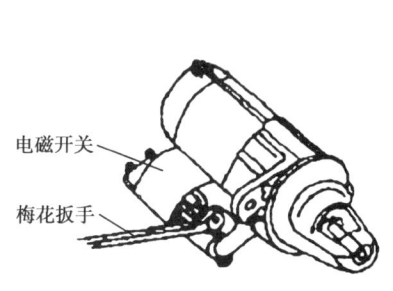

图 4.36　松开固定螺母

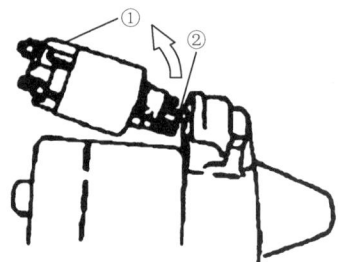

图 4.37　取出电磁开关总成

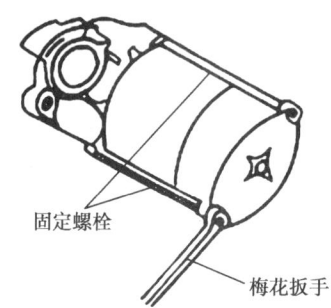

图 4.38　拆下换向器螺栓

④拆下电刷架及定子总成，如图 4.39 所示。

⑤将起动机电枢总成及小齿轮拨杆一起从起动机机壳上拉出来，如图 4.40 所示。

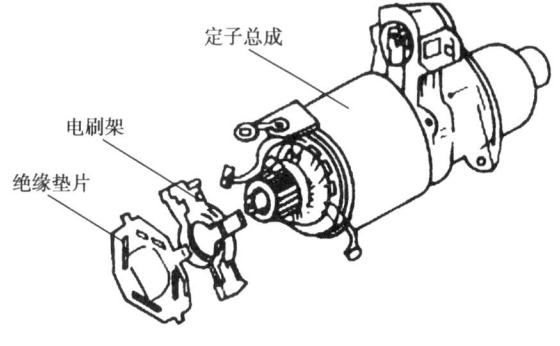

图 4.39　拆下电刷架及定子总成

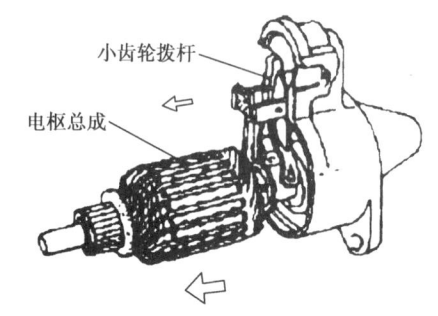

图 4.40　电枢总成的拆出

⑥从电枢轴上拆下电枢止推挡圈的右半环、卡环、电枢止推挡圈左半环，拆下超速离合器，如图 4.41 所示。

（2）组装。

起动机的组装程序与分解相反，但要注意的是，在组装起动机前应将起动机的轴承和滑动部位涂以润滑脂。

（3）电枢的检查。

①电枢线圈对地短路的检查如图 4.42 所示，把电枢 2 放在短路线圈测试仪 1 上，当测试仪通电后，将铁片 3 置于电枢 2 的铁芯上。一边转动电枢 2，一边移动铁片 3，当铁片 3 在某一部位产生振动时，说明该处电枢线圈 2 短路，应更换电枢 2。

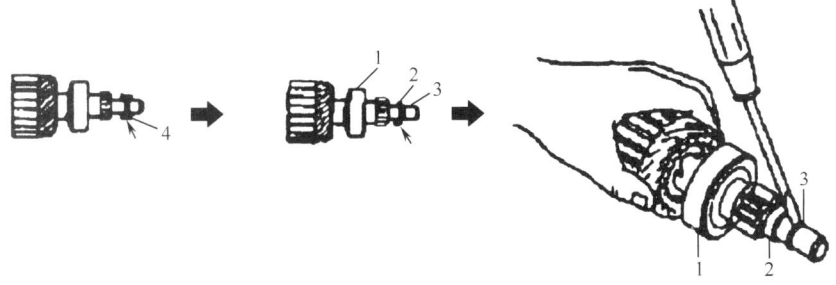

1—超速离合器总成；2—电枢止动挡圈左半环；3—电枢卡环；4—电枢止推挡圈右半环

图 4.41　单向离合器拆解

②换向器铜条与轴之间的绝缘检查如图 4.43 所示，用电阻表 1 的 $R\times k\Omega$ 挡，测量换向器 2 的每个铜条与电枢轴 3 之间的电阻，应为无穷大，否则表示换向器铜条有短路现象，应更换电枢。

③换向器铜条之间的断路试验如图 4.44 所示，用电阻表 1 检测换向器 2 上相邻两个换向器铜条之间的电阻，应为 0（叠绕法），否则表示换向器铜条之间断路，应更换电枢。或测量两个铜条的间距，应为换向器片数减去 1 除以磁极对数（波绕法）。

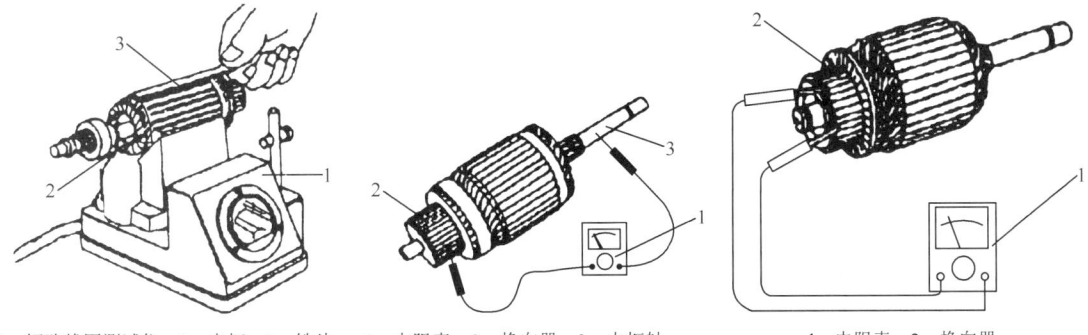

1—短路线圈测试仪；2—电枢；3—铁片　　　1—电阻表；2—换向器；3—电枢轴　　　　1—电阻表；2—换向器

图 4.42　电枢线圈对地短路检查　　图 4.43　换向器绝缘检查　　图 4.44　换向器断路检查

④电枢轴跳动的检查如图 4.45 所示，将电枢 1 放在偏摆仪 2 上，用百分表 3 检查电枢 1 轴部的跳动量，其使用极限为 0.08mm。

⑤换向器最小直径的检查如图 4.46 所示，用卡尺 1 检查换向器 2 的外径，使用极限为 33.5mm，超过极限则应更换电枢。

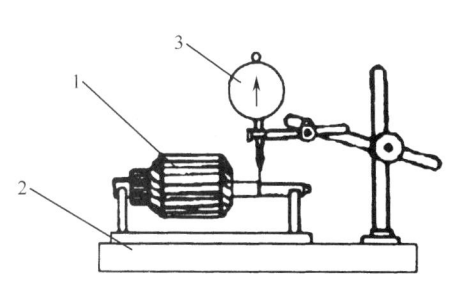

1—电枢；2—偏摆仪；3—百分表

图 4.45　电枢轴跳动检查

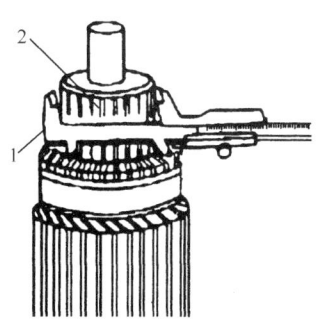

1—卡尺；2—换向器

图 4.46　换向器直径检查

⑥换向器跳动的检查如图 4.47 所示，用砂纸 1 打磨换向器 2 表面后，用百分表 3 检查换向器表面的跳动，其使用极限为 0.03mm。

⑦换向器绝缘云母片的检查如图 4.48 所示，检查换向器 1 的绝缘云母片 3 的深度，使用极限为 0.2mm，超过极限应用锉刀进行修整。锉刀 2 要与换向器 1 外圆母线平行，云母片 3 为锉后的形状。

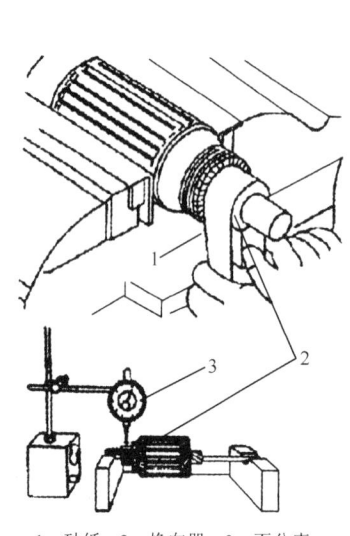

1—砂纸；2—换向器；3—百分表

图 4.47　换向器跳动检查

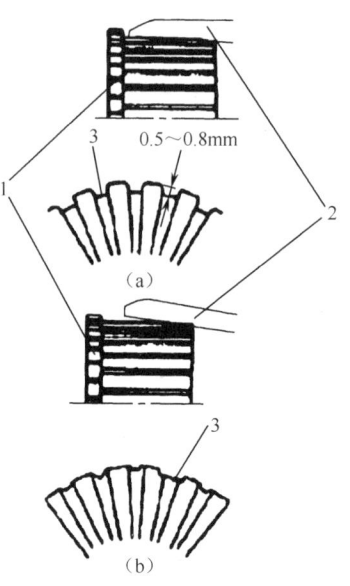

1—换向器；2—锉刀；3—绝缘云母片

图 4.48　换向器绝缘云母片检查

（4）电刷与电刷架的检查。

电刷的最小长度为 11.5mm，电刷弹簧的张力可用弹簧秤检查，应在 18～20N 之间。电气测试如图 4.49 所示。

（5）磁场线圈的检查。

①磁场线圈断路的检查如图 4.50 所示，用电阻表 3 的 $R \times 1k\Omega$ 挡测量磁场线圈的正极端 1 与电刷 2 之间的电阻，其值应为 0，否则说明磁场线圈 4 断路，应予更换。

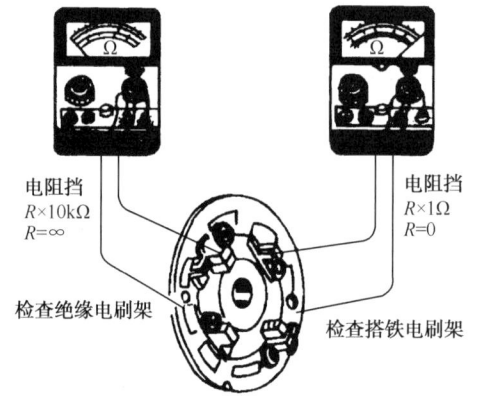

图 4.49　电刷架的电气测试

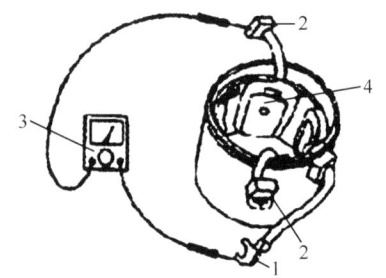

1—磁场线圈的正极端；2—电刷；3—电阻表；4—磁场线圈

图 4.50　磁场线圈断路检查

②磁场线圈对地短路的检查。用电阻表 3 的 $R \times 1\Omega$ 挡检查磁场线圈的正极端 1 与定子壳体

之间的电阻，应为无穷大，否则表示磁场线圈 4 与壳体短路，应更换。

（6）电磁开关线圈的检查。

①电磁开关线圈断路的检查如图 4.51 所示，从接线柱 6 上拆下电磁线圈正极端 1 后，用电阻表 4 的 1×Ω挡检查电磁开关 3 的接线柱（50）5 与电磁开关 3 壳体之间的电阻，其值应为 0，否则表示线圈断路，应更换电磁开关 3。

②电磁开关吸引线圈断路的检查。从接线柱（60）6 上拆下磁场线圈正极端 1，用电阻表 4 的 1×Ω挡检查电磁开关的接线柱（50）5 与接线柱（60）6 之间的电阻，其值应为 0，否则为吸引线圈断路，应更换电磁开关。

（7）小齿轮及单向离合器的检查。

如图 4.52 所示，在确保小齿轮 1 无损坏的情况下，握住单向离合器的外座圈 2，转动小齿轮 1，正常情况是往一个方向能顺利转动，往另一个方向则不能转动，否则就是单向离合器有故障，需更换。

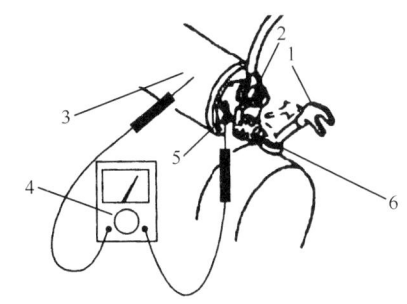

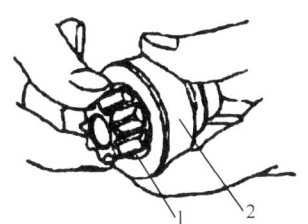

1—磁场线圈正极端；2—接线柱（30）；3—电磁开关；

4—电阻表；5—接线柱（50）；6—接线柱（60）

图 4.51　电磁开关线圈检查

1—小齿轮；2—单向离合器外座圈

图 4.52　单向离合器和小齿轮检查

（8）检查电枢轴与衬套的磨损情况。

检查电枢轴与衬套的磨损情况并保证衬套与电枢轴的配合间隙在 0.04～0.09mm，否则应更换。

4．操作报告及要求

（1）根据实际操作写出起动机拆装与检测过程。

（2）实验中哪些操作可以改进，以使操作更为简便？请写出操作过程。

任务 4.2　三相交流发电机

一、三相交流同步发电机的工作原理

同步电机是相对于异步电机而言的，同步电机的特点是转子的转速 n 与频率 f 之间具有固定不变的关系，即 $n = \dfrac{60f}{p}$，或 $f = \dfrac{pn}{60}$，转速 n 称为同步转速。同步电机主要作为发电机，也可作为电动机或补偿机。

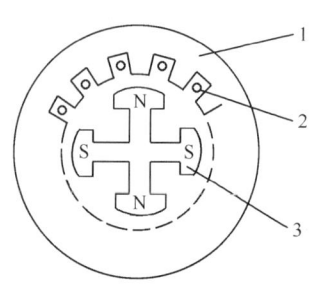

1—定子铁芯；2—定子绕组；3—磁极

图 4.53 同步电机运行原理图

如图 4.53 所示可以用来说明同步电机的工作原理：定子结构与一般异步电机相似，铁芯叠片开槽，并装上定子三相绕组。电机转子上装了磁极，每个磁极上均套上一个励磁线圈，并把它们按一定规律连接起来，称为励磁绕组。励磁绕组通入直流电，产生磁场，当原动机拖动电机转子旋转时，磁场与定子绕组有相对运动，会在定子绕组中感应出交流电动势，即定子三相绕组会产生三相交流电动势。定子绕组里交流电动势的频率 f 决定于电机的磁极对数 p 和转子速度 n，即

$$f = \frac{pn}{60}$$

式中，n 为同步转速，单位为 r/min；p 为磁极对数；f 为交流电动势的频率，单位为 Hz。

我国规定，电力电网频率为 50Hz，则 $p=1$，$n=3000$r/min；$p=2$，$n=1500$r/min。

例如，作为同步电机运行，则除了在转子上加直流励磁外，必须在定子三相绕组加上三相交流电。此外，定子绕组产生旋转磁场，转子好似磁铁，显然，转子磁铁会按旋转磁场一样的速度旋转，即 $n = \frac{60f}{p}$。

可见，不论是发电机或电动机，结构一定（磁极对数一定）时，转速 n 与频率 f 间有严格的关系，我们称之为同步关系，故称这类电机为同步电机。

二、三相交流同步发电机的结构

汽车用交流发电机是由一个三相同步交流发电机及硅二极管组成的整流器所组成的，如图 4.54 所示为国产 JF 型系列硅整流发电机的结构图。

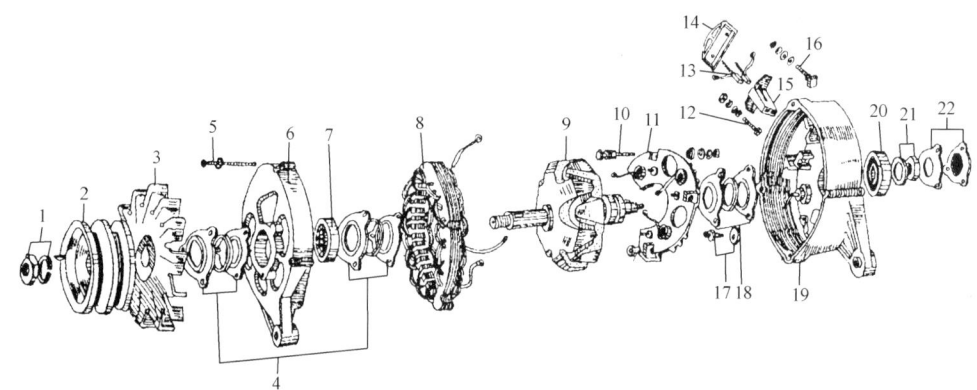

1—紧固螺母及弹簧垫圈；2—传动带轮；3—风扇；4—前端轴承油封及护圈；5—组装螺栓；6—前端盖；7—前轴承；
8—定子；9—转子；10—"＋"（电枢）接线柱；11—组件板；12—"－"（搭铁）接线柱；13—电刷及压簧；
14—电刷盒外盖；15—电刷盒；16—"F"（磁场）接线柱；17—组件板固定螺钉；18—后端盖轴承油封及护圈；
19—后端盖；20—后轴承；21—转轴固定螺母及弹簧垫圈；22—后轴承纸垫及护盖

图 4.54 硅整流发电机结构图

1. 三相同步交流发电机

三相同步交流发电机由转子、定子、传动带轮、风扇、前后端盖及电刷等部件组成。

（1）转子。转子由转子轴、励磁绕组、两块爪形磁极、集电环等组成，如图 4.55 所示。由低碳钢制成的两块六爪磁极压装在转子轴上，其空腔内装有励磁绕组，励磁绕组的两根引出

线分别焊在与轴绝缘的两个压装在轴上的集电环上。集电环与装在后端盖内的两个电刷相接触，两个电刷通过引线分别接在两个螺钉接线柱上，这两个接线柱即为发电机的"+"极（电枢）接线柱和"-"极（搭铁）接线柱。当这两个接线柱与直流电源相接时，便有电流流过励磁绕组，从而产生磁场。

（2）定子。定子由定子铁芯和定子绕组组成，定子铁芯由相互绝缘的内圆带嵌线槽的圆环状硅钢片叠成，嵌线槽内嵌入三相对称的定子绕组。绕组的接法有星形、三角形两种方式，一般采用星形连接，即每相绕组的首端分别与整流器的硅二极管相接，每相绕组的尾端接在一起，形成中性点（N）。如图 4.56 所示为定子绕组结构和星形连接图。

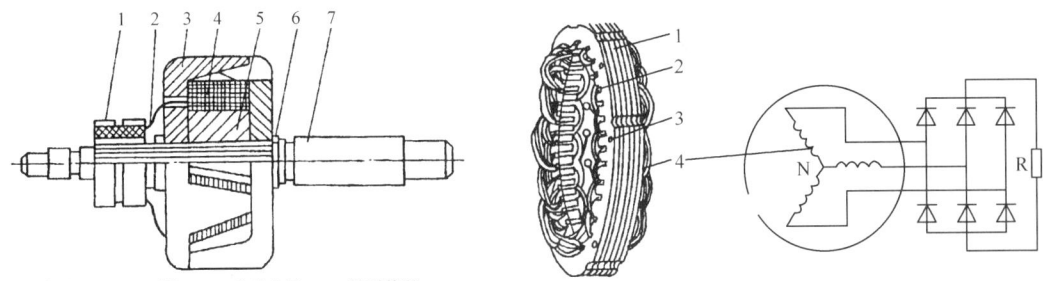

1—集电环；2—引线；3—爪形磁极；4—励磁绕组；
5—磁轭；6—定位圈；7—转子轴

图 4.55　转子结构

1—定子铁芯；2—定子槽；3—铆钉；4—定子绕组；N—中性点

图 4.56　定子结构与三相绕组的星形连接图

（3）前后端盖。前后端盖用非导磁性材料铝合金制成，漏磁少，并具有轻便、散热性好等优点。在后端盖内装有电刷架和电刷。汽车上使用的交流发电机的前后端盖上通常设有通风口。当传动带轮和风扇一起旋转时，使空气高速流经发电机内部进行冷却。有些工作环境恶劣的工程机械、农用拖拉机等为防止灰尘、泥水进入发电机内部，常采用外形尺寸较大的封闭交流发电机，以保证其散热的需要。

（4）电刷与电刷架。两只电刷装在电刷架的方孔内，利用弹簧的压力使其与集电环保持良好的接触。电刷与电刷架的结构有外装式和内装式两种，其构造如图 4.57 所示。搭铁电刷的引出线用螺钉直接固定在后端盖上（标记"-"），此方式称为内搭铁；搭铁电刷的引出线与机壳绝缘接到后端盖外部的接线柱上（标记 F_2），这种方式称为外搭铁。

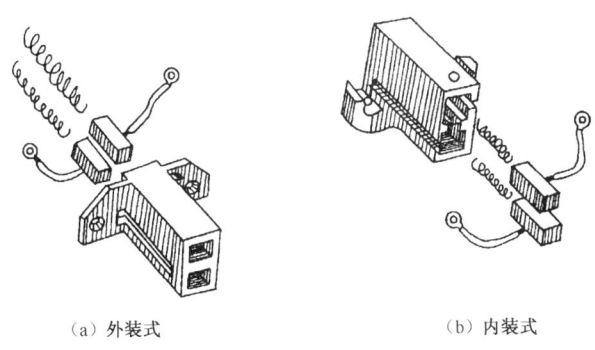

（a）外装式　　　　　　　（b）内装式

图 4.57　电刷及电刷架

（5）风扇。一般用 1.6mm 厚的钢板冲制或用铝合金压铸而成，并用半圆键装在前端盖外侧的转轴上。

（6）传动带轮。通常用铸铁或铝合金制成，分单槽和双槽两种，利用风扇的半圆键装在风扇外侧的转轴上，再用弹簧垫片和螺母紧固。

2. 整流器

整流器的作用是把三相同步交流发电机产生的三相交流电变成直流电输出，它一般用 6 个硅二极管接成三相桥式全波整流电路。

（1）正极管。正极管的中心引线为二极管的正极，外壳为负极，在管壳底上一般标有红色标记。在负极搭铁的硅整流发电机中，3 个正二极管的外壳压装在组件板的 3 个座孔内，共同组成发电机的正极，由一个与后端盖绝缘的组件板固定螺栓通至机壳外，作为发电机的火线接线柱 "B"（"+"、"A" 或 "电枢" 接线柱）。

（2）负极管。负极管的中心引线为二极管的负极，外壳为正极，管壳底部一般有黑色标记。3 个负极管的外壳压装在后端盖的 3 个孔内，和发电机外壳一起成为发电机的负极。如图 4.58 所示为硅二极管的安装示意图。

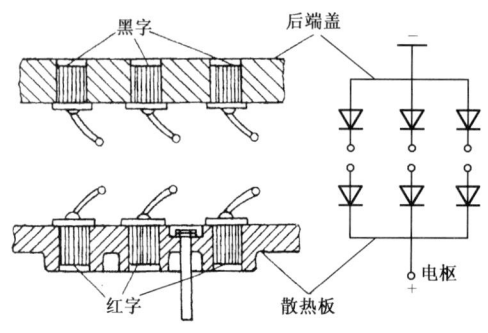

图 4.58　硅二极管安装示意图

CA1091 型汽车用的外搭铁硅整流发电机把整流器单独装在后端盖外。上海桑塔纳轿车用 JFZ1813Z 型硅整流发电机整流器也安装在后端盖外侧，只要打开塑料防尘罩即可取出，无须将硅整流发电机解体，维修方便。

有些硅整流发电机的整流器采用 9 只二极管，增加的是 3 只小功率磁场二极管，专门用来供给励磁电流，这样可以提高发电机的电压调节精度。采用磁场二极管后，仅用简单的充电指示灯即可指示发电机发电情况，省装了一只充电指示灯继电器。

还有些发电机为了提高中性点电压，提高发电机输出功率，增加了 2 只二极管，对中性点电压进行整流，并汇入发电机的输出端。同时具备上述两种功能的发电机整流器共有 11 只硅二极管。如图 4.59 所示为几种不同发电机的整流器。

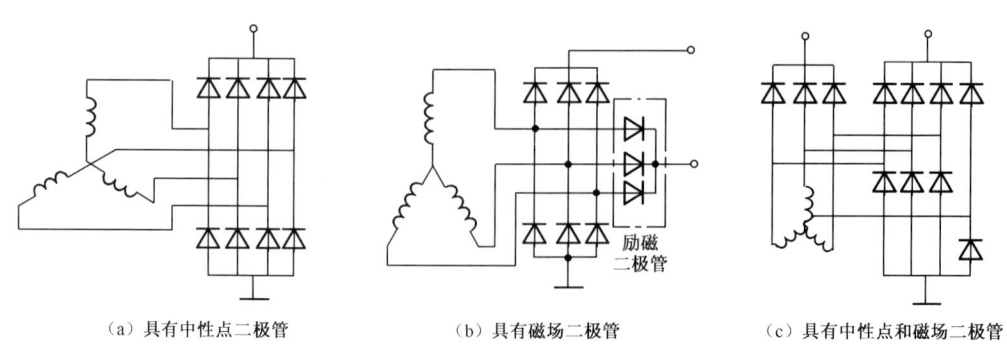

（a）具有中性点二极管　　　　（b）具有磁场二极管　　　　（c）具有中性点和磁场二极管

图 4.59　具有中性点和磁场二极管的整流器

三、交流发电机的工作原理及特性

1. 交流发电机的工作原理

（1）三相交流电动势的产生。

当外加直流电压作用在励磁绕组两端点的接线柱之间时，励磁绕组中便有电流通过，产生轴向磁场，两块爪形磁极被磁化，形成了 6 对相间排列的磁极。磁极的磁力线经过转子与定子之间的气隙、定子铁芯形成闭合磁路。转子旋转时，励磁绕组所产生的磁场也随之转动，形成旋转磁场。固定不动的三相定子绕组在旋转磁场的作用下，产生三个频率相同、幅值相等、相位互差 120° 电角度的正弦电动势 e_U、e_V 和 e_W，其瞬时值分别为

$$e_U = \sqrt{2}E_\Phi \sin \omega t \tag{4-13}$$

$$e_V = \sqrt{2}E_\Phi \sin (\omega t - 120°) \tag{4-14}$$

$$e_W = \sqrt{2}E_\Phi \sin(\omega t - 240°) \tag{4-15}$$

式中　E_Φ——每相绕组电动势的有效值（V）；

　　　ω——电角速度；

　　　t——时间（s）。

每相绕组电动势的有效值为

$$E_\Phi = 4.44KfN\Phi \tag{4-16}$$

式中　K——绕组系数（车用发电机 $K=1$）；

　　　f——感应电动势的频率（Hz）；

　　　N——定子绕组的匝数；

　　　Φ——磁极磁通（Wb）。

对已知发电机，上式中的 K、N 都已确定，以电机常数 C 代替。这样，上式也可以写成

$$E_\Phi = Cn\Phi \tag{4-17}$$

式中　C——电机常数，$C = 4.44KN\dfrac{p}{60}$；

　　　p——磁极对数；

　　　n——转子的转速（r/min）。

式（4-17）表明，在与电机结构有关的常数不变的前提下，每相绕组的电动势有效值的大小和转子的转速及磁极的磁通成正比。

（2）整流原理和过程。

在交流发电机中，整流器是利用硅二极管的单相导电性能进行整流的。在如图 4.60 所示的三相桥式全波整流电路中，3 个正二极管的正极引出线分别同 3 相绕组的首端相连，在某一瞬间，只有与电位最高的一相绕组相连的正二极管导通。同样，3 个负二极管的引出线也同三相绕组的首端相连，在同一瞬间，只有与电位最低的一相绕组相连的负二极管导通。这样反复循环，6 只二极管轮流导通，在负载两端便得到一个较平稳的脉动的直流电压。

在发电机空载运行时，如将三相绕组和二极管内阻的电压降忽略不计，发电的直流电动势数值为三相交流电线电压的 1.35 倍，是三相交流电相电压的 2.34 倍。

每一只硅二极管在一个周期内只导通 1/3 的时间，流过每个管子的电流为负载电流的 1/3。

有些交流发电机将三相绕组中性点引出，标记为"N"接线柱，它和发电机外壳之间的电

压称为中性点电压，它是通过 2 个中性点二极管整流后得到的直流电压，等于发电机直流输出电压的一半，即 $U_N = U / 2$。

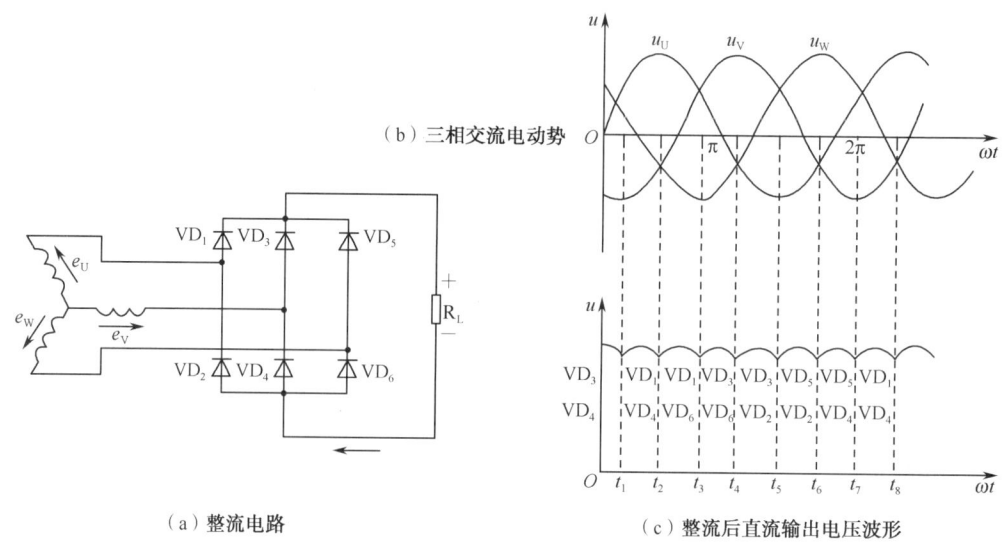

（b）三相交流电动势

（a）整流电路

（c）整流后直流输出电压波形

图 4.60　整流电路和电压波形图

中性点电压一般用来控制各种用途的继电器，如磁场继电器、充电指示继电器等。

（3）交流发电机的励磁方式。

交流发电机发电时，需由蓄电池供给励磁电流，此时为他励。当发电机电压达到蓄电池电压时，即由发电机自己供给励磁电流，也就是由他励转变为自励。

由于交流发电机转子的爪极剩磁较弱，所以发电机在低速运转时，加在硅二极管上的正向电阻较大，较弱的剩磁产生的很小的电动势很难克服二极管的正向电阻，致使发电机正向电压不能迅速建立起来，这样，发电机低速充电的要求就不能满足。因此，汽车上发电机必须与蓄电池并联，开始由蓄电池向励磁绕组供电，使发电机电压很快建立起来并转变为自励状态，蓄电池被充电的机会就多一些，有利于蓄电池的使用和维护。

2. 交流发电机的工作特性

交流发电机的工作特性是指发电机经整流后输出的直流电压、电流和转速之间的关系，包括输出特性、空载特性和外特性，其中输出特性最为重要。

汽车发动机的转速从怠速到最高转速的变化范围很大，由它带动旋转的发电机转速也相应在较大范围内变化，研究发电机的特性，应以转速为基准来分析各有关参数之间的关系。

（1）输出特性。

交流发电机的输出特性又称负载特性或输出电流特性，是指发电机输出电压一定时（对于 12V 电系，规定为 14V；对于 24V 电系，规定为 28V），发电机的输出电流与转速之间的关系，即输出电压 U 为常数时的 I-n 曲线。

如图 4.61 所示的试验电路可用来测得交流发电机的输出特性。当开关 S_1、S_2 闭合时，电动机拖动发电机运转，随着转速的升高，发电机达到充电电压，这时，断开他励电源开关 S_2，发电机开始自励。调节电动机转速，使发电机电压达到额定值，并记录该转速 n_1，n_1 即为空载转速。闭合开关 S_3，接通负载电路，逐渐调小负载 R，使电流增大，直到达到最大值，同时不断提高转速，保持发电机的额定电压不变。以适当的电流间隔作为测量点，记录对应的转速，一般测量点不少于 6 点。据此绘制出交流发电机的输出特性曲线，如图 4.62 所示。

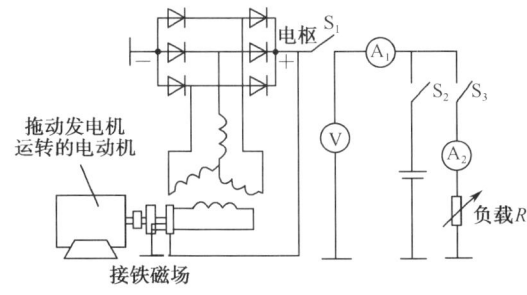

图 4.61　交流发电机试验接线图

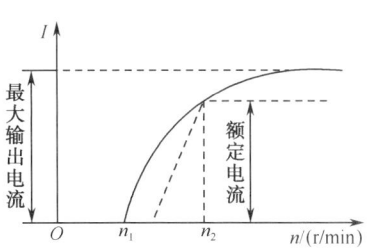

图 4.62　交流发电机的输出特性

交流发电机输出特性曲线 $I = f(n)$ 表明：

①当发电机转速很低时，发电机端电压低于额定电压，发电机不能向外供电。当转速到达空载转速 n_1 时，电压达到额定值；当转速高于空载转速 n_1 时，发电机才有能力在额定电压下向外供电。所以，空载转速 n_1 的值是选择发电机与发动机传动比的主要依据。一般地，n_1 应等于或略高于发动机怠速转速。

②转速超过 n_1 时，发电机的输出电流 I 随着转速的升高、随着电阻 R 的减小而升高。转速等于 n_2 时，发电机输出额定功率。额定功率为额定电压与额定电流之积。因此，n_2 又称为满载转速。通常，所选 n_2 应低于发动机最高转速，等于或略高于发动机常用转速。

空载转速和满载转速是交流发电机的主要性能指标，在产品说明书中均有规定。在使用中，应定期检测这两个数据，看是否符合规定值，依此可判断发电机是否处于良好的工作状态。

③发电机转速达到一定值时，其输出电流不再随转速的升高而升高，也不再随负载电阻的减小而升高，这时的电流值称为发电机的最大输出电流或限流值。该性能表明，发电机具有自动限制电流的自我保护能力。发电机的最大输出电流约为额定电流的 1.5 倍。

（2）交流发电机自动限制电流的机理。

①定子绕组具有一定阻抗 Z，对通过绕组的电流起阻碍作用。阻抗 Z 是由绕组的电阻 R 和感抗 X_L 组成的

$$Z = \sqrt{R^2 + X_L^2} \tag{4-18}$$

式中　$X_L = \omega L$；

　　　ω ——角速度，$\omega = 2\pi f$；

　　　f ——频率，$f = pn/60$；

　　　L ——相定子绕组的电感（$X_L = 2\pi fL = 2\pi pnL/60 = \pi pnL/30$）；

　　　p ——磁极对数；

　　　n ——转子的转速（r/min）。

由式（4-18）可知，X_L 与转速成正比。高速时，绕组电阻 R 与 X_L 相比可以忽略不计，因此可以认为定子绕组的阻抗 Z 与转速成正比。

转速越高，感抗 X_L 越大，其阻抗 Z 越大，阻碍交流电流的能力越强，产生很大的内部电压降。

②定子电流增加时，电枢反应也增强，感应电动势也会下降。发电机内部有两个磁场：磁极磁场和电枢磁场。电枢磁场对磁极磁场的影响称为电枢反应。在交流发电机中，爪极转子

是旋转的磁极磁场。定子中的电流产生电枢磁场。

当发电机负载不变，因其转速升高使电流达到一定值后，再提高转速，尽管定子绕组中感应电动势增加，但因定子绕组的阻抗增大，内部电压降增大，再加上电枢反应引起的感应电动势下降，两者共同作用，使发电机的输出电流不再增大，因而交流发电机具有自动限制输出电流的作用。所限制的电流大小与定子绕组的电感 L 有关，也就是与定子绕组的匝数有关。所以，交流发电机调节器中不需要电流限制器。

（3）空载特性。

发电机空载时，发电机端电压与转速的关系称为空载特性，即 $I = 0$ 时，$U = f(n)$ 的函数关系，如图 4.63 所示。从曲线可以看出，随着转速的升高，端电压上升较快，由他励转入自励时，即能向蓄电池进行补充充电，进一步证实了低速充电性能好的优点。空载特性是判断硅整流发电机性能是否良好的重要依据。

（4）外特性。

转速一定时，发电机端电压与输出电流的关系称为外特性，即 n 为常数时，$U = f(I)$ 的函数关系。经不同的恒定转速试验后，可得一组相似的外特性曲线族，如图 4.64 所示。从图中可看出，发电机转速越高，端电压也越高，输出电流也越大。当保持任一转速时，端电压均随输出电流的增大而下降。由于端电压受转速和负载变化的影响，交流发电机必须配用电压调节器才能保持电压的恒定。否则，当发电机高速运转时，若突然失去负载，其电压会突然升高，可能击穿电子组件和烧毁用电设备。

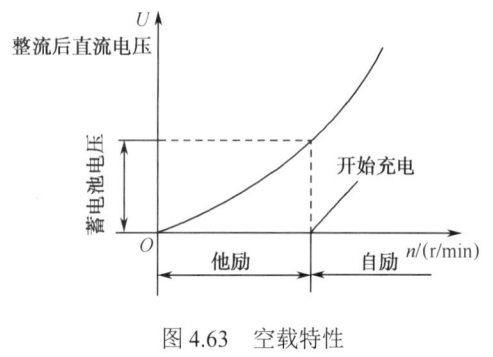

图 4.63 空载特性

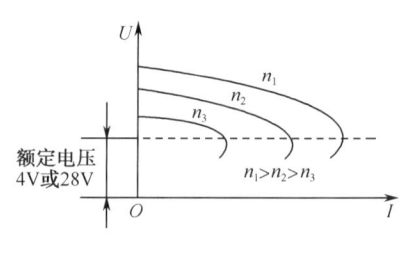

图 4.64 外特性

🔄 四、交流发电机的型号

根据我国汽车行业推荐标准 QC/T 73—1993《汽车电气设备产品型号编制方法》的规定，汽车交流发电机的型号由五部分组成：

$$\boxed{1}\quad\boxed{2}\quad\boxed{3}\quad\boxed{4}\quad\boxed{5}$$

（1）产品代号。由字母表示，有 JF、JFZ、JFB、JEW 4 种，分别表示普通交流发电机、整体式交流发电机、带泵交流发电机和无刷交流发电机。

（2）电压等级代号。用一位阿拉伯数字表示，1—12 V、2—24V、6—6V。

（3）电流等级代号。用一位阿拉伯数字表示，各代号表示的电流等级见表 4.3。

表 4.3 电流等级代号

电流等级代号	1	2	3	4	5	6	7	8	9
电流范围/A	0～19	20～29	30～39	40～49	50～59	60～69	70～79	80～89	≥90

（4）设计序号。用 1～2 位阿拉伯数字表示产品的顺序。

（5）变型代号。用字母表示，交流发电机是以调整臂位置作为变型代号的，从驱动端看，Y—右边，Z—左边，无字母则表示在中间位置。

例如，桑塔纳、奥迪轿车用 JFZ1913Z 型交流发电机，是电压等级为 12 V、电流等级为大于 90A、第 13 次设计、调整臂在左边的整体式交流发电机。

技能操作　交流发电机整机和零部件的检测

1．操作目的

（1）掌握交流发电机的检测方法。

（2）熟悉交流发电机的构造，掌握交流发电机零部件的检测方法。

2．操作器材

万用表 1 块，专用实验台 1 个，交流发电机 1 个，交流发电机零部件若干。

3．操作内容及步骤

（1）用万用表检测整机。在发电机不解体时，用万用表测量各接线柱间的电阻值，可初步判断发电机是否有故障。其方法是用万用表 $R \times 1\Omega$ 挡测量发电机 F 与 E 之间的电阻值、发电机 B 与 E 之间的电阻值，并记录下所测各值，与相应的标准值（几种交流发电机各接柱之间的电阻见表 4.4）比较。

表 4.4　常用交流发电机各接柱之间的电阻的标准值

交流发电机型号		F 与 E 间 /Ω	B 与 E 之间		N 与 E 之间	
			正向/Ω	反向/Ω	正向/Ω	反向/Ω
有刷	JF11、JF13、JF15、JF21	5～6	40～50	>10000	10	>10000
	JF12、JF22、JF23、JF25	19.5～21				
无刷	JFW14	3.5～3.8				
	JFW28	15～16				

①F 与 E 之间的电阻：若超过规定值，可能是电刷与集电环接触不良；若小于规定值，可能是励磁绕组有匝间短路或搭铁故障；若电阻为零，可能是两个集电环之间有短路或者 F 接线柱有搭铁故障。

②B 与 E 之间的电阻值：若示值在 50Ω 以上，可认为无故障；若示值在 10Ω 左右，则说明有失效的整流二极管，需拆检；值为零，则说明有不同极性的二极管被击穿，需拆检。

若交流发电机有中性抽头（N）接线柱，用万用表 $R \times 1\Omega$ 挡测 N 与 E 以及 N 与 B 之间的正、反向电阻值，可进一步判断故障在正极管还是在负极管。

（2）用试验法检测。将发电机按如图 4.65 所示的接线方法装夹在专用试验台上，进行发电机空载试验和负荷试验，测出发电机在空载和满载情况下发出额定电压时对应的最小转速，从而判断发电机的工作是否正常。

①空载试验。合上开关 S_1，由蓄电池供给发电机励磁电流进行他励，当发电机转速为 1000r/min（用转速表测量）时，对 12V 电系发电机电压应为 14V，对 24V 电系发电机电压应为 28V。

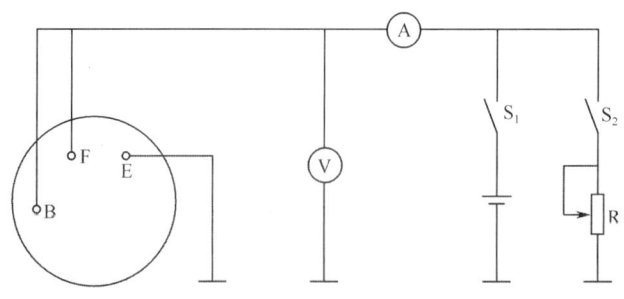

图 4.65 交流发电机试验线路图

②负荷试验。断开开关 S_1，发电机转为自励，合上开关 S_2，调节可调电阻 R，在发电机转速为 1000r/min 时，发电机电压应大于 12V 或 24V；在发电机转速为 2500r/min 时，电压应达到 14V 或 28V，电流应达到或接近该发电机的额定电流。

（3）交流发电机的就车检验法。就车检验法就是在汽车上进行的试验。关掉点火开关，临时拆下蓄电池搭铁线，将一块 0～40A 的电流表串接到发电机火线 B 接线柱与输出火线之间，再将一块 0～50V 的电压表接到 B 与 E 之间，连接好蓄电池的搭铁线。起动发动机，并提高转速，当发电机转速为 2500r/min 时，电压应在 14V 或 28V 以上，电流应为 10A 左右。此时打开前照灯、刮水器等负荷，电流若为 20A 左右，则表明发电机工作正常。

（4）交流发电机零部件的检测。

①二极管的检测。检测二极管时，需将每个二极管的中心引线从接线柱上拆下或焊下，用万用表测量每个二极管的正、负向电阻值，如图 4.66 所示。若两次测量值一次大（反向电阻，大于 10kΩ）、一次小（正向电阻，8～10Ω），说明二极管性能良好；若两次测量值均为 ∞，说明管子断路；若均为 0，说明此管被击穿。

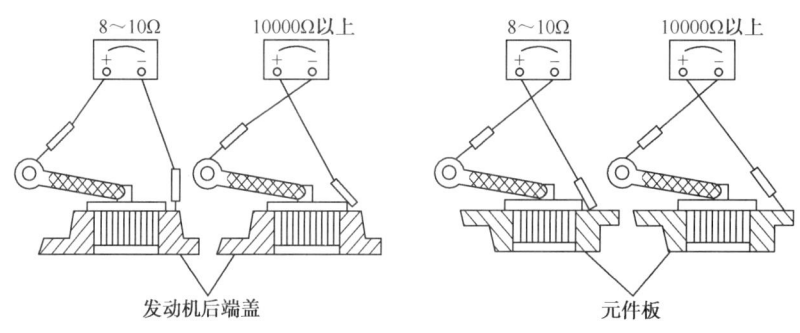

图 4.66 二极管的检测

发现有二极管损坏时，若二极管是压装（静配合）在整流板上，则可更换相同规格的二极管；若二极管是焊接在整流板上，则建议更换整流板总成。

②定子绕组的检测。

a. 定子绕组搭铁的检测。用万用表测量定子三相绕组任一端线与铁芯间的绝缘电阻，阻值应为 ∞，如果电阻值读数很小，说明定子绕组搭铁，如图 4.67 所示。

b. 定子绕组断路与短路的检测。定子绕组断路与短路的检测就是对其三相绕组电阻值的检测，使用万用表电阻 R×1Ω 挡检查三相绕组间的电阻，应小于 1Ω，如图 4.68 所示。

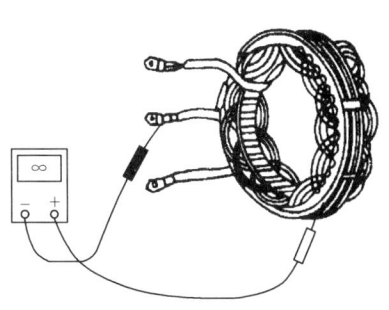
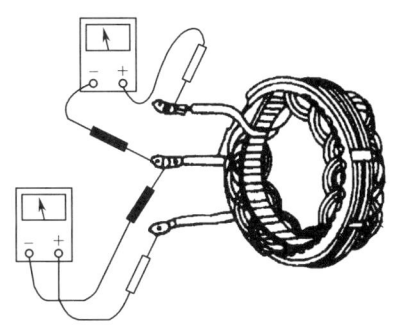

图 4.67　检测定子绕组是否搭铁　　　　图 4.68　定子绕组断路与短路的检测

③转子总成的检测与维修。

a．励磁绕组与集电环的检测。首先清除两个集电环之间的炭粉，观察集电环表面有无明显的沟槽、裂纹或烧蚀现象，其圆度偏差不得大于 0.25mm。用万用表测量励磁绕组的电阻值，测量时用 $R\times1\Omega$ 挡，将红、黑两支表笔分别压在两个集电环上，如图 4.69 所示。如果电阻值在规定的范围内，则说明励磁绕组良好；如果测量电阻值偏小，则说明励磁绕组匝间短路；如果测量电阻值为∞，则说明励磁绕组断路。测量两集电环与转子轴之间的电阻值，应指示∞，否则说明励磁绕组有搭铁故障。

图 4.69　测量励磁绕组的电阻值

集电环的圆度偏差过大，或沟槽过深，或严重烧蚀，可在机床上进行加工修复；轻度烧蚀可用细砂布打磨抛光。如励磁绕组有故障或集电环表面有裂纹，则更换转子总成。

b．转子轴的检测。转子轴的弯曲度不得超过 0.10mm，否则应予校正或更换。

④电刷的检测。电刷的高度低于 7mm 时也应更换，更换时注意电刷的规格型号要求一致。

任务 4.3　能力测试

4.1　简述直流电动机的工作原理。

4.2　简述直流电动机结构及各部分的作用。

4.3　直流电动机励磁方式分为哪几类？试画图说明。

4.4　直流电动机的电磁转矩与什么因素有关？如何确定电磁转矩的实际方向？

4.5　串励电动机为什么不能实现回馈制动？怎样实现能耗制动和反接制动？

4.6　串励电动机为何不能空载运行？

4.7　简述汽车起动机的基本组成。

4.8　汽车交流发电机由哪几部分组成？各起什么作用？

4.9　简述汽车用交流发电机的整流原理与过程。

4.10　一台直流电动机的额定数据为：额定功率 P_N=17kW，额定电压 U_N=220V，额定转速 n_N=1500r/min，额定效率 η_N=0.83。求它的额定电流及额定负载时的输入功率。

4.11　一台串励直流电动机，U_N=220V，I_N = 40A，n_N = 1000r/min，电枢回路总电阻为

0.5Ω，高磁路不饱和，并忽略电枢反应，试问：

（1）当 $I_\text{S} = 20\text{A}$ 时，电动机的转速及电磁转矩为多少？

（2）若电磁转矩保持上述值不变，而将电压降至 110V，此时电动机的转速和电枢电流各为多少？

4.12　一台串励直流电动机，$P_\text{N} = 14.7\text{kW}$，$U_\text{N} = 220\text{V}$，$I_\text{N} = 78.5\text{A}$，$n_\text{N} = 585\text{r/min}$，电枢回路总电阻为 0.26Ω，采用电枢串电阻调速，在额定负载下要将转速降至 350r/min，需串多大电阻？

4.13　汽车交流发电机为什么没装限流装置？

4.14　汽车交流发电机的励磁方式有哪两种？

4.15　简述刮水器电动机的构造和工作原理。

半导体器件在汽车中的应用

【知识目标】

1. 掌握二极管整流、限幅、稳压电路的工作原理和应用；

2. 熟悉晶体三极管基本放大电路的组成、工作原理、性能指标的意义，掌握各类放大电路的特点及在汽车中的应用；

3. 掌握集成运放工作在线性区及非线性区的特点，学会分析其线性和非线性应用电路，了解其在汽车电子电路中的应用；

4. 知道正弦波振荡电路的振荡条件及电路组成，了解正弦波振荡器的应用。

【能力目标】

1. 能熟练对各元器件进行检测；

2. 能识别并正确使用常见集成电路；

3. 会分析常见模拟电子电路图；

4. 能正确使用常用仪器仪表并进行测试。

任务 5.1　二极管应用电路

一、二极管

1. 二极管的结构、符号和分类

半导体二极管的种类很多，按材料来分，最常用的有硅管和锗管两种；按结构不同可分为点接触型和面接触型两类。

点接触型二极管的结构如图 5.1（a）所示，它是由一根细金属丝（如金镓合金）和一块半导体（如 N 型锗）的表面接触，然后通过很大的瞬时正向电流，使金属触丝与半导体在接触点处熔接在一起，根据杂质补偿原理，便形成了 PN 结。在 PN 结两端引出电极，并加管壳密封，便成为二极管。其特点是结面积小，极间电容也很小，故不能承受较高的反向电压和较大的电流，适用于高频小功率场合。如 2AP10 是点接触型锗二极管，常用于高频检波。

面接触型（或面结型）二极管的 PN 结是用合金法（或扩散法）制成的，其结构如图 5.1（b）所示。这类二极管的结面积大，极间电容也大，允许通过的正向电流大，适用于低频大功率场合。如 2CP10 是面结型硅二极管，常用于整流。

二极管的电路符号如图 5.1（c）所示，箭头表示二极管正向电流方向。

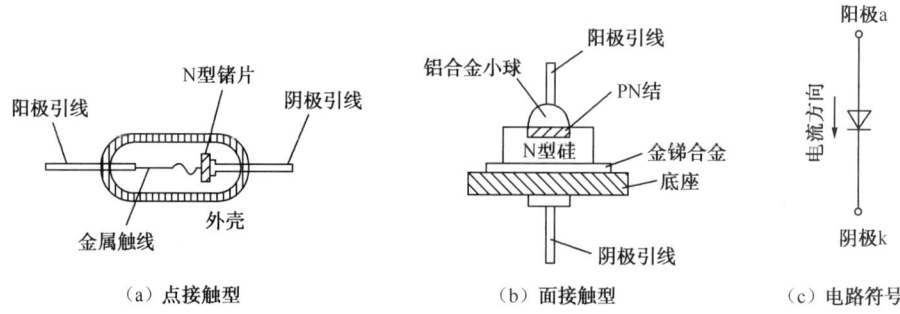

（a）点接触型 （b）面接触型 （c）电路符号

图 5.1 半导体二极管的结构及符号

2．二极管的伏安特性

流过二极管的电流 I 与其端电压 U 的关系称为二极管的伏安特性曲线。测量伏安特性曲线的实验电路如图 5.2 所示。

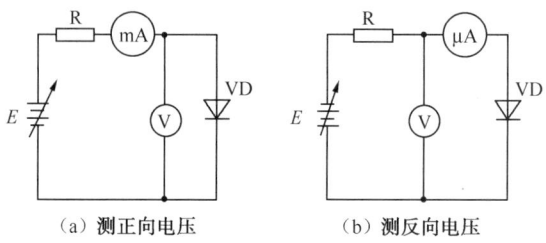

（a）测正向电压 （b）测反向电压

图 5.2 实验电路

各种不同型号二极管的伏安特性曲线大体相同。如图 5.3 所示是面接触型硅二极管（2CP10）的伏安特性曲线，如图 5.4 所示是点接触型锗二极管（2AP10）的伏安特性曲线。下面对二极管的特性加以说明。

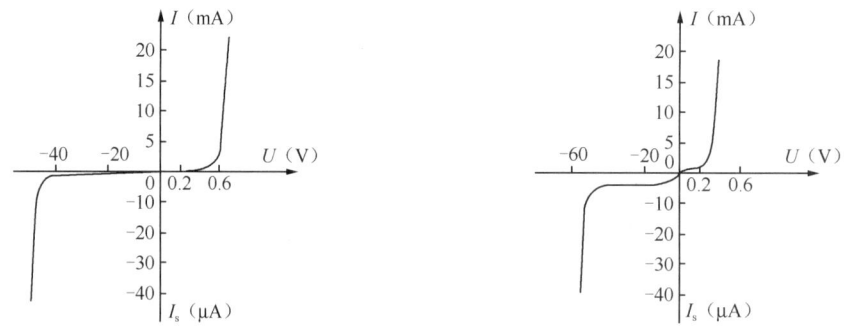

图 5.3 硅二极管（2CP10）的伏安特性曲线　　图 5.4 锗二极管（2AP10）的伏安特性曲线

由图 5.3 和图 5.4 可知，特性曲线通过坐标原点，这表明 $U=0$ 时，PN 结处于动态平衡状态，$I=0$；当二极管两端加正向电压时，出现正向电流。但是，当 U 较小时，由于外加正向电压还不足以克服内建电场对载流子扩散运动所造成的阻力，二极管呈现较大的电阻，因此，这时的正向电流仍然很小。只有当正向电压超过一定的数值后，正向电流才开始明显上升，且随电压的增加而迅速增大，这个电压值称为二极管的导通电压。硅管的导通电压为 0.6～0.7V，锗管的导通电压为 0.2～0.3V。

当二极管两端加反向电压时，少数载流子通过 PN 结形成反向电流。由于少数载流子数量有限，因此，在反向电压不超过某一范围时，反向电流基本恒定，通常称之为反向饱和电流。反向饱和电流值越小越好，一般硅二极管的反向饱和电流在几十微安以下，锗二极管则达几百微安，大功率二极管会稍大些。当反向电压增大到一定值时，PN 结将发生反向击穿。

3．二极管开关特性

由于二极管具有单向导电性，所以在数字电路中经常把它当作开关使用。

如图 5.5（a）所示给出了二极管组成的开关电路图；如图 5.5（b）所示为二极管导通状态下（$U>0$ 时）的等效电路；如图 5.5（c）所示为二极管在截止状态下（$U<0$ 时）的等效电路，图中忽略了二极管的正向压降。

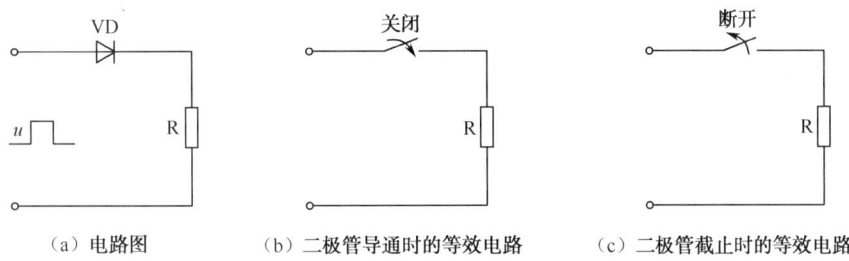

|（a）电路图|（b）二极管导通时的等效电路|（c）二极管截止时的等效电路|

图 5.5　二极管组成的开关电路图及其等效电路

由于正向导通时可能因流过的电流过大而导致二极管烧坏，所以，组成实际电路时常要串接一只电阻 R，以限制二极管的正向电流。由于反向电压超过反向击穿电压时将使反向电流 I_R 突然猛增，致使二极管被击穿，因此一般不允许反向电压超过此值。

4．二极管的主要参数

电子器件的参数是其特性的定量描述，也是实际工作中根据要求选用器件的主要依据。各种器件的参数可由手册查得。半导体二极管的主要参数有以下几种。

（1）最大整流电流 I_{DM}。

I_{DM} 指二极管长期运行时允许通过的最大正向平均电流。I_{DM} 的数值由 PN 结的面积和散热条件决定，使用时二极管的平均电流不得超过此值，否则二极管会因过热而损坏。

（2）最高反向工作电压 U_{RM}。

工作时加在二极管两端的反向电压不得超过此值，否则二极管可能会被击穿。为确保二极管正常工作，通常最高反向工作电压为反向击穿电压的一半。

（3）最大反向电流 I_{RM}。

I_{RM} 指最高反向工作电压下流过二极管的反向电流。通常希望 I_{RM} 值越小越好，因为反向电流越小，说明二极管的单向导电性越好。由于 I_{RM} 由少数载流子形成，因此 I_{RM} 受温度的影响很大。

（4）最高工作频率 f_M。

该值主要决定于 PN 结结电容（二极管的电容效应）的大小。结电容的存在限制了二极管的工作频率，结电容越大，则二极管允许的最高工作频率越低。

5．二极管的类型和命名

二极管根据其外形、结构、材料、功率和用途可分成不同类型，不同类型的二极管都按国家标准来命名，它由四部分组成，其命名方法如表 5.1 所示。

表 5.1　二极管型号名称

第一部分 （数字）		第二部分 （汉语拼音字母）		第三部分 （汉语拼音字母）		第四部分 （数字）
电极数		材料和特性		二极管类型		同类二极管序号
符号	含义	符号	含义	符号	含义	
2	二极管	A	N 型锗	P	普通管	同类二极管某些性能参数有差别
		B	P 型锗	Z	整流管	
		C	N 型硅	K	开关管	
		D	P 型硅	W	稳压管	

6. 特殊二极管

（1）稳压二极管。对于整流二极管来说，击穿就意味着二极管损坏而失去单向导电性。但是利用击穿时通过二极管的电流在很大范围内变化，而二极管两端的电压却几乎不变的特性，可以实现"稳压"的性能。稳压二极管就是通过对半导体内进行特殊的工艺处理制成的，它具有很陡峭的反向特性曲线。稳压管的反向击穿是可逆的，即当切断外加电压后，PN 结仍能恢复原状。

稳压二极管符号及其伏安特性曲线如图 5.6 所示。稳压二极管工作在反向击穿区，由图 5.6 可见，特性曲线越陡，稳压性能越好。值得注意的是，稳压二极管的电流方向和普通二极管相反，因此正常工作时，稳压二极管阴极接高电位，阳极接低电位。稳压二极管的等效电路可以看成是一个串并联电路，VD_z 为稳压二极管，它决定稳压二极管的电流方向；r_z 表示稳压二极管等效动态电阻，U_z 为稳压值；并联二极管 VD_1 表示稳压二极管正向导通时和普通二极管一样。

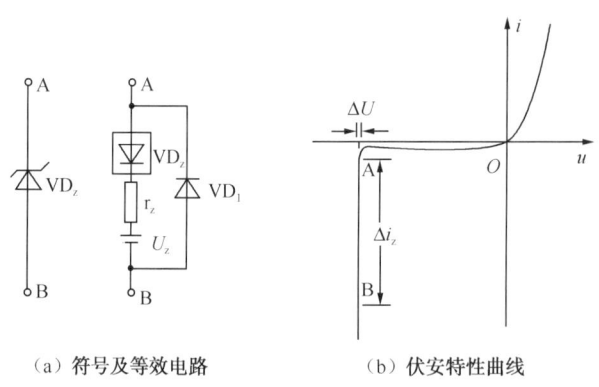

(a) 符号及等效电路　　　　　(b) 伏安特性曲线

图 5.6　稳压二极管符号及其伏安特性曲线

（2）发光二极管。发光二极管是一种能将电能转换成光能的半导体器件，有时简写为 LED（Light-Emitting- Diode）。它是由磷砷化镓、镓铝砷或磷化镓等化合物材料制成的，其内部结构是一个 PN 结，具有单向导电性。当外加正向电压时，P 区的空穴扩散到 N 区，与 N 区的电子复合，N 区的电子扩散到 P 区，与 P 区的空穴复合。电子和空穴复合时会释放出能量，产生光子，因此二极管会发出一定颜色的光，颜色由材料的成分和杂质的种类决定。发光二极管常用来制作音响设备的电平（音量、电源电压、调谐指示）显示、仪表的数码显示以及大屏幕屏显器件。

发光二极管种类很多，一些典型产品的外形及符号如图 5.7 所示。它的工作电流一般为几毫安至十几毫安,其正向导通电压较高,为 1～2V。为了防止正向电流过大而损坏发光二极管,使用时应串联限流电阻 R。

(3)光电(敏)二极管。光电(敏)二极管是一种能将光能转换成电能的半导体器件。在 PN 结受到光线照射时,可以激发产生电子-空穴对,从而提高了少数载流子的浓度。当外加反向电压时,少数载流子增多,少数载流子漂移电流显著增大。所以,当外界光发生强弱变化时,二极管的反向电流大小也随之变化,利用这种原理工作的二极管,称为光敏二极管或光电二极管。其符号和伏安特性曲线如图 5.8 所示,曲线中 E 表示照度,Lx(勒克斯)为照度单位。从曲线可知,照度 E 增加时,反向饱和电流增大。

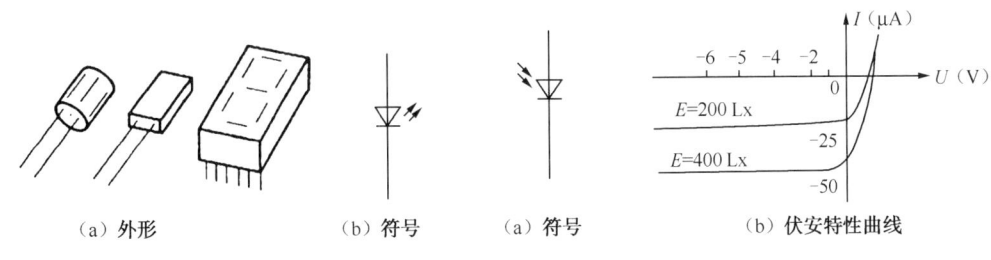

| (a)外形 | (b)符号 | (a)符号 | (b)伏安特性曲线 |

图 5.7 发光二极管外形及符号   图 5.8 光电二极管符号和伏安特性曲线

二、二极管整流电路

将交流电转换为直流电的电路称为整流电路,最常见的整流电路是由二极管等元件组成的,利用二极管的单向导电性实现整流。整流电路按被整流的交流电源的相数不同可分单相整流电路和三相整流电路;按对交流电源一个周期内所整流的时间长短不同可分为半波整流和全波整流。

1. 单相半波整流电路

如图 5.9 所示为单相半波整流电路。图中电压 u 为所需整流的交流电压,整流二极管 VD 与负载电阻 R_L 构成回路。为方便分析电路,可忽略整流二极管正向导通时的压降。对照图 5.9 电路可知:当 $u>0$ 时,二极管 VD 导通,负载电阻 R_L 上有电流 i_o 流过,负载两端的电压 $u_o=i_o R_L$;当 $u<0$ 时,二极管 VD 截止,负载电阻 R_L 上没有电流 i_o 流过,负载两端的电压 $u_o=0$。设

$$u = \sqrt{2}U \sin \omega t \tag{5-1}$$

则电路中各电量的波形如图 5.10 所示。

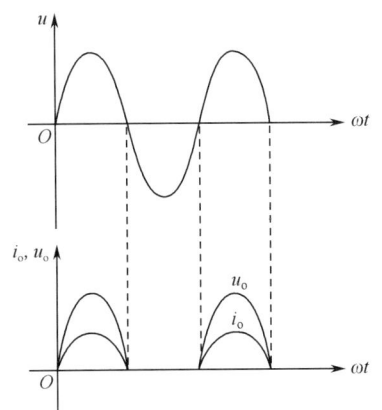

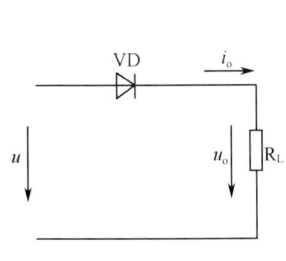

图 5.9 单相半波整流电路   图 5.10 单相半波整流电路各电量波形图

由如图 5.10 所示波形可知，输出电压 u_o 的波形为正弦波形的一半。因此，输出电压的平均值 U_o 通过下式求得：

$$U_o = \frac{1}{2\pi} \int_0^\pi \sqrt{2}U \sin \omega t \mathrm{d}(\omega t) = \frac{\sqrt{2}}{\pi} U = 0.45U \tag{5-2}$$

流过负载电阻 R_L 上的平均电流 I_o 为

$$I_o = \frac{U_o}{R_L} = 0.45 \frac{U}{R_L} \tag{5-3}$$

因为整流电路仅有一个回路，且二极管与负载相串联，因此，二极管通过的电流平均值与负载电阻上的平均电流相等。由电路分析可知，二极管承受的最大反向电压为交流电压的最大值 $\sqrt{2}U$。二极管所通过的平均电流和承受的最大反向电压是选择二极管参数和型号时的两个重要指标。

2．单相桥式整流电路

单相桥式整流电路如图 5.11 所示。所谓桥式整流，就是将 4 个整流二极管连接成一个电桥对交流电进行整流。为方便分析电路，同样不考虑整流二极管正向导通时的压降。对照如图 5.11 所示电路中各电量的参考方向可知：当 $u>0$ 时，二极管 VD_1 和 VD_2 处于正向偏置导通，而 VD_3 和 VD_4 处于反向偏置截止，此时，电路通过的电流 i_o 经由

$$A \rightarrow VD_1 \rightarrow R_L \rightarrow VD_2 \rightarrow B$$

当 $u<0$ 时，二极管 VD_3 和 VD_4 处于正向偏置导通，而 VD_1 和 VD_2 处于反向偏置截止，此时，电路通过的电流 i_o 经由

$$B \rightarrow VD_3 \rightarrow R_L \rightarrow VD_4 \rightarrow A$$

由上述分析可知，交流电压不管是正半周还是负半周，负载上通过的电流总是一个方向，负载两端的电压 $u_o=i_oR_L$ 极性也不改变。如图 5.12 所示为单相桥式整流电路中各电量的波形图。与单相半波整流电路相比较，单相桥式整流电路输出电压 u_o 波形多了半个波形，因此，单相桥式整流电路是全波整流电路，其输出电压的平均值 U_o 也正好是单相半波整流电路输出电压的平均值的两倍，即

$$U_o = 0.9U \tag{5-4}$$

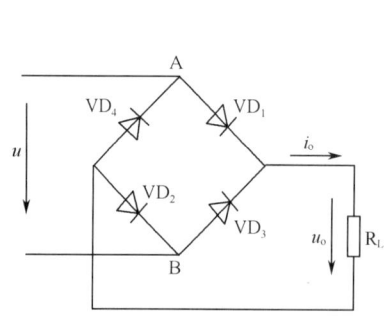

图 5.11　单相桥式整流电路　　　　图 5.12　单相桥式整流电路各电量波形图

流过负载电阻 R_L 上的平均电流 I_o 为

$$I_o = \frac{U_o}{R_L} = 0.9 \frac{U}{R_L} \tag{5-5}$$

由于在一个周期内，每个二极管只有 1/2 时间导通，因此，流过每个二极管的平均电流为负载平均电流的 1/2。由电路分析可知，二极管承受的最大反向电压与单相半波整流电路相同，为电源电压的最大值 $\sqrt{2}U$。

3．三相半波整流电路

三相半波整流电路如图 5.13 所示，三相交流电源一般做星形连接，中线 N 直接与负载的一端相连接。对于对称的三相电源，其三个电压 u_U、u_V、u_W 彼此之间有 120° 的相位差，若以 u_U 为参考，则它们的波形如图 5.14 所示。

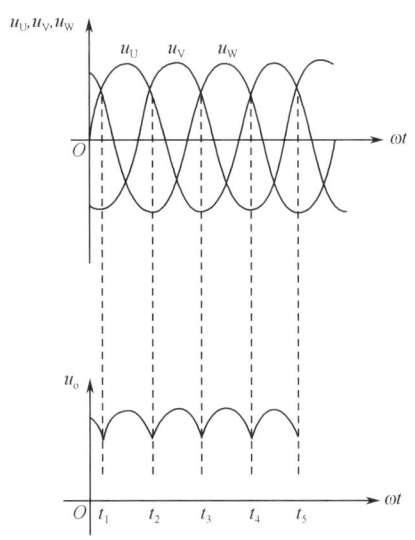

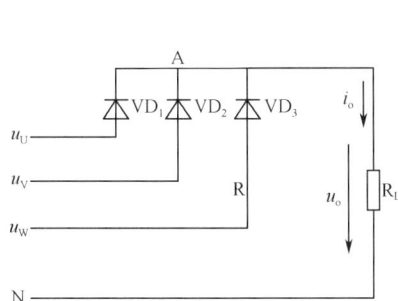

图 5.13 三相半波整流电路   图 5.14 三相半波整流电源电压和负载端电压波形图

在三相半波整流电路中，三个整流二极管是否导通取决于加在二极管两端的电压极性，对照图 5.13 和图 5.14 进行以下分析：

在 $0 \sim t_1$ 期间，因 $u_W > u_U > u_V$，因此，二极管 VD_3 最先导通。当 VD_3 导通后，电路中 A 点电位被钳制在近似于 u_W 的电位，从而使二极管 VD_1 和 VD_2 处于截止状态。这时，电流流经的路径为

$$u_W \rightarrow VD_3 \rightarrow R_L \rightarrow N$$

负载两端电压近似等于 u_W。

在 $t_1 \sim t_2$ 期间，因 $u_U > u_V > u_W$，因此，二极管 VD_1 最先导通。当 VD_1 导通后，电路中 A 点电位被钳制在近似于 u_U 的电位，从而使二极管 VD_2 和 VD_3 处于截止状态。这时电流流经的路径为

$$u_U \rightarrow VD_1 \rightarrow R_L \rightarrow N$$

负载两端电压近似等于 u_U。

同理，在 $t_2 \sim t_3$ 期间，负载两端电压近似等于 u_V。

因此，输出电压就是三相电源电压波形的包络线。由数学分析可知，负载两端的平均电压，即输出平均电压为

$$U_o = 1.17 U_p \tag{5-6}$$

式中，U_p 为三相交流输入电源相电压的有效值。

负载的平均电流为

$$I_o = \frac{U_o}{R_L} = 1.17\frac{U_p}{R_L}$$ （5-7）

由于在一个周期内，每个二极管只有 1/3 时间导通，因此，流过每个二极管的平均电流为负载平均电流的 1/3。由电路分析可知，二极管承受的最大反向电压为三相电源线电压的最大值 $\sqrt{2}\,U_l$。

4．三相桥式整流电路

汽车交流发电机使用的是三相桥式整流电路，如图 5.15 所示，其三相交流电源由交流发电机或通过三相变压器变压获得。三相电源的三个电压 u_U、u_V、u_W 彼此之间有 120° 的相位差，设 u_U 初相角为零，则它们的波形如图 5.16 所示。在三相桥式整流电路中，6 个整流二极管是否导通取决于加在二极管两端的电压极性。对照图 5.15 和图 5.16 进行以下分析：

在 $0 \sim t_1$ 期间，因 $u_W > u_U > u_V$，可知电路中 C 点的电位最高，A 点的电位最低，因此二极管 VD_4 和 VD_5 最先导通。当 VD_5 和 VD_4 导通后，电路中 B 点电位被钳制在近似于 C 点的电位 u_W，D 点电位被钳制在近似于 A 点的电位 u_V，而此期间 $u_W > u_U > u_V$，因此，二极管 VD_1、VD_2、VD_3 和 VD_6 均处于截止状态。

$0 \sim t_1$ 期间电流流经的路径为

$$C \rightarrow VD_5 \rightarrow R_L \rightarrow VD_4 \rightarrow A$$

负载两端电压近似等于 $u_W - u_U = u_{WU}$，即电源的线电压。

用同样方法可分析在其他时间内二极管导通的情况及负载两端的电压。负载两端电压波形如图 5.16 所示。

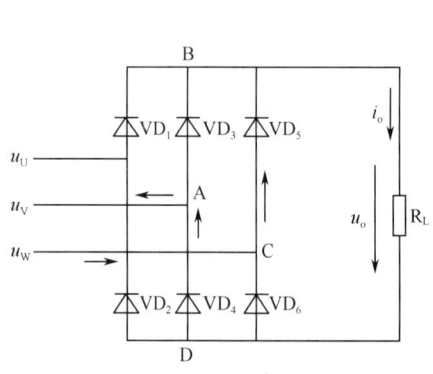

图 5.15　三相桥式整流电路

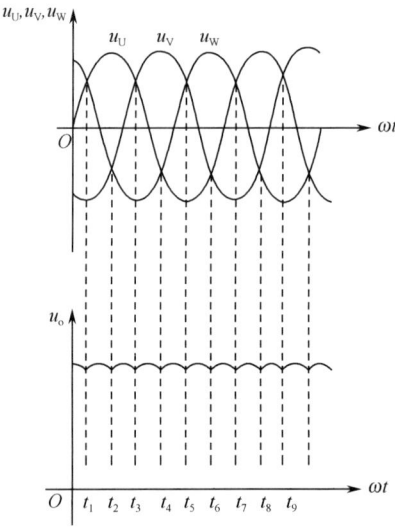

图 5.16　三相桥式整流电源电压和负载端电压波形图

由如图 5.16 所示波形可知，输出电压 u_o 的波形波动比上述几种整流电路输出电压波形的波动要小得多。

通过计算可得输出电压的平均值为

$$U_o = 2.34U_p$$ （5-8）

式中，U_p 为三相交流输入电源相电压的有效值。

负载的平均电流

$$I_o = \frac{U_o}{R_L} = 2.34\frac{U_p}{R_L} \tag{5-9}$$

由于在一个周期内，每个二极管只有 1/3 时间导通，因此，流过每个二极管的平均电流为负载平均电流的 1/3。由电路分析可知，二极管承受的最大反向电压为三相电源线电压的最大值 $\sqrt{2}\,U_l$。

三、二极管限幅电路

利用二极管的单向导电性和导通后两端电压基本不变的特点，可组成限幅（削波）电路，用来限制输出电压的幅度。

如图 5.17（a）所示为一单向限幅电路图，图中，u_i 为正弦信号，其幅值大于直流电源电压 E。当 $u_i > E$ 时，二极管 VD 截止，输出电压 $u_o = E$；当 $u_i < E$ 时，VD 正向导通，$u_o = u_i$。

u_o 的波形如图 5.17（b）所示。由图可见，只有 u_o 的正半周的幅度受到了限制，而负半周的幅度没有受到限制，故该电路称为单向限幅电路。

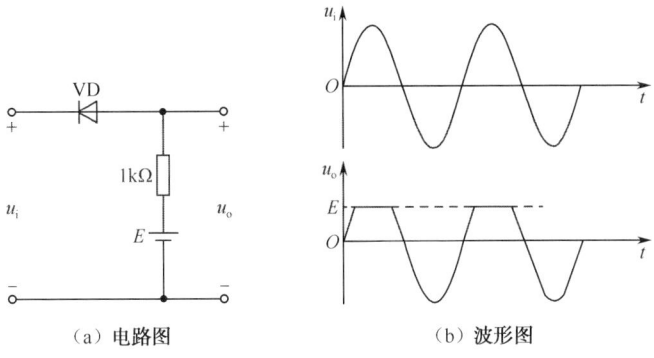

（a）电路图　　　　　　　　　　（b）波形图

图 5.17　二极管单向限幅电路

如图 5.18（a）所示为一双向限幅电路。其中，直流电源电压 $E_1 = E_2 = E$，u_i 为正弦信号，其幅值大于直流电源电压。

当 $E > u_i > 0$ 时，二极管 VD$_1$、VD$_2$ 均截止，输出电压 $u_o = u_i$；当 $u_i > E$ 时，VD$_1$ 正向导通，VD$_2$ 仍截止，$u_o = E_1$。

在负半周，当 $|u_i| < E$ 时，二极管 VD$_1$、VD$_2$ 均截止，输出电压 $u_o = u_i$，VD$_2$ 正向导通，VD$_1$ 仍截止，$u_o = -E_1$。

u_o 的波形如图 5.18（b）所示。由图可见，u_o 的正、负半周的幅度同时受到了限制，该电路称为双向限幅电路。

二极管限幅电路可用作保护电路，以保护半导体器件不受过电压的危害，也可用来产生数字信号中的恒幅波。

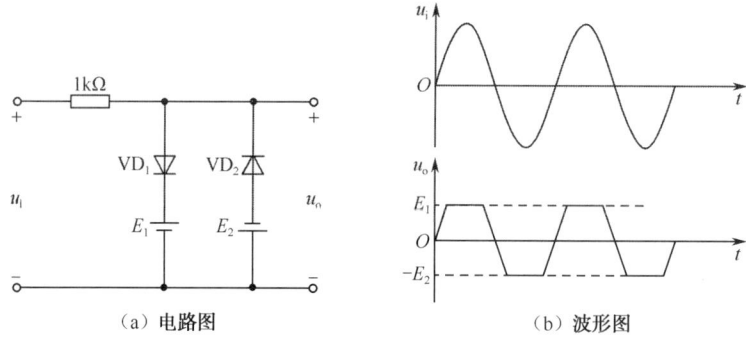

（a）电路图　　　　　　　　　　（b）波形图

图 5.18　二极管双向限幅电路

四、二极管稳压电路

由稳压管组成的稳压电路是一种最简单的直流稳压电路。在图 5.19 中，稳压电路由限流电阻 R 和稳压管 VD_Z 构成。当电源电压出现波动或者负载电阻（电流）变化时，该稳压电路能自动维持负载电压 U_o 基本稳定。

假设负载不变，当交流电源电压突然增加时，整流输出电压 U_i 增加，负载电压 U_o 也随之增大。 但是对于稳压管两端的反向电压，该电压的微小变化将会使流过稳压管的电流 I_Z 显著变化，因此 I_Z 将随着 U_o 的增大而显著增加，使流过电阻 R 的电流增大，导致 R 两端的压降增加，U_i 的增加电压绝大部分降落在 R 上，负载电压 U_o 保持待近似不变。相反，当交流电源电压降低时，上述电压、电流的变化过程刚好相反，负载电压 U_o 亦保持近似不变。

假设整流输出电压 U_i 不变，当负载电流 I_L 突然增大（负载降低）时，电阻 R 上的压降增大，导致负载电压 U_o 下降，流过稳压管的电流 I_Z 显著减小，从而 I_R 基本不变，电阻 R 上的压降近似不变，因此负载电压 U_o 保持稳定。当负载电流减小时，稳压过程类似。

如图 5.20 所示是汽车仪表的稳压电路，由于受各种因素的影响，蓄电池的电压会出现波动，而汽车仪表要求稳定的电压，于是在仪表两端并联一只稳压管，为仪表提供一个稳定的电压。电阻在电路中起限流的作用，为限流电阻。电路的稳压原理是：当蓄电池电压上升时，稳压管的反向电压略有增大，根据反向击穿特性可知，其反向电流大大增加。这将引起限流电阻的电流和电压增加，若电阻选择合适，则其电压的增量将抵消掉蓄电池电压的增量，使仪表上的电压基本不变。相反，当蓄电池电压减小时，限流电阻上的电压减小，保证了仪表上的电压基本不变。可见，稳压管反向电流随蓄电池电压变化是电路实现稳压的关键，即蓄电池电压变化时，稳压管反向电流也随之变化，通过限流电阻产生抵消电压，从而使仪表电压基本稳定。

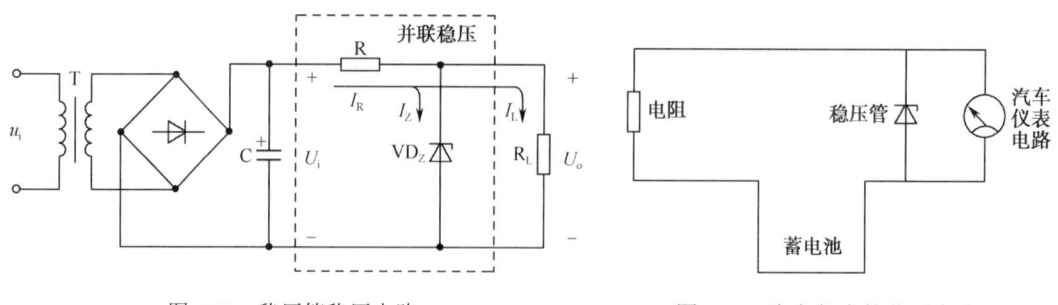

图 5.19　稳压管稳压电路　　　　　　　　　　图 5.20　汽车仪表的稳压电路

技能操作　二极管单相桥式整流电路

1．操作目的

（1）掌握桥式整流电路结构，熟悉电路元件连接。

（2）进一步理解单相桥式整流电路输入交流电压有效值与输出直流电压平均值之间的关系。

（3）进一步熟悉常用仪器仪表的使用，了解实验电路故障排除方法。

2．操作器材

实验箱 1 个，万用表 1 块，示波器 1 台，单相变压器 220/12/6.3V 一个，二极管 1N4007 4 只，空气开关 500V/5A（单极）1 只，负载电阻 510Ω 1 只，导线若干，电工工具 1 套。

3．操作内容及步骤

（1）对照图 5.21 将电子元器件连接好，并将整流桥交流输入端与变压器 6.3V 相连接。

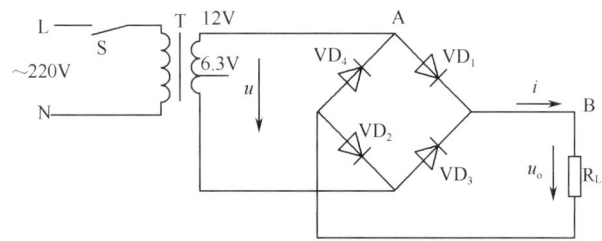

图 5.21　实验电路

（2）确认连接无误后，接通开关 S，按表 5.2 中要求，用万用表测量电路中各电量值，用示波器测量电路中 A 点和 B 点的波形，并记录于表 5.2。

表 5.2

测量项目	交流输入为 6.3V 时	交流输入为 12V 时	交流输入为 12V，缺少 VD$_1$	交流输入为 12V，缺少 VD$_3$
U_o（V）				
U（V）				
u				
u_o				

（3）断开开关 S，将整流桥交流输入端与变压器 12V 相连接，重复步骤（2）。

（4）断开开关 S，分别拆除整流桥任意 VD$_1$、VD$_3$ 二极管，重复步骤（2）。

4．操作报告及要求

（1）应用实验所测量数据验证桥式整流电路输入交流电压有效值与输出直流电压平均值的大小关系。

（2）验证桥式整流电路一个二极管断路后变成半波整流电路时，电路输入交流电压有效值与输出直流电压平均值的大小关系。

（3）总结实验体会。

任务 5.2　三极管放大电路及其应用

在电子技术应用过程中，往往需要对微弱的小信号进行放大处理，以便有效地进行观测、控制，而三极管构成的放大电路是实现这一功能的重要组成。例如，收音机和电视机，从天线接收到的声音和图像信号很微弱，只有通过放大电路放大后，才能推动扬声器和显示器工作。同样，在汽车电子控制领域中亦可实现对检测到的信号进行放大处理。

一、三极管

1．三极管的结构

三极管按照频率分，有高频管、低频管；按照功率分，有小、中、大功率管；按照半导体材料分，有硅管、锗管；按结构分，有 NPN 型管和 PNP 型管。常见的三极管外形如图 5.22 所示。

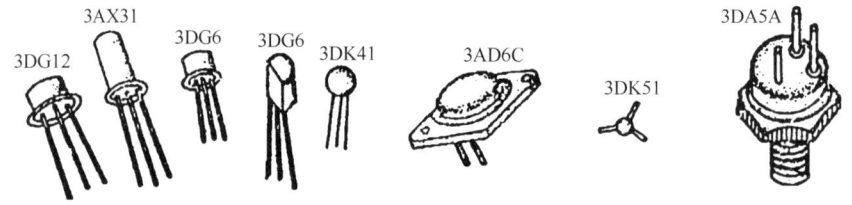

图 5.22　三极管外形

如图 5.23（a）所示是 NPN 型三极管的结构示意图。它是由两个 PN 结的三层半导体制成的，中间是一块很薄（几微米至几十微米）且掺杂浓度很低的 P 型半导体，两边各为一块 N 型半导体，从三块半导体上各自接出三个电极，它们分别叫发射极 E、基极 B 和集电极 C，对应的每块半导体称为发射区、基区和集电区（发射区比集电区的掺杂浓度高）。三极管有两个 PN 结：发射区与基区交界处的 PN 结称为发射结，集电区与基区交界处的 PN 结称为集电结，集电结的面积大于发射结的面积。两个 PN 结通过很薄的基区联系着。如图 5.23（b）所示是硅平面管的管心结构图，它是在 N 型硅片氧化膜上光刻一个窗口，进行硼杂质扩散，获得 P 型基区，经氧化膜保护后，再在 P 型半导体上光刻一个窗口，进行高浓度的磷扩散，获得 N 型发射区，表面是一层二氧化硅保护层，N 型衬底则作为集电区。一般 NPN 型硅三极管（如3DG6）都属于这种结构。

在电路中，NPN 型三极管用如图 5.23（c）所示的符号表示。图中发射极的箭头表示发射结在正偏下的电流方向，因此 NPN 型管的发射极箭头向外。

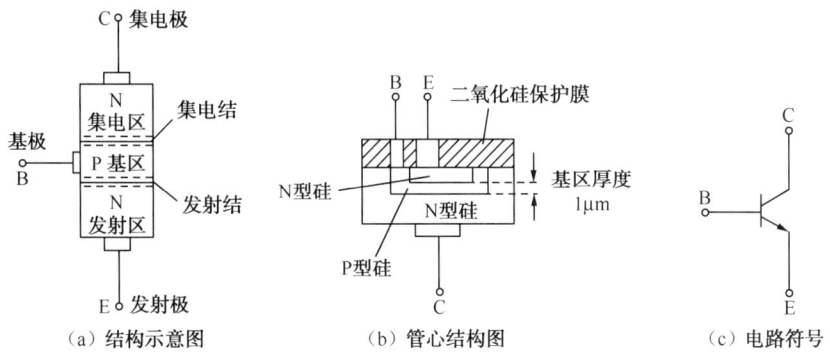

图 5.23　NPN 型三极管

同理，PNP 型三极管也是由两个 PN 结的三层半导体制成的，不过中间是 N 型半导体，两边是 P 型半导体，如图 5.24（a）所示。如图 5.24（b）所示为用合金法制成的锗管的管心结构。它是在很薄的 N 型锗片两边各放一个铟球，经高温烧结成两个 PN 结。杂质浓度大的 P 型区引线做发射极，另一个面积较大的 P 型区引线为集电极，N 型基区引线做基极。低频管 3AX1、高频管 3AG6 等均属此种结构。如图 5.24（c）所示为 PNP 型三极管的电路符号，发射极箭头是向内的，也表示发射结正偏时发射极电流的实际方向。

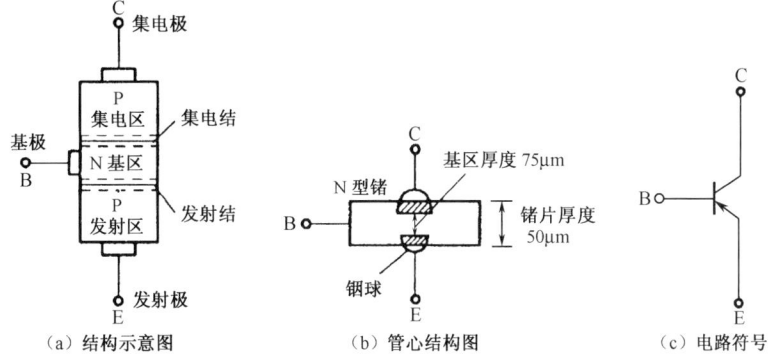

图 5.24　PNP 型三极管

2．三极管的放大原理

（1）三极管的电流分配与放大实验。

为了了解三极管的电流分配关系和放大作用，先做一个实验。实验电路如图 5.25 所示。

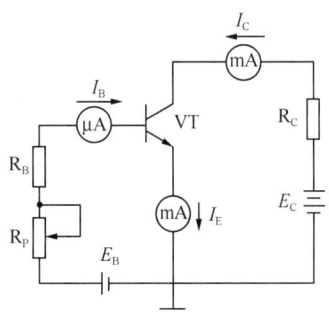

图 5.25　三极管的电流分配与放大实验电路

三极管的三个电极构成了两个回路：基极与发射极回路，集电极与发射回路。发射极是两个回路的公共端，所以此种接法的电路叫共发射极电路，这是一种最常用的电路。电源 E_B 经电阻 R_B 给发射结加上正向电压（也叫正向偏压），E_C 经 R_C 给集电结加上反向电压（也叫反向偏压）。

发射结加较小的正向偏压，集电结加较大的反向偏压，这是保证三极管具有电流放大作用的外部条件。

调节 R_P 的阻值，基极电流 I_B 发生变化，集电极电流 I_C 和发射极电流 I_E 也相应地发生变化。表 5.3 中列出几组实测的实验数据。

表 5.3　三极管电流分配

序　　号	1	2	3	4	5	6	7	8
I_B（μA）	0	20	40	60	80	100	120	130
I_C（mA）	0.001	0.70	1.40	2.10	2.80	2.91	2.91	2.91
I_E（mA）	0.001	0.72	1.44	2.16	2.88	3.02	3.03	3.04

（2）三极管的电流放大。

从上述实验中，可以得到如下一些结论：

①晶体管各电极间的电流分配关系满足晶体管发射极电流等于基极电流与集电极电流之和，即满足式（5-10）。

$$I_E = I_B + I_C \tag{5-10}$$

无论是 NPN 型还是 PNP 型三极管，均符合这一规律。如果将晶体管看成节点，这三路电流关系均满足基尔霍夫电流定律：流入管子的电流之和等于流出管子的电流之和。

②在一定范围内，基极电流 I_B 增大时，集电极电流 I_C 成比例相应增大，I_B 与 I_C 的比值称为直流电流放大系数，用字母 $\overline{\beta}$ 表示，即满足式（5-11）。

$$\overline{\beta} = \frac{I_C}{I_B} \tag{5-11}$$

$\overline{\beta}$ 值的大小体现了晶体管的电流放大能力。

③在一定范围内，集电极电流 I_C 会因基极电流 I_B 的变化而变化。集电极电流变化量 ΔI_C 与基极电流变化量 ΔI_B 的比值称为晶体管的交流电流放大系数，以 β 表示，即满足式（5-12）。

$$\beta = \frac{\Delta I_C}{\Delta I_B} \tag{5-12}$$

一般情况下，$\overline{\beta} = \beta$。

从表 5.3 中第三列到第五列，基极电流 I_B 从 40μA 变化到 80μA，即变化量 ΔI_B =40μA= 0.04mA，I_C 从 1.4mA 变化到 2.8mA，变化量 ΔI_C =1.4mA，则

$$\beta = \frac{\Delta I_C}{\Delta I_B} = \frac{1.4}{0.04} = 35$$

上式表明，集电极电流的变化量是基极电流变化量的 35 倍。

可见，由于基极电流 I_B 的变化，使集电极电流 I_C 发生更大的变化。也就是说，基极电流 I_B 的微小变化控制了集电极电流 I_C 较大的变化，这就是晶体管的电流放大作用。同时说明晶体管是一种电流控制器件。

④基极开路时，即 $I_B=0$ 时，集电极电流很小，这个微小的集电极电流称为穿透电流。该值越小，晶体管质量越好。

⑤当 I_B 增大到一定数值后，I_C 保持不变，即 I_B 失去了对 I_C 的控制作用。

3．三极管的特性曲线

三极管的特性曲线是指三极管各电压与电流之间的关系曲线，它是三极管内部载流子运动的外部表现。从使用的角度来说，了解三极管的特性曲线比了解它的内部载流子的运动显得更为重要。在半导体器件手册中，有时会画出某些三极管的典型特性曲线，但由于半导体器件本身特性的分散性，即使是同型号的三极管，它们的特性也不完全一致。所以手册中给出的这些特性曲线只能作为参考，在实际应用中，通常是利用专用的图示仪对输入/输出特性进行显示，或通过实验进行测量。

对应于共发射极、共基极和共集电极三种基本电路，也有三种特性曲线。由于共射电路特性曲线应用最广，所以我们以它为代表进行分析。

（1）输入特性曲线。

输入特性是指 U_{CE} 为定值时，输入回路中基极电流 I_B 与发射结压降 U_{BE} 之间的函数关系数，即

$$i_B = f(u_{BE})\big|_{U_{CE}=\text{常数}}$$

输入特性曲线如图 5.26（a）所示，在输入回路中，发射结是一个正向偏置的 PN 结，因此，输入特性就与二极管正向伏安特性相似，不同的是输出电压 U_{CE} 对输入特性有影响。当 $U_{CE} \geqslant 1V$ 时，不同 U_{CE} 值的输入曲线基本重合。

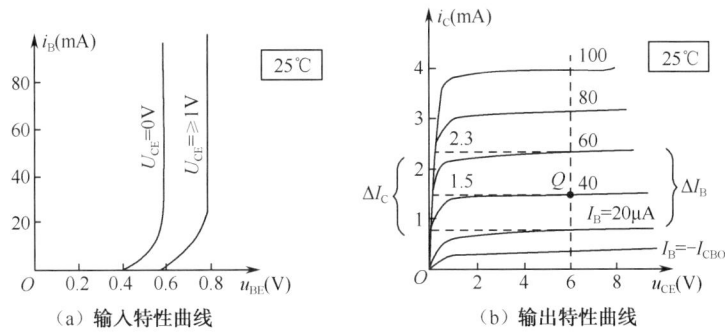

（a）输入特性曲线　　　（b）输出特性曲线

图 5.26　3DG6 共射特性曲线

（2）输出特性曲线。

共射电路的输出特性曲线是指在基极电流 I_B 一定的情况下，三极管的输出回路中，发射极之间的电压 u_{CE} 与集电极电流 i_C 之间的关系曲线，用函数表示为

$$i_C = f(u_{CE})\big|_{I_B=\text{常数}} \tag{5-13}$$

如图 5.26（b）所示为硅三极管 3DG6 的输出特性曲线，根据三极管处于截止、放大和饱和三种工作状态，在其输出特性曲线上，可以划分为三个区域：截止区、放大区和饱和区。

①截止区。在输出特性曲线上，对应于 $I_B=-I_{CBO}$ 的那条曲线以下的区域称为截止区。在截止区，三极管的发射结和集电结都处于反偏。对于 NPN 型管来说，此时 $u_{BE}<0$，$u_{BC}<0$。由于发射结和集电结都处于反偏，所以发射区不能向基区注入载流子，$I_E=0$，$I_C=I_{CBO}$，$I_B=-I_{CBO}$。由于三极管各极电流非常小，极间电阻很大，三个极可视为开路状态。在工程上，

常把 $I_B = 0$ 以下区域定为截止区，此时，$I_C = (1+\beta) I_{CBO} = I_{CEO}$（称为穿透电流），$I_E = I_C = I_{CEO}$。

②放大区。如图 5.26（b）所示，$u_{CE} > 1V$ 以后，各条输出特性曲线比较平坦，i_C 基本上不受 u_{CE} 的影响，这是因为 u_{CE} 大于 1V 后集电结的反偏电场已足够强，能使发射区注入到基区的电子的绝大部分越过集电结到达集电区，所以 u_{CE} 再增加，i_C 也增加不了多少。另一方面，当基极电流增加时，特性曲线又将平行地向上移动，即当 i_B 变化一个 ΔI_B 时，就有一个 ΔI_C 与之对应，因此我们把某一工作点下［如图 5.26（b）中的 Q 点］i_C 的增量 ΔI_C 与 ΔI_B 之比称为共发射极电流放大系数，用 β 表示，即

$$\beta = \frac{\Delta I_C}{\Delta I_B} \tag{5-14}$$

$\beta > 1$，这就体现了三极管共射电路的电流放大作用。

在放大区，三极管的发射结加正向偏置，集电结加反向偏置。对于 NPN 型三极管来说，$u_{BE} > 0$，$u_{BC} < 0$。

③饱和区。如图 5.26 所示电路中，由于电源 E_C 的电压一定，当 i_C 增大时，相应的 u_{CE} 必然减小，当 u_{CE} 小于 0.5V 后，i_C 随 u_{CE} 增加而增加，且不同 i_B 的各条曲线重合在一起。这是因为 $u_{CE} < 0.5V$ 后，集电结的反偏电压很小，对于基区中扩散到集电结边缘的载流子收集能力不足，造成非平衡载流子在基区积累，u_{CE} 稍有增加，i_C 增加很快，但 i_B 增加时，i_C 几乎不变，即 i_C 不受 i_B 控制，三极管没有放大作用。

一般认为，当 $u_{CE} = u_{BE}$，即 $u_{CB} = 0$ 时，三极管达到临界饱和状态。当 $u_{CE} < u_{BE}$ 时，称为过饱和状态。三极管饱和时的管压降（饱和压降）用 U_{CES} 表示，一般小功率管 $U_{CES} < 0.5V$。

三极管工作在饱和区时，发射结和集电结都处于正向偏置状态。对于 NPN 型三极管来说，$u_{BE} > 0$，$u_{BC} > 0$。

4．三极管开关特性

三极管在模拟电路中主要工作在放大状态。而在脉冲数字电路中，三极管作为最基本的开关元件，它应工作在截止和饱和状态。三极管工作状态的转化如图 5.27 所示。

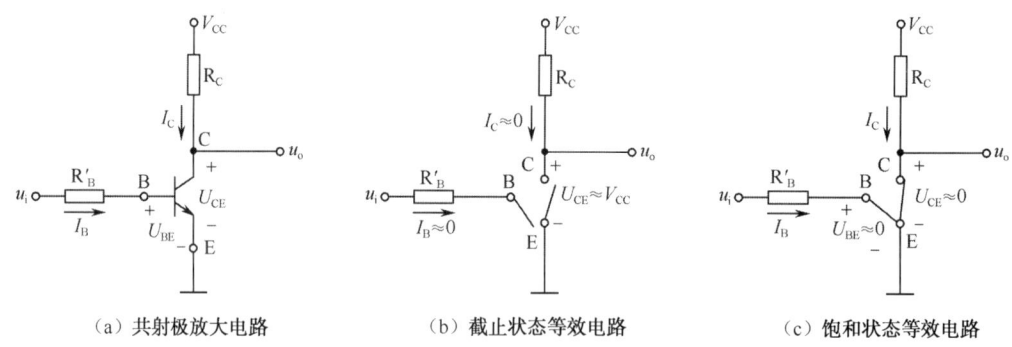

（a）共射极放大电路　　　　　（b）截止状态等效电路　　　　　（c）饱和状态等效电路

图 5.27　三极管工作状态转换

当三极管处于截止工作状态时，发射结反偏，集电结反偏，基极电流 $I_B \approx 0$，集电极电流 $I_C \approx 0$，则三极管输出电压 $U_{CE} \approx V_{CC}$，此时 C-E 间导通电阻很大，相当于开关断开。

当三极管处于饱和工作状态时，发射结正偏，$U_{BE} \approx 0$，I_C 增大，$U_{CE} = V_{CC} - I_C R_C$ 下降至 0.3V 左右，集电结由反偏转为正偏，由于 U_{CE} 很小，接近于零，相当于三极管 C-E 间短路，则开关闭合。

5．三极管的主要参数

三极管的参数是用来表征三极管各方面的性能和它适用的范围的，是选用三极管的依据。

了解这些参数的意义, 对于合理选择和正确使用三极管, 使设计的电路达到经济性和可靠性的要求是十分必要的。

(1) 电流放大系数。

①共射极电流放大系数。共射极电流放大系数有直流放大系数 $\overline{\beta}$ 和交流放大系数 β 两种。如果忽略三极管的反向饱和电流, 则有:

$$\overline{\beta} = \frac{I_{CN}}{I_r} = \frac{I_C - I_{CBO}}{I_B + I_{CBO}} \approx \frac{I_C}{I_B} \qquad (5\text{-}15)$$

可见, 直流放大系数 $\overline{\beta}$ 是指在直流工作状态下, 三极管集电极电流 I_C 与基极电流 I_B 的比值。交流电流放大系数 β 是指在交流工作状态下, 集电极电流变化量 ΔI_C 与基极电流变化量 ΔI_B 的比值, 即

$$\beta = \frac{\Delta I_C}{\Delta I_B} \qquad (5\text{-}16)$$

显然 $\overline{\beta}$ 与 β 的含义是不同的, 但对于一个良好的晶体管, 由于 I_{CEO} 很小, 而且输出特性曲线的间隔比较均匀, 因而两者在数值上差异是很小的, 可近似认为 $\overline{\beta} \approx \beta$, 以后在计算中对于两者不加严格区别。

②共基极电流放大系数。共基极电流放大系数也有直流放大系数和交流放大系数两种, 分别用 $\overline{\alpha}$ 和 α 表示。它们的定义与 $\overline{\beta}$ 与 β 相似。忽略 I_{CBO} 可得:

$$\overline{\alpha} = \frac{I_{CN}}{I_E} = \frac{I_C - I_{CBO}}{I_E} \approx \frac{I_C}{I_E} \qquad (5\text{-}17)$$

可见, α 是指在交流工作状态下, 集电极电流 i_c 与发射极电流 i_E 的比值。同理

$$\alpha = \frac{\Delta I_C}{\Delta I_E} \qquad (5\text{-}18)$$

$$\alpha \approx \overline{\alpha}$$

根据式 (5-10) 和式 (5-16) 可得

$$\alpha = \frac{\Delta I_C}{\Delta I_E} = \frac{\beta \Delta I_B}{(1+\beta)\Delta I_B} = \frac{\beta}{1+\beta} \qquad (5\text{-}19)$$

③复合管电流放大系数。单个三极管组成的放大电路的放大能力有限, 为了增大电路的放大能力, 可以采用复合管的形式, 如图 5.28 所示。由 VT_1、VT_2 组成的复合管的等效形式由 VT_1 决定。由图 5.28 (a) 可得

$$I_C = I_{C1} + I_{C2} = \beta_1 I_{B1} + (1+\beta_1)\beta_2 I_{B1} \qquad (5\text{-}20)$$

其电流放大倍数为

$$\beta = \frac{I_C}{I_{B1}} \approx \beta_1 \beta_2 \qquad (5\text{-}21)$$

(2) 极间反向电流。

①集电极-基极反向饱和电流 I_{CBO}。集电极-基极反向饱和电流 I_{CBO} 表示发射极开路, C、B 间加上一定反向电压时的反向电流。它是由于集电结加上反偏电压, 集电区和基区内的少数载流子漂移通过集电结而形成的, 如图 5.29 所示, 其大小由温度和少数载流子浓度决定。三极管一旦制成, 在一定的温度下, I_{CBO} 可以看成是一个常数。I_{CBO} 越小, 则三极管质量越高。在室温下, 锗管的 I_{CBO} 在微安数量级, 而硅管在纳安数量级。I_{CBO} 的测量电路如图 5.30 所示。

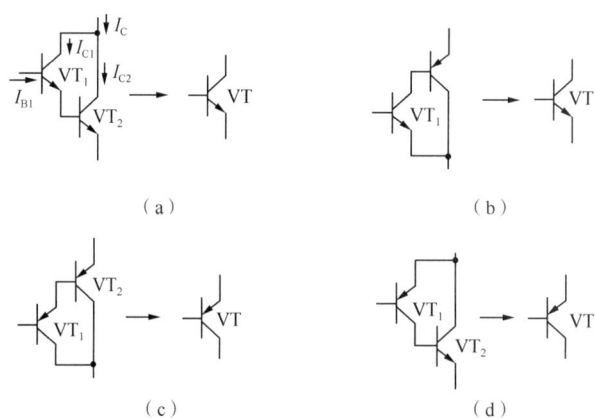

图 5.28　两个三极管组成的复合管电路形式

②穿透电流 I_{CEO}。这一数值表示基极开路（$I_B = 0$）时，三极管集电极–发射极间的反向电流。当基极开路时，电源 E_C 的电压大部分降在集电结上，发射结只分得很小的一部分正向电压。当集电结加上反向偏压时，就有一反向电流 I_{CBO} 越过集电结流向基区（由集电区和基区的少数载流子形成），由于基极开路，移到基区的空穴只能在基区与由发射区注入的电子复合，此复合电流即是 I_{CBO}，如图 5.30 所示。由于三极管制成后复合与扩散的比例已确定，所以此时发射区必须注入基区 $(1+\overline{\beta})I_{CBO}$ 的电子，其中复合量为 I_{CBO}，扩散量为 $\overline{\beta}I_{CBO}$，$\overline{\beta}I_{CBO}$ 的电子由集电结收集到集电区形成 I_C 的主要部分。所以，此时集电极总电流为

$$I_C = I_{CBO} + \overline{\beta}I_{CBO} = (1+\overline{\beta})I_{CBO}$$
$$I_E = (1+\overline{\beta})I_{CBO}$$

由于 I_{CBO} 是从集电区穿过基区进入发射区的，因此称为穿透电流，$I_{CEO} = (1+\overline{\beta})I_{CBO}$。平时常把 I_{CEO} 作为判断三极管质量的重要依据，小功率锗管的 I_{CEO} 约为几十微安至几百微安，硅管在几微安以下。I_{CEO} 的测量电路如图 5.31 所示。

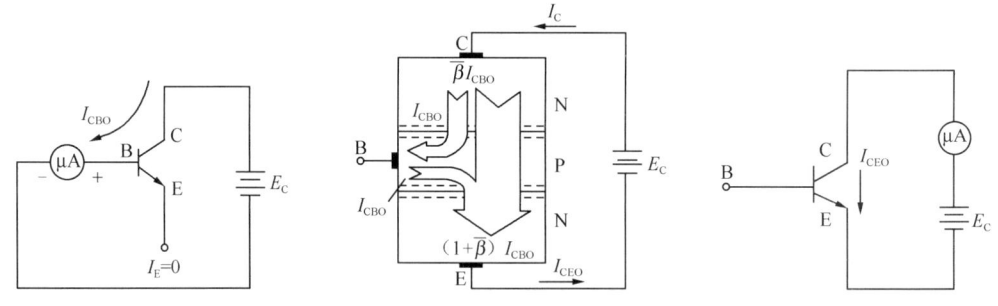

图 5.29　I_{CBO} 的测量电路　　　图 5.30　穿透电流 I_{CEO} 的形成　　　图 5.31　I_{CEO} 的测量电路

（3）极限参数。三极管的极限参数反映三极管使用时的电流、电压和功耗的最大允许值。为保证三极管安全工作，其使用条件不可超过这些极限数值。

①集电极最大允许电流 I_{CM}。当集电极电流超过一定值时，三极管的 β 值要减小。当 $I_C = I_{CM}$ 时，三极管的 β 值下降到额定值的 2/3。

②集电极最大允许耗散功率 P_{CM}。三极管工作时其两端的压降为 U_{CE}，集电极流过的电流为 I_C，故集电极损耗功率为 $P_C = I_C U_{CE}$。集电极消耗的电能将转化为热能，使三极管

的温度升高，如果温度太高，三极管的性能将严重恶化，甚至被损坏，所以集电极耗散功率有一定的限制。在三极管输出特性曲线上，将 I_C 与 U_{CE} 的乘积等于规定的 P_{CM} 值的各点连接起来，可以得到一条曲线，称为集电极最大耗散功率线，如图 5.32 所示。在曲线的右上方，$I_C U_{CE} > P_{CM}$，称为过损耗区，三极管不允许工作在过损耗区。显然，P_{CM} 不仅与三极管本身结构有关，还与外部散热条件有关，外加散热片或采取其他冷却措施可提高 P_{CM} 值。

③反向击穿电压。反向电压很高时，三极管的两个 PN 结都会发生反向击穿。击穿电压主要有以下几项：

BU_{CBO}：指发射极开路时，集电极和基极间的反向击穿电压。

BU_{CEO}：指基极开路时，集电极和发射极间的反向击穿电压。

BU_{EBO}：指集电极开路时，发射极和基极间的反向击穿电压。

BU_{CER}：指基极与发射极间接有电阻 R 时，集电极和发射极间的反向击穿电压。

由于三极管在实际应用中，发射结一般都加正向偏压，集电结的几种不同反向击穿电压的大小与相应的穿透电流的大小有关，它们的对应关系为

$$I_{CEO} > I_{CER} > I_{CBO}$$

$$BU_{CEO} < BU_{CER} < BU_{CBO}$$

所以，为了确保三极管的使用安全，其管端电压 U_{CE} 不应超过 BU_{CEO}。

根据给定的极限参数 I_{CM}、P_{CM}、BU_{CEO} 和饱和临界线及 $I_B = 0$ 的特性曲线，可以在三极管的输出特性曲线上画出它的线性安全工作区，如图 5.32 所示。

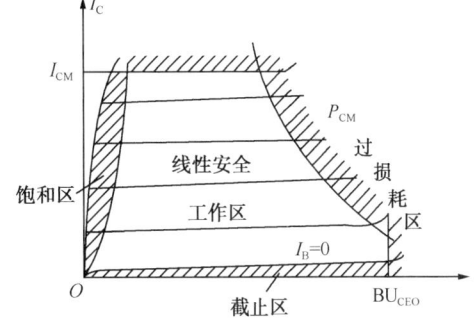

图 5.32　线性安全工作区

（4）三极管的频率参数。

三极管频率特性的常用参数有 f_α、f_β、f_T。

①共基极截止频率 f_α：是指当 α 降至低频的 $1/\sqrt{2}$ 时所对应的频率。

②共发射极截止频率 f_β：是指当 β 降到低频的 $1/\sqrt{2}$ 时所对应的频率。

③特征频率 f_T：是指当 β 降为 1 时所对应的频率。

根据理论计算可证明，三个频率参数之间的关系为

$$f_\alpha \approx (1+\beta) f_\beta$$

$$f_T \approx \beta f_\beta$$

6．温度对晶体管特性的影响

温度对晶体管特性有着不可忽视的影响，了解这些影响，并在电路中采用有效措施加以克服是很重要的。温度对晶体管特性的影响通常有以下三个方面。

（1）温度对 I_{CEO} 和 I_{CBO} 的影响。

与二极管一样，温度每升高 $10℃$，I_{CBO} 约增加一倍。由于 $I_{CEO} = (1+\overline{\beta}) I_{CBO}$，所以 I_{CEO} 也随温度的增加而增加。锗管比硅管受温度的影响更严重。

（2）温度对 β 的影响。

晶体管的 β 值随温度的升高而增加，温度每升高 $1℃$，β 值约增大 $0.5\% \sim 1\%$。

（3）温度对 U_{BE} 的影响。

温度升高时，晶体管的输入特性向左移动，即对于同样的 I_B，温度升高，U_{BE} 的值减小，

一般温度每升高 1℃，U_{BE} 约下降 2～2.5mV。

二、光敏晶体管

　　光敏晶体管与普通晶体管相同，也有两个 PN 结和三个电极，但其集电结采用光敏二极管结构。它的等效电路、外形和符号如图 5.33 所示。基极电流由光敏二极管提供，此基极一般没有外引线（个别产品为了调整方便，基极有外引线），从外观上看，只有集电极和发射极两个电极。

　　光敏晶体管是一种光控器件，其集电极电流受光照强度控制。如果在光敏晶体管的集电极和发射极加上正向电压，在没有光照时，C、E 间几乎没电流。有光照射时，基极产生光电流，同时在 C、E 间形成集电极电流，大小在几毫安至几百毫安之间。光敏晶体管通常用其输出特性曲线表示其光控特性，如图 5.33（d）所示，图中 E 为光照强度，简称照度；P_{CM}是集电极最大功耗。

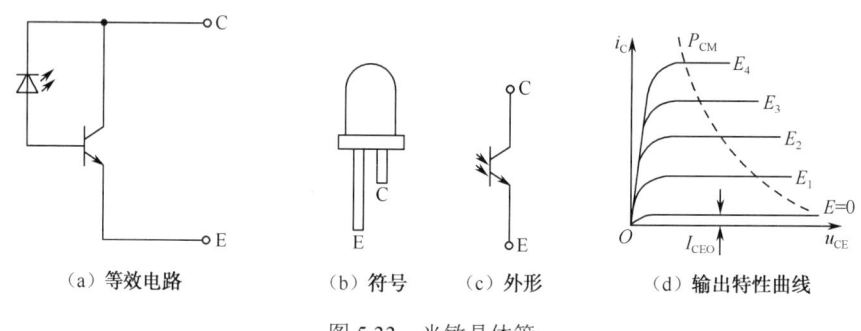

（a）等效电路　　　（b）符号　　（c）外形　　　（d）输出特性曲线

图 5.33　光敏晶体管

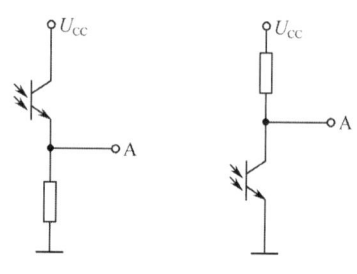

图 5.34　光敏晶体管基本应用

　　光敏晶体管与光敏二极管相比灵敏度比较高，制成复合管（达林顿管）形式时，能输出较大的电流而直接驱动某些继电器，因此在要求灵敏度高、带负载能力强的电路中应选用光敏晶体管。光敏二极管一般在要求响应快、对温度敏感小的电路中使用。

　　光敏晶体管的应用是实现光电转换，其基本应用电路如图 5.34 所示，光敏晶体管在受到光照时，将光信号转变为集电极电流，电流流过电阻生成电压，使输出端 A 的电位随外界光线的照射而发生变化，实现了光电转换。

　　光敏晶体管在汽车上主要应用于多种传感器中，实现空气流量检测、转向角度检测、车速测量、位置测量等功能。

三、共射极电压放大电路

1. 电路组成及各元件的作用

　　在放大电路中，晶体管有共发射极、共集电极和共基极三种接法，与晶体管的接法相对应，放大电路也有共射、共集和共基三种电路结构，其中共射电路应用最多。如图 5.35 所示电路是以 NPN 型三极管为核心的单级电压放大器，输入端接输入信号 u_i，该信号经电容 C_1 耦合加至三极管的基-射极，又从集-射极经电容 C_2 输出到负载 R_L，其输出电压为 u_o。此电路以三极管的射极为公共端，故称为共射极放大器。该公共端就是电路中各点电位的参考点，也称为接地点，在图中以"⊥"符号表示。电路中某点的电位就是该点至接地点的电压。

（1）电路中各元件的作用。

在如图 5.35 所示电路中，三极管 VT 为放大器的核心，起电流放大作用，它将微小的基极电流变化量转换成较大的集电极电流变化量，反映了三极管的电流控制作用。直流电源 E_C、E_B 使三极管的发射结正偏，集电结反偏，确保三极管工作在放大状态。它又是整个放大器的能量提供者。放大器实现信号放大的能量是由 E_C 通过三极管转换而来的，绝非三极管本身产生的。集电极电阻 R_C 的作用是将集电极电流的变化量变换成集电极电压的变化量，以实现电压放大。基极偏置电阻 R_B 供给三极管合适的基极偏置电流 I_B，从而确定三极管的直流工作状态（又称直流工作点）。在 E_C 确定后，当 R_B 的值选定以后，I_B 也就固定了，所以称这种共射极放大器为固定偏置放大器。耦合电容 C_1 和 C_2 的作用是隔直流通交流，使电路的静态工作点不受输入端的信号源和输出端负载的影响；对交流信号呈现的容抗很小，可近似认为短路，以便有效地传递交流信号。

在实际应用中，一般采用单电源供电。而为了使电路图简化，习惯上对电源 E_C 不再画电池符号，只标出其极性（"+"或"-"）及电压值 V_{CC}，如图 5.36 所示。

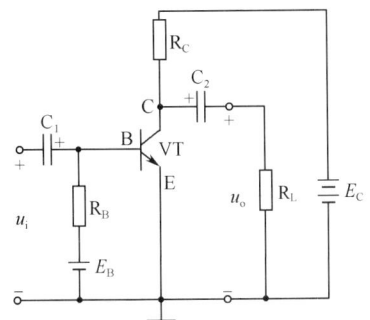

图 5.35　NPN 单级电压放大器

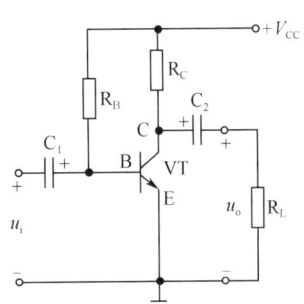

图 5.36　单电源供电电路

若用 PNP 型三极管构成放大器，则只需将电源极性反接，耦合电容的极性对调即可。

（2）电路中电压、电流的符号及正方向的规定。

放大器在无信号输入时，三极管各电极的电压、电流都是直流，用大写字母表示，下标也以大写字母表示。当放大器输入交流信号时，其电压、电流都是在直流成分的基础上叠加了一个交流成分，用小写字母代表电量性质，而下标采用大写字母形式。纯交流信号瞬时值均用小写字母表示。而交流信号有效值是用大写字母代表电量性质，小写字母作为下标。电流的正方向用箭头所指的方向表示，电压的极性用"+""-"表示。电路中电压、电流的符号规定如表 5.4 所示。

表 5.4　三极管各极电压、电流符号

	直　流			交流瞬时值			交流有效值			交直流叠加		
电流	I_B	I_C	I_E	i_b	i_c	i_e	I_b	I_c	I_e	i_B	i_C	i_E
电压	U_{BE}	U_{CE}	U_E	u_{be}	u_{ce}	u_e	U_{be}	U_{ce}	U_e	u_{BE}	u_{CE}	u_E
输入信号				u_i			U_i					
输出信号				u_o			U_o					

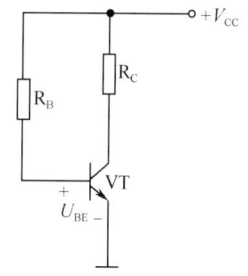

图 5.37　基本放大电路的直流通路

2．共射极放大器的静态分析

当放大器无输入信号（$u_i=0$）时，电路中的电压、电流都不变（直流），称为静止状态，简称静态，此时放大器中的电压、电流都是直流分量。只允许直流电流通过的路径称为直流通路。直流通路是计算静态工作点的依据。画放大器直流通路的方法是将电容器看成开路，因此，如图 5.36 所示放大器的直流通路如图 5.37 所示。放大器在静态时三极管的电压和电流称为静态工作点。静态分析主要是求 I_C、I_B、U_{CE} 的值。要分析一个给定放大电路的静态工作点，可以采用估算法和图解法实现，下面分别介绍这两种方法。

（1）估算法求静态工作点。

根据如图 5.37 所示的直流通路，依据基尔霍夫电压定律可得静态基极电流为

$$I_B = \frac{V_{CC} - U_{BE}}{R_B} \approx \frac{V_{CC}}{R_B} \tag{5-22}$$

由于 U_{BE} 比 V_{CC} 小得多，故可以忽略不计，根据集电极电流与基极电流的关系可得

$$I_C = \overline{\beta} I_B + I_{CEO} \approx \beta I_B \tag{5-23}$$

静态时集电极电压为

$$U_{CE} = V_{CC} - I_C R_C \tag{5-24}$$

例 5.1　如图 5.37 所示电路，已知 $V_{CC} = 12\text{V}$，$R_B = 400\text{k}\Omega$，$R_C = 2\text{k}\Omega$，$\beta = 80$，求该放大电路的静态工作点。

解： 根据如图 5.37 所示的直流通路可得

$$I_B \approx \frac{V_{CC}}{R_B} = \frac{12}{400} = 0.03 \ (\text{mA})$$

$$I_C = \beta I_B = 80 \times 0.03 = 2.4 \ (\text{mA})$$

$$U_{CE} = V_{CC} - I_C R_C = 12 - 2.4 \times 2 = 7.2 \ (\text{V})$$

（2）图解法求静态工作点。

图解法就是利用晶体管的特性曲线，用作图的方法分析放大电路的电压、电流之间的关系。

通常，对于放大电路的输入部分，由于 U_{BE} 基本恒定，可以采用计算的方法先求解 I_B，$I_B \approx V_{CC}/R_B$。对于输出电路，如图 5.38（a）所示，为了便于分析，将输出回路以 ab 为界分成左右两个部分。左边 I_C 与 U_{CE} 之间的关系为非线性，输出特性曲线如图 5.38（b）所示。右边为线性电路，有

$$U'_{CE} = V_{CC} - I_C R_C$$

或

$$I_C = \frac{V_{CC} - U'_{CE}}{R_C} \tag{5-25}$$

这是一条直线方程，斜率为$-1/R_C$，在纵坐标和横坐标的截距分别为 V_{CC}/R_C、V_{CC}。根据这两个数据即可作出直流负载线 MN，如图 5.38（b）所示。

由估算的方法已经求出了输入回路的偏置电流 I_B。在输出特性曲线中找出 I_{BQ} 对应的那条曲线与直流负载线 MN 的交点，该交点就是静态工作点 Q，因为该点所对应的电压、电流既满足输入回路的要求，也满足输出回路的要求。在图 5.38（b）中，过 Q 点作纵坐标轴的

垂线与纵坐标轴的交点（垂足）即为 I_{CQ}；过 Q 点作横坐标的垂线与横坐标轴的交点即为 U_{CEQ}。

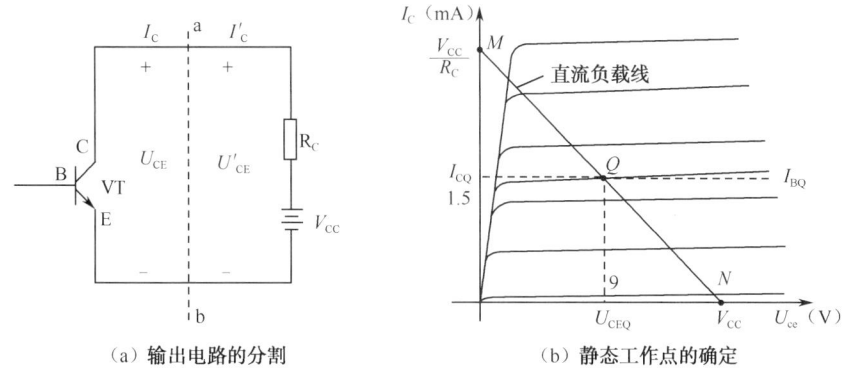

（a）输出电路的分割　　　　　　　（b）静态工作点的确定

图 5.38　直流负载线与静态工作点的求法

例 5.2　如图 5.36 所示电路，已知 $R_C=6\text{k}\Omega$，$V_{CC}=20\text{V}$，$R_B=500\text{k}\Omega$，三极管的输出特性曲线如图 5.38（b）所示。试用作图法求其静态工作点。

解：（1）估算基极偏置电流 I_B。

$$I_B \approx \frac{V_{CC}}{R_B} = \frac{20}{500} = 0.04\ （\text{mA}）$$

（2）作直流负载线。根据

$$U_{CE} = V_{CC} - I_C R_C$$

假定 $U_{CE}=0$，得 $I_C=V_{CC}/R_C$=3.3mA，找出 M 点。

假定 $I_C=0$，得 $U_{CE}=V_{CC}$=20V，找出 N 点。

连接 M、N 所得的直线 MN 即为直流负载线。

（3）确定静态工作点 Q。由图 5.38（b）找出 $I_B=0.04\text{mA}$ 的输出特性曲线，它与直流负载线 MN 的交点即为静态工作点 Q，根据 Q 点的坐标得

$$I_C=1.5\text{mA}\qquad U_{CE}=9\text{V}$$

3．共射极放大器的动态分析

当放大电路有输入信号即 $u_i \neq 0$ 时的工作状态称为动态。那么，在此时就需要知道经过放大电路后信号被放大了多少，以及放大电路对前面的信号源有什么影响，对后面的负载有什么要求，对这些量的分析称为动态分析。动态分析一般有两种方法，下面分别讲述。

（1）图解法。

放大电路的动态情况是在静态的基础上，在输入端加交流电压信号 $u_i=U_m\sin\omega t$，由于耦合电容 C_1、C_2 容量较大，其容抗很小，所以对交流信号可视为短路。u_i 相当于直接加到晶体管的发射结上，因此发射结实际电压为静态值 U_{BE} 叠加上交流电压 u_i，即 $u_{BE}=U_{BE}+u_i$；u_{BE} 的变化引起基极电流相应的变化，即 $i_B=I_B+i_b$；i_B 的变化引起集电极电流相应的变化，即 $i_C=I_C+i_c$；i_C 的变化引起集电极电压相应的变化，即 $u_{CE}=V_{CC}-i_C R_C$。根据上面变化过程的分析可知，当输入 u_i 增大时，u_{BE} 增大，i_B 和 i_C 也随之增大，u_{CE} 减小，即 u_{CE} 的变化与 i_C 的变化相反，所以经过耦合电容 C_2 传送到输出端的输出电压 u_o 与 u_i 反相。只要电路参数选取适当，u_o 的幅值将比 u_i 幅值大得多，从而实现放大的功能。各处的电流、电压波形如图 5.39 所示。

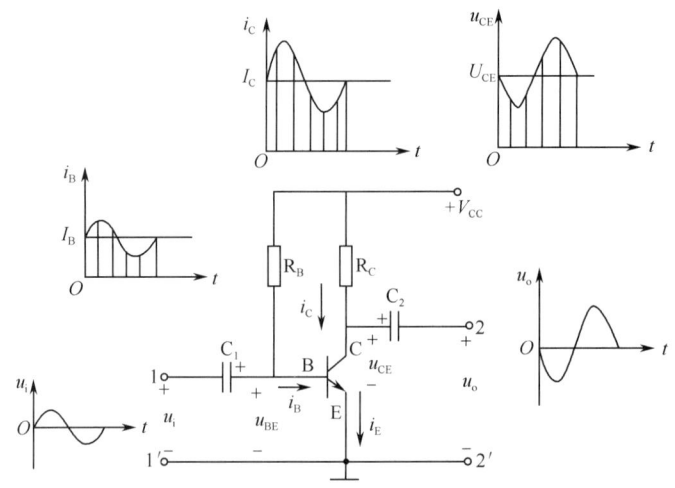

图 5.39　正弦信号输入时放大电路的工作情况

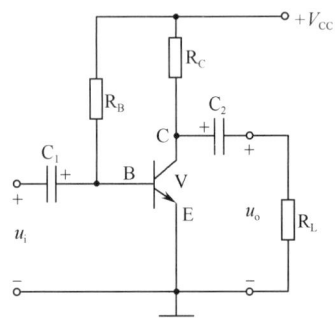

图 5.40　共发射极基本放大电路

如图 5.40 所示电路，已知 $R_C=6k\Omega$，$V_{CC}=20V$，$R_B=500k\Omega$，利用图解法可求出其静态工作点

$$I_B=40\mu A，\quad I_C=1.5mA，\quad U_{CE}=9V$$

放大电路的静态工作点为其直流负载线与三极管输出特性曲线的交点，如图 5.41 所示。由于电容 C_1、C_2 对交流可视为短路，而直流电源内阻很小，对交流也可视为短路，由此可画出图 5.40 的交流通路，如图 5.42 所示。直流负载线反映了静态时电流 I_{CE} 和电压 U_{CE} 的关系，由于 C_2 对于直流相当于开路，负载电阻 R_L 上无直流电压和电流分量，故直流负载线的斜率为 $\tan\alpha=-1/R_C$；而对于交流信号，C_2 可视为短路，负载电阻 R_L 与 R_C 并联，$R_L'=R_L\|R_C$，故交流负载线的斜率为 $\tan\alpha=-1/R_L'$。因为 $R_L'<R_L$，所以交流负载线比直流负载线要陡一些。当输入信号为零时，放大电路仍应工作在静态工作点 Q，所以交流负载线也要经过 Q 点。由此可知，交流负载线是一条经过 Q 点，斜率为 $-1/R_L'$ 的直线，如图 5.41 所示。

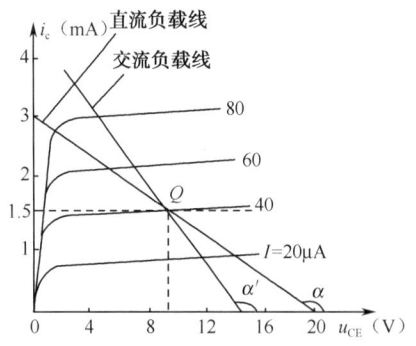

图 5.41　图解求输出电路交、直流负载线

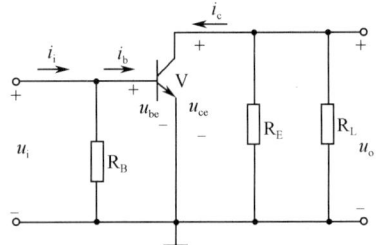

图 5.42　交流通路

根据上面对电路动态情况所做分析，下面介绍动态图解分析过程，图 5.43 所示。

①在输出特性曲线上作交流负载线。

②在输出特性曲线的左边和下面分别作 i_C、u_{CE} 对应时间 t 的坐标系。

③在输入特性曲线的左边和下面分别作 i_B、u_{BE} 对应时间 t 的坐标系。

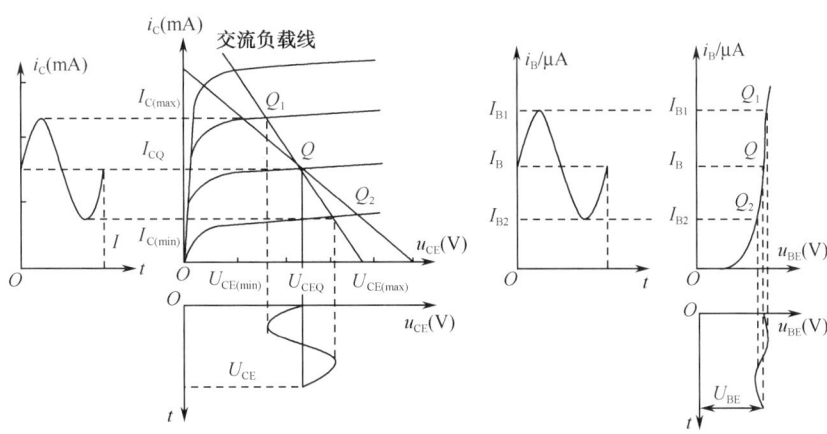

图 5.43 动态图解分析过程

④在输入特性曲线上找出工作点 Q，并由该点向 $u_{BE} \sim t$ 坐标系作垂线，以此垂线为基点在 $u_{BE} \sim t$ 坐标系上画出输入信号的波形图。

⑤由输入信号的两峰点向输入特性曲线作垂线，分别交 Q_1、Q_2 点。

⑥由 Q、Q_1、Q_2 三点向 $i_{BE} \sim t$ 坐标系作垂线，分别交纵坐标于 I_B、I_{B1}、I_{B2}。以 I_{B1}、I_{B2} 为最大值和最小值，根据 u_i 的周期画出 i_B 的波形图。

⑦在输出特性曲线上找到 I_B、I_{B1}、I_{B2} 所对应的曲线与交流负载线的交点 Q、Q_1、Q_2。

⑧由 Q、Q_1、Q_2 向 $i_C \sim t$、$u_{CE} \sim t$ 坐标系分别作垂线，分别交电流轴和电压轴的交点为 I_{CQ}、$I_{C(max)}$、$I_{C(min)}$、U_{CEQ}、$U_{CE(min)}$、$U_{CE(max)}$。

⑨由图计算电压放大倍数 A_u

$$A_u = \frac{U_{CE(max)} - U_{CE(min)}}{U_{BE(max)} - U_{BE(min)}} = \frac{U_o}{U_i} \tag{5-26}$$

由上述分析可知，输出电压 u_o 为 u_{CE} 的交流分量，其相位与 u_i 相反，电压放大倍数为输出电压的有效值与输入电压有效值的比值。

（2）静态工作点与非线性失真。

对放大电路除要求有一定的放大倍数，还必须保证输出信号尽可能不失真。所谓失真是指输出信号的波形与输入信号的波形不一致。引起失真的原因有多种，其中最基本的一种，就是由于静态工作点设置不合适或信号太大，使放大电路的工作范围超出了晶体管特性曲线上的线性范围。这种失真通常称为非线性失真。

①截止失真。静态工作点设置得太高或太低都会产生非线性失真。如图 5.44（a）所示，输入信号为正弦电压，由于静态工作点 Q_1 的位置太低，在输入信号的负半周，三极管进入截止区，输出波形产生了严重的失真，这种失真是由于晶体管的截止而引起的，故称为截止失真。

②饱和失真。如图 5.44（b）所示，静态工作点 Q_2 设置得太高，这种情况下，在输入正弦信号的正半周三极管进入了饱和区工作，输出波形产生了严重的失真，这种失真是由于晶体管进入饱和区工作而引起的，故称为饱和失真。

因此，放大电路必须设置合适的静态工作点，才能保证不产生非线性失真，一般静态工作点应选在交流负载线的中部。如果输入信号的幅值太大，会同时产生截止失真和饱和失真。

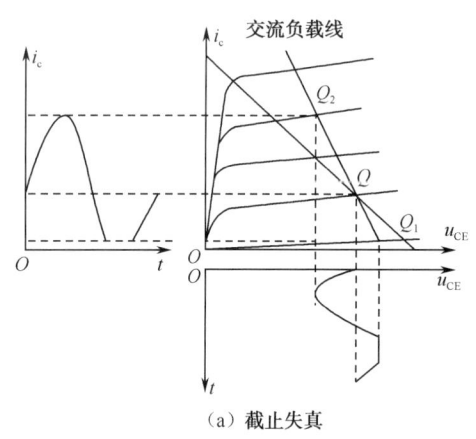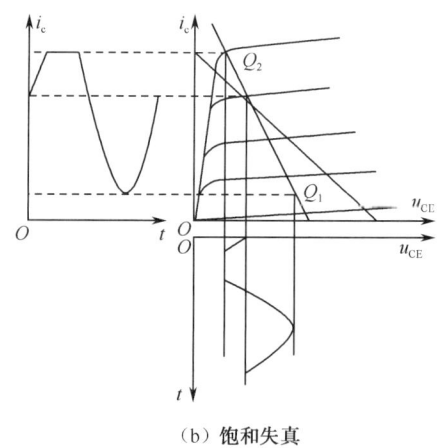

| （a）截止失真 | （b）饱和失真 |

图 5.44　静态工作点与非线性失真

（3）估算法。

在输入信号较小，确定放大电路一定工作在放大区时，输出电流与输入电流成简单的线性关系，可以采用估算法进行电路分析。

①估算电压放大倍数。首先作出放大电路的交流通路。对交流信号而言，三极管的发射结可等效成一个电阻 r_{be}，称为三极管的输入电阻，可以通过经验公式估算

$$r_{be} = 300 + (1 + \beta)\frac{26(\text{mV})}{I_E(\text{mA})} \quad (\Omega) \tag{5-27}$$

由上式可知，r_{be} 与 β 和 I_E 有关，r_{be} 随着 β 的增加而增加，随着 I_E 的增大而减小。一般 r_{be} 的值为几百到几千欧姆。

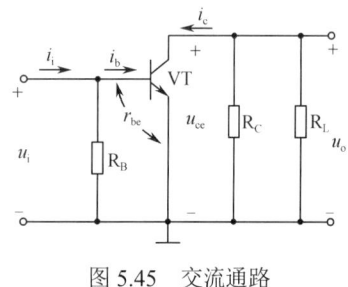

图 5.45　交流通路

根据图 5.45 放大电路的交流通路分析可得

$$i_c = \beta \cdot i_b \tag{5-28}$$

$$u_i = i_b r_{be} \tag{5-29}$$

$$u_o = -i_c R_L' = -\beta i_b R_L' \quad （\text{其中 } R_L' = R_L \| R_C） \tag{5-30}$$

放大电路的电压放大倍数为

$$A_u = \frac{u_o}{u_i} = \frac{-\beta i_b R_L'}{i_b r_{be}} = -\beta \frac{R_L'}{r_{be}} \tag{5-31}$$

上式中负号说明输出电压与输入电压反相。

②输入电阻 r_i。放大器的输入端总是与信号源相关联的，相对于信号源而言放大器是一个负载，可以用一个电阻来等效代替，此电阻即为放大电路的输入电阻 r_i。由微变等效电路图可知

$$r_i = \frac{u_i}{i_i} = R_B // r_{be} \approx r_{be} \tag{5-32}$$

输入电阻的大小会影响放大电路的接收能力。放大电路的输入电阻越小，就会从信号源中获取更多的电流，增加了信号源的负担；其次，经过信号源内阻的分压加到放大电路输入端的电压也会变小。所以，通常我们希望放大电路的输入电阻越大越好。

③输出电阻 r_o。放大电路对于负载来说相当于信号源，其电源的电动势为放大电路输出开路时的端电压，其内阻即为放大电路的输出电阻，从三极管的输出端看进去的电阻为

$$r_o \approx R_C \qquad\qquad (5\text{-}33)$$

R_C 一般为几千欧姆，所以共发射极放大电路的输出电阻较高。如果放大电路的输出电阻较高，负载获取的电压就会变小，即放大电路的带负载能力较差。一般我们希望放大电路的输出电阻越小越好。

例 5.3 如图 5.40 所示电路，已知 $V_{CC}=12\text{V}$，$R_C=4\text{k}\Omega$，$R_B=400\text{k}\Omega$，$R_L=4\text{k}\Omega$，三极管的 $\beta=40$。（1）计算电路的静态工作点；（2）计算电路的电压放大倍数 A_u，输入电阻 r_i，输出电阻 r_o。

解：（1）电路静态工作点的计算。

$$I_B = \frac{V_{CC}-U_{BE}}{R_B} \approx \frac{V_{CC}}{R_B} = \frac{12}{400}\text{mA} = 30\ (\mu\text{A})$$

$$I_C = \beta I_B = 40 \times 30\mu\text{A} = 1.2\ (\text{mA})$$

$$U_{CE} = V_{CC} - I_C R_C = 12 - 1.2 \times 4 = 7.2\ (\text{V})$$

（2）电压放大倍数 A_u，输入电阻 r_i，输出电阻 r_o 的计算。

$$r_{be} = 300 + (1+\beta)\frac{26(\text{mV})}{I_E(\text{mA})} = 300 + (1+40)\frac{26}{1.23} = 1167\Omega \approx 1.2\ (\text{k}\Omega)$$

$$A_u = -\beta\frac{R_L /\!/ R_C}{r_{be}} = -40\frac{4/\!/4}{1.2} \approx -67$$

$$r_i = R_B /\!/ r_{be} \approx r_{be} = 1.2\ (\text{k}\Omega)$$

$$r_o \approx R_C = 4\ (\text{k}\Omega)$$

四、共集极放大电路

1. 结构特点

共集极放大电路如图 5.46（a）所示，图 5.46（b）是它的交流通路。由交流通路可知，信号的输入回路和输出回路都以集电极为公共端，故称为共集电极放大电路，简称共集电路。因输出信号由发射极对地输出，又称为射极输出器。

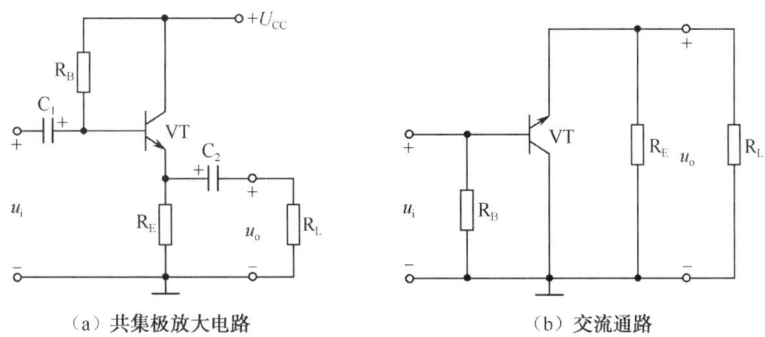

（a）共集极放大电路　　　　　　　（b）交流通路

图 5.46　共集极放大电路及其交流通路

2. 性能特点

射极输出器的输出与输入的关系为：$u_o = u_i - u_{be} \approx u_i$，所以其输出电压跟随输入电压变化，电压跟随性能好。此外，它还有输入电阻很高而输出电阻很低的优点，因此在实际中获得了广泛应用，如多级放大电路的输入级、中间级和输出级等都使用了射极输出器。

五、差动放大电路

1．结构特点

差动放大电路通常用于直流放大电路（放大直流信号）的输入级，如图 5.47 所示。其结构特点是：

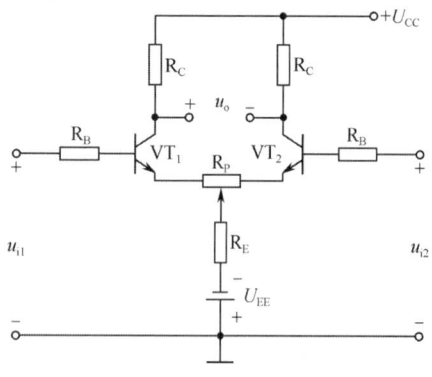

图 5.47　差动放大电路

①电路对称，即要求左右两边的元器件特性及参数尽量一致；

②双端输入，可以分别在两个输入端与地之间输入信号 u_{i1}、u_{i2}；

③双电源，即除了集电极电源 U_{CC} 外，还有一个发射极电源 U_{EE}，一般取 $|U_{CC}|=|U_{EE}|$。

差动放大电路的两个输入信号 u_{i1} 与 u_{i2} 间存在三种可能：

①u_{i1} 与 u_{i2} 大小相等，方向相同，称为共模输入；

②u_{i1} 与 u_{i2} 大小相等，方向相反，称为差模输入；

③u_{i1} 与 u_{i2} 既非共模，又非差模时，称为任意输入。任意输入时，可将输入信号分解为一对共模信号 u_{ic} 和一对差模信号 u_{id}，即

$$u_{ic} = \frac{u_{i1} + u_{i2}}{2}$$

$$u_{id} = \pm\frac{u_{i1} - u_{i2}}{2}$$

2．性能特点

差动放大电路对共模信号有很强的抑制作用，理想情况下的共模放大倍数 $A_c = \dfrac{u_{oc}}{u_{ic}} = 0$；

对差模信号有很好的放大作用，差模放大倍数 $A_d = \dfrac{u_{od}}{u_{id}}$ 较大。差动放大电路实际上是将两个输入端信号的差放大后输出到负载上，即差动放大电路的输出功 $u_o = A_u(u_{i1} - u_{i2})$。当 $u_{i2}=0$ 时，u_{i1} 与 u_o 同相位，称 u_{i1} 对应的输入端为同相输入端。当 $u_{i1}=0$，u_{i2} 与 u_o 反相位，称 u_{i2} 对应的输入端为反相输入端。

对差动放大电路而言，差模信号是有用的信号，通常要求对它有较大的放大倍数；而共模信号则是由于温度变化或干扰产生的无用信号，需要对它进行抑制。为了全面反映直流放大电路放大差模信号和抑制共模信号的能力，引出了共模抑制比的概念。共模抑制比 K_{CMR} 定义为差模放大倍数 A_d 与共模放大倍数 A_c 之比，即

$$K_{CMR} = \left|\frac{A_d}{A_c}\right|$$

在理想情况下，差动放大电路 $K_{CMR} \to \infty$。

六、互补对称功率放大电路

放大电路的输出信号要驱动负载，如扩音机的扬声器、电动机的控制绕组、继电器的线圈等。所以，多级放大电路除了应有较高放大倍数的电压放大级外，还要有能输出一定信号功率

的输出级。这种以功率放大为目的的放大电路称为功率放大电路。

1．结构特点

如图 5.48 所示是互补对称功率放大电路的原理图，图中一对晶体管类型不同（一个是 NPN 管，另一个是 PNP 管），但特性参数完全相同，称为对称。对称管都从发射极输出信号，是两个射极输出器，因此功放电路由两个射级输出器组成。当有信号输入时，在信号的正半周，NPN 管导通，PNP 管截止，负载上的输出波形为正半周；信号处于负半周时，PNP 管导通，NPN 管截止，负载上的输出波形为负半周。由于两管对称，工作时，轮流工作，互相补充，故称为互补对称电路。

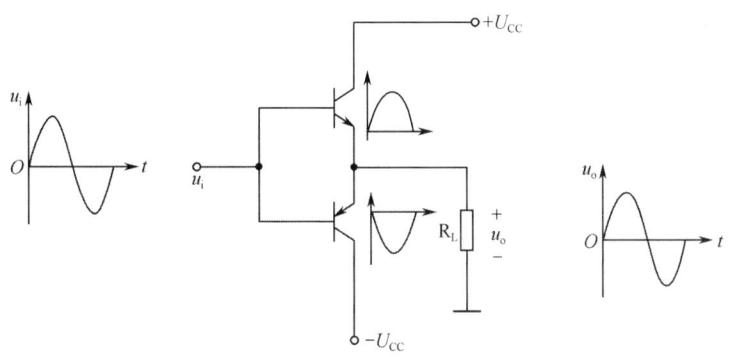

图 5.48　互补对称功率放大电路

2．性能特点

因为互补对称电路在无信号输入时，$I_B=0$，$I_C\approx0$，管子本身的损耗很小，所以电路的效率高；有信号输入时，两管交替工作，并且管子往往在接近极限运用状态下工作，输出功率大；两管都是射极输出，所以输出电阻低也是它的主要特点。

七、三极管在汽车中的应用

1．汽油机用电子转速表电路

汽油机用电子转速表的转速信号一般取自点火系统的分电器触点（如为电子点火系统，则取自点火线圈"-"接线柱）。如图 5.49 所示是利用电容器充放电的脉冲式电子转速表的原理图。当发动机工作时，分电器触点不断开闭，其开闭次数与发动机转速成正比（曲轴每转一圈，四冲程四缸发动机触点开闭两次，六缸发动机触点开闭三次）。触点开闭产生断续电流，经积分电路 R_1、R_2、C_1 整形送至三极管 VT_1，从而取得一个具有固定幅值（电流值）和脉冲宽度（时间）的矩形波电流，此电流通过毫安表（mA）。

当触点闭合时，三极管 VT_1 无偏压而处于截止状态，电容器 C_2 被充电，其充电电路为：蓄电池正极→电阻 R_3→电容器 C_2→二极管 VD_2→蓄电池负极，构成回路。

当触点分开时，三极管 VT_1 的基极电位接近电源正极，VT_1 由截止转为导通，此时电容器 C_2 所充满的电荷经毫安表放电。其放电电路为：电容器 C_2 正极→三极管 VT_1→毫安表 mA→二极管 VD_1，再回到电容器 C_2 负极，触点反复开闭，重复以上过程。二极管 VD_2 为电容器 C_2 提供充电电路，二极管 VD_1 为电容器 C_2 提供放电回路，C_2 的放电电流通过毫安表。

因为电容器 C_2 每次充、放电电量 Q 和其容量 C 以及电容器两端的电压 U 成正比，即 $Q=CU$，所以每个周期（T）内平均放电电流为

$$I = \frac{Q}{T} = \frac{CU}{T} = CUf$$

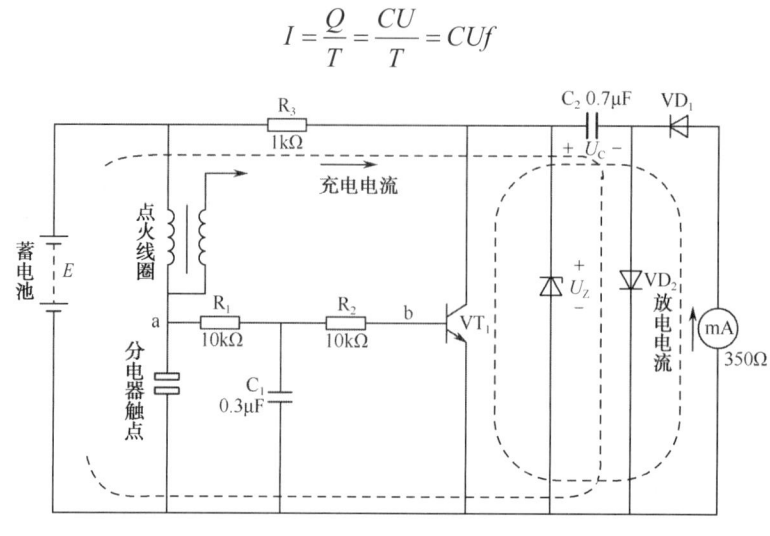

图 5.49　汽油机用电子转速表

在电源电压稳定，充电时间常数 $\tau = R_3C_2$ 不变的情况下，C 和 U 是固定值，则通过毫安表的电流平均值只与触点的开闭频率 f 成正比，因此毫安表的读数即可直接反映发动机的转速。

在计算机控制的电子仪表中，转速表有两种显示方式：一种是数字仪表板上有单独的转速显示器；另一种是由一个可顺序显示多项内容的多用仪表来显示发动机的转速。

2．国产 BD-71F 型有触点电感储能式电子点火系电路

国产 BD-71F 型有触点电感储能式电子点火系电路如图 5.50 所示。图中 R_1、R_2 组成分压器，用来控制大功率三极管 VT_1 的基极电流，R_2 不仅是 VT_1 的偏流电阻，还是 VT_3 的负载电阻。R_3 为 VT_3 的偏流电阻，C 用来保护三极管 VT_1，二极管 VD_2 的作用是保证前级（VT_3）饱和时后级（VT_1）能可靠截止。

电路分析如下：

合上点火开关 S，当触点 K 闭合时，三极管 VT_3 的基极搭铁，发射结被短路，VT_3 截止。蓄电池通过 R_2，VD_2 向大功率三极管 VT_1 提供偏流，使其导通。于是，接通了初级回路产生的初级电流，其路线为：蓄电池"+"极→点火开关 S→点火线圈初级绕组 N_1→附加电阻 R_f→VT_1（CE 极）→搭铁→蓄电池"−"极。

当触点被顶开时，VT_3 基极搭铁被解除，蓄电池通过 R_3 向 VT_3 提供偏流，使 VT_3 导通，于是 VT_1 的发射结被短路，VT_1 截止，点火线圈中的初级电流被切断，在次级绕组中产生高压电动势。

博世触点式电感储能电子点火系在国外应用较广泛，其原理电路如图 5.51 所示。工作原理请读者自行分析。

3．JKF667 型电子点火控制器

JKF667 型电子点火控制器电路如图 5.52 所示。电路分析如下：

合上点火开关 S，蓄电池经 R_3 向 VT_1 提供基极电流使其导通。于是，VT_2 的基极电位接近零，使 VT_2 和 VT_3 截止。这样，即使点火开关接通，只要发动机不运转，点火线初级绕组内无电流通过，可以防止点火开关未切断而使点火线圈过热及蓄电池长期放电的现象发生。

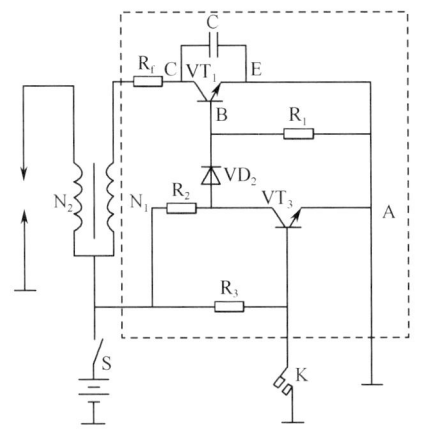

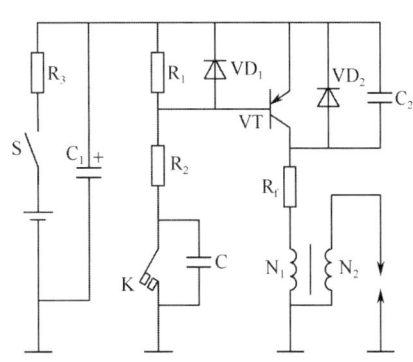

图 5.50 国产 BD-71F 型电子点火系电路   图 5.51 博世触点式电子点火系原理电路

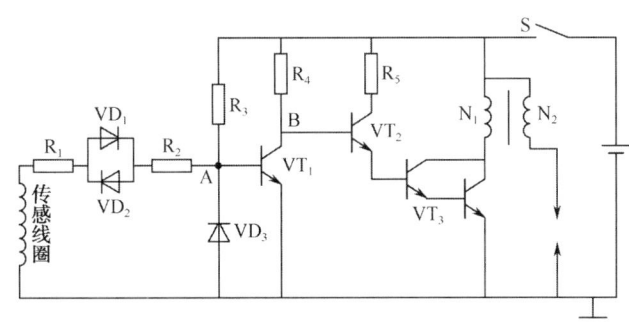

图 5.52 JKF667 型电子点火控制器电路

当发动机运转时,分电器轴带动转子转动,传感线圈便产生交变信号电压。当输出电压为负时,使 VT_1 的基极电位下降至负值,VT_1 截止。于是蓄电池通过 R_4 向 VT_2 提供偏置电流,使 VT_2 和 VT_3 导通,点火线圈初级绕组中有电流通过。当输出电压为正时,使 VT_1 的基极电位升高,VT_1 导通,VT_2 和 VT_3 截止,初级电流被切断,次级绕组中感应高压电动势。

4. 汽车空调中电子式温度控制器电路

目前使用的电子式温度控制器主要是热敏电阻式。热敏电阻具有负温度系数,当热敏电阻本身的温度升高时,其电阻值减小,反之电阻值增大。

热敏电阻式温度控制器主要由热敏电阻温度传感器、可调电阻、电子放大器和执行继电器等元件组成,其电路如图 5.53 所示。该电路由 4 只三极管 $VT_1 \sim VT_4$、热敏电阻 7、温度控制电位器 8 和继电器 2 等主要元件组成。车内冷气温度由电位器 8 设定,热敏电阻 7 用于检测冷气温度,安装在蒸发器出风口处。当车内温度高于设定温度时,热敏电阻阻值较小,使 B 点的电位较低,则三极管 VT_3 截止、VT_4 导通,于是继电器线圈 2 通电,触点 3 闭合,接通了电磁离合器电路,压缩机工作,使车内温度下降。而当车内温度降低到最低设定温度时,热敏电阻阻值加大,使 B 点的电位达到 VT_3 的工作偏压,VT_3 导通、VT_4 截止,继电器线圈 2 断电,触点 3 断开,切断了电磁离合器电路,压缩机停止工作。如此反复来控制车内冷气温度的高低,使之保持在所设定的温度范围之内。

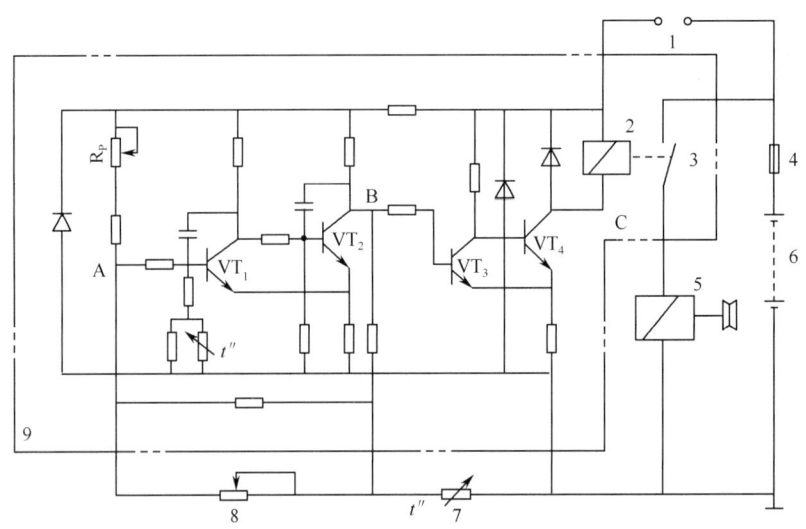

1—点火开关；2—继电器线圈；3—继电器触点；4—熔断丝；5—电磁离合器；

6—蓄电池；7—热敏电阻；8—温度控制电位器；9—电路板

图 5.53　热敏电阻式温度控制器电路

技能操作　共射单管放大器静态工作点与放大功能测试

1．操作目的

（1）掌握共射单管放大电路的工作原理。

（2）进一步熟悉常用仪器仪表的使用，了解实验电路故障排除方法。

2．操作器材

实验箱 1 个，万用表 1 块，示波器 1 台，数字毫伏表 1 个，三极管和导线若干，电工工具 1 套。

3．操作内容及步骤

（1）常用电子元件的认识如表 5.5 所示。

表 5.5　电子元件的认识

电子元件名称	符　　号	型　　号	型号意义	作　　用	备　　注
电阻					
电容					
三极管					
电位器					

（2）静态工作点的测量。

①根据图 5.54，连接好电路图。

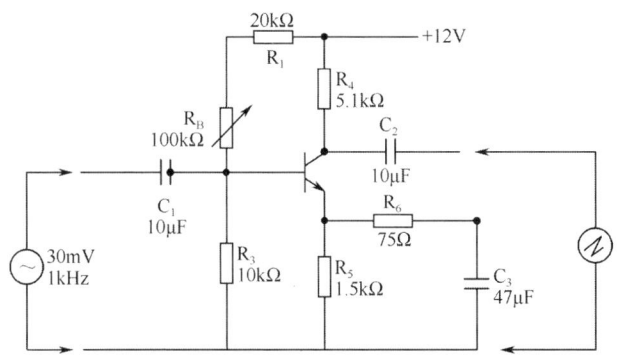

图 5.54 实验电路图

②调节 R_B，使 U_{CE}=6V，将测量结果填入表 5.6。

表 5.6

调 整 元 件	静态工作点测量值		三极管的工作状态判断
	I_{BQ}		
	I_{CQ}		
	U_{CEQ}	6V	
	U_{BEQ}		

思考与小结：

①电流 I_{CQ} 计算公式是_____，计算值是_____；

②三极管处在放大状态的条件是_____，_____；

③电压 U_{CEQ} 计算公式是_____，计算值是_____；测量值是_____。

④请说明放大电路为什么要先调整静态工作点。

（3）测量放大器的电压放大倍数，并观察 R_L 的大小对放大器电压放大倍数的影响。

①调节函数信号发生器，使之输出 f=1kHz、u_i=30mV 的信号电压。

②将输出信号接入放大器的基极，用毫伏表分别测量空载和负载在 20kΩ、30kΩ 时放大器输出电压，并计算放大倍数，填入表 5.7 中。

表 5.7

负　　载	电　压		
	u_i（mV）	u_o（mV）	A_u
空载 $R_L=\infty$	30		
负载 R_L=20kΩ	30		
负载 R_L=30kΩ	30		

③用示波器观察波形，将输入输出波形描绘出来。

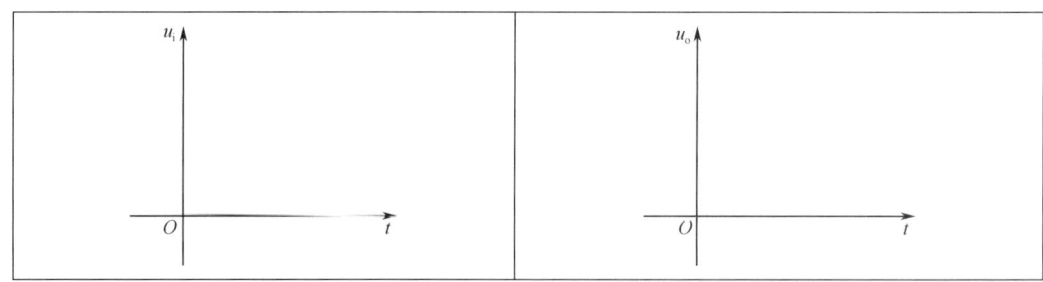

思考与小结：

①由表5.7中数据分析可以得出：放大器空载时其电压放大倍数_____（填最大或最小）；接上负载其电压放大倍数将_____（填增大或减小），并且随负载的增大而_____（填增大或减小）。

②由波形可以看出，在静态工作点合适的情况下，输入与输出电压的相位_____。

（4）观察静态工作点对输出波形的影响

①保持 R_B 不变，将输入波形增大到 300mA，观察输出波形，测量 I_{CQ}、U_{CEQ} 值，并将数据记录于表5.8中。

②将 R_B 调小，观察输出电压波形，直至出现明显的失真为止，测量 I_{CQ}、U_{CEQ} 值，并将数据记录于表5.8中。

③将 R_B 调大，观察输出电压波形，直至出现明显的失真为止，测量 I_{CQ}、U_{CEQ} 值，并将数据记录于表5.8中。

表5.8

	u_i（mV）	u_o的波形	静态工作点
R_B 不变	300		
R_B 减小	30		
R_B 增大	30		

思考与小结：

①保证静态工作点合适，当输入信号过大时，输出电压出现_____失真，这是由于_____。

②当基极上偏置电阻过小，导致基极静态电流_____，信号电压容易进入三极管的_____而导致输出电压出现_____失真。

③当基极上偏置电阻过大，导致基极静态电流_____，信号电压容易进入三极管的_____而导致输出电压出现_____失真。

任务 5.3 集成运算放大电路及其应用

在检测和自动控制系统中，往往需要把被控的非电量（如温度、压力、转速、流量）信息通过传感器转换成电信号,而直接转换出来的信号很微弱,不足以推动执行机构或驱动仪表显示,所以必须通过一定的中间步骤对这些信号进行放大。集成运算放大器是具有高开环放大倍数并带有深度负反馈的多级直接耦合放大电路,广泛应用于汽车电子线路中,作为基本运算电路可以实现加减、积分、微分、乘除等数学运算。另外,它在信号变换、测量技术、自动控制等领域也有着广泛的应用。

一、集成运算放大器的基本组成

集成运算放大器是一种集成化的半导体器件,简称为集成运放组件。实际的集成运放组件有许多不同的型号,每一种型号的内部线路都不同。从使用的角度看,我们感兴趣的只是它的参数和特性指标及使用方法。集成运算放大器的类型很多,电路也各不相同,但从电路的总体结构上看,基本上都由输入级、中间放大级、功率输出级和偏置电路四个部分组成,如图 5.55 所示。输入级一般采用具有恒流源的双输入端的差分放大电路,其目的就是减小放大电路的零点漂移,提高输入阻抗。中间放大级的主要作用是电压放大,使整个集成运算放大器有足够高的电压放大倍数。输出级一般采用射极输出器构成的电路,其目的是实现与负载的匹配,使电路有较大的功率输出和较强的带负载能力。偏置电路的作用是为上述各级电路提供稳定合适的偏置电流,稳定各级的静态工作点,一般由各种恒流源电路构成。

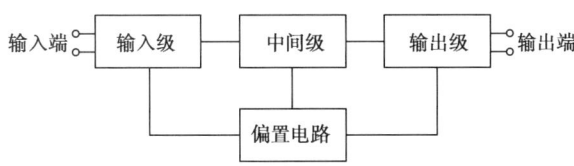

图 5.55 集成运算放大器的组成框图

常用的集成运算放大器有 LM324、UA741、OP07、NE5532 等型号,其引脚和连接图查阅相关芯片资料即可获得。

二、集成运算放大器的特点

(1)以目前的工艺水平,在集成电路工艺中还难以制造电感元件,制造容量大于 200pF 的电容也比较困难,而且性能很不稳定,所以集成电路中要尽量避免使用电容器。而运算放大器各级之间都采用直接耦合,基本上不采用电容元件,必须使用电容器的场合也大多采用外接的办法。

(2)运算放大器的输入级都采用差动放大电路,它要求两管的性能应该相同。而集成电路中的各个晶体管是通过同一工艺过程制作在同一硅片上,容易获得特性一致,因此,容易制成温度漂移很小的运算放大器。

(3)在集成电路中,比较合适的电阻的阻值为 $100\Omega \sim 30k\Omega$。制作高阻值的电阻成本高,占用面积大,且阻值偏差大。在集成运算放大器中,往往利用晶体管恒流源代替电阻,当必须使用高阻值电阻时,需采用外接方式。

三、集成运算放大器的基本分析方法

在分析运算放大器时,为便于分析和计算,将它视为理想运算放大器,即:

开环电压放大倍数 $A_u = \infty$;

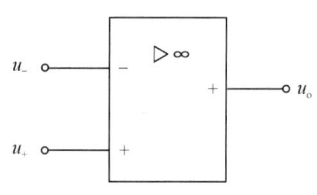

图 5.56　理想运算放大器的符号

输入电阻 $r_i=\infty$；

输出电阻 $r_o=0$；

共模抑制比 $K_{CMR}=\infty$。

理想集成运算放大电路在电路中的符号如图 5.56 所示，它有两个输入端和一个输出端。反相输入端标上"−"号，同相输入端标上"+"号。它们对"地"的电压（即各端的电位）分别用 u_+、u_-、u_o 表示，在实际连接时必须加上电源电压。具体引脚定义和电源电压范围等可查阅有关的手册。

集成运算放大器的传输特性曲线（表示输出电压与输入电压之间关系的曲线称为传输特性曲线）如图 5.57 所示。其中图 5.57（a）为理想运放的特性曲线；图 5.57（b）为实际运放的特性曲线，其传输特性曲线分为线性区和饱和区两个部分。

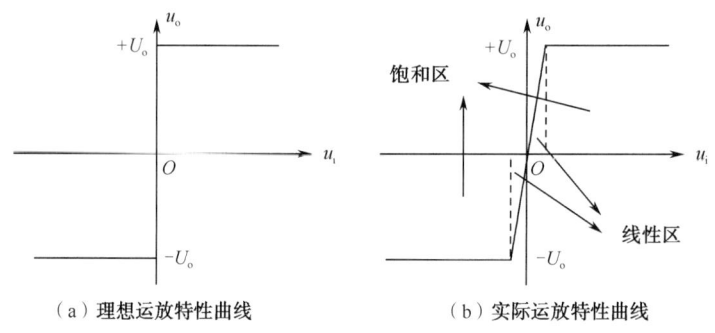

（a）理想运放特性曲线　　　　　　（b）实际运放特性曲线

图 5.57　传输特性曲线

在线性区，输出电压与输入电压呈简单的线性关系，但由于集成运放的开环电压放大倍数 A_u 非常大，所以输入电压 u_i 的允许变化范围是极其小的。例如，设 A_u 为 10000，集成运放的最大输出电压为±12V，则输入电压的线性变化范围为±1.2mV，而目前广泛应用的集成运放的开环电压放大倍数远远大于 10000，即使输入毫伏级以下的信号，也足以使集成运放饱和。所以，要使集成运放工作在线性区，通常要引入深度负反馈。

对于工作在线性区的理想运算放大器，在进行分析时有以下两条简化原则：

（1）集成运算放大器同相输入端和反相输入端的电位相等（虚短）。在线性工作范围内，集成运算放大器两个输入端之间的电压为 $u_i=u_+-u_-=u_o/A_u$，因为 u_o 为一有限值，而 A_u 为无穷大，所以

$$u_i=u_+-u_-=0$$

即

$$u_+=u_- \tag{5-34}$$

（2）集成运算放大器同相输入端和反相输入端的输入电流等于零（虚断）。因为理想集成运算放大器的输入电阻 $r_i=\infty$，所以由同相输入端和反相输入端流入集成运算放大器的信号电流为零，即

$$i_+=i_-=0 \tag{5-35}$$

由第一个结论可知，集成运算放大器同相输入端和反相输入端的电位相等，因此，两个输入端之间好像短路，但又不是真正的短路（即不能用一根导线把同相输入端和反相输入端短接

起来），故这种现象称为"虚短"。理想集成运算放大器工作在线性区域时，"虚短"现象总是存在的。

由第二个结论可知，理想集成运算放大器的两个输入端不从外部电路取用电流，两个输入端之间好像断开一样，但又不能真正断开，故这种现象通常称为"虚断"。对于理想集成运算放大器，无论其工作在线性区，还是工作在非线性区，该结论总是成立的。

当理想集成运算放大器工作在饱和区（非线性区）时，输出电压只有如下两种可能：

当 $u_+ > u_-$ 时

$$u_o = U_{o+}$$

当 $u_+ < u_-$ 时

$$u_o = U_{o-}$$

其中，U_{o+}、U_{o-} 分别为集成运放正向饱和输出电压值和负向饱和输出电压值。

四、运算放大器组成的基本运算电路

（1）反相比例运算电路。

反相运算电路是一类线性放大电路，待放大的输入信号加在反相输入端与参考端之间，经放大后的输出信号与输入信号相位相反，这是应用最为广泛的一种输入方式，可构成反相比例、加法、微分、积分、对数等运算电路。

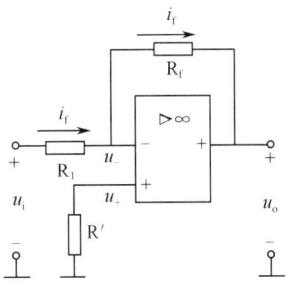

如图 5.58 所示的电路，输入信号 u_i 加到电阻 R_1 和集成运放的反相输入端之间，反馈电阻 R_f 跨接在输出端与反相输入端之间，形成电压并联负反馈，其作用是使电路工作在线性状态。该电路称为反相输入比例运算放大电路，它是反相输入运算电路中最基本的形式。

图 5.58　反相比例运算电路

运算放大器工作在线性区的两条依据是

$$u_+ = u_- \qquad i_+ = i_- = 0$$

R' 上无电压降，则 $u_+ = u_- = 0$，即集成运算放大器反相输入端的电位近似等于"地"电位，但又不是"地"电位，这种现象称为"虚地"。"虚地"是反相输入运算电路的一个重要特点。应用"虚地"的特点分析反相输入运算电路是十分方便的。利用"虚地"的概念可知

$$\frac{u_i - u_-}{R_1} = \frac{u_- - u_o}{R_f}$$

即

$$\frac{u_i}{R_1} = -\frac{u_o}{R_f}$$

所以闭环电压放大倍数为

$$A_{uf} = \frac{u_o}{u_i} = -\frac{R_f}{R_1} \tag{5-36}$$

式（5-36）中，负号表示输出电压与输入电压反相位。这就是反相比例运算电路名称的由来。

由上面的式子可以看出，u_o 和 u_i 的关系与集成运算放大器本身的参数无关，仅与外部电阻 R_1 和 R_f 有关，只要电阻的精度和稳定性很高，电路的精度和稳定性就很高。

电路中同相输入端的外接电阻 R' 为平衡电阻，它的作用是保证运算放大器差分输入级输

入端静态电路的平衡。R'的取值应为$R'=R_1//R_f$。

例 5.4　如图 5.58 所示电路，已知 $R_1 = 10k\Omega$，$R_f = 100k\Omega$，$u_i = 0.3V$，求 A_{uf} 和 u_o。

解：
$$A_{uf} = \frac{u_o}{u_i} = \frac{-R_f}{R_1} = -\frac{100}{10} = -10$$

$$u_o = A_{uf}u_i = -10 \times 0.3 = -3 \,(V)$$

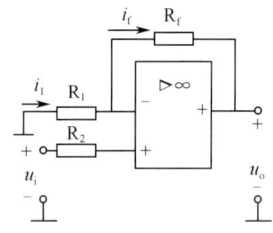

图 5.59　同相比例运算电路

（2）同相比例运算电路。

如图 5.59 所示电路，输入信号 u_i 经外接电阻 R_2 加到集成运放的同相输入端与地之间。而反相输入端经电阻 R_1 接地，反馈电阻跨接在输出端和输入端之间，形成电压串联负反馈。

根据运算放大器工作在线性区的两条依据

$$u_+ = u_- = u_i, \quad i_+ = i_- = 0$$

可得

$$i_i = i_f$$

所以

$$\frac{0 - u_i}{R_1} = \frac{u_i - u_o}{R_f}$$

即

$$u_o = \left(1 + \frac{R_f}{R_1}\right)u_i$$

闭环电压放大倍数为

$$A_{uf} = \frac{u_o}{u_i} = 1 + \frac{R_f}{R_1} \tag{5-37}$$

同样，u_o 和 u_i 的关系取决于外部电阻 R_1 和 R_f，与集成运算放大器本身的参数无关。通过上式可以观察到 A_{uf} 为正值，即 u_o 与 u_i 同相位，且 A_{uf} 始终大于 1，即只能放大信号。

如果取 $R_1 = \infty$，$R_f = 0$，根据上面的式子可得 $A_{uf} = 1$，这种电路称为电压跟随器。如图 5.60 所示，根据"虚断"的性质，该运算电路的输入电阻为无穷大。电压跟随器可以减轻信号源的负担，同时可以提高对负载的驱动能力。

（3）反相加法运算电路。

在实际应用中，常要对一组信号进行组合处理。利用反相比例运算电路的输入端增加若干输入，通过把电压信号转变成电流信号后进行相加，即可构成反相加法运算电路，如图 5.61 所示。

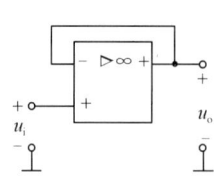

图 5.60　电压跟随器

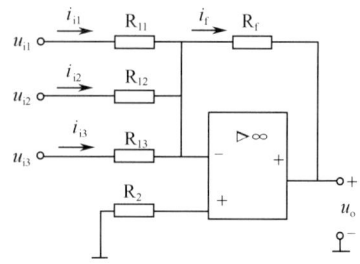

图 5.61　反相加法运算电路

按节点电流定律可得

$$i_f = i_{i1} + i_{i2} + i_{i3}$$

依据理想运算放大器工作在线性区的两条结论

$$u_+ = u_-, \quad i_+ = i_- = 0$$

整理得

$$u_o = -\left(\frac{R_f}{R_{11}} u_{i1} + \frac{R_f}{R_{12}} u_{i2} + \frac{R_f}{R_{13}} u_{i3} \right) \tag{5-38}$$

当 $R_{11} = R_{12} = R_{13} = R_1$ 时

$$u_o = -\frac{R_f}{R_1} (u_{i1} + u_{i2} + u_{i3}) \tag{5-39}$$

当 $R_1 = R_f$ 时

$$u_o = -(u_{i1} + u_{i2} + u_{i3}) \tag{5-40}$$

式中，R_2 为平衡电阻，其取值为 $R_2 = R_{11} // R_{12} // R_{13} // R_f$。

（4）减法运算电路。

如图 5.62 所示，输入信号 u_{i1} 和 u_{i2} 分别加至集成运算放大器的反相输入端和同相输入端。利用工作在线性状态运算放大器的"虚短"和"虚断"性质，应用叠加定理进行分析。

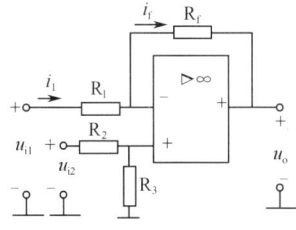

图 5.62　减法运算电路

先设 u_{i1} 单独作用，而 $u_{i2} = 0$，此时电路相当于一个反相比例运算电路，由 u_{i1} 产生的输出电压 u_{o1} 为

$$u_{o1} = -\frac{R_f}{R_1} u_{i1}$$

再设 u_{i2} 单独作用，而 $u_{i1} = 0$，此时电路相当于一个同相比例运算电路，由 u_{i2} 产生的输出电压 u_{o2} 为

$$u_{o2} = \left(1 + \frac{R_f}{R_1} \right) u_+ = \left(1 + \frac{R_f}{R_1} \right) \left(\frac{R_3}{R_2 + R_3} \right) u_{i2}$$

由此可得总输出电压为

$$u_o = u_{o1} + u_{o2} = \left(1 + \frac{R_f}{R_1} \right) \left(\frac{R_3}{R_2 + R_3} \right) u_{i2} - \frac{R_f}{R_1} u_{i1} \tag{5-41}$$

当 $R_1 = R_2$，$R_3 = R_f$ 时

$$u_o = \frac{R_f}{R_1} (u_{i2} - u_{i1}) \tag{5-42}$$

可见，输出电压与两个输入电压的差值成正比，所以该电路又称为差分比例运算电路。

当 $R_1 = R_f$ 时

$$u_o = u_{i2} - u_{i1} \tag{5-43}$$

五、基本运算电路的应用举例

（1）电压电流变换器。

电压电流变换器是将输入的电压信号转变成与之成正比的电流信号。在一定的负载变换范围内，若保持输入电压不变，输出电流就恒定不变，电压电流变换器就相当于一个恒流源。如图 5.63 所示为同相输入的电压电流变换电路，在理想运放的条件下有

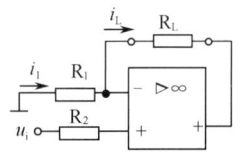

$$i_L = i_1 = -\frac{u_i}{R_1} \qquad\qquad (5\text{-}44)$$

图 5.63　电压电流变换电路

故经负载电阻 R_L 上的电流 i_L 与输入电压 u_i 成正比，而与负载电阻 R_L 的大小无关，只要输入电压恒定，输出电流也就恒定。

（2）电压比较器。

集成运放不仅可以对信号进行运算，还可以对信号进行处理，包括信号的滤波、比较与选择、采样与保持等。其中，电压比较器就是一种典型的集成运放非线性应用电路。

如图 5.64（a）所示是一个简单的单值电压比较器电路。图中，运放的同相输入端接参考电压 U_{REF}，反相输入端接输入电压 u_i。运放处于开环工作状态，当 $u_i > U_{REF}$ 时，输出电压 $u_o = -U_{om}$；当 $u_i < U_{REF}$ 时，输出电压 $u_o = +U_{om}$。其传输特性如图 5.64（b）所示。

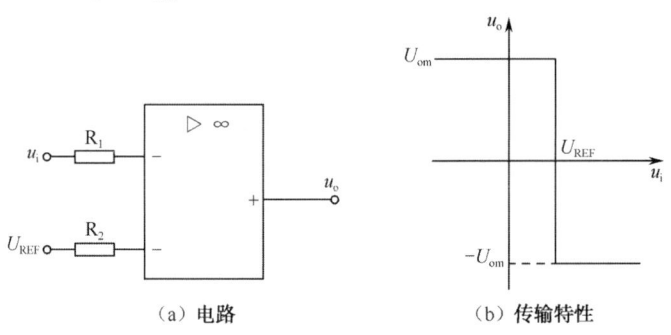

（a）电路　　　　　　　　（b）传输特性

图 5.64　单值电压比较器

特别地，若运放的同相输入端接地，则参考电压为 $U_{REF} = 0V$，这时的电压比较器称为过零比较器，如图 5.65（a）所示。当过零比较器的输入信号 u_i 为正弦波时，输出电压为正负宽度相同的矩形波，如图 5.65（b）所示。

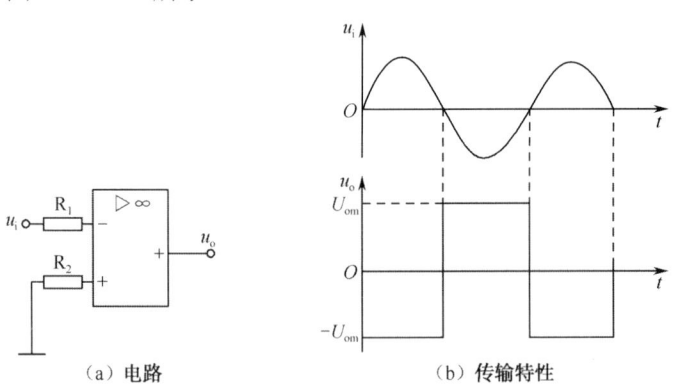

（a）电路　　　　　　　　（b）传输特性

图 5.65　电压过零比较器

（3）测量放大器。

在自动控制测量系统中，一般是通过传感器将温度、压力、位移等非电量信息转换成电压信号。但这种电压信号的变化往往非常小，通过一个运算放大器构成的差分放大电路往往不够用，常用几个运算放大器构成多级运算放大电路，将微弱的电信号放大到足够的幅度和大小。

测量放大器电路如图 5.66 所示，A_1、A_2 组成第一级运放，A_3 组成第二级差分运放。该电路均采用同相输入，所以输入电阻较高；电路结构对称，能很好地抑制零点漂移。由于电路结构上下对称，可以确定电阻 R_1 的中间电位为地电位。

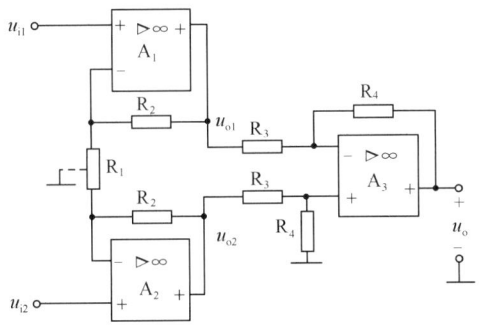

图 5.66　测量放大器电路

根据同相比例运算电路的性质，有
A_1 的输出电压为

$$u_{o1} = \left(1 + \frac{R_2}{R_1/2}\right)u_{i1} = \left(1 + \frac{2R_2}{R_1}\right)u_{i1}$$

A_2 的输出电压为

$$u_{o2} = \left(1 + \frac{2R_2}{R_1}\right)u_{i2}$$

第二级构成减法运算电路，u_{o1}、u_{o2} 分别为 A_3 的反相端和同相端输入信号，则 A_2 的输出电压为

$$u_o = \frac{R_4}{R_3}(u_{o2} - u_{o1})$$

将 u_{o1}, u_{o2} 代入，可得

$$u_o = \frac{R_4}{R_3}\left(1 + \frac{2R_2}{R_1}\right)(u_{i2} - u_{i1})$$

即电路总的电压放大倍数为

$$A_{uf} = \frac{u_o}{u_{i1} - u_{i2}} = -\frac{R_4}{R_3}\left(1 + \frac{2R_2}{R_1}\right) \tag{5-45}$$

六、运算放大器在汽车中的应用

1. 蓄电池电压过低报警电路

如图 5.67 所示，蓄电池电压过低报警电路由集成运放 LM741、稳压管、发光二极管及一些电阻组成。电路中，电阻 R_2 与稳压管 VS 组成电压基准电路，向比较器提供 5V 的基准电压。电阻 R_1、R_3 组成分压电路，中间点作为电压检测点。当蓄电池电压高于 10V 时，比较器输出电压为 12V，发光二极管不发光，指示电压正常；当蓄电池电压低于 10V 时，比较器输出电压为零，发光二极管发光，指示电压过低。

2. 由运算放大器组成的多功能集成电路调节器电路

多功能集成电路调节器除了具有电压调节功能外，还具有充电指示控制功能、电压检测和保护功能，某些调节器还拥有发动机故障检测和指示功能。由运算放大器组成的多功能集成电路调节器内部电路如图 5.68 所示。

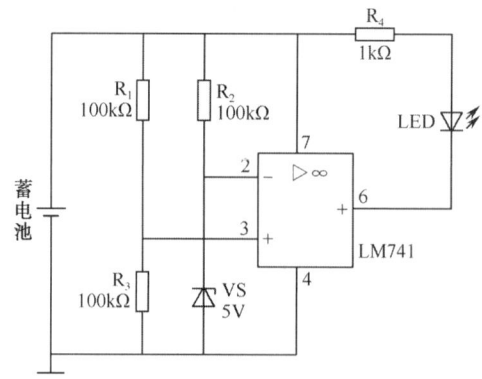

图 5.67　蓄电池电压过低报警电路

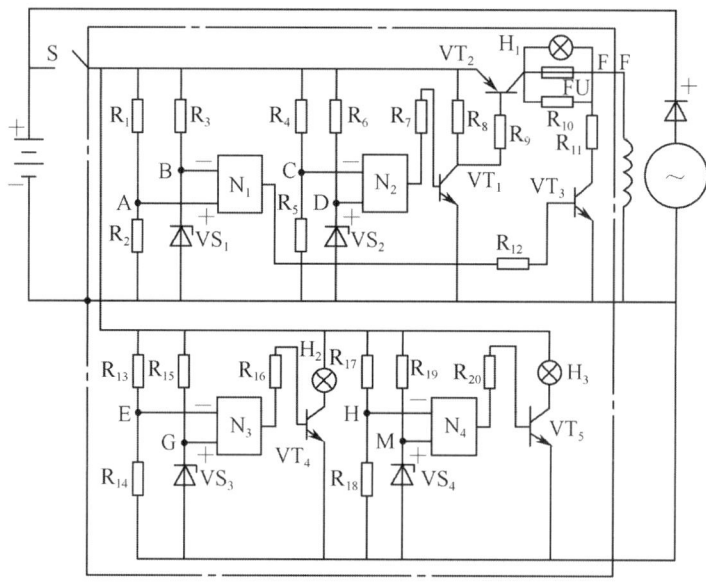

图 5.68　由运算放大器组成的多功能集成电路调节器内部电路

此调节器以一块运算放大器集成电路为核心，组成具有电压调节、过电压保护、充电指示灯控制以及蓄电池低电压检测的多功能集成电路调节器。其各组成部分的功能分述如下：

（1）电压调节功能电路。电压调节功能由运算放大器 N_2，电阻 R_4、R_5、R_6、R_7、R_8、R_9，稳压管 VS_2 和三极管 VT_1、VT_2 组成的回路来实现。电阻 R_4、R_5 构成分压器。分压器 C 点的电压 U_C 作为发电机输出电压的检测电压。R_6、稳压管 VS_2 通过 D 点给运算器提供基准电压。运算放大器 N_2 通过比较 C、D 两点的电压 U_C 与 U_D 后，输入控制信号控制 VT_1、VT_2 的导通与截止。VT_2 串联在发电机励磁绕组中，用于切断和接通磁场电路。

当检测电压 U_C 低于基准电压 U_D 时，N_2 输出高电平，使 VT_1、VT_2 导通，接通了磁场电路，发电机电压随转速升高而升高；当检测电压 U_C 高于基准电压 U_D 时，N_2 输出低电平，使 VT_1、VT_2 截止，切断了磁场电流，使发电机电压下降。如此反复，使发电机电压稳定在规定值上，实现调压功能。

（2）充电指示功能电路。充电指示灯控制回路由运算放大器 N_3，电阻 R_{13}、R_{14}、R_{15}、R_{16}，

指示灯 H_2 和晶体管 VT_4 组成。当 E 点电压 U_E 低于基准点 G 的电压 U_G 时，N_3 输出高电平，VT_4 导通，指示灯 H_2 点亮，表示发电机电压低于蓄电池电压或不发电；当 $U_E>U_G$ 时，N_3 输出低电平，晶体管 VT_4 截止，指示灯熄灭，表示发电机充电正常。

（3）蓄电池电压检测功能电路。此功能由运算放大器 N_4，电阻 R_{17}、R_{18}、R_{19}、R_{20}，稳压管 VS_4，指示灯 H_3 和晶体管 VT_5 组成的回路提供。工作原理与充电指示灯回路基本相同，只是基准点 H 的基准电压 U_H 有差别。当合上点火开关时，若 H_3 点亮则表示蓄电池电压已低于规定值，应及时充电。

（4）过电压保护功能电路。过电压保护回路由运算放大器 N_1，电阻 R_1、R_2、R_3、R_{10}、R_{11}、R_{12}，稳压管 VS_1，熔断器 FU，指示灯 H_1 和晶体管 VT_3 组成。当三极管 VT_1 或 VT_2 被击穿短路时，磁场绕组电流将达到最大值而无法调节，发电机电压处于失控状态。当发电机电压 U 上升至规定值时，A 点电压 U_A 将高于 B 点电压 U_B，使 N_1 输出高电平，VT_3 导通。此时，熔断器 FU 将会因电流超过额定值而迅速熔断。熔断器断开，指示灯 H_1 点亮表示调节器有故障。与此同时，电阻 R_{10} 串入磁场回路，使绕组电流减小，发电机电压下降，使 $U_A<U_B$，N_1 输出低电平，VT_3 截止。R_{10} 串入磁场回路，使发电机端电压下降，但此时电压仍会随转速升高而升高。当电压升到一定值时，又出现 $U_A>U_B$ 情况，使 N_1 输出高电平，VT_3 再次导通。这时，磁场电流将经 R_{11}、VT_3 搭铁而分流，从而使磁场电流减小，发电机端电压下降。电压低于一定值时，$U_A<U_B$，N_1 输出低电平，VT_3 截止，导致发电机电压再次上升。通过元件的选配，可使发电机在很高转速时，其端电压不会超过规定值，从而起到过压保护作用。虽然熔断丝烧断，指示灯 H_1 点亮，说明调节器有故障，但由于磁场绕组中仍有电流，故发电机仍能工作。

技能操作 集成运算放大器的线性应用

1．操作目的
（1）熟悉集成运放 LM741 的电路结构、引脚排列和工作原理。
（2）掌握集成运放的线性应用。

2．操作器材
直流稳压电源 1 台，万用表 1 块，信号发生器 1 台，双踪示波器 1 台，电子技术实验箱 1 台，LM741 运放，电位器、电阻、导线若干。

3．操作电路及原理
本实验使用的集成运放为 LM741，其引脚连接如图 5.69 所示。它有 8 个引脚，各引脚的用途是：2 脚、3 脚分别为反相和同相输入端；7 脚和 4 脚分别接正、负电源；1 脚和 5 脚为调零端，外接电位器 R_P，在输入信号为零时，通过调节电位器 R_P，使输出信号也为零。

实验电路图如图 5.70 所示。

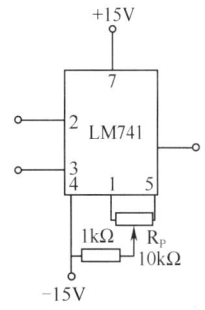

图 5.69 引脚连接图

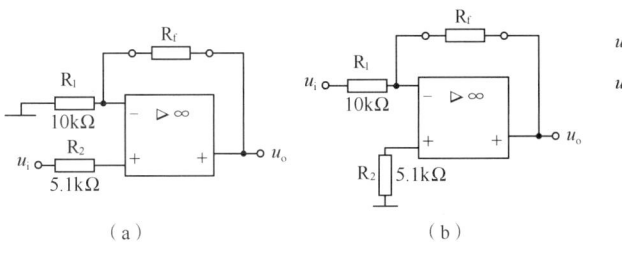

（a）	（b）	（c）

图 5.70 实验电路图

图 5.70（a）为同相比例运算电路，其输入、输出遵循的关系为

$$u_{o} = \left(1 + \frac{R_f}{R_1}\right) u_i$$

图 5.70（b）为反相比例运算电路，其输入、输出遵循的关系为

$$u_{o} = -\frac{R_f}{R_1} u_i$$

图 5.70（c）为反相加法电路，其输入、输出遵循的关系为

$$u_{o} = -\left(\frac{R_f}{R_1} u_{i1} + \frac{R_f}{R_2} u_{i2}\right)$$

4．操作内容及步骤

先按图 5.69 完成 LM741 正、负电源端、调零端的连接。

按照每个给定的电路图进行连接，在输入信号之前，首先完成调零工作。即接通电源后将输入端接地，调节电位器 R_P，使输出电压为零。

记录每次测量的数据，并与理论计算值进行比较。列表，将测量值和计算值对照填入表格中。

（1）同相比例运算电路。按图 5.70（a）连接，反馈电阻 R_f 分别接 10kΩ 和 100kΩ 电阻，输入端通过直流稳压电源输入 0.2V 直流电压信号，用万用表分别测量出对应的输出电压。

（2）反相比例运算电路。按图 5.70（b）连接，其他操作步骤与同相比例运算电路相同。

（3）反相加法电路。按图 5.70（c）连接，反馈电阻 R_f 接 10kΩ 电阻，按下列三种情况输入信号：$u_{i1}=0.2V$，u_{i2} 接地；$u_{i2}=0.2V$，u_{i1} 接地；$u_{i1}=u_{i1}=0.2V$。分别测量对应的输出电压。

5．操作报告及要求

（1）绘制各个电路图，记录各测量值，绘制观测到的波形，并做出分析。

（2）写出实验过程中出现的问题及解决方法，提出对实验的建议。

任务 5.4 正弦波振荡电路

振荡器是一种信号产生电路，用以产生一定频率和幅度的信号。振荡器也是一种能量转换装置，无须外加信号就能自动地把直流电能转换成具有一定频率、一定振幅、一定波形的交流信号，所以振荡器又称为自激振荡器或波形发生器。如果产生的交流信号是正弦波，称为正弦波振荡器；产生的信号是非正弦波，则称为非正弦波发生器（如方波、三角波发生器等）。在电子技术中，正弦波振荡器有着广泛的应用，如自动控制系统中作为时间基准信号源；在测量中的标准信号源，在通信、广播、电视设备中的载波信号源等。

1．正弦波振荡器的振荡条件及基本组成

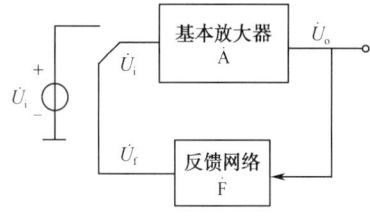

图 5.71 正弦波振荡电路组成框图

正弦波振荡器由放大器和反馈网络组成，如图 5.71 所示。假设开关置向外加信号输入端，这时在基本放大电路的信号输入端加入了一定频率和幅度的正弦波信号 $\dot{U}_i$，此信号经放大器放大后产生输出信号 $\dot{U}_o$，而 $\dot{U}_o$ 又作为反馈网络的输入信号，经反馈网络后产生反馈信号 $\dot{U}_f$。如果反馈信号与原来的输入信号 $\dot{U}_i$ 大小和相位均相同，这时将开关拨到反

馈信号端，放大器和反馈网络组成闭环系统。此时，在没有外加信号输入的情况下，输出端可输出一定频率和幅度的信号 $\dot{U}_o$，从而产生自激振荡。

（1）振荡的平衡条件。

当反馈信号 $\dot{U}_f$ 等于电路的输入信号 $\dot{U}_i$ 时，电路的输出信号 $\dot{U}_o$ 保持稳定，电路由此达到了稳定状态，因为电路振荡的平衡条件是 $\dot{U}_i = \dot{U}_f$。

由图 5.71 可知

$$A_u = \frac{\dot{U}_o}{\dot{U}_i}, \quad F_u = \frac{\dot{U}_f}{\dot{U}_o} \tag{5-46}$$

$$\dot{U}_f = \dot{F}_u \dot{U}_o = \dot{A}_u \dot{F}_u \dot{U}_i \tag{5-47}$$

由此可得振荡的平衡条件为

$$\dot{A}_u \dot{F}_u = \mid \dot{A}_u \dot{F}_u \mid \underline{/\varphi_a + \varphi_f} = 1 \tag{5-48}$$

根据相量的性质，振荡的平衡条件包含了两个方面的平衡内容：

振幅平衡条件

$$\mid \dot{A}_u \dot{F}_u \mid = 1 \tag{5-49}$$

相位平衡条件

$$\varphi_a + \varphi_f = 2n\pi \qquad (n = 0, 1, 2, \cdots) \tag{5-50}$$

对于一个振荡电路，只有同时满足振幅平衡条件和相位平衡条件，才能实现稳幅振荡。

（2）振荡的起振条件。

上面所说的振荡的平衡条件，是指振荡电路进入稳定振荡后而言的。而在实际应用中，不可能另外提供信号源使电路进入稳定后再断开，而是利用接通直流电源后产生的微弱的电扰动，从所包含的谐波成分中取出与选频网络对应的特定频率经过一系列的放大、反馈后达到一定幅度的振荡。所以在起振的时候要求反馈电压的幅度大于当时的输入信号，而且要同相位。因此，振荡的起振条件也包含了相位条件和振幅条件两个方面。

①起振的振幅条件

$$\mid \dot{A}_u \dot{F}_u \mid > 1 \tag{5-51}$$

②起振的相位条件

$$\varphi_a + \varphi_f = 2n\pi \qquad (n = 0, 1, 2, \cdots) \tag{5-52}$$

（3）正弦波振荡器的基本组成。

正弦波振荡器由放大电路和反馈网络组成。此外，在电路中还应包含有选频网络和稳幅环节，使电路能获得单一频率的稳定幅度的正弦波振荡信号。

正弦波振荡器的选频网络根据组成元件的不同可构成不同的正弦波振荡电路。选频网络由 R、C 元件组成的称为 RC 正弦波振荡电路；由 L、C 元件组成的称为 LC 振荡电路。

2. 电感三点式 LC 正弦波振荡电路

电感三点式振荡电路如图 5.72 所示，L 线圈由 L_1 及 L_2 组成，线圈的两端及中心抽头组成电感三点式。该电路中放大环节为晶体管分压式反相放大器，反馈环节由 LC 串并联电路实现，反馈类型可分为并联、电压、交流及正反馈，选频环节为 LC 并联谐振选频电路，其振荡频率为

$$f_0 = \frac{1}{2\pi\sqrt{L'C}} = \frac{1}{2\pi\sqrt{(L_1 + L_2 + 2M)C}} \tag{5-53}$$

式中，L' 是振荡电路的等效电感，M 为互感。

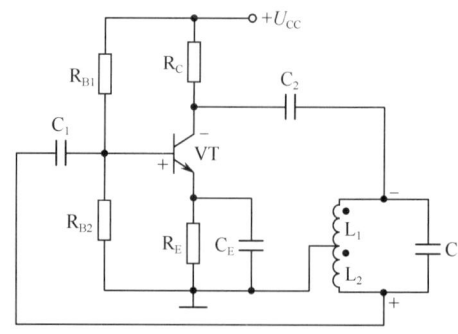

图 5.72　电感三点式振荡电路

　　调节 L 或 C 的参数值即可调节电路的振荡频率。在电感三点式中，通过改变电感线圈的抽头匝数，一方面可改变谐振频率，另一方面可改变反馈系数，以确保 $|\dot{A}_u\dot{F}_u| \geqslant 1$，使振荡能顺利产生并稳定。

　　电感三点式振荡电路不仅容易起振，而且可采用可变电容器，能在较大的范围内调节振荡频率，因此在需要经常改变频率的场合（如信号发生器、收音机电路中）得到了广泛应用。但由于反馈电压取自电感 L_2，因此它对高次谐波的阻抗较大，使得输出波形中含有较多高次谐波成分，波形较差。

3. 电容三点式振荡电路

　　电容三点式振荡电路如图 5.73 所示，电容 C_1、C_2 的两端及中心抽头组成电容三点式。该电路中，放大环节同样为晶体管分压式反相放大器，反馈环节的类型同样可分析为并联、电压、交流及正反馈，选频环节也是 LC 并联谐振电路，其振荡频率为

$$f_0 = \frac{1}{2\pi\sqrt{LC'}} = \frac{1}{2\pi\sqrt{L\dfrac{C_1C_2}{C_1+C_2}}} \tag{5-54}$$

式中，C' 是振荡电路的等效电容。

　　由于电容三点式振荡电路的反馈电压取自电容，它对高次谐波的阻抗小，有滤波作用，因而反馈电压中谐波分量少，输出波形较好。

　　如果电路要求的振荡频率比较高，而电容 C_1、C_2 小到可与三极管的极间电容相比，则管子的极间电容是不容忽略的。管子的极间电容随温度等因素的变化而变化，会对振荡频率造成显著影响，使振荡频率不稳定。为了克服这一缺点，可在电感 L 支路上串接一个电容 C，使振荡频率取决于 L 和 C，C_1、C_2 只起分压作用。改进后的电路如图 5.74 所示。

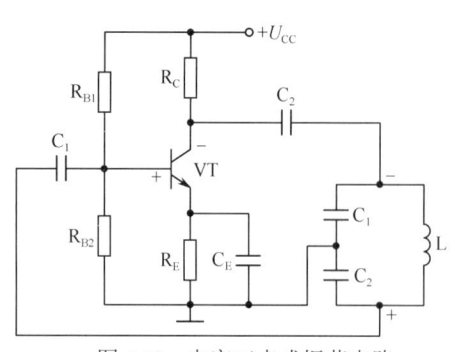

图 5.73　电容三点式振荡电路

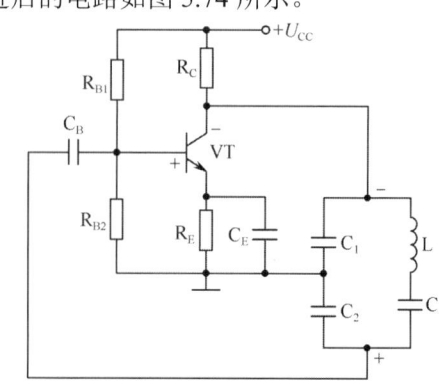

图 5.74　电容三点式改进型正弦波振荡电路

4．正弦波振荡器在汽车中的应用

如图 5.75 所示为振荡式无触点电子点火控制器电路。

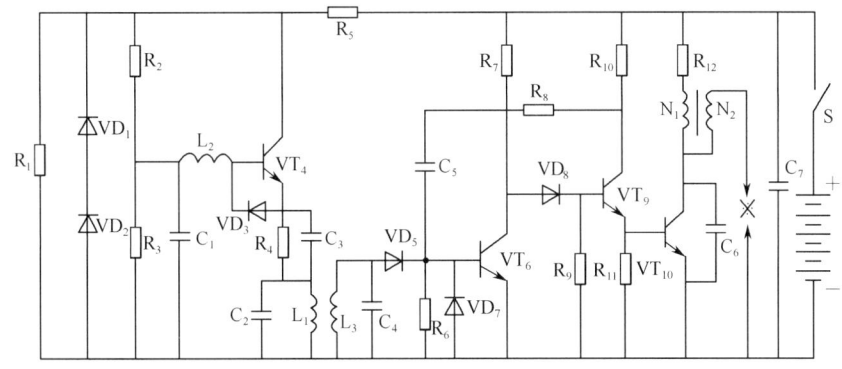

图 5.75　振荡式无触点电子点火控制电路

图 5.75 中，VT$_4$、L$_2$、C$_2$、L$_2$ 组成正弦振荡器，该电路的振荡与否取决于点火装置中铜片的位置。当铜片转至缺口处时，有正反馈电压取自 L$_2$ 线圈，电路满足振荡所必需的幅值条件和相位条件。当 C$_2$、L$_1$ 两端加上电压时，就给 LC 回路提供了能量，激起电磁振荡。虽然这种由通电扰动引起的振幅很小，但经 L$_2$ 的正反馈，会使振幅由反馈→放大→再反馈→再放大而逐渐增大，但作为非线性元件的三极管 VT$_4$ 又在限制振幅的增大，当这两者的作用达到动态平衡时，振荡器就能产生稳定的等幅振荡，由 L$_3$ 输出电信号。当铜片遮挡时，L$_3$ 无信号输出。VT$_6$ 因基极无正向偏置而截止。VT$_9$ 和 VT$_{10}$ 导通，点火线圈有电流通过，在铁芯中产生磁场。当铜片转至缺口处时，L$_3$ 有信号输出，VT$_6$ 因基极得到正向偏置而导通，VT$_9$ 的基极、发射极被短路，基极电位接近零，于是 VT$_9$ 截止，VT$_{10}$ 因无偏流随之截止。点火线圈初级电路切断，初级电流迅速消失，磁场消失，于是在点火线圈次级绕组中感应出高压电动势。

技能操作　RC 正弦波振荡器

1．操作目的

（1）进一步学习 RC 正弦波振荡器的组成及其振荡条件。

（2）学会测量、调试振荡器。

2．操作器材

函数信号发生器 1 台，+12V 直流电源 1 块，双踪示波器 1 台，频率计 1 个，直流电压表 1 块，3DG12×2 或 9013×2 电阻、电容、电位器等若干。

3．操作电路及原理

从结构上看，正弦波振荡器是没有输入信号的、带选频网络的正反馈放大器。若用 R、C 元件组成选频网络，就称为 RC 振荡器，一般用来产生 1Hz～1MHz 的低频信号。

RC 串并联网络（文氏桥）振荡器的电路型式如图 5.76 所示。

振荡频率

$$f_0 = \frac{1}{2\pi RC}$$

起振条件

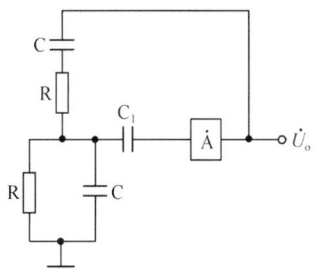

图 5.76　RC 串并联网络振荡器原理图

$$|\dot{A}|>3$$

电路特点：可方便地连续改变振荡频率，便于加负反馈稳幅，容易得到良好的振荡波形。

4．操作内容及步骤

（1）RC 串并联选频网络振荡器。

按图 5.77 接线路，将电位器 R_w 顺时针方向旋到底，接入+12V 电源和地，不接 RC 串并联网络（即 A 点和 B 点不连接），测量放大器静态工作点，将数据填入表 5.9 中。

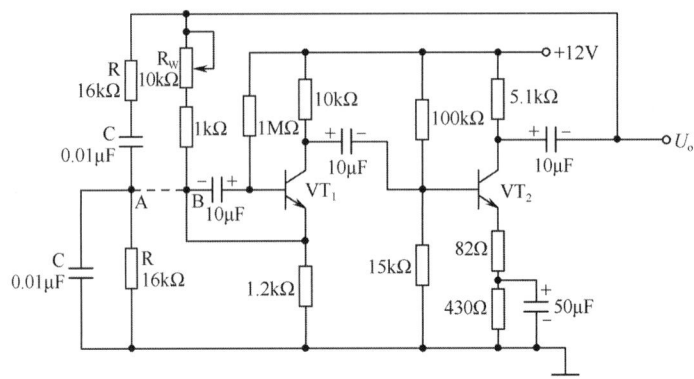

图 5.77 RC 串并联选频网络振荡器

表 5.9 放大器静态工作点数据记录

U_{B1}	U_{E1}	U_{C1}	U_{B2}	U_{E2}	U_{C2}

给放大器一个频率为 2kHz、幅度为 0.5V 的正弦输入 u_i，即从 B 点接入信号发生器，用示波器分别测量 U_i 和 U_o 的值，求出放大器的电压放大倍数，填入表 5.10 中。

表 5.10 放大器电压放大倍数数据记录

U_i	U_o	A_u
0.5V		

（2）接通 RC 串并联网络，并使电路起振，用示波器观测输出电压 u_o 波形，调节 R_w 获得满意的正弦信号，记录波形及其参数，填入表 5.11（可允许少量失真以维持波形稳定）。

表 5.11 起振波形数据记录

U_o（V）	输出波形 u_o

（3）测量振荡频率，并与计算值进行比较。数据填入表 5.12 中。

表 5.12　起振波形振荡频率数据记录

f	测 量 值	计 算 值

（4）RC 串并联网络幅频特性的观察。

将 RC 串并联网络与放大器断开，用函数信号发生器的正弦信号注入 RC 串并联网络，保持输入信号的幅度不变（约 3V），频率由低到高变化，RC 串并联网络输出幅值将随之变化，当信号源达到某一频率时，RC 串并联网络的输出将达最大值（约 1V 左右），且输入、输出同相位，此时信号源频率为 $f = f_0 = \dfrac{1}{2\pi RC}$，数据填入表 5.13 中。

表 5.13　RC 串并联网络幅频特性观察数据记录

U_i（V）	U_o（V）	u_i 与 u_o 同轴波形
3		

5．操作报告及要求

（1）由给定电路参数计算振荡频率，并与实测值比较，分析误差产生的原因。

（2）总结三类 RC 振荡器的特点。

任务 5.5　能力测试

5.1　如图 5.78 所示各电路，试判断三极管的工作状态，并求输出电压 U_o。

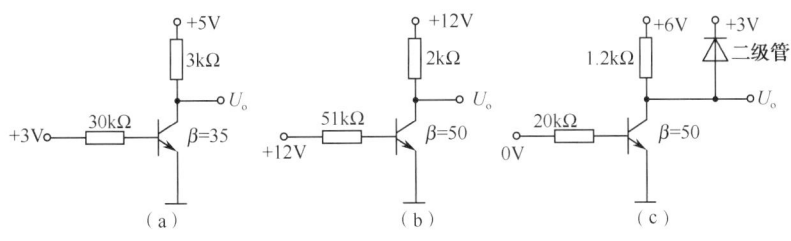

图 5.78

5.2　一单相半波整流电路，交流输入电压 $u = 12\sqrt{2}\sin(\omega t + 120°)$V，负载 $R_L = 3.9\text{k}\Omega$，求电路的直流输出平均电压 U_o 及负载上流过的平均电流 I_o。若将电路改成单相桥式整流电路，电路的直流输出平均电压 U_o 及负载上流过的平均电流 I_o 又等于多少？

5.3　一个三相半波整流电路，若输入三相交流线电压的有效值为 24V，则其直流输出端电压为多少？若电路接有负载 $R_L = 128\Omega$，此时电路中各整流二极管所流过的平均电流及所承受的最大反向电压各为多少？

5.4　如图 5.79（a）所示电路，试分别说明各电容、电阻的作用。

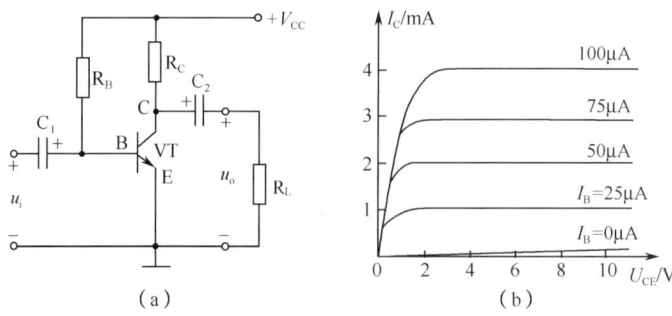

图 5.79

5.5 如图 5.79（a）所示电路，已知 $V_{CC} = 12V$，$R_C = 3k\Omega$，$R_B = 240k\Omega$，$U_{BE} = 0.6V$，三极管的电流放大倍数为 $\beta = 40$，其输出特性曲线如图 5.79（b）所示。（1）用图解法求电路的静态工作点；（2）用近似估算法求电路的静态工作点。

5.6 如图 5.79（a）所示电路，已知 $V_{CC} = 12V$，$R_C = 3k\Omega$，$U_{BE} = 0.6V$，三极管的电流放大倍数为 $\beta = 40$，使 $U_{CE} = 4V$，试估算 R_B 的大小，若使 $I_C = 2mA$，R_B 又等于多少？

5.7 如图 5.79（a）所示电路，已知 $V_{CC} = 12V$，$R_B = 300k\Omega$，$R_C = R_L = 3k\Omega$，$U_{BE} = 0.6V$，$\beta = 60$，试用近似估算法求电路的静态工作点，画出微变等效电路，并求电路的电压放大倍数 A_u，输入电阻 r_i，输出电阻 r_o。

5.8 指出如图 5.80 所示各运算电路的名称，并求出各电路的电压放大倍数。

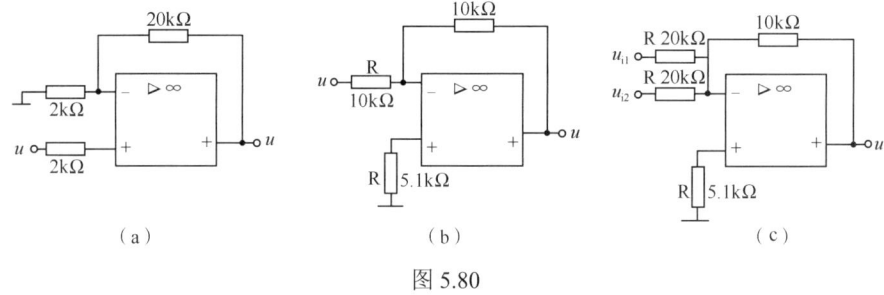

（a） （b） （c）

图 5.80

5.9 分别设计下列关系的运算电路。

（1）$u_o = -5u_i$，$R_f = 20k\Omega$；

（2）$u_o = -(u_{i1} + 0.4u_{i2})$，$R_f = 200k\Omega$。

5.10 如图 5.81 所示电路，输入电压 $u_i = 0.1V$，调节电位器 R_P，计算对应的输出电压调节范围。

5.11 如图 5.82 所示电路为由两个运放组成的差分电路，其中 K 为比例常数，试求 u_o、u_{i1}、u_{i2} 之间的关系。

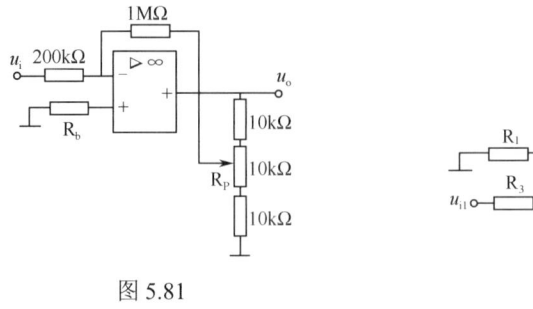

图 5.81

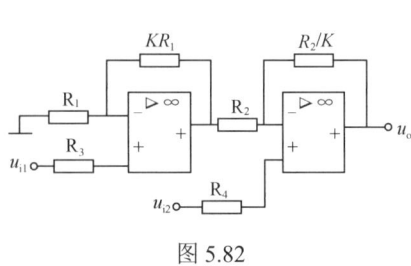

图 5.82

5.12　在信号检测中，传感器检测到的信号往往较为微弱，必须通过大倍率的放大才能转换为易于处理的电量信号。现有一传感器，检测输出的信号幅度为 0.1mV，幅度为 2V 的信号，请利用集成运放多级级联放大的方式设计实现该功能的电路。

5.13　一个正弦波振荡器由哪几个部分组成？包括哪几个环节？

5.14　如图 5.83 所示的 RC 桥式正弦波振荡电路，已知 $R_1=R_2=80\text{k}\Omega$，$C_1=C_2=0.01\mu\text{F}$，$R_3=10\text{k}\Omega$，要满足起振条件，对 R_4 阻值有何要求？电路振荡后振荡信号的频率是多少？

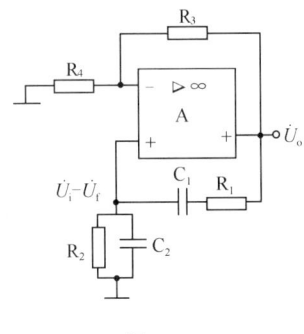

图 5.83

汽车中数字电路的应用

【知识目标】

1. 掌握逻辑门电路的结构、特点，熟悉门电路在汽车中的应用；
2. 理解 RS、JK、D 触发器的逻辑功能、符号和触发方式；
3. 熟悉计数器、寄存器和译码器的工作原理；
4. 掌握 555 定时器的结构及工作原理，熟悉 555 定时器在汽车上的应用。

【能力目标】

1. 具备查阅数字电路有关资料和手册的能力；
2. 能正确识别并检测门电路、触发器、译码器和 555 定时器等；
3. 会使用常用的数字集成电路设计和制作简单的数字电路；
4. 具备组装、调试和分析数字电路的基本能力。

任务 6.1　数制、编码及基本逻辑门电路

一、模拟信号和数字信号

电子电路中的信号可以分为两大类：模拟信号和数字信号。

模拟信号——时间连续、数值也连续变化的信号，如图 6.1（a）所示。

数字信号——时间上和数值上均是离散变化的信号，如图 6.1（b）所示。例如，电子表的秒信号、生产流水线上记录零件个数的计数信号等。这些信号的变化发生在一系列离散的瞬间，其值也是离散的。

数字信号只有两个离散值，常用数字 0 和 1 来表示。注意：这里的 0 和 1 没有大小之分，只代表两种对立的状态，称为逻辑 0 和逻辑 1，也称为二值数字逻辑。

数字信号在电路中往往表现为突变的电压或电流。该信号有两个特点：

（1）信号只有两个电压值。在图 6.1（b）中只有 5V 和 0V，我们可以用 5V 来表示逻辑 1，用 0V 来表示逻辑 0；当然也可以用 0V 来表示逻辑 1，用 5V 来表示逻辑 0；这两个电压值又常被称为逻辑电平，其中，5V 为高电平，0V 为低电平。

（2）信号从高电平变为低电平，或者从低电平变为高电平，是一个突然变化的过程，这种信号又称为脉冲信号。

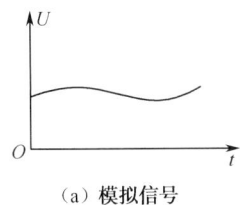
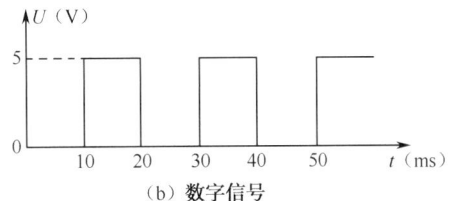

（a）模拟信号　　　　　　　　　　（b）数字信号

图 6.1　典型的信号

如上所述，数字信号是一种二值信号，用两个电平（高电平和低电平）分别来表示两个逻辑值（逻辑 1 和逻辑 0）。数字电路中常用两种逻辑体制：

（1）正逻辑规定：高电平为逻辑 1，低电平为逻辑 0；

（2）负逻辑规定：低电平为逻辑 1，高电平为逻辑 0。

本书采用的是正逻辑体制。

二、数制与码制

1. 数制

数制是指数的表示方法，常用的数制有十进制和二进制两种。

（1）十进制。在表示数值大小时，允许使用的数字符号的个数称为基数。十进制在表示数值大小时允许使用 0～9 十个数字符号，因此其基数是 10。以 10 为基数，进位规则是"逢十进一"的数制就称为十进制。

十进制数可用各位数值之和的形式表示。例如：

$$(1860)_{10}=1×10^3+8×10^2+6×10^1+0×10^0$$

$$(555)_{10}=5×10^2+5×10^1+5×10^0$$

十进制数在不同的数位上表示的数值不同，其中乘数 10^2、10^1、10^0 是根据数字所在的位置得到的，称为该位的"权"。十进制数的位权都是基数 10 的幂。

（2）二进制。二进制在表示数值大小时只能使用 0 和 1 两个数字符号，因此其基数是 2，进位规则是"逢二进一"的数制就称为二进制。

与十进制数相同，二进制数也可用各位数值之和的形式表示。例如：

$$(1001)_2=1×2^3+0×2^2+0×2^1+1×2^0$$

其中，2^3、2^2、2^1、2^0 分别为各数位的权，它们都是基数 2 的幂。

（3）二进制数—十进制数的相互转换。

①二进制数转换为十进制数。方法是将二进制数按位值展开后相加，就得到等值的十进制数。例如：

$$(1001)_2=1×2^3+0×2^2+0×2^1+1×2^0=(9)_{10}$$

②十进制数转换为二进制数。方法是除 2 取余法。

例 6.1　将（23）$_{10}$ 转换为二进制数。

解：

$$
\begin{array}{rl}
2\underline{|\,23} & \cdots\cdots 余1\ b_0 \\
2\underline{|\,11} & \cdots\cdots 余1\ b_1 \\
2\underline{|\,5} & \cdots\cdots 余1\ b_2 \\
2\underline{|\,2} & \cdots\cdots 余0\ b_3 \\
2\underline{|\,1} & \cdots\cdots 余1\ b_4 \\
0 &
\end{array}
$$

读取次序

所以（23）$_{10}$=（10111）$_2$

2．码制

由于数字系统是以二值数字逻辑为基础的，因此数字系统中的信息（包括数值、文字、控制命令等）都是用一定位数的二进制码表示的，这个二进制码称为代码。

二进制编码方式有多种，二—十进制码，又称BCD码，是其中一种常用的码，它用二进制代码来表示十进制的0～9十个数。

要用二进制代码来表示十进制的0～9十个数，至少要用4位二进制数。4位二进制数有16种组合，可以从这16种组合中选择10种组合分别来表示十进制的0～9十个数。选哪10种组合，有多种方案，这就形成了不同的BCD码。具有一定规律的常用的BCD码见表6.1。

表6.1 几种常用的二—十进制码

十 进 制 数	8421 码	2421 码	5421 码	余 三 码
0	0000	0000	0000	0011
1	0001	0001	0001	0100
2	0010	0010	0010	0101
3	0011	0011	0011	0110
4	0100	0100	0100	0111
5	0101	1011	1000	1000
6	0110	1100	1001	1001
7	0111	1101	1010	1010
8	1000	1110	1011	1011
9	1001	1111	1100	1100
位权	8 4 2 1 $b_3b_2b_1b_0$	2 4 2 1 $b_3b_2b_1b_0$	5 4 2 1 $b_3b_2b_1b_0$	无权

注意：BCD码用4位二进制码表示的只是十进制数的一位。如果是多位十进制数，应先将每一位用BCD码表示，然后组合起来。

三、逻辑代数及基本运算

逻辑代数也称布尔代数，它是分析和设计逻辑电路的一种数学工具，用来描述数字电路和数字系统的结构及特性。

逻辑代数有1和0两种逻辑值，它们并不表示数量的大小，而是表示两种对立的逻辑状态，例如电平的高低，晶体管的导通和截止，脉冲信号的有无，事物的是非等。所以，逻辑1和逻辑0与自然数中的1和0有本质的区别。

在逻辑代数中，输出逻辑变量和输入逻辑变量的关系，叫逻辑函数，可表示为

$$F = f(A, B, C \cdots)$$

式中，A、B、C为输入逻辑变量，F为逻辑函数。下面介绍基本逻辑运算。

1．逻辑与

逻辑与是描述与逻辑关系的，又称与运算。逻辑表达式为

$$F = A \cdot B$$

其意义是仅当决定事件发生的所有条件A、B中均具备时，事件F才能发生。例如，把两只开关和一盏电灯串联接到电源上，只有当两只开关均闭合时灯才能亮；两个开关中有一个不闭合就不能亮。若开关断开时，A和B取0，开关闭合时取1；灯亮时F取1，灯灭时取0，

则 F 的逻辑状态列于表 6.2，称为真值表。

表 6.2　与逻辑真值表

A	B	F	A	B	F
0	0	0	1	0	0
0	1	0	1	1	1

2. 逻辑或

逻辑或是描述或逻辑关系的，又称或运算。逻辑表达式为

$$F = A + B$$

其意义是当决定事件发生的各种条件 A、B 中，只要有一个或一个以上的条件具备，事件 F 就发生。仍以上述的灯的情况为例，把两只开关并联与一盏电灯串联接到电源上，当两只开关中有一个或一个以上闭合时灯均能亮。只有两个开关全断开时灯才不亮。逻辑取值方法同上，F 的逻辑状态列于真值表 6.3。

表 6.3　或逻辑真值表

A	B	F	A	B	F
0	0	0	1	0	1
0	1	1	1	1	1

3. 逻辑非

逻辑非是对一个逻辑变量的否定，也称非运算。逻辑表达式为

$$F = \overline{A}$$

其意义是事件发生出现的结果必然和这种条件相反。仍以灯的情况为例，一只在面板上标有"开"和"关"字样的开关与一盏电灯串联接到电源上，但由于安装这只开关的电工粗心，当开关打向"开"时灯灭，打向"关"时灯亮。当 A 取 0 或 1 时，F 的逻辑状态列于真值表 6.4。

表 6.4　非逻辑真值表

A	F
0	1
1	0

4. 逻辑代数基本定律

包括 9 个定律，如表 6.5 所示，其中有的定律与普通代数相似，有的定律与普通代数不同，使用时切勿混淆。

例 6.2　利用逻辑代数证明等式：$AB + \overline{A}C + \overline{B}C = AB + C$。

证明：$AB + \overline{A}C + \overline{B}C = AB + (\overline{A} + \overline{B})C = AB + \overline{AB}C = AB + C$

例 6.3　应用逻辑代数化简等式：$A + A\overline{B}\,\overline{C} + \overline{A}CD + (\overline{C} + \overline{D})E$。

解：原式可化为

$$A + A\overline{B}\,\overline{C} + \overline{A}CD + (\overline{C} + \overline{D})E = A + \overline{A}CD + \overline{CD}E$$
$$= A + CD + \overline{CD}E$$
$$= A + CD + E$$

表 6.5　逻辑代数的基本公式

名　　称	公式 1	公式 2
0-1 律	$A \cdot 1 = A$	$A + 0 = A$
	$A \cdot 0 = 0$	$A + 1 = 1$

续表

名　　称	公式 1	公式 2
互补律	$A \cdot \overline{A} = 0$	$A + \overline{A} = 1$
重叠律	$A \cdot A = A$	$A + A = A$
交换律	$AB = BA$	$A + B = B + A$
结合律	$A(BC) = (AB)C$	$A + (B+C) = (A+B) + C$
分配律	$A(B+C) = AB + AC$	$A + BC = (A+B)(A+C)$
反演律	$\overline{AB} = \overline{A} + \overline{B}$	$\overline{A+B} = \overline{AB}$
吸收律	$A(A+B) = A$ $A(\overline{A}+B) = AB$ $(A+B)(\overline{A}+C)(B+C) = (A+B)(\overline{A}+C)$	$A + AB = A$ $A + \overline{A}B = A + B$ $AB + \overline{A}C + BC = AB + \overline{A}C$
对合律（还原律）	$\overline{\overline{A}} = A$	

四、基本门电路

能够实现基本逻辑关系的电路称为门电路。根据门电路的组成结构可分为分立元件门电路和集成门电路两种类型，下面分别给予说明。

1．分立元件门电路

现今集成技术得到了迅速发展和广泛运用，分立元件已经很少有人使用了。但无论集成电路结构多么复杂，都是以分立元件门电路为基础，经过改造演变过来的，了解分立元件门电路的工作原理，有助于学习和掌握集成门电路。分立元件门电路包括二极管门电路和三极管门电路两类。

（1）二极管与门。

二极管与门电路如图 6.2（a）所示。由图可知，在输入 A、B 中有一个（或一个以上）为低电平，则与输入端相连的二极管必然获得正偏电压而导通，使输出端 Z 为低电平；只有输入 A、B 同时为高电平，输出 Z 才是高电平。由此可知，输入对输出呈与逻辑关系，即 $Z = A \cdot B$，其逻辑符号如图 6.2（b）所示，真值表如图 6.2（c）所示。输入端的个数当然可以多于两个，有几个输入端用几个二极管即可。

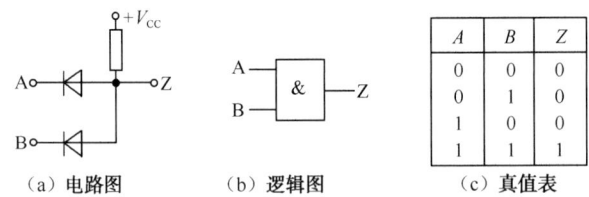

（a）电路图　　　（b）逻辑图　　　（c）真值表

图 6.2　二极管与门电路及其逻辑图表

（2）二极管或门。

二极管或门电路如图 6.3（a）所示。由图可知，在输入 A、B 中有一个（或一个以上）为高电平，则与之相连的二极管必然获得正偏电压而导通，使输出 Z 为高电平；只有输入 A、B 同时为低电平时，输出 Z 才是低电平。由此可知，输入对输出呈或逻辑关系，即 $Z = A + B$，其逻辑符号如图 6.3（b）所示，其真值表如图 6.3（c）所示。

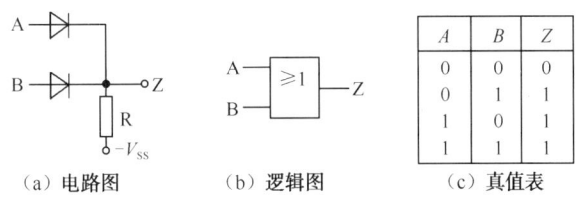

（a）电路图　　　　　（b）逻辑图　　　　　（c）真值表

图 6.3　二极管或门电路及其逻辑图表

（3）三极管非门。

非门又称为反相器，是实现逻辑翻转的门电路。它对输入的逻辑电平取反，实现相反的逻辑功能输出。其电路如图 6.4（a）所示。只要电阻 R_1、R_2 和负电源$-V_{ss}$ 参数配合适当，则当输入低电平信号时，三极管的基极为负电位，发射结反偏，三极管可靠截止，输出为高电平；而当输入为高电平时，三极管基极为正电位而饱和导通，输出为低电平，从而实现非运算。非运算的逻辑符号和真值表分别如图 6.4（b）和图 6.4（c）所示。其逻辑式为 $Z=\overline{A}$。

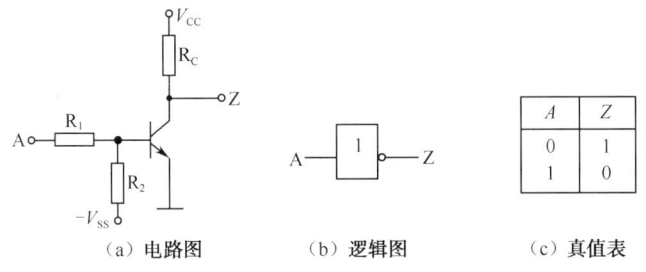

（a）电路图　　　　　（b）逻辑图　　　　　（c）真值表

图 6.4　三极管非门电路及其逻辑图表

（4）三极管与非门。

将二极管与门与三极管非门相连，即可构成与非门，如图 6.5（a）所示。通过与门和非门的分析可得与非门的真值表，其逻辑符号及真值表分别如图 6.5（b）和图 6.5（c）所示。其逻辑表达式为 $Z=\overline{A \cdot B}$。

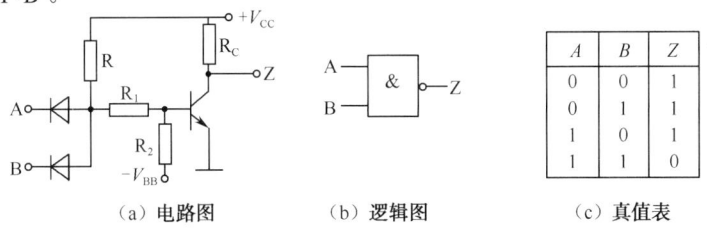

（a）电路图　　　　　（b）逻辑图　　　　　（c）真值表

图 6.5　三极管与非门电路及其逻辑图表

（5）三极管或非门。

将二极管或门和三极管非门相连接，即构成或非门，如图 6.6（a）所示。类似分析不难得出或非门的真值表，其逻辑符号及真值表分别如图 6.6（b）和图 6.6（c）所示。其逻辑表达式为 $Z=\overline{A+B}$。

2．集成逻辑门电路

构成集成逻辑门电路包含三种数字集成电路技术，分别是 CMOS、TTL 和 ECL。其中，CMOS 和 TTL 应用最为广泛，下面分别介绍这两种类型。

（1）TTL 门电路。

TTL（Transistor-Transistor Logic）代表晶体管-晶体管逻辑电路的意思。它的输入端和输出端都是由双极型晶体管组成。TTL 是一种应用广泛的数字集成电路技术。TTL 较之 CMOS 的一个优点就是对静电效应不敏感。由于无须担心操作方面的问题，使 TTL 在实验室和原型机测试等实际应用场合得到了广泛的应用。

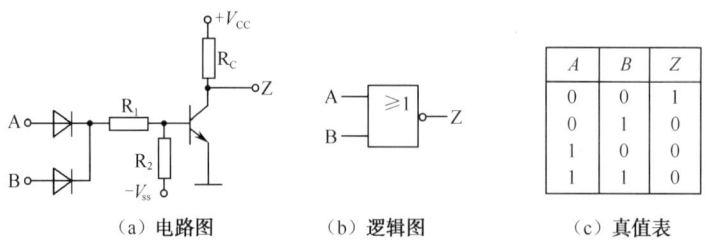

|（a）电路图|（b）逻辑图|（c）真值表|

图 6.6　三极管或非门电路及其逻辑图表

TTL 门电路包含多种系列，均采用 5V 直流电源供电。各种系列的 TTL 门电路具有不同的性能特征，其标注是在 54 或 74 后面跟代表系列的字母及代表逻辑门类型的数字。基本 TTL 门电路的标注如下：

- 74——标准 TTL（后不跟字母）；
- 74S——肖特基 TTL；
- 74LS——低功耗肖特基 TTL；
- 74AS——高级肖特基 TTL；
- 74ALS——高级低功耗肖特基 TTL；
- 74F——快速 TTL。

现举例说明。例如 74LS20 表示低功耗肖特基二-四输入 TTL 与非门，其中 20 表示 TTL 门电路的类型是四输入与非门，一块集成芯片上包含了两个这样的门电路，如图 6.7（a）所示。

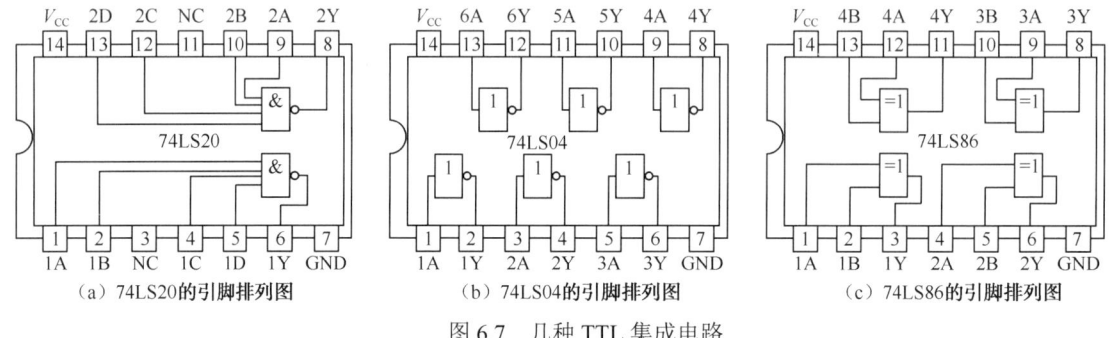

|（a）74LS20的引脚排列图|（b）74LS04的引脚排列图|（c）74LS86的引脚排列图|

图 6.7　几种 TTL 集成电路

为了便于认识及查阅，下面列举出常用的 74 系列 TTL 门电路，后面的数据代表了门电路的类型。

00：四-二输入与非门　　　　20：二-四输入与非门
02：四-二输入或非门　　　　21：二-四输入与门
04：六反相器　　　　　　　27：三-三输入或非门
08：四-二输入与门　　　　　30：一-八输入与非门
10：三-三输入与非门　　　　32：四-二输入或门
11：三-三输入与门　　　　　86：四-二输入异或门

（2）CMOS 门电路。

MOS 集成电路是由金属-氧化物-半导体场效应管构成的单极型集成电路，可分为三类：

NMOS、PMOS 和 CMOS 电路，其中尤其以 CMOS 发展最为迅速，应用最为广泛。

CMOS 集成电路的特点如下：

①静态功耗低。在电源为 5V 时的静态功耗小于 100mW，适宜于大规模集成。

②电源电压范围宽。4000 系列 CMOS 电路的电压范围为 3～18V，电源设计要求低。

③输入阻抗高。正常工作时直流输入阻抗大于 100MΩ。

④扇出能力强。在低频工作时，一个输出端可以驱动 50 个以上 CMOS 器件的输入端。

⑤抗干扰能力强。

⑥逻辑摆幅大。

⑦温度稳定性好，具有较强的抗辐射能力。

但 CMOS 较 TTL 工作速度低，功耗随着频率的升高而显著增大。由于篇幅所限，CMOS 门电路的内部组成结构及工作原理在这里不再介绍。

五、门电路在汽车中的应用

现代轿车为了开关车门及发生异常情况时提醒驾驶员注意，专门设计了门锁控制系统。该系统由控制电路和执行机构组成，如图 6.8 所示为门锁控制系统的控制电路部分，由图可见，控制电路由非门、与门、与非门和或门电路组成，输入信号由多个开关产生。以点火钥匙检测开关为例，当点火钥匙插入点火开关锁孔时，开关闭合，非门 a 输入接地，引入低电平信号；当点火钥匙拔出时，开关断开，非门 a 输入接+12V，引入高电平信号。其他开关也都具有相似的功能，这里不再赘述。解锁和锁止信号为电路的输出信号，均为高电平信号。

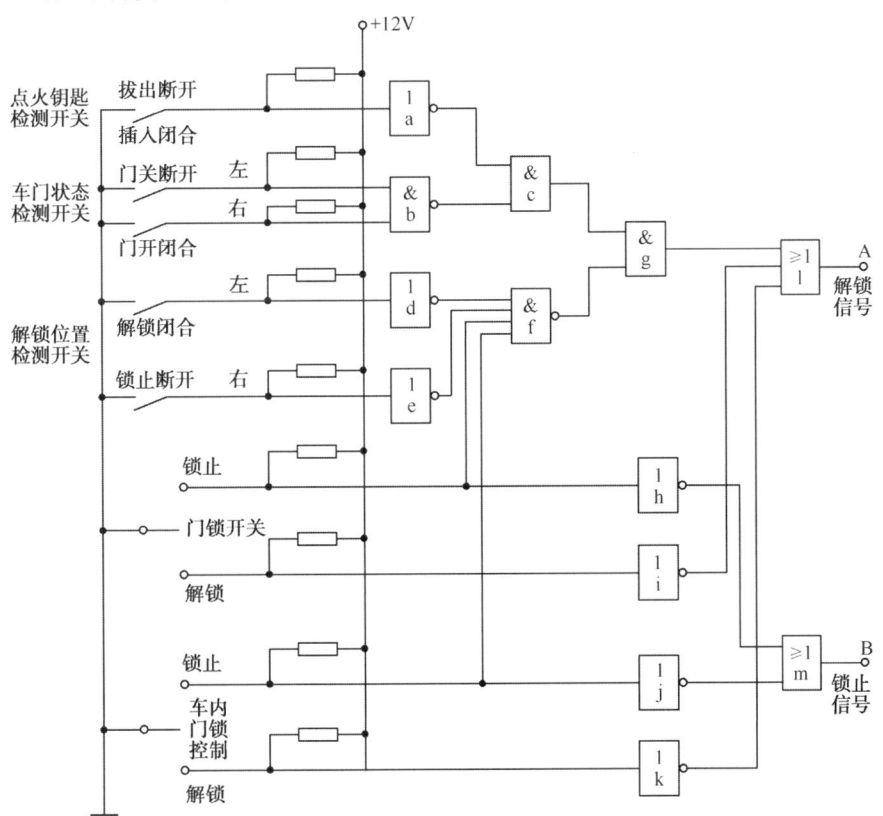

图 6.8　门锁控制系统的控制电路

工作原理分两种情况讨论。

（1）正常开关车门。在正常情况下，当驾驶员拔出点火钥匙，准备锁车时，点火钥匙检测开关断开，非门a输入高电平，输出低电平，使与门c、g均输出低电平，输出门l、m的状态完全由门锁开关或车内门锁控制开关决定。当门锁开关插入钥匙并旋向锁止位置时，非门h输入低电平，输出高电平；或门m输出高电平，发出锁止信号，驱动门锁电动机将车门锁死。相反，当车门钥匙旋向解锁位置时，非门i输入低电平，输出高电平；或门l输出高电平，发出解锁信号，驱动电动机将车门打开。与此相似，当车内门锁控制开关被扳向锁止或解锁位置时，或门m和l也会发出相应的锁止信号和解锁信号，并驱动电动机开关车门。

（2）异常情况发生时提醒驾驶员注意。当驾驶员将点火钥匙遗忘在点火开关内，准备锁车时，点火钥匙检测开关闭合，非门a输入低电平，输出高电平，在其他开关均正常时，与门c、g均输出高电平，或门l输出高电平，发出解锁信号，车门不能关闭，提醒驾驶员钥匙被遗忘在车内。

技能操作　逻辑门电路的测试

1. 操作目的

（1）了解各种集成逻辑门电路的逻辑符号。

（2）测试常用TTL集成逻辑门电路的逻辑功能。

（3）了解集成电路的引脚排列规律及使用方法。

（4）掌握测试的方法与测试的原理。

2. 操作器材

数字逻辑电路实验箱，数字万用表1块，需测试的TTL集成逻辑门器件（包括与非门74LS00、反相器74LS04、与门74LS08、或门74LS32、异或门74LS86）等芯片，可根据需要增加不同类型的TTL集成逻辑门器件芯片，连接导线等。

3. 操作内容及步骤

实验中选用常用74LS系列的TTL集成逻辑门电路，它的供电电源电压为5（1+±10%）V，逻辑高电平"1"的电压U_G满足$U_G \geq 2.4\text{V}$，逻辑低电平"0"的电压U_D满足$U_D \leq 0.4\text{V}$。

测试的步骤如下：

（1）在数字逻辑电路实验箱中插入要测试的芯片，注意管脚数与实验板上所标数对应。

（2）按照芯片的管脚分布图接入实验箱的输入信号端，将芯片对应的输出接到实验箱的输出显示端（注意高低电平的输入和高低电平的显示）。

（3）将芯片的电源端与接地端连接好。注意：必须在断电的情况下连接。

（4）检查连接无误后，接通电源，输入信号，观察在不同的输入逻辑组合情况下输出的逻辑状态，并对照电平显示单元的逻辑功能显示填入真值表，判断测试的集成逻辑门器件完成的逻辑功能。

（5）用数字万用表测量所测试芯片的输入、输出电压的大小。

（6）将测试结果分别填入表6.6至表6.10中。

如图6.9至图6.13所示为需测试的逻辑门电路芯片。

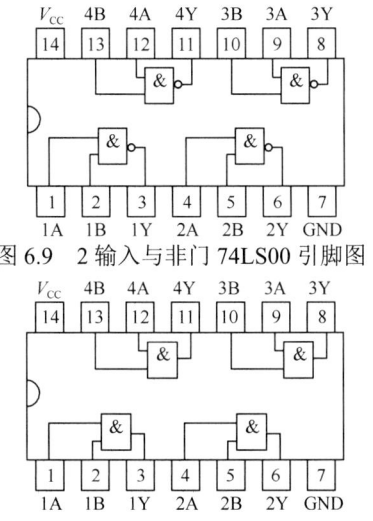

图 6.9　2 输入与非门 74LS00 引脚图　　　　图 6.10　非门 74LS04 引脚图

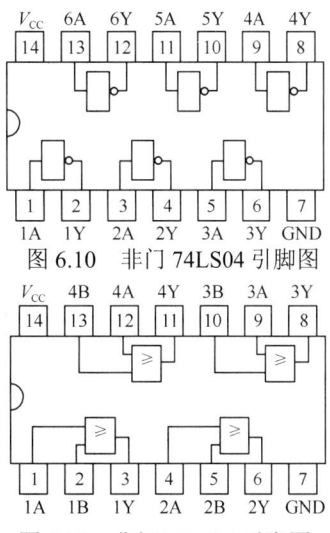

图 6.11　2 输入与门 74LS08 引脚图　　　　图 6.12　非门 74LS32 引脚图

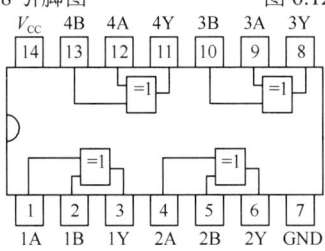

图 6.13　异或门 74LS86 引脚图

4. 操作数据（见表 6.6 至表 6.10）

表 6.6　74LS00 的逻辑功能

输 入 状 态		输出状态（0 或 1）	逻 辑 功 能
A	B	Y	
0	0		
0	1		
1	0		
1	1		
0	悬空		
1	悬空		
悬空	0		
悬空	1		
悬空	悬空		

表 6.7　74LS04 的逻辑功能

输 入 状 态	输出状态（0 或 1）	逻 辑 功 能
A	Y	
0		
1		
悬空		

表 6.8　74LS08 的逻辑功能

输 入 状 态		输出状态（0 或 1）	逻 辑 功 能
A	B	Y	
0	0		
0	1		
1	0		
1	1		
0	悬空		
1	悬空		
悬空	0		
悬空	1		
悬空	悬空		

表 6.9　74LS32 的逻辑功能

输 入 状 态		输出状态（0 或 1）	逻 辑 功 能
A	B	Y	
0	0		
0	1		
1	0		
1	1		
0	悬空		
1	悬空		
悬空	0		
悬空	1		
悬空	悬空		

表 6.10　74LS86 的逻辑功能

输 入 状 态		输出状态（0 或 1）	逻 辑 功 能
A	B	Y	
0	0		
0	1		
1	0		
1	1		
0	悬空		
1	悬空		
悬空	0		
悬空	1		
悬空	悬空		

5．操作报告及要求

（1）根据实验结果，说明各集成门电路的逻辑功能。

（2）根据测试结果，总结 TTL 门电路输入端悬空相当于接何种电平。

（3）实验中遇到什么问题？如何解决？

任务 6.2　触发器

触发器与门电路一样，也是数字电路的基本逻辑单元，与门电路不同的是，它具有记忆功能，即保持或存储功能，因此在实际中可用于存储二进制数据和信息。它有以下特点：

（1）有两个稳定状态（稳态）——0 态和 1 态。

（2）在适当的输入信号（触发信号）作用下，可从一种稳态转变到另一个稳态，并在输入信号消失后，保持更新后的状态。

触发器按有无时钟脉冲分为基本触发器、时钟触发器；按电路结构不同分为主从触发器、维持阻塞触发器、边沿触发器、主从型边沿触发器等；按逻辑功能不同分为 RS 触发器、JK 触发器、D 触发器等。

一、RS 触发器

1．基本 RS 触发器

基本 RS 触发器由两个与非门交叉连接而成，如图 6.14（a）和图 6.14（b）所示分别为基本 RS 触发器逻辑图和逻辑符号。

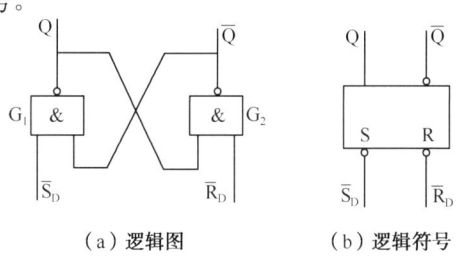

（a）逻辑图　　　　　（b）逻辑符号

图 6.14　基本 RS 触发器逻辑电路及符号

Q 与 $\overline{Q}$ 是基本 RS 触发器的输出端，两者的逻辑状态在正常条件下保持相反。这种触发器有两种稳定的状态：一种状态是 Q 为 1，$\overline{Q}$ 为 0，称为置位状态（1 态）；另一种状态是 Q 为 0，而 $\overline{Q}$ 为 1，称为复位状态（0 态）。相应的输入端分别称为直接置位端或直接置 1 端（$\overline{S_D}$）和直接复位端或直接置 0 端（$\overline{R_D}$）。下面分四种情况来分析其输出与输入的逻辑关系。

（1）$\overline{S_D}=1$，$\overline{R_D}=0$：触发器置 0。因为 $\overline{R_D}=0$，G_2 输出 $\overline{Q}=1$，G_1 输入都为高电平 1，则 G_1 输出 $Q=0$。$\overline{R_D}$ 为 0 时触发器处于 0 状态，所以 $\overline{R_D}$ 称为置 0 端或复位端。

（2）$\overline{S_D}=0$，$\overline{R_D}=1$：触发器置 1。因为 $\overline{S_D}=0$，G_1 输出 $Q=1$，G_2 输入都为高电平 1，则 G_2 输出 $\overline{Q}=0$。$\overline{S_D}$ 为 0 时触发器处于 1 状态，所以 $\overline{S_D}$ 称为置 1 端或置位端。

（3）$\overline{S_D}=1$，$\overline{R_D}=1$：触发器保持原状态不变。如触发器处于 $Q=0$、$\overline{Q}=1$ 的 0 状态时，则 $Q=0$ 反馈到 G_2 的输入端，使 $\overline{Q}=1$，$\overline{Q}=1$ 又反馈到 G_1 的输入端，使 G_1 输入均为 1，输出 $Q=$

0，电路保持 0 状态。

如果触发器原先处于 $Q=1$、$\overline{Q}=0$ 的 1 状态时，则电路同样能保持 1 状态不变。

（4）$\overline{S_D}=\overline{R_D}=0$：触发器输出状态不定。这时触发器的输出端 $Q=\overline{Q}=1$，这时已不符合 Q 与 $\overline{Q}$ 相反的逻辑状态，触发器既不是 0 状态也不是 1 状态。此时，当 $\overline{R_D}$、$\overline{S_D}$ 同时由 0 变为 1 时，由于 G_1 和 G_2 在电气性能上的差异，其输出无法预知，可能是 0 状态，也可能是 1 状态。实际上这种情况是不允许的。

从上述分析可知，基本 RS 触发器有两个状态，它可以直接置位或复位，并具有存储和记忆的功能。在直接置位端加负脉冲（$\overline{S_D}=0$）即可置位，在直接复位端加负脉冲（$\overline{R_D}=0$）即可复位。负脉冲除去以后，直接置位端和复位端都处于高电平（平时固定接高电平），此时触发器保持相应负脉冲去掉前的状态，实现存储或记忆功能。但要注意，负脉冲不可同时加在直接置位端和直接复位端。

在这里我们定义触发器在输入信号变化前的状态为现态（Q^n），触发器在输入信号变化后的状态为次态（Q^{n+1}），用以描述触发器次态与输入信号和电路原有状态（现态）之间关系的真值表称为特性表。基本 RS 触发器的特性表如表 6.11 所示。

表 6.11 基本 RS 触发器特性表

$\overline{R_D}$	$\overline{S_D}$	现 态	次 态	说 明
0	0	0	×	触发器状态不定
0	0	1	×	
0	1	0	0	触发器置 0
0	1	1	0	
1	0	0	1	触发器置 1
1	0	1	1	
1	1	0	0	触发器保持原状态不变
1	1	1	1	

基本 RS 触发器 Q^{n+1}、Q^n 与 R、S 的关系式即特性方程为

$$Q^{n+1}=S+\overline{R}\,Q^n \tag{6-1}$$

2. 同步 RS 触发器

上面介绍的基本 RS 触发器是各种双稳态触发器的共同部分。除此之外，一般触发器还有导引线路（或称控制电路），通常由它把输入信号引导到基本 RS 触发器。如图 6.15（a）所示是同步 RS 触发器的逻辑图，如图 6.15（b）所示是它的逻辑符号。

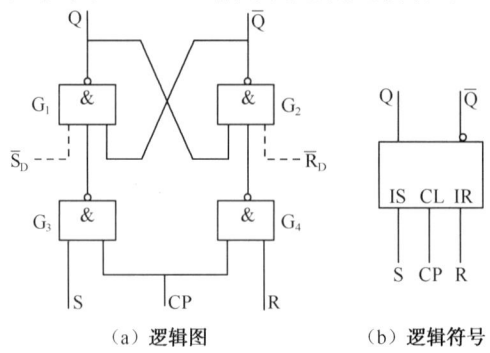

（a）逻辑图　　　　　　（b）逻辑符号

图 6.15 同步 RS 触发器逻辑电路及符号

图 6.15（a）中，与非门 G_1 和 G_2 构成基本 RS 触发器，与非门 G_3 和 G_4 构成导引电路，$\overline{S_D}$ 为直接置位端，$\overline{R_D}$ 为直接复位端，R 和 S 是置 0 和置 1 信号输入端。CP 是时钟脉冲输入端，在脉冲数字电路中所使用的触发器往往用一种正脉冲来控制触发器的翻转时刻，这种正脉冲就称为时钟脉冲，它也是一种控制命令。通过引导电路来实现时钟脉冲对输入端 R 和 S 的同步控制，故称同步 RS 触发器。当时钟脉冲来到之前，即 CP=0 时，无论 R 和 S 端的电平如何变化，G_3 门和 G_4 门的输出均为 1，基本触发器保持原状态不变。只有当时钟脉冲来到之后，即 CP=1 时，触发器才按 R、S 端的输入状态来决定其输出状态。时钟脉冲过去后输出状态保持脉冲为高电平时的状态不变。

$\overline{R_D}$ 和 $\overline{S_D}$ 是直接复位和直接置位端，就是不受时钟脉冲 CP 的控制，可以直接对基本 RS 触发器的输出端置 0 或置 1。主要用于在工作之初，预先使触发器处于某一给定状态，在工作过程中不用它们，让它们处于 1 态（高电平）。

同步 RS 触发器的输出状态与 R、S 输入状态的关系如表 6.12 所示。Q^n 表示时钟到来之前触发器的输出状态，Q^{n+1} 表示时钟脉冲到来之后的状态。

当 CP=1 时，由于经过了 G_3、G_4 的反相作用，相对于基本 RS 触发器输入信号为低电平有效，同步 RS 触发器的输入信号为高电平有效。其工作过程分析与基本 RS 触发器相类似，读者可自行进行分析。

表 6.12 同步 RS 触发器特性表

S	R	Q^{n+1}
0	0	Q^n
0	1	0
1	0	1
1	1	不定

同步触发器的空翻现象：在时钟脉冲 CP 为高电平 1 期间，如果触发器的输入信号发生多次变化时，其输出状态也会相应发生多次变化，这种现象称为"空翻现象"。由于空翻现象的存在，使得同步 RS 触发器只能用于数据锁存，而不能用于计数器、移位寄存器和存储器当中。为了克服空翻现象，下面介绍只有在时钟脉冲 CP 的上升沿或下降沿时刻才接收输入信号的边沿触发器。

3. 集成 RS 触发器

常用的 TTL 集成基本 RS 触发器 74LS279 的引脚排列和逻辑图如图 6.16（c）和图 6.16（d）所示，芯片内部集成了 4 个基本 RS 触发器，其中的 2 个基本 RS 触发器有 2 个置位端，如图 6.16（b）所示，即 $\overline{S} = \overline{S_1} \cdot \overline{S_2}$。

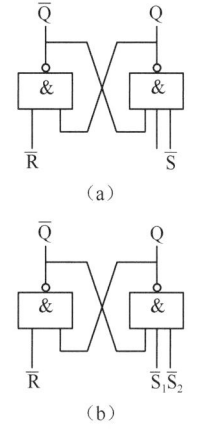

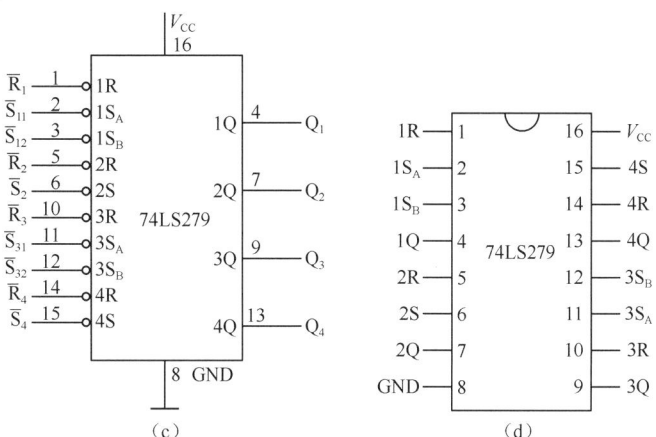

图 6.16 TTL 集成基本 RS 触发器 74LS279

二、JK 触发器

1. 边沿 JK 触发器

边沿 JK 触发器的逻辑符号如图 6.17 所示。逻辑符号中的"∧"表示边沿触发方式。

JK 触发器的逻辑功能如下：

（1）CP=0 或 1 时，触发器的状态不变。

（2）CP 由 0 正跃变为 1 时，触发器的状态不变。

（3）CP 由 1 负跃变为 0 时，触发器的状态根据 J、K 端的输入信号翻转。

在 CP 下降沿到来时，当 $J=K=0$ 时，Q^{n+1} 状态保持，Q^n 状态不变；当 J 与 K 相反时，Q^{n+1} 的状态与 J 相同；当 $J=K=1$ 时，Q^{n+1} 与原状态 Q^n 相反。

边沿 JK 触发器的真值表见表 6.13。其特性方程为

$$Q^{n+1}=J\overline{Q^n}+\overline{K}Q^n \quad （\text{CP 下降沿到来时有效}） \qquad (6\text{-}2)$$

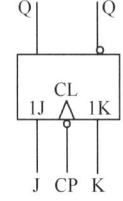

图 6.17　边沿 JK 触发器逻辑符号

表 6.13　边沿 JK 触发器特性表

J	K	Q^{n+1}
0	0	Q^n
0	1	0
1	0	1
1	1	$\overline{Q^n}$

2. 集成 JK 触发器

常用的集成 JK 触发器 74LS112 的引脚排列如图 6.18 所示，它是双 JK 边沿触发器。74LS112 的状态转换真值表如表 6.14 所示。

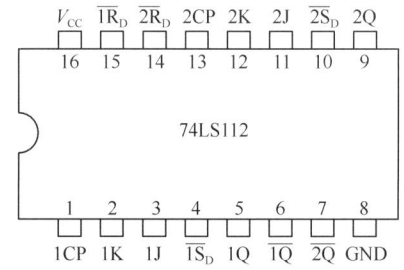

图 6.18　74LS112 引脚排列图

表 6.14　边沿 JK 触发器状态转换真值表

$\overline{R_D}$	$\overline{S_D}$	CP	J	K	Q^{n+1}	功　能
0	0	×	×	×	不用	不允许
0	1	×	×	×	0	异步置 0
1	0	×	×	×	1	异步置 1
1	1	↓	0	0	Q^n	保持
1	1	↓	0	1	0	置 0
1	1	↓	1	0	1	置 1
1	1	↓	1	1	$\overline{Q^n}$	翻转

三、D 触发器

1. 维持阻塞 D 触发器

维持阻塞 D 触发器的逻辑符号如图 6.19 所示，输入/输出关系的真值表见表 6.15。

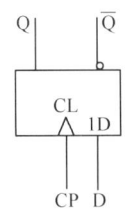

图 6.19 维持阻塞 D 触发器逻辑符号

表 6.15 维持阻塞 D 触发器真值表

D	Q^{n+1}
0	0
1	1

维持阻塞 D 触发器的逻辑功能是当 CP 上升沿到来时，触发器的输出状态变为与 CP 上升沿到来前 D 端的输入状态相同。即

$$Q^{n+1}=D \quad （\text{CP 上升沿到来时有效}）\tag{6-3}$$

只要把 D 触发器的 D 输入端与 $\bar{Q}$ 输出端连接在一起，就可构成计数器，如图 6.20 所示。其输入/输出波形如图 6.21 所示。

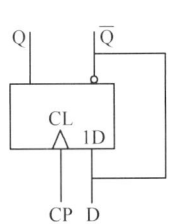

图 6.20 用 D 触发器构成计数器

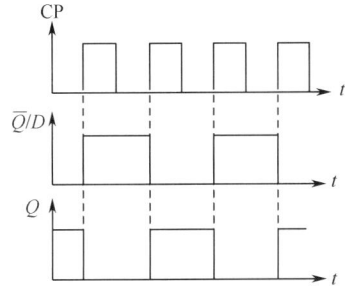

图 6.21 波形图

2. 集成 D 触发器

集成 D 触发器 74LS74 的引脚排列图如图 6.22 所示。74LS74 的状态转换真值表如表 6.16 所示。从状态转换真值表 6.16 可以看出，74LS74 是 CP 上升沿触发的边沿触发器，$\bar{R}_D=0$，$\bar{S}_D=1$ 时置 0；$\bar{R}_D=1$，$\bar{S}_D=0$ 时置 1。

表 6.16　74LS74 的状态转换真值表

$\bar{R}_D$	$\bar{S}_D$	CP	D	Q^{n+1}	功 能 说 明
0	0	×	×	不用	不允许
0	1	×	×	0	异步置 0
1	0	×	×	1	异步置 1
1	1	↑	0	0	置 0
1	1	↑	1	1	置 1

如图 6.23 所示是利用 74LS74 构成的单按钮电子转换开关，该电路只利用一个按钮即可实现电路的接通和断开。电路中，74LS74 的 D 端和 $\bar{Q}$ 端连接，这样有 $Q^{n+1}=\bar{Q}^n$，则每按一次按

钮 SB，相当于为触发器提供一个时钟脉冲，触发器状态翻转一次。Q 端经三极管 VT 驱动继电器 KA，利用 KA 的触点转换即可通断其他电路。

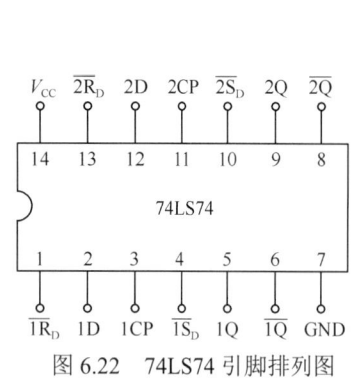

图 6.22　74LS74 引脚排列图

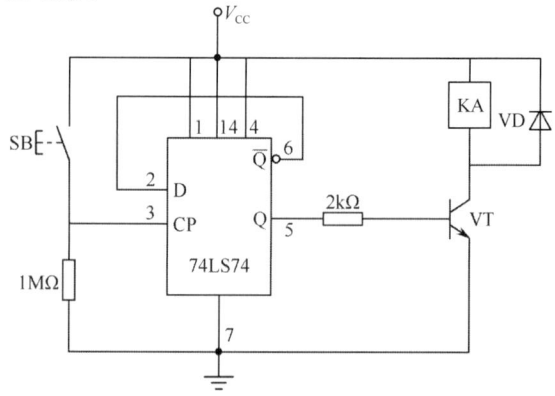

图 6.23　集成 D 触发器构成的电子开关转换器

技能操作　触发器功能测试

1. 操作目的

（1）掌握基本触发器RS、JK、D的逻辑功能。

（2）掌握触发器的逻辑功能和使用方法。

（3）熟悉触发器之间相互转换的方法。

2. 操作器材

数字实验箱，数字万用表1块，触发器实训模块1块，公共资源板（包含译码显示器、单次脉冲源、十位逻辑电平显示、输出）1块，连接导线若干。

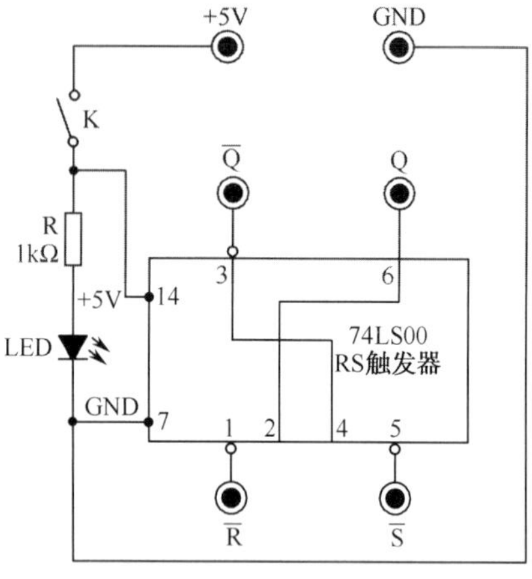

3. 操作内容及步骤

（1）RS 逻辑功能测试。

①RS 触发器实验原理图如图 6.24 所示，关闭实验箱母板上的电源开关和固定直流稳压电源±5V 开关。

②将触发器实验模块和公共资源板固定在实验箱母板上，将公共资源板上所有开关均拨至"关"侧或"低"侧。

③将实验箱固定直流稳压电源的+5V、GND 用实验导线分别对应接入触发器实验模块和公共资源实验

图 6.24　RS 触发器实验原理图

模块上的+5V、GND，将 RS 触发器的输入端 $\overline{S}$、$\overline{R}$ 接公共资源板十位逻辑电平输出模块的1、2 端，输出端 Q、$\overline{Q}$ 接公共资源板的十位逻辑电平显示模块的1、2 端。

④待检查接线无误后，打开实验箱母板上电源开关，±5V 电源开关拨至"开"侧，公共资源板上十位逻辑电平显示与输出处开关拨至"开"侧，RS 触发器模块开关拨至"开"侧。按表6.17 输入要求，改变十位逻辑电平输出处开关状态，将十位逻辑电平显示结果记入表 6.17 中。

表 6.17

输 入		输 出	
$\overline{S}$	$\overline{R}$	Q	$\overline{Q}$
0	1		
1	0		
1	1		
0	0		

（2）JK 触发器功能测试。

①同上"RS 逻辑功能测试"测试步骤①②，JK 触发器实验原理图如图 6.25 所示。

②将实验箱固定直流稳压电源的+5V、GND 用实验导线分别对应接入触发器实验模块和公共资源实验模块上的+5V、GND，将 JK 触发器的输入端 $\overline{S}_D$、$\overline{R}_D$、J、K 接公共资源板的十位逻辑电平输出模块的 1～4 端，CP 接公共资源板的单次脉冲源正脉冲端，输出端 Q、$\overline{Q}$ 接公共资源板的十位逻辑电平显示模块的 1、2 端。

③待检查接线无误后，打开实验箱母板上电源开关，+5V 电源开关拨至"开"侧，公共资源板上十位逻辑电平显示与输出处开关拨至"开"侧，单次脉冲源电源开关拨至"开"侧，JK 触发器模块开关拨至"开"侧。按表 6.18 输入要求，改变十位逻辑电平输出处开关及单次脉冲源输出状态，将十位逻辑电平显示结果记入表 6.18 中。

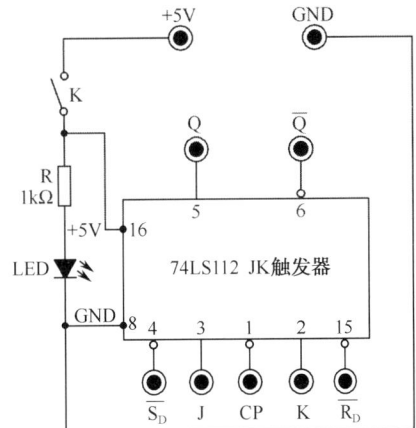

图 6.25 JK 触发器实验原理图

表 6.18

输 入					输 出	
$\overline{S}_D$	$\overline{R}_D$	CP	J	K	Q	$\overline{Q}$
0	1	×	×	×		
1	0	×	×	×		
0	0	×	×	×		
1	1	↓	0	0		
1	1	↓	1	0		
1	1	↓	0	1		
1	1	↓	1	1		
1	1	↑	×	×		

（3）D 触发器功能测试。

①同上"RS 逻辑功能测试"测试步骤①②，D 触发器实验原理图如图 6.26 所示。

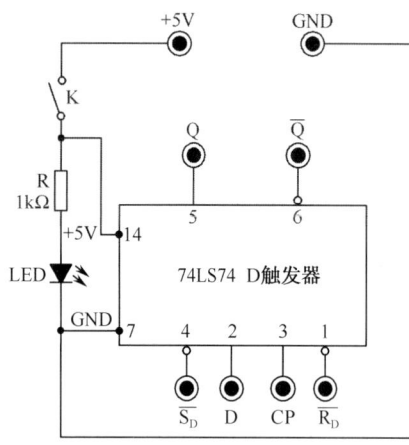

图 6.26　D 触发器实验原理图

②将实验箱固定直流稳压电源的+5V、GND 用实训导线分别对应接入触发器实验模块和公共资源实验模块上的+5V、GND，将 D 触发器的输入端 $\overline{S}_D$、$\overline{R}_D$、D 接公共资源板的十位逻辑电平输出模块的 1～3 端，CP 接公共资源板的单次脉冲源正脉冲端，输出端 Q、$\overline{Q}$ 接公共资源板的十位逻辑电平显示模块的 1、2 端。

③待检查接线无误后，打开实验箱母板上电源开关，±5V 电源开关拨至"开"侧，公共资源板上十位逻辑电平显示与输出处开关拨至"开"侧，单次脉冲源电源开关拨至"开"侧，D 触发器模块开关拨至"开"侧。按表 6.19 输入要求，改变十位逻辑电平输出处开关及单次脉冲源输出状态，将十位逻辑电平显示结果记入表 6.19 输出中。

表 6.19

输　入				输　　出	
$\overline{S}_D$	$\overline{R}_D$	CP	D	Q	$\overline{Q}$
0	1	×	×		
1	0	×	×		
0	0	×	×		
1	1	↑	1		
1	1	↑	0		
1	1	↓	×		

4．操作报告及要求

（1）根据实验结果，说明各触发器的逻辑功能。

（2）实验中遇到什么问题？如何解决？

任务 6.3　时序逻辑电路

一、计数器

用来统计输入计数脉冲个数的电路称为计数器。它的用途广泛，除了计数功能外，还可以进行定时、分频、产生节拍脉冲及数字运算等。计数器的种类繁多，从不同的角度出发有不同的分类方法：

（1）按计数进制可分为二进制计数器、十进制计数器、任意进制计数器。

（2）按计数增减可分为加法计数器、减法计数器。

（3）按计数器中触发器翻转是否同步可分为同步计数器、异步计数器。

在实际应用过程中，一般将计数器做成集成电路的形式。下面介绍异步集成二-五-十进制计数器 CT74LS290，其电路结构框图如图 6.27（a）所示，如图 6.27（b）所示为其逻辑功能示意图，如表 6.12 所示为其逻辑功能表。

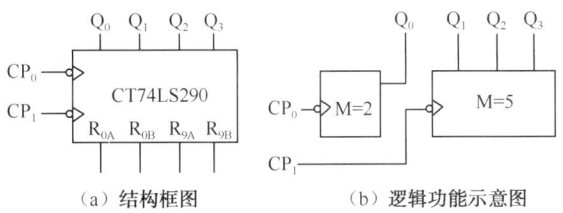

（a）结构框图　　　　　　　（b）逻辑功能示意图

图 6.27　CT74LS290 结构框图及逻辑功能示意图

表 6.20　CT74LS290 的逻辑功能表

输　　　　入			输　　　　出				说明
$R_{0A} \cdot R_{0B}$	$S_{9A} \cdot S_{9B}$	CP	Q_3	Q_2	Q_1	Q_0	
1	0	×	0	0	0	0	置 0
0	1	×	1	0	0	1	置 9
0	0	↓	计数				

由表 6.20 可知，CT74LS290 主要有如下功能：

（1）异步置 0 功能。当 $R_{0A} \cdot R_{0B}=1$，$S_{9A} \cdot S_{9B}=0$ 时，计数器置 0，即 $Q_3Q_2Q_1Q_0=0000$。与时钟脉冲 CP 没有关系。因此，此时为异步置 0 功能。

（2）异步置 9 功能。当 $R_{0A} \cdot R_{0B}=0$、$S_{9A} \cdot S_{9B}=1$ 时，计数器置 9，即 $Q_3Q_2Q_1Q_0=1001$。与时钟脉冲 CP 没有关系，实现异步置 9 功能。

（3）计数功能。当 $R_{0A} \cdot R_{0B}=0$、$S_{9A} \cdot S_{9B}=0$ 时，CT74LS290 处于计数工作状态，有下面四种情况：

①计数脉冲由 CP_0 输入，从 Q_0 输出时，则构成一位二进制计数器。

②计数脉冲由 CP_1 端输入，输出为 $Q_3Q_2Q_1$ 时，则构成异步五进制计数器。

③如将 Q_0 和 CP_1 相连，计数脉冲由 CP_0 输入，输出为 $Q_3Q_2Q_1Q_0$ 时，则构成 8421 BCD 码异步十进制计数器。

④如将 Q_3 与 CP_0 相连，计数脉冲由 CP_1 端输入，从高位到低位的输出为 $Q_0Q_3Q_2Q_1$ 时，则构成 5421 BCD 码异步十进制加法计数器。

在实际应用过程中，除了常见的十进制计数器之外，往往还会用到其他进制的计数器，但不可能为了每一种进制专门设计集成芯片，解决的方法是利用现有的集成计数器通过一定的方法构成其他进制的计数器。下面介绍利用一种反馈归零法获得 N（任意正整数）进制计数器的方法。

利用计数器的置 0 功能可获得 N 进制计数器，集成计数器的置 0 方式有异步和同步两种。异步置 0 与时钟脉冲 CP 没有任何关系，只要异步置 0 输入端出现置 0 信号，计数器便立刻被置 0。因此，利用异步置 0 输入端获得 N 进制计数器时，应在输入第 N 个计数脉冲 CP 后，通过控制电路产生一个置 0 信号加到异步置 0 输入端上，使计数器置 0，即实现了 N 进制计数。

和异步置 0 不同，同步置 0 输入端获得置 0 信号后，计数器并不能立刻被置 0，只是为置 0 创造了条件，还需要再输入一个计数脉冲 CP，计数器才被置 0。因此，利用同步置 0 端获得

N 进制计数器时，应在输入第 $N-1$ 个计数脉冲 CP 时，同步置 0 输入端获得置 0 信号，这样，在输入第 N 个计数脉冲 CP 时，计数器才被置 0，回到初始的零状态，从而实现 N 进制计数。

利用反馈归零法获得 N 进制计数器的方法如下：

用 S_1、S_2、…、S_N 表示输入 1、2、…、N 个计数脉冲 CP 时计数器的状态。

（1）写出计数器状态的二进制代码。下面以构成十二进制计数器为例进行说明。当利用异步置 0 端获得十二进制计数器时，$S_N=S_{12}=1100$；当利用同步置 0 端获得十二进制计数器时，$S_{N-1}=S_{11}=1011$。

（2）写出反馈归零函数。这实际上是根据 S_N 或 S_{N-1} 写置 0 端的逻辑表达式。

（3）画连线图。根据反馈归零函数画连线图。

二、寄存器和移位寄存器

寄存器是存放数码、运算结果或指令的电路。移位寄存器不但可存放数码，而且在移位脉冲作用下，寄存器中的数码可根据需要向左或向右移位。寄存器和移位寄存器是数字系统和计算机中常用的基本逻辑部件，应用很广。

一个触发器可存储一位二进制代码，n 个触发器可存储 n 位二进制代码。因此，触发器是寄存器和移位寄存器的重要组成部分。下面分别介绍它们的工作原理及应用。

1. 寄存器

用以存放二进制代码的电路称为寄存器。

如图 6.28 所示为由维持阻塞 D 触发器组成的 4 位数码寄存器逻辑电路。图中 $\overline{\text{CR}}$ 是置 0 输入端，$D_0 \sim D_3$ 为并行数码输入端，CP 为时钟脉冲端，$Q_0 \sim Q_3$ 为并行数码输出端。

当置 0 端 $\overline{\text{CR}}=0$ 时，触发器 $\text{FF}_0 \sim \text{FF}_3$ 同时被置 0。寄存器工作时，$\overline{\text{CR}}$ 为高电平 1。

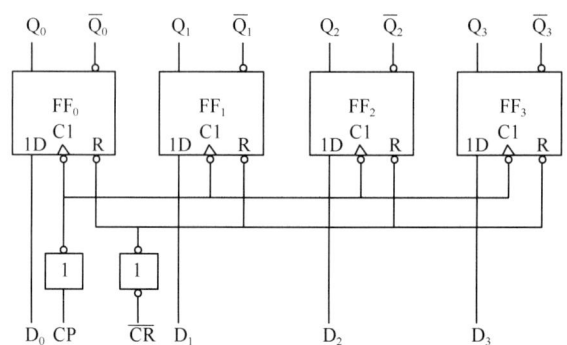

图 6.28　四位数码寄存器的逻辑电路图

由图 6.28 可知，$D_0 \sim D_3$ 分别为 $\text{FF}_0 \sim \text{FF}_3$ 4 个 D 触发器的 D 端输入数码，因此，当时钟脉冲 CP 上升沿到达时，$D_0 \sim D_3$ 被并行置入到 4 个触发器中，这时 $Q_3Q_2Q_1Q_0=D_3D_2D_1D_0$。

在 $\overline{\text{CR}}=1$、CP=0 时，寄存器中寄存的数码保持不变，即 $\text{FF}_0 \sim \text{FF}_3$ 的状态保持不变。

2. 移位寄存器

具有存放数码和使数码逐位右移或左移的电路称为移位寄存器。移位寄存器又分为单向移位寄存器和双向移位寄存器。

如图 6.29（a）所示为由 4 个维持阻塞 D 触发器组成的 4 位右移移位寄存器。这 4 个 D 触发器共用一个时钟脉冲信号，因此为同步时序逻辑电路。数码由 FF_0 的 D 端串行输入，其工作原理如下：

设串行输入数码为 1011,按高位到低位顺序传送。同时 $FF_0 \sim FF_3$ 初始都为 0 状态。当输入第一位数码 1 时,这时 $D_i=D_0=1$、$D_1=Q_0=0$、$D_2=Q_1=0$、$D_3=Q_2=0$,则在第一个移位脉冲 CP 的上升沿作用下,FF_0 由 0 状态翻转到 1 状态,第一位数码 1 存入 FF_0 中,其原来的状态 $Q_0=0$ 移入 FF_1 中,数码向右移了一位,同理 FF_1、FF_2 和 FF_3 中的数码也都依次向右移了一位,这时寄存器的状态为 $Q_3Q_2Q_1Q_0=0001$。当输入第二个数码 0 时,则在第二个移位脉冲 CP 上升沿的作用下,第二个数码 0 存入 FF_0 中,这时 $Q_0=0$,FF_0 中原来的数码 1 移入 FF_1 中,$Q_1=1$,同理 $Q_2=Q_3=0$,移位寄存器中的数码又依次向右移了一位。这样,在 4 个移位脉冲作用下,输入的 4 位串行数码 1011 全部存入寄存器中。移位情况如表 6.21 所示。

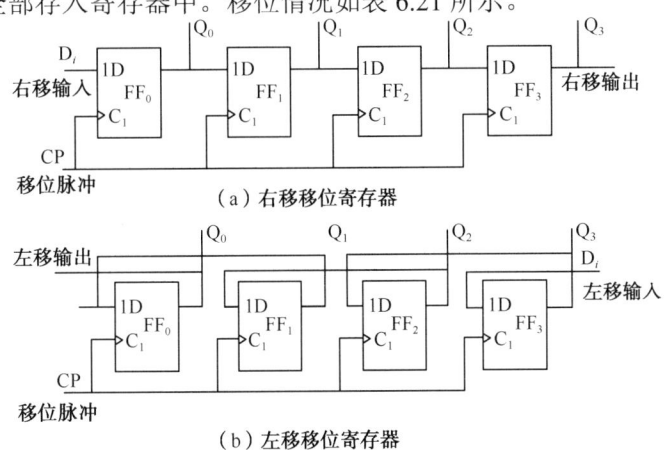

图 6.29　D 触发器组成的单向移位寄存器逻辑电路图

表 6.21　4 位右移寄存器状态表

移 位 脉 冲	输 入 数 据	Q_0	Q_1	Q_2	Q_3
0		0	0	0	0
1	1	1	0	0	0
2	0	0	1	0	0
3	1	1	0	1	0
4	1	1	1	0	1

移位寄存器中的数码可由 Q_3、Q_2、Q_1 和 Q_0 并行输出,也可从 Q_3 串行输出,但这时需要继续输入 4 个移位脉冲才能从寄存器中取出存放的 4 位数码 1011。

如图 6.29(b)所示为由 4 个维持阻塞 D 触发器组成的 4 位左移移位寄存器逻辑电路。其工作原理和右移移位寄存器相同,这里不再赘述。

三、编码器

一般地说,用文字、符号或者数码表示特定信息的过程称为编码,能够实现编码功能的电路称为编码器。在数字系统中,是采用若干个二进制码 0 和 1 来进行编码的,要表示的信息越多,二进制代码的位数就越多。n 位二进制代码有 2^n 个状态,可以表示 2^n 个信息。对 N 个信号进行编码时,应按公式 $2^n \geq N$ 来确定需要使用的二进制代码的位数 n。

常用的编码器有二进制编码器、二-十进制编码器、优先编码器等。下面介绍 74LS148 编码器。

74LS148 是一种常用的 8 线-3 线优先编码器，其外围引脚分配图及逻辑符号如图 6.30 所示。其功能如表 6.22 所示，其中，$\bar{I}_0 \sim \bar{I}_7$ 为编码输入端，低电平有效；$\bar{Y}_0 \sim \bar{Y}_7$ 为编码输出端，也为低电平有效，即反码输出。其他功能如下：

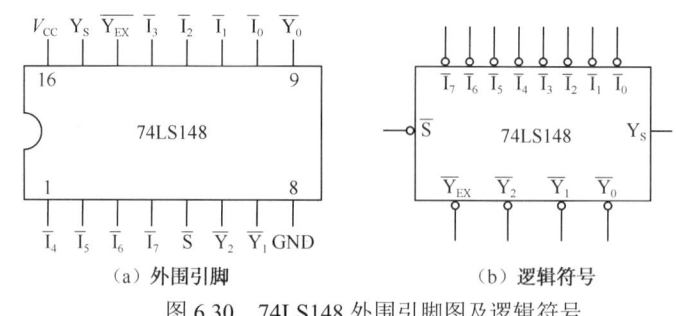

（a）外围引脚　　　　　　　　　　　（b）逻辑符号

图 6.30　74LS148 外围引脚图及逻辑符号

表 6.22　74LS148 优先编码器功能表

输　入									输　出				
$\bar{S}$	$\bar{I}_0$	$\bar{I}_1$	$\bar{I}_2$	$\bar{I}_3$	$\bar{I}_4$	$\bar{I}_5$	$\bar{I}_6$	$\bar{I}_7$	$\bar{Y}_2$	$\bar{Y}_1$	$\bar{Y}_0$	$\bar{Y}_{EX}$	Y_S
1	×	×	×	×	×	×	×	×	1	1	1	1	1
0	1	1	1	1	1	1	1	1	1	1	1	1	0
0	×	×	×	×	×	×	×	0	0	0	0	0	1
0	×	×	×	×	×	×	0	1	0	0	1	0	1
0	×	×	×	×	×	0	1	1	0	1	0	0	1
0	×	×	×	×	0	1	1	1	0	1	1	0	1
0	×	×	×	0	1	1	1	1	1	0	0	0	1
0	×	×	0	1	1	1	1	1	1	0	1	0	1
0	×	0	1	1	1	1	1	1	1	1	0	0	1
0	0	1	1	1	1	1	1	1	1	1	1	0	1

（1）$\bar{S}$ 为选通输入端，低电平有效。

（2）优先顺序为 $\bar{I}_7 \sim \bar{I}_0$，即 $\bar{I}_7$ 的优先级最高，然后是 $\bar{I}_6$、$\bar{I}_5$、$\cdots$、$\bar{I}_0$。

（3）$\bar{Y}_{EX}$ 为编码器的扩展输出端，低电平有效。

（4）Y_S 为选通输出端，高电平有效。

四、译码器

译码是编码的反过程，是将给定的二进制代码翻译成编码时赋予的原意，完成这种功能的电路称为译码器。译码器的输入为二进制代码，输出为输入代码对应的特定信息。

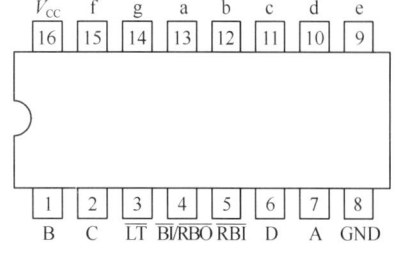

图 6.31　74LS48 外围引脚图

1. 七段显示译码器

在数字系统中，通常需要将数字量直观地显示出来，一方面供人们直接读取处理结果，另一方面用以监视数字系统的工作情况。在 74 系列和 CMOS4000 系列电路中，七段显示译码器品种很多，功能各有差异，现以 74LS48 为例说明其功能。

74LS48 外围引脚图如图 6.31 所示。74LS48 输出高电平有效，用以驱动共阴极显示器，其芯片功能如表 6.23 所示。74LS47 输出低电平有效，用以驱动共阳极显示器。

表 6.23　七段译码器 74LS48 功能表

十进制数或功能	输　入			$\overline{\text{BI}}/\overline{\text{RBO}}$	输　　出						
	$\overline{\text{LT}}$	$\overline{\text{RBI}}$	DCBA		a	b	c	d	e	f	g
0	1	1	0000	1	1	1	1	1	1	1	0
1	1	×	0001	1	0	1	1	0	0	0	0
2	1	×	0010	1	1	1	0	1	1	0	1
3	1	×	0011	1	1	1	1	1	0	0	1
4	1	×	0100	1	0	1	1	0	0	1	1
5	1	×	0101	1	1	0	1	1	0	1	1
6	1	×	0110	1	0	0	1	1	1	1	1
7	1	×	0111	1	1	1	1	0	0	0	0
8	1	×	1000	1	1	1	1	1	1	1	1
9	1	×	1001	1	1	1	1	0	0	1	1
10	1	×	1010	1	0	0	0	1	1	0	1
11	1	×	1011	1	0	0	1	1	0	0	1
12	1	×	1100	1	0	1	0	0	0	1	1
13	1	×	1101	1	1	0	0	1	0	1	1
14	1	×	1110	1	0	0	0	1	1	1	1
15	1	×	1111	1	0	0	0	0	0	0	0
消隐	×	×	××××	0	0	0	0	0	0	0	0
动态灭零	1	0	0000	0	0	0	0	0	0	0	0
灯测试	0	×	××××	1	1	1	1	1	1	1	1

控制端功能如下：

$\overline{\text{LT}}$：灯测试，低电平有效。$\overline{\text{LT}}$ =0，笔段输出全 1，显示字形"8"。该输入端常用于检查 74LS48 本身及显示器的好坏。

$\overline{\text{RBI}}$：动态灭零输入控制。当 $\overline{\text{LT}}$ =1，$\overline{\text{RBI}}$ =0，且输入代码 DCBA=0000 时，输出 a～g 均为低电平，即字形"0"不显示，称之为"灭零"。

$\overline{\text{BI}}/\overline{\text{RBO}}$：灭灯输入控制/动态灭零输出，具有双重功能。当此端子作为输入控制使用时，$\overline{\text{BI}}$ 功能有效。当 $\overline{\text{BI}}$ =0 时，无论其他输入端为什么电平，所有输出 a～g 均为 0，字形熄灭。当此端子作为输出使用时，$\overline{\text{RBO}}$ 功能有效，此时该端子在 $\overline{\text{LT}}$ =1，$\overline{\text{RBI}}$ =0，且输入代码 DCBA=0000 时，$\overline{\text{RBO}}$ =0，其他情况下 $\overline{\text{RBO}}$ =1。该端子主要用于显示多位数字时使用，可使整数高位无用 0 和小数低位无用 0 不显示。

2．七段半导体数码管

如图 6.32（a）所示为七段发光二极管组成的数码显示器的外形结构，利用字段的不同组合可以显示出 0～9 十个不同的数字，其数码显示示意图如图 6.32（b）所示。

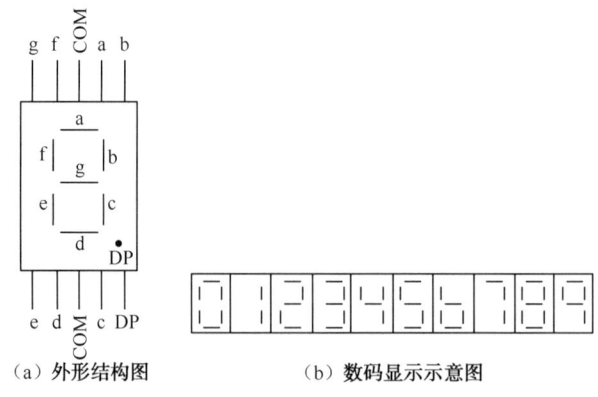

（a）外形结构图　　　　　　（b）数码显示示意图

图 6.32　七段数码管显示器及数字显示示意图

数码显示器内部发光二极管的接法有两种，即共阳极接法和共阴极接法，分别如图 6.33（a）和图 6.33（b）所示。当译码器输出为高电平有效时，应选用共阴极数码管。若译码器输出为低电平有效，则应选用共阳极数码管。

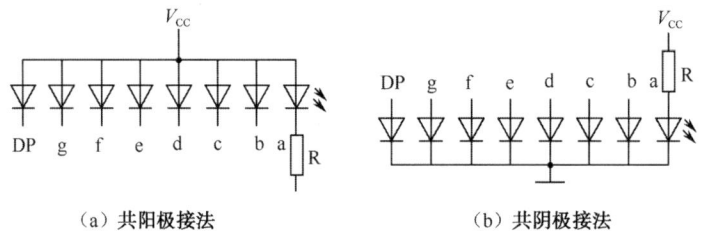

（a）共阳极接法　　　　　　　　　（b）共阴极接法

图 6.33　数码显示器内部发光二极管连接图

半导体数码显示器的优点是工作电压较低、体积小、寿命长、工作可靠性高、响应速度快、亮度高；而它的缺点是工作电流大，每个字段的工作电流为 10mA 左右。

相对于半导体数码显示器，还有一种为液晶显示器。

由于七段数码管显示数字需要对应七段发光二极管输入特定的高、低电平来实现，而一般数字电路输出代码为 BCD 码形式，这样中间的转换通过七段显示译码器来实现。另外，通过七段显示译码器还增强了对数码管的驱动能力。下面举例说明七段显示译码器的工作过程。假设七段数码管为共阴极连接形式，译码器的输出 $Y_a \sim Y_g$ 分别与数码管的 $a \sim g$ 端口相连接，现要显示数字 5，由于输入为 BCD 码，数字 5 的二进制代码为 0101，所以输入信号为 0101。数码管为共阴极连接形式，输出为高电平有效，则根据图 6.33（b）可知，显示数字 5 的七段码从 $a \sim g$ 为 1101101，即只有 b 跟 e 段不显示。其他各数字显示代码的确定方法类同。

技能操作　计数、译码和显示电路

1．操作目的

（1）掌握集成计数器、显示译码器和半导体发光数码管的工作原理。

（2）能熟练运用上述组件组成计数、译码和显示电路。

2．操作器材

数字实验箱，集成计数器 74LS290（或 CC40192、74LS192、CC4511、BS202、CC4011、CC4012 等）。

3. 操作内容及步骤

（1）74LS290 计数器功能测试。

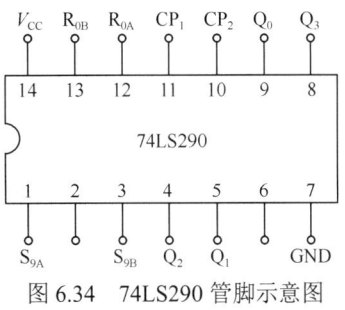

图 6.34 74LS290 管脚示意图

74LS290 是一种常见的中规模集成二-五-十进制异步加法计数器，可实现异步置 0、异步置 9 及计数功能，其管脚排列如图 6.34 所示。74LS290 芯片有 14 个引脚，其中的 2、6 引脚为空引脚，时钟 CP 是采用下降沿触发的方式。R_{0A} 和 R_{0B} 是置 0 端，S_{9A} 和 S_{9B} 是置 9 端。74LS290 的逻辑功能表如表 6.24 所示，将表中的各个输入端分别接逻辑开关，输出端接电平指示灯，验证其逻辑功能。

表 6.24 LS290 逻辑功能表

复 位 输 入		置 位 输 入		时 钟		输 出				功 能 说 明
R_{0A}	R_{0B}	S_{9A}	S_{9B}	CP_0	CP_1	Q_3	Q_2	Q_1	Q_0	
1	1	0	×	×	×	0	0	0	0	置 0
1	1	×	0	×	×	0	0	0	0	
×	0	1	1	×	×	1	0	0	1	置 9
0	×	1	1	×	×	1	0	0	1	
×	0	×	0	↓	0	二进制数，Q_0 输出				计数
0	×	0	×	↓	0					
×	0	×	0	0	↓	五进制数，$Q_3Q_2Q_1$ 输出				
0	×	0	×	0	↓					
×	0	×	0	↓	Q_0	8421 BCD 码十进制计数，$Q_3Q_2Q_1Q_0$ 输出				
0	×	0	×	↓	Q_0					
×	0	×	0	Q_3	↓	5421 BCD 码十进制计数，$Q_3Q_2Q_1Q_0$ 输出				
0	×	0	×	Q_3	↓					

（2）74LS248 显示译码器功能测试。

74LS248 是一种 BCD 七段显示译码器/驱动器，可用于驱动共阴极的 LED 数码管，其管脚排列如图 6.35 所示。

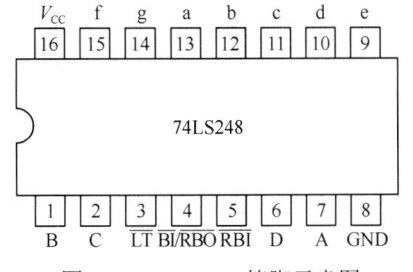

图 6.35 74LS248 管脚示意图

A、B、C、D 为 4 个数据输入端，a、b、c、d、e、f、g 为 7 个输出端，高电平有效。测试输入端 $\overline{LT}$ 端用来测试七段数码管发光段好坏。

$\overline{LT} = 0$ 时，各段应全亮，显示字形 B，否则说明数码管有故障。正常工作时该端应接高电平。灭零输入信号端 $\overline{RBI}$ 端为 0 时，若输入数码 $DCBA=0000$，则数码管各段均不亮；当显示一位十进制数时，该端应接高电平。消隐输入信号端 $\overline{BI}$ 是为了降低显示电路的功耗而设置的，可利用该端使数码管按照要求显示或熄灭。$\overline{RBO}$ 为灭零信号输出端，它与 $\overline{RBI}$ 配合可消去混合小数的前零和无用的尾零。74LS248 的主要逻辑功能如表 6.25 所示。

表 6.25　74LS248 逻辑功能表

输　入							输　出						
$\overline{LT}$	$\overline{BI}/\overline{ROB}$	$\overline{RBI}$	D	C	B	A	a	b	c	d	e	f	g
0	1	×	×	×	×	×	1	1	1	1	1	1	1
×	0	×	×	×	×	×	0	0	0	0	0	0	0
1	1	1	0	0	0	0	1	1	1	1	1	1	0
1	1	1	0	0	0	1	0	1	1	0	0	0	0
1	1	1	0	0	1	0	1	1	0	1	1	0	1
1	1	1	0	0	1	1	1	1	1	1	0	0	1
1	1	1	0	1	0	0	0	1	1	0	0	1	1
1	1	1	0	1	0	1	1	0	1	1	0	1	1
1	1	1	0	1	1	0	0	0	1	1	1	1	1
1	1	1	0	1	1	1	1	1	1	0	0	0	0
1	1	1	1	0	0	0	1	1	1	1	1	1	1
1	1	1	1	0	0	1	1	1	1	0	0	1	1

可将 74LS248 的 4 个数据输入端分别接 4 个逻辑开关，7 个输出端分别接 7 个电平指示灯，按照其逻辑功能表验证其逻辑功能。

（3）BS201 半导体发光数码管测试。

BS201 是一种共阴极的 LED 数码管，由 7 个条状的发光二极管排成 8 字形，加上小数点"."构成，其内部结构和外形示意图如图 6.36 所示。a、b、c、d、e、f、g 各段当某段接高电平时，该段就发光，七段的组合可显示 0～9 十个数字。

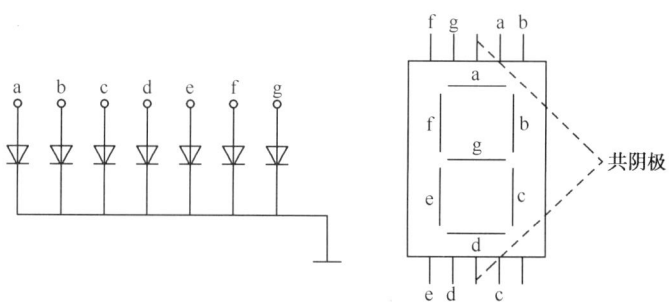

图 6.36　BS201 半导体发光数码管

（4）按如图 6.37 所示接线，可构成一个计数、译码和显示电路。将 CP 端接在单次或连续脉冲上，观察数码管的显示规律，测试整个电路的逻辑功能。

4．操作报告及要求

（1）整理以上实验数据，并进行数据分析和讨论。

（2）若要用 74LS290 构成 10 以内的其他进制计数器，该怎么连线？

（3）若在实验过程中数码管显示不正常，可能是什么原因？

（4）写出实验的心得体会。

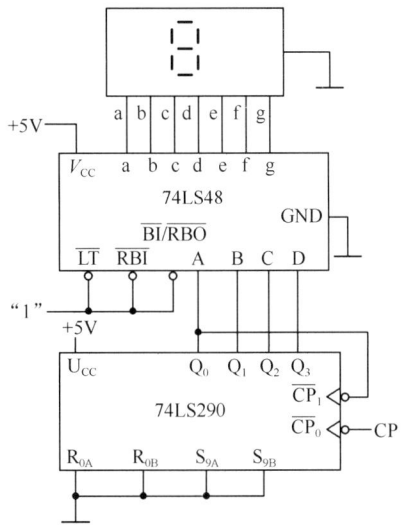

图 6.37　计数、译码和显示电路

任务 6.4　555 定时器及其在汽车中的应用

　　555 定时器是一种电路结构简单、使用方便灵活、应用广泛的多功能电路，只要外接少数阻容元件就可构成施密特触发器、单稳态触发器、多谐振荡器等电路。555 定时器有双极型和 CMOS 型两种类型，其电源电压范围宽，双极型为 5～15V，CMOS 型为 3～18V。555 定时器在脉冲波形的产生与变换、仪器与仪表、测量与控制、家用电器及电子玩具领域具有广泛的应用。

一、555 定时器的结构及工作原理

1．555 定时器的结构

　　双极型 555 定时器的内部逻辑电路图如图 6.38 所示。

　　它的内部由两个高精度的电压比较器、一个基本 RS 触发器、一个晶体三极管和几个电阻组成。内部有 3 个均为 $5k\Omega$ 的精密电阻串联构成基准电压分压电路，分别为两个电压比较器提供基准电压，在 5 脚悬空时比较器的基准电压分别为 $U_{REF1}=\dfrac{2}{3}V_{CC}$ 和 $U_{REF2}=\dfrac{1}{3}V_{CC}$。低电平触发的基本 RS 触发器的 $\overline{Q}$ 端分为两路：一路接到三极管 VT 的基极，另一路经反相器（驱动器）缓冲输出。增加驱动器的目的是使 555 电路的最大输出驱动电流达 200mA，以便直接驱动继电器、小电动机、指示灯、扬声器

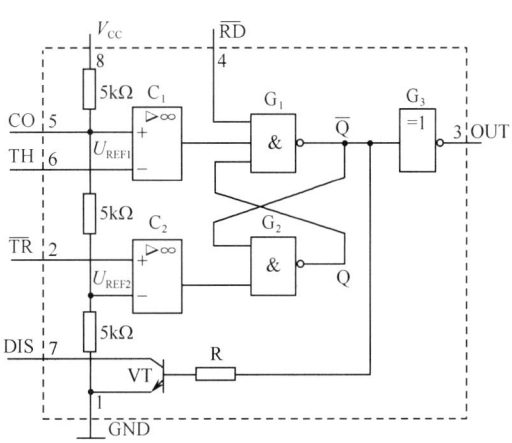

图 6.38　双极型 555 定时器的内部逻辑电路图

等负载。

555 电路的各引脚及功能如下：

①接地端（GND）。

②置位端（$\overline{\text{TR}}$）。当 $U_{\overline{\text{TR}}}<U_{\text{REF2}}$ 时，引起触发使输出置 1。

③输出端（OUT）。

④直接复位端（$\overline{\text{RD}}$）。在该端加负电平可以使 555 电路复位（$Q=0$，$\overline{Q}=1$），输出为低电平。

⑤电压控制端（CO）。当 CO 悬空时，参考电压 $U_{\text{REF1}}=\dfrac{2}{3}V_{\text{CC}}$，$U_{\text{REF2}}=\dfrac{1}{3}V_{\text{CC}}$；当 CO 端接某一固定电压 U_{CO} 时，则 $U_{\text{REF1}}=U_{\text{CO}}$，$U_{\text{REF2}}=U_{\text{CO}}/2$，可见 U_{CO} 的值可以改变上下触发电平。当此端不用时，为了提高电路的稳定性，通常在它与地之间接一只 0.1μF 的电容。

⑥复位端（TH），当 $U_{\text{TH}}>U_{\text{REF2}}$ 时引起触发。

⑦放电端（DIS），也可以作为集电极开路三极管的输出端使用。

⑧正电源端（V_{CC}）。

下面分析 555 的逻辑功能。设 TH 和 $\overline{\text{TR}}$ 的输入电压分别为 $u_{\text{i}1}$ 和 $u_{\text{i}2}$。

当 $u_{\text{i}1}>U_{\text{REF1}}$、$u_{\text{i}2}>U_{\text{REF2}}$ 时，比较器 C_1、C_2 的输出 $u_{\text{C}1}=0$、$u_{\text{C}2}=1$，基本 RS 触发器被置 0。$Q=0$，$\overline{Q}=1$，输出 $u_{\text{o}}=0$，同时 VT 导通。

当 $u_{\text{i}1}<U_{\text{REF1}}$、$u_{\text{i}2}<U_{\text{REF2}}$ 时，比较器 C_1、C_2 的输出 $u_{\text{C}1}=1$、$u_{\text{C}2}=0$，基本 RS 触发器被置 1。$Q=1$，$\overline{Q}=0$，输出 $u_{\text{o}}=1$，同时 VT 截止。

当 $u_{\text{i}1}<U_{\text{REF1}}$、$u_{\text{i}2}>U_{\text{REF2}}$ 时，比较器 C_1、C_2 的输出 $u_{\text{C}1}=1$、$u_{\text{C}2}=1$，基本 RS 触发器保持原状态不变。

综上所述，555 定时器逻辑功能如表 6.26 所示。

表 6.26　555 定时器的逻辑功能表

输　　入			输　　出	
$u_{\text{i}1}$	$u_{\text{i}2}$	$\overline{R_{\text{D}}}$	u_{o}	VT 状态
×	×	0	0	导通
$>\dfrac{2}{3}V_{\text{CC}}$	$>\dfrac{1}{3}V_{\text{CC}}$	1	0	导通
$<\dfrac{2}{3}V_{\text{CC}}$	$<\dfrac{1}{3}V_{\text{CC}}$	1	1	截止
$<\dfrac{2}{3}V_{\text{CC}}$	$>\dfrac{1}{3}V_{\text{CC}}$	1	不变	不变

2. 用 555 定时器构成施密特触发器

如图 6.39 所示为用 555 定时器组成施密特触发器的逻辑电路。将 555 定时器的 TH 端与 $\overline{\text{TR}}$ 端连在一起，作为触发信号 u_{i} 的输入端，并从 OUT 端输出信号 u_{o}。为了提高基准电压 U_{REF1} 和 U_{REF2} 的稳定性，在控制端 CO 对地接一只 0.01μF 的滤波电容，此时 $U_{\text{REF1}}=\dfrac{2}{3}V_{\text{CC}}$，$U_{\text{REF2}}=\dfrac{1}{3}V_{\text{CC}}$。对照如图 6.40 所示输入/输出波形分析电路工作原理。

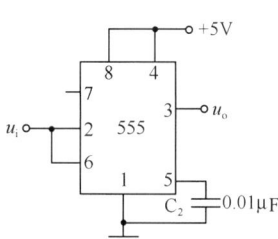

图 6.39 用 555 定时器组成施密特触发器的逻辑电路

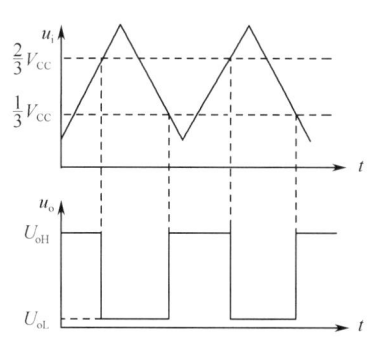

图 6.40 施密特触发器输入/输出波形图

当输入电压 $u_i < \frac{1}{3} V_{CC}$，$Q=1$，$\overline{Q}=0$ 时，输出 $u_o=1$。

当输入电压为 $\frac{1}{3} V_{CC} < u_i < \frac{2}{3} V_{CC}$ 时，输出 $u_o=1$。

当输入电压 $u_i > \frac{2}{3} V_{CC}$ 时，输出 $u_o=0$。

在输入电压上升到 $\frac{2}{3} V_{CC}$ 时，电路的输出状态发生跃变，因此施密特触发器的正向阈值电压 $U_{T+}=\frac{2}{3} V_{CC}$。此时 u_i 继续增大，输出状态不变。

当输入电压由高电平逐渐下降，且 $\frac{1}{3} V_{CC} < u_i < \frac{2}{3} V_{CC}$ 时，输出 $u_o=0$。

当输入电压 $u_i < \frac{1}{3} V_{CC}$ 时，输出 $u_o=1$。可见，当 u_i 下降到 $\frac{1}{3} V_{CC}$ 时，电路的输出状态又一次发生跃变，所以电路的负向阈值电压 $U_{T-}=\frac{1}{3} V_{CC}$。

该施密特触发器的回差电压为

$$\Delta U_T = U_{T+} - U_{T-} = \frac{1}{3} V_{CC} \qquad (6\text{-}4)$$

由上分析可得该电路的电压传输特性如图 6.41 所示。

3. 555 定时器构成单稳态触发器

单稳态触发器广泛应用于数字电路，可以用于整形、延迟和定时。单稳态触发器有如下特点：

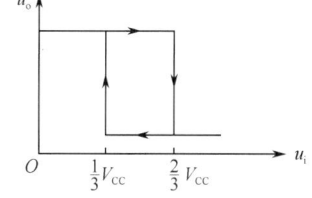

图 6.41 施密特触发器电压传输特性

（1）电路只有一个稳定状态和一个暂稳状态。

（2）在外加触发脉冲信号的作用下，电路能从稳态翻转到暂稳态。

（3）暂稳态维持一段时间后又自动返回到稳态。

（4）暂稳态维持的时间仅取决于电路本身的参数，与触发脉冲无关。

单稳态触发器的暂稳态通常是靠 RC 电路的充、放电过程来维持的。RC 电路可以接成微分电路形式，也可以接成积分电路形式，所以，单稳态触发器分为微分型和积分型两种。单稳态触发器可以用分立元件或单个的门电路构成，也可以用施密特触发器构成。下面介绍用 555 电路构成的积分型单稳态触发器。

如图 6.42 所示为用 555 定时器组成的单稳态触发器逻辑电路，$\overline{TR}$ 作为触发信号 u_i 的输入端，VT 的集电极通过电阻 R_1 接 V_{CC}，组成一个反相器，并通过电容 C 接地。该电路中 R_1、C 作为定时器件。

下面参照如图 6.43 所示的波形图分析单稳态触发器的工作原理。

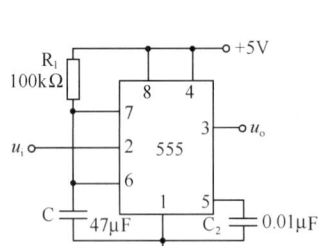

图 6.42 用 555 定时器构成单稳态触发器的逻辑电路　　图 6.43 单稳态触发器输入/输出波形图

① 稳定状态。接通电源后，V_{CC} 经过电阻 R_1 对电容 C 充电，当电容 C 上的电压 $\geqslant \frac{2}{3} V_{CC}$ 时，输出 $u_o=0$。与此同时，三极管 VT 导通，电容 C 经过内部放电管快速放完电，$u_C \approx 0$，内部电压比较器 C_1 输出 $u_{C1}=1$，基本 RS 触发器的两个输入信号都为高电平 1，保持原状态不变。

所以，在稳定状态时，$u_C=u_o=0$。

② 触发器进入暂稳态。当输入 u_i 由高电平 U_{iH} 跃到小于 $\frac{1}{3} V_{CC}$ 的低电平时，输出 u_o 由低电平跃到高电平 U_{oH}。同时三极管 VT 截止，电源 V_{CC} 通过 R_1 对 C 充电，电路进入暂稳态，在暂稳态期间输入电压 u_i 回到了高电平。

③ 自动返回稳定状态。随着 C 的充电，电容 C 上的电压逐渐增大，当 u_C 上升到 $u_C \geqslant \frac{2}{3} V_{CC}$ 时，输出 u_o 由高电平 U_{oH} 跃变到低电平 U_{oL}。同时三极管 VT 导通，C 经 VT 迅速放完电，$u_C=0$，电路返回稳定状态。

单稳态触发器输出脉冲的宽度为暂稳态持续的时间，即电容 C 的电压由 0 充到 $\frac{2}{3} V_{CC}$ 所需的时间，估算式为

$$T = R_1 C \ln 3 \approx 1.1 R_1 C \qquad (6-5)$$

4．555 定时器构成多谐振荡器

多谐振荡器是用来产生矩形波的自激振荡器，由于矩形波包含了基波和较多的高次谐波成分，因此称为多谐振荡器。另外，这种电路不存在稳定的状态，所以又称为无稳态振荡器。如图 6.44 所示为用 555 定时器组成多谐振荡器的逻辑电路。放电管 VT 集电极通过电阻 R_1 接 V_{CC}，同时通过 R_2、C 接地，TH、$\overline{TR}$ 端连接在一起接在 R_2、C 之间。

对照如图 6.45 所示输入/输出波形讨论多谐振荡器的工作原理。

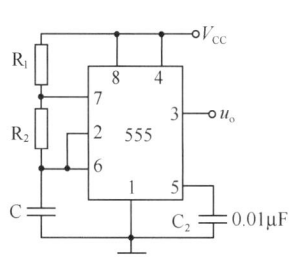

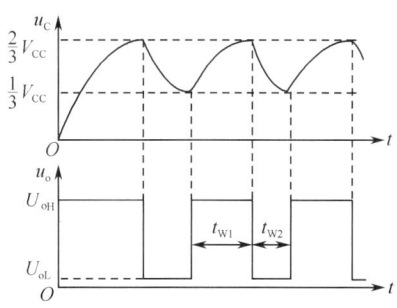

图 6.44　用 555 定时器构成多谐振荡器的逻辑电路　　图 6.45　多谐振荡器的输入/输出波形图

接通电源后，V_{CC} 通过 R_1、R_2 对 C 充电，当 u_C 增大到 $\frac{2}{3}V_{CC}$ 时，输出跃至低电平；与此同时，放电管 VT 导通，电容 C 经电阻 R_2 和放电管放电，电路进入暂稳态。

随着电容 C 的放电，u_C 随之下降。当 u_C 下降到 $\frac{1}{3}V_{CC}$ 时，输出转为高电平，与此同时，放电管截止，电源 V_{CC} 经电阻 R_1、R_2 对电容 C 进行充电，电路返回到前一个暂稳态。因此，电容 C 上的电压 u_C 在 $\frac{1}{3}V_{CC}$ 和 $\frac{2}{3}V_{CC}$ 之间来回充电和放电，从而使电路产生了振荡，输出矩形脉冲。

根据振荡原理分析，该电路输出矩形波的周期取决于电容充、放电的时间常数，其充电和放电时间常数分别为 $(R_1+R_2)C$ 和 R_2C，输出波形周期的估算值为

$$T = t_{W1} + t_{W2} = 0.7(R_1 + R_2)C + 0.7R_2C = 0.7(R_1 + 2R_2)C \qquad (6-6)$$

通过改变充、放电时间常数就可以改变矩形波的周期和脉冲宽度。

二、555 定时器在汽车中的应用

1. 电子式发动机转速表电路

如图 6.46 所示是电子式发动机转速表，它由 555 定时器及相应电阻和电容组成的单稳态触发器、电阻 R_1 和 VS_1 组成的限幅电路、耦合电容 C_1 等组成。转速信号取自点火线圈初级线圈 W_{IG}（或低压接线柱），当发动机转动时，断电器触点 P_0 断开产生触发脉冲，经 R_1 和 VS_1 组成的限幅电路限幅后，再经 C_1 耦合去触发单稳态电路。该电路被触发后，输出端 3 产生一个正脉冲（高电平），VD 截止，由 R_3 和 R_P 供给转速表 A 电流。发动机转速升高时，断电器触点产生的触发脉冲频率增加，相应地单稳态电路的输出脉冲的频率也增加，转速表的电流值也随之增大，因此通过转速表的示值就可知道发动机的实际转速。

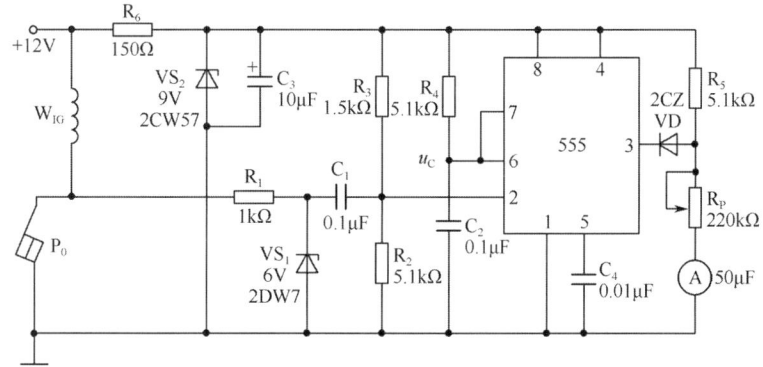

图 6.46　电子式发动机转速表

2．汽车前大灯自动控制电路

汽车前大灯自动控制电路图如图 6.47 所示。该控制器有单稳态延时电路（U_1、R_1、R_2、R_3、R_4、C_1），多谐振荡电路（U_2、R_5、R_6、C_3），NMOS 功率驱动管 Q_2、Q_3 组成。该电路的 +12V 直流电源由汽车的蓄电池提供。

当前方无相向行驶的车辆时，光敏电阻 R_3、R_4 因没有受到光照而呈高电阻，相应 U_1 的 2 脚为高电平使 555 复位，3 脚输出低电平，该低电平又使 U_2 的 4 脚为低电平而使其处于复位状态，3 脚输出的低电平使 Q_1 截止，Q_2、Q_3 导通，两前大灯一直点亮。

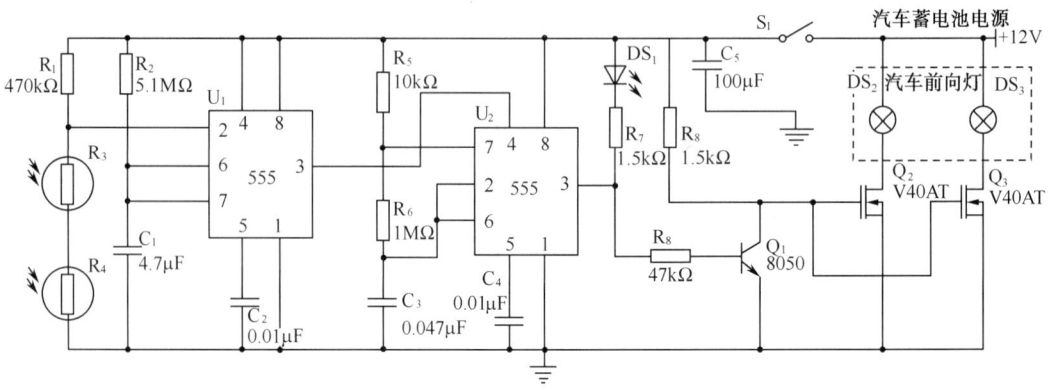

图 6.47　汽车前大灯自动控制电路图

当前方有相向行驶的车辆时，光敏电阻 R_3、R_4 因受到光照而呈低电阻，相应 U_1 的 2 脚为低电平（$1/3V_{CC}$）使 555 置位，3 脚输出高电平，该电平使 U_2 的 4 脚为高电平而使其开始振荡，其输出的振荡频率为 $f=1.44/[(R_5+2R_6)C_3]$ 的方波信号。此时，Q_1 随方波信号的高低电平变化而交替导通、截止，相应的 Q_2、Q_3 也随之交替截止、导通，从而使前大灯一明一暗地闪动。若光照消失，则 C_1 通过 R_2 充电，当 C_1 的电压充到 $2/3V_{CC}$ 时，U_1 复位，C_1 的充电时间即为大灯延时闪烁的时间 $t=1.1R_2C_1$。若延时时间到，R_3、R_4 仍没有受到光照，则 U_1 输出低电平稳态，该低电平使 U_2 复位，两大灯又点亮。

3．雨刷控制电路

雨刷控制电路图如图 6.48 所示，该电路由一个振荡器和控制电路组成，控制雨刷摆动 5s 后，再间停 0～30s，间停的时间视车外雨的大小适时进行调节。

555 和 R_1、R_{P1}、C_1 及 VD_1、VD_2 组成无稳态多谐振荡器。振荡频率由 555 电路的充放电时间常数决定。充电时间 $t_充=0.693R_1C_1$，放电时间 $t_放=0.693R_{P1}C_1$。图示参数对应的充电时间约为 5s，放电时间可由电位器 R_{P1} 进行调节，可在 0～30s 时间自行调节。多谐振荡的周期为 $T=t_充+t_放=0.693（R_1+R_{P1}）C_1$，可见其周期和占空比都可以进行调节。

刚通电时，555 的 2 脚为低电平，使 555 置位，3 脚输出高电平，继电器吸合，电动机得电运转，带动雨刷摆动。随着 C_1 通过 R_1、VD_1 充电，当 C_1 上的电位高于 $2/3V_{CC}$ 时，555 复位，3 脚输出低电平，继电器释放，电动机停转，雨刷停摆。由此可知，C_1 充到 $2/3V_{CC}$ 的时间为工作时间，C_1 放电到 $1/3V_{CC}$ 的时间为间停时间。

4．汽车防盗报警器

汽车防盗报警器是为了防止车辆被盗而设计的报警装置。一般要求有如下基本功能：

（1）驾驶员用车门遥控器或车门钥匙锁好车门后，报警器处于警戒状态。

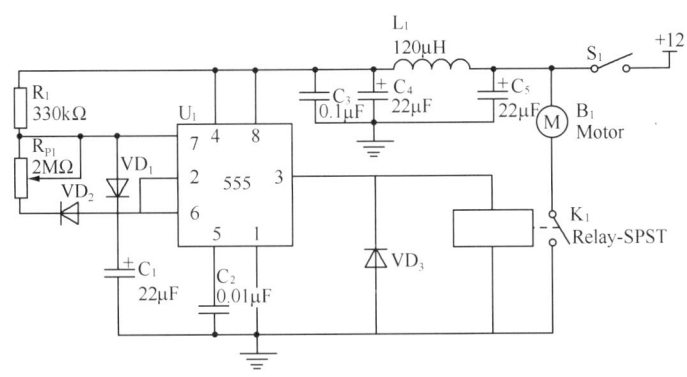

图 6.48 雨刷控制电路图

（2）如果有人以非正常方式打开车门，则报警器报警。

（3）有人打开车门后即使重新关闭车门，报警声仍持续一段时间。如图 6.49 所示的汽车防盗报警器就是具有这些功能的报警装置，防盗报警电路由磁控开关 S_{2c}、开关管 VT_1、充放电元件 C_1 和 R_3、VT_2 和 VT_3 组成的复合管、开关管 VT_4 和 555 定时器组成的多谐振荡器、晶闸管 VT（H）、电喇叭按钮 S_2、12V 电源开关 S_1 等组成。

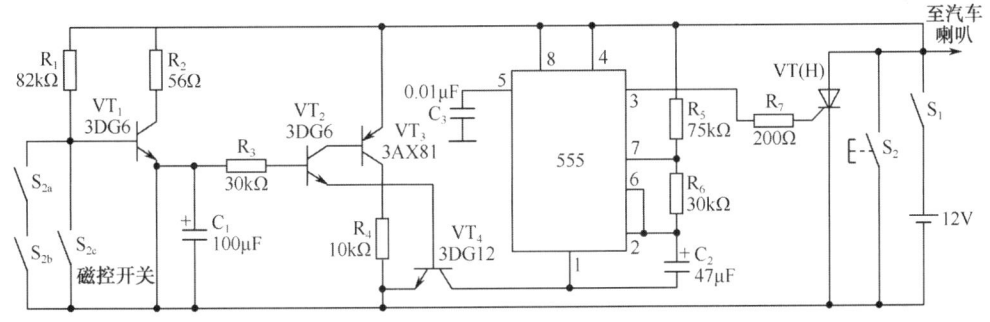

图 6.49 汽车防盗报警器电路图

驾驶员用车门遥控器或车门钥匙锁车门之前，接通 12V 电源开关 S_1，锁门之后，磁控开关 S_{2c} 处于闭合状态，开关管 VT_1 的 B、E 极因短路而截止，致使后续电路均不工作，报警器处于警戒状态。

当车门被非正常打开时，磁控开关 S_{2c} 失去磁力的吸引而断开，VT_1 导通，复合管 VT_2、VT_3 因获得偏流而导通，并向 VT_4 提供偏流。VT_4 导通，使多谐振荡器对地接通而工作，3 脚输出频率为 1Hz 的脉冲电流，经 R_7 触发晶闸管 VT（H）导通，汽车电喇叭便发出较响亮的报警声。

即使重新关上车门，报警响声仍会继续，因为在 VT_1 导通时 C_1 充电，车门关后 VT_1 截止，但 C_1 仍然通过电阻 R_3 放电，继续维持 VT_2、VT_3 和 VT_4 等电子开关的导通，直到 C_1 放电完毕。所以，改变 C_1、R_3 的值，可以延长或缩短报警时间；改变 R_5、R_6 、C_2 的值，可调报警声的长短和间歇时间。

如想控制双门，可按如图 6.49 所示将 S_{2a}、S_{2b} 两只磁控开关串联，工作原理与上述单门控制相似，这里不详述。

技能操作 555 时基电路的应用

1．操作目的
（1）熟悉 555 时基电路的电路结构、特点及工作原理。
（2）掌握 555 时基电路的基本应用。

2．操作器材
直流稳压电源 1 台，万用表 1 块，信号发生器 1 台，双踪示波器 1 台，电子技术实验箱 1 台，秒表，555 定时器，电阻、电容、导线、发光二极管若干。

3．操作电路及原理
集成时基电路又称为集成定时器，内部使用了 3 个 5kΩ 的精密电阻，故称为 555 定时器。555 定时器有双极型和 CMOS 型两种类型，其电源电压范围宽，双极型为 5～15V，CMOS 型为 3～18V。555 定时器的内部电路框图如图 6.50（a）所示，由两个高精度的电压比较器、一个基本 RS 触发器、一个晶体三极管和几个电阻组成。3 个均为 5kΩ 的精密电阻串联构成基准电压分压电路，分别为两个电压比较器提供基准电压，在 5 脚悬空时比较器的基准电压分别为 $U_{REF1}=2/3 V_{CC}$ 和 $U_{REF2}=1/3 V_{CC}$。低电平触发的基本 RS 触发器的 $\overline{Q}$ 端分为两路：一路接到三极管 VT 的基极，另一路经反相器（驱动器）缓冲输出。555 定时器的引脚排列如图 6.50（b）所示。

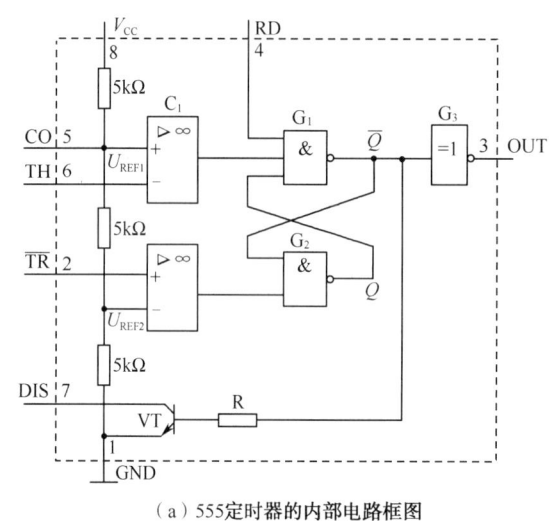

（a）555定时器的内部电路框图　　　（b）555定时器的引脚排列

图 6.50

（1）555 电路构成单稳态触发器。如图 6.51 所示为 555 定时器和外接元件 R、C 构成的单稳态触发器。触发电路由 C_1、R_2、VD_1 组成，其中 VD_1 为钳位二极管，使稳态时输入端输入为电源电压。当输入信号 u_i 输入一低电平触发信号时，根据单稳态触发电路的工作原理，将从输出端输出一定宽度的高电平脉冲，其脉冲宽度由外接元件 R、C 决定，大小为 $T_W=1.1RC$。

（2）555 电路构成多谐触发器。如图 6.52 所示为 555 定时器和外接元件 R_1、R_2、C 构成的多谐振荡器。置位端 2 与复位端 6 直接相连，电路没有稳定的状态，只有两个暂稳态，电路无须外加触发信号。利用电源经过 R_1、R_2 对电容 C 充电，以及电容 C 通过 R_2 向放电端放电，使电路产生振荡。多谐振荡器输出矩形波信号的周期为

$$T = 0.7 \, (R_1 + 2R_2) \, C$$

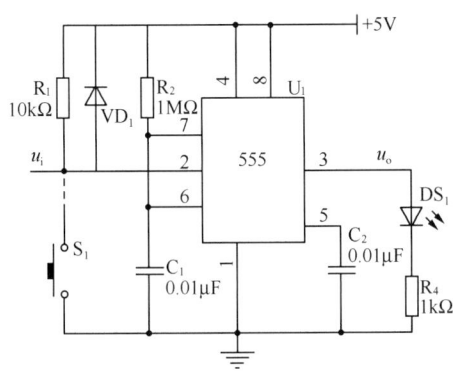

图 6.51 555 电路构成的单稳态触发器

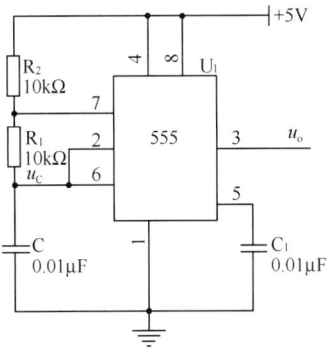

图 6.52 555 电路构成的多谐触发器

4．操作内容及步骤

（1）按图 6.51 连线（先不接入按键开关），输入信号通过信号发生器产生。调节信号发生器，使输入的信号为低电平且持续时间很短的脉冲信号（即占空比很大），用双踪示波器观察输入信号 u_i、电容 C_1 两端电压 u_C、输出电压 u_o 的波形。接入按键开关，将电容 C_1 改为 $10\mu F$ 的有极性电容，注意极性为上正下负，用手触发按键开关，同时用秒表记录发光二极管发光的时间（即输出脉冲的宽度）并与理论计算值进行对比。

（2）按图 6.52 连线，用双踪示波器观察电容 C 两端电压 u_C、输出电压 u_o 的波形。将电容 C 的值改为 $0.1\mu F$，再次观察电容 C 两端电压 u_C 及输出电压 u_o 的波形。

5．操作报告及要求

（1）绘制各个实验电路图，绘制出观测到的波形，记录下测量到的各组数据。

（2）将测量值与电路理论计算值进行对比，分析、总结实验结果。

任务 6.5　能力测试

6.1　指出下列门电路标注所代表的具体含义：

（1）74LS00；（2）7430；（3）74LS02；（4）74AS08。

6.2　试写出如图 6.53 所示各电路的逻辑表达式及真值表，分析电路的逻辑功能。

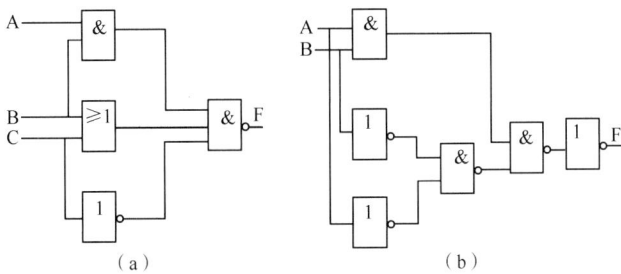

图 6.53

6.3　设计一路灯控制电路。要求在 4 个不同的地方能独立控制路灯的亮与灭。当一个开关动作后灯亮，另一个开关动作后灯灭。设计实现该功能的组合逻辑电路。

6.4   如图 6.54 所示为声光控制灯电路。对于光检测传感器，有光照时输出为 1，无光照时输出为 0；而对于声音检测传感器，有声音时输出为 1，无声音时输出为 0。试分析该电路的工作原理。

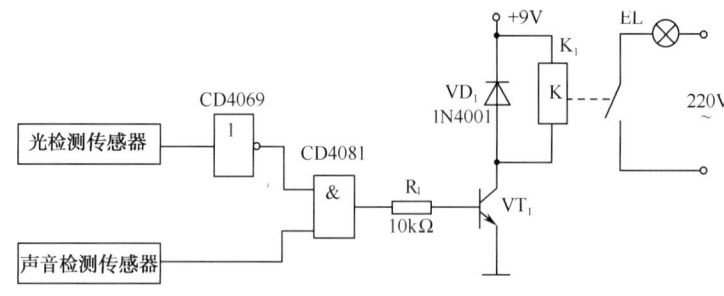

图 6.54

6.5   触发器的触发方式有哪几种？

6.6   将下列各式化简为最简与或式：

（1）$Y = ABC + A\overline{B}C + AB\overline{C} + BC$

（2）$Y = ABC + AC\overline{D} + A\overline{C} + CD$

6.7   TTL 门电路如图 6.55 所示，试写出 Y 的表达式，列出真值表并分析逻辑功能。

6.8   如图 6.56 所示，设计一个用 3 个开关控制一个电灯的逻辑电路。

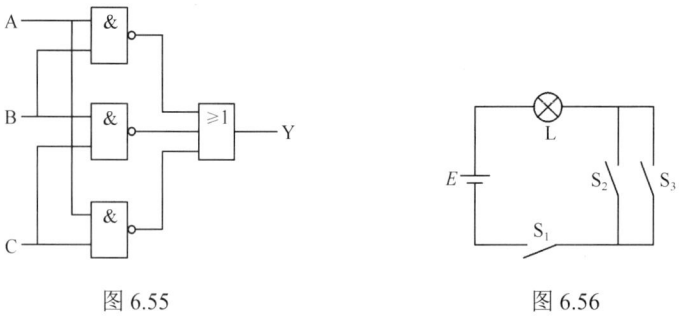

图 6.55   图 6.56

6.9   试用下降沿触发的 JK 触发器构成上升沿触发的 D 触发器。

6.10   有一下降沿触发的 JK 触发器，CP、J、K 的波形如图 6.57 所示，请画出 Q 端的波形图。

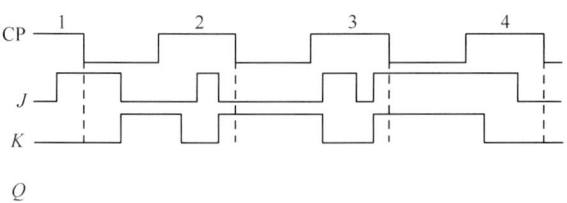

图 6.57

6.11   如图 6.58 所示各边沿 JK 触发器、D 触发器的初始状态都为 0 态，对应 CP 输入波形画出输出端的波形。

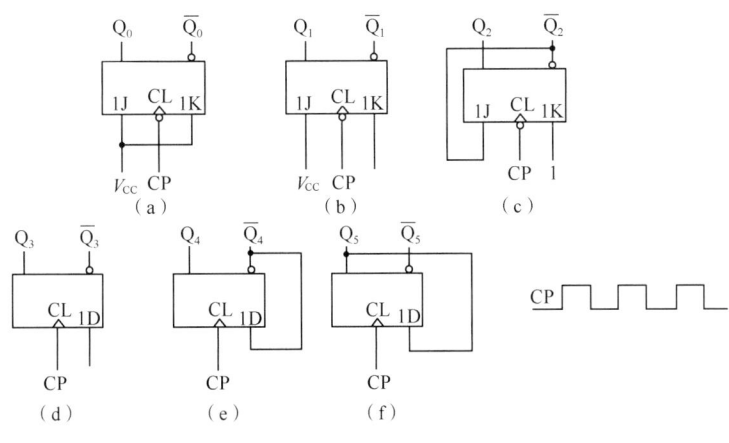

图 6.58

6.12　CD40194 为带有并行预制数的双向移位寄存器，如图 6.59（a）所示。其中 $D_0 \sim D_3$ 为并行预制数输入端，$Q_0 \sim Q_3$ 为输出端，DL、DR 分别为左移、右移数据输入端，ST_1、ST_2 为控制端，其功能如图 6.59（b）所示。试用 2 片 CD40194 实现 8 路可控彩灯功能。

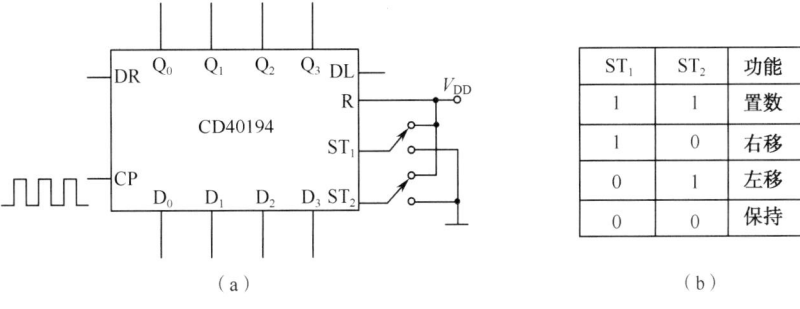

图 6.59

6.13　如图 6.60 所示为 555 定时器构成的单稳态触发器，V_{CC}、R_1、R_2、C 参数如图 6.60 所示。试求：输出电压 u_o 的脉冲宽度并画出 u_i、u_C、u_o 的波形。

6.14　如图 6.61 所示为发动机缺水报警电路，当发动机不缺水时，连接 555 的 2、6 脚的传感器探头与地之间通过水的电阻与地（搭铁）连接，使 555 的 2、6 脚为低电平，当水位降至传感器的电极以下时，555 的 2、6 脚与地断开为高电平。试说明该 555 电路的组成形式并分析缺水报警的工作原理。

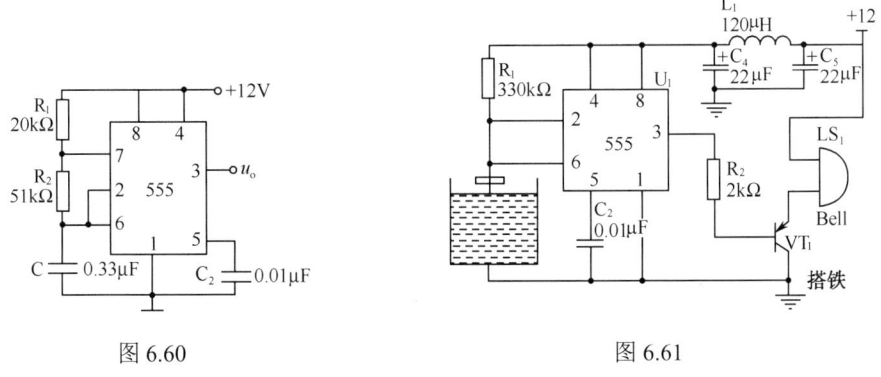

图 6.60　　　　　　　　　　图 6.61

6.15　分析如图 6.62 所示电路，写出时钟方程、驱动方程和状态方程，并说明电路功能。

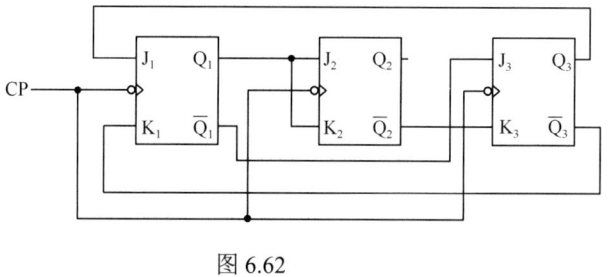

图 6.62

6.16　选用合适的器件，设计一个计数、译码和显示电路，使其能显示 0～99 这 100 个数字。

参 考 文 献

[1] 吕爱华. 汽车电工电子技术（第 4 版）. 北京：电子工业出版社，2014.

[2] 徐虎，胡幸鸣. 电动机原理. 北京：机械工业出版社，2002.

[3] 于万海. 汽车电气设备原理与检修（第 5 版）. 北京：电子工业出版社，2019.

[4] 许晓峰. 电动机及拖动. 北京：高等教育出版社，2002.

[5] 肖广润，周惠领. 电工技术. 武汉：华中理工大学出版社，2000.

[6] 王勇. 汽车电气设备构造与维修. 北京：机械工业出版社，2002.

[7] 魏汉勇. 电子技术基础. 武汉：华中科技大学出版社，2000.

[8] 周新建. 电工与电子技术实训. 北京：电子工业出版社，2003.

[9] 李西平. 电工电子技术. 北京：中央广播电视大学出版社，2006.

[10] 陈盛象. 汽车电气设备修理. 北京：高等教育出版社，2000.

[11] 黄孟涛. 现代汽车电子技术. 北京：中国劳动出版社，2000.

[12] 张文锦. 机电基础实践. 北京：机械工业出版社，2002.

[13] 潘旭峰. 现代汽车电子技术. 北京：北京理工大学出版社，2000.

[14] 张建俊. 汽车检测技术. 北京：高等教育出版社，2003.

[15] 于建淑，孙德润等. 汽车智能化检测设备及应用. 北京：人民交通出版社，2003.

[16] 翟秀军. 汽车电工电子技术. 北京：北京邮电大学出版社，2017.

[17] 冯渊. 汽车电工电子技术基础（第 3 版）. 北京：机械工业出版社，2014.

[18] 李良洪. 汽车车身电气系统. 北京：北京理工大学出版社，2007.

[19] 赵凤杰. 汽车电气设备构造与维修. 北京：人民交通出版社，2005.

[20] 毛峰. 汽车车身电控技术. 北京：机械工业出版社，2005.

[21] 张西振. 汽车发动机电控技术. 北京：机械工业出版社，2004.

[22] 万捷. 汽车电工电子基础. 北京：机械工业出版社，2012.